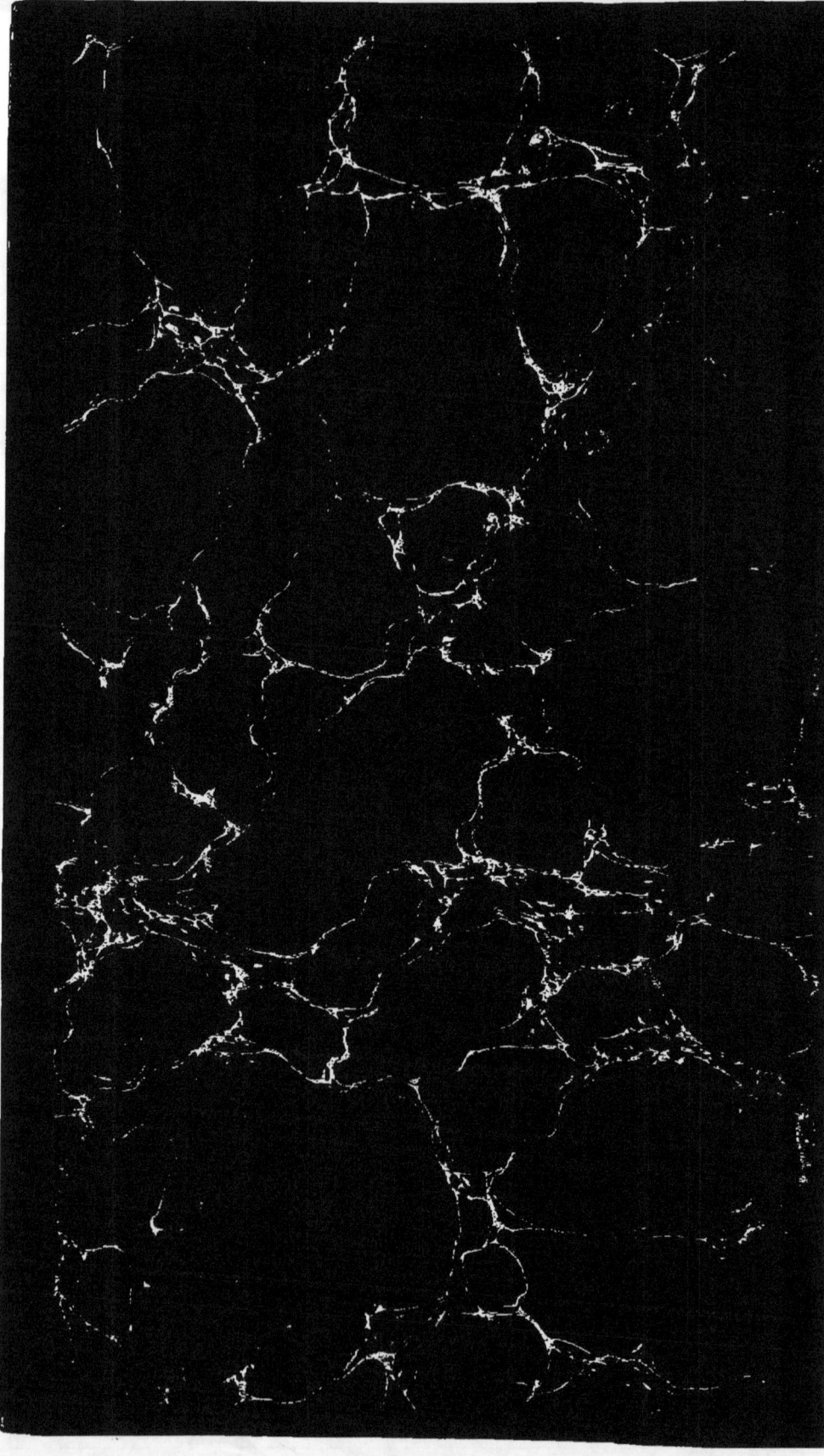

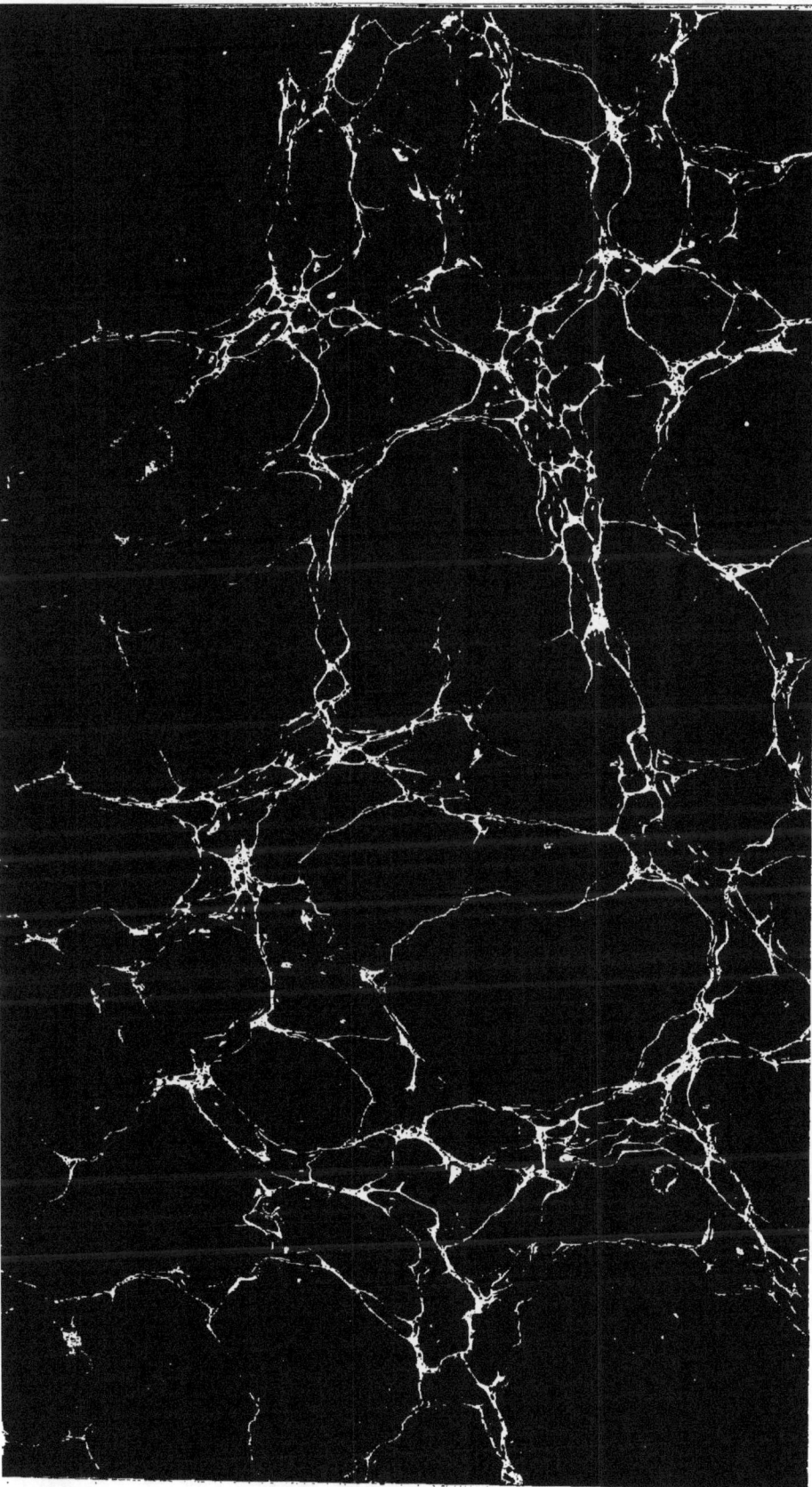

DES INTÉRÊTS DE BORDEAUX

Lk⁷/1183

A PROPOS DES

INTÉRÊTS DE BORDEAUX

SIMPLE ESQUISSE D'ÉCONOMIE POLITIQUE

PAR

C. DE SAULNIERS.

« Le Gouvernement de Votre Majesté
» a le droit de dire qu'en assurant à la
» société une protection efficace, il n'a
» demandé aucun sacrifice à la pensée
» humaine. »
   Comte de Persigny.
   Rapport à l'Empereur.

BORDEAUX
Imprimerie de **DURAND**, allées de Tourny, 7,

1857

INTRODUCTION

Ce volume n'est pas un livre nouveau ; c'est la réédition ou l'analyse des articles que nous avons publiés, pendant quatre ans, par la voie de la presse, sur les intérêts de Bordeaux. En présence des vives sollicitations de plusieurs de nos amis, nous avons dû faire bon marché de notre amour-propre d'auteur pour ne penser qu'à propager des idées utiles, sans nous inquiéter de la forme dont elles seraient revêtues.

La seconde ville de France sous l'ancienne monarchie, Bordeaux, est descendue, depuis soixante ans, au quatrième ou au cinquième rang ; ses progrès n'ont pas été proportionnels à ceux des autres villes ; ses vassales d'autrefois sont aujourd'hui ses rivales, et demain elles seront ses suzeraines. Voilà un fait qui nous a paru digne d'attirer l'attention des économistes et des hommes d'État. Certes, nous n'avons pas la prétention d'avoir mis le doigt sur toutes les plaies, ni d'avoir indiqué toutes les causes de la décadence de Bordeaux ; mais, à défaut d'autre mérite, nous aurons, du moins, celui d'avoir recherché le remède et osé dire nettement la vérité.

Peut-être avons-nous dépassé le but, en poursuivant trop vivement une foule d'abus qui se sont glissés dans les usages de la place ; peut-être nous sommes-nous montré trop exigeant, trop radical dans les réformes que nous avons demandées ; il est très possible que nous nous soyions trompé, mais nous n'aurons jamais cessé d'être de bonne foi. L'amour du progrès, l'intérêt et la grandeur de Bordeaux, voilà notre mobile, et ce sera notre excuse auprès des hommes sérieux.

Nous protestons, du reste, à l'avance contre toutes les interprétations que la malveillance prêterait à nos paroles ; il n'a jamais été dans notre intention de blesser les personnes, et si, dans l'entraînement de notre dévoûment, nous avons été assez malheureux pour froisser des intérêts et des droits acquis, c'est que nous avons toujours mis les intérêts et les droits de Bordeaux bien au-dessus de ceux des particuliers. Les hommes de cœur nous comprendront.

Dans le but de ménager toutes les susceptibilités, nous avons résolu de ne mettre ce volume en vente chez aucun libraire, et d'enlever ainsi à la presse ennemie l'occasion de nuire à Bordeaux ; les quelques vérités dont nous avons accompagné nos anciens articles ne sortiront donc pas de la famille bordelaise. Il faut que les habitants de Bordeaux prennent sur eux d'entrer enfin dans la grande voie du progrès si courageusement et si heureusement ouverte par l'auguste Souverain qui gouverne la France ; leur avenir dépend de leur réveil et de leurs sacrifices.

La ville de Bordeaux a cette bonne fortune, qu'elle est aimée par Napoléon III comme la fille aînée de l'Empire ; et en ce moment même, l'Empereur travaille à la doter d'un nouveau département par la fertilisation des landes : il a toujours été heureux de venir en aide à l'initiative locale. Mais si cette initiative vient à faillir, serons-nous en droit de nous plaindre? Le Gouvernement n'aide et ne peut aider que ceux qui savent s'aider eux-mêmes. Ayons donc l'orgueil et l'ambition de notre position. Bordeaux peut facilement redevenir la première ville commerciale et maritime de l'Empire, et de toutes parts lui arrivent des encouragements extrêmement flatteurs. La Russie elle-même a déjà donné à nos chantiers de construction une marque non équivoque de sa confiance dans l'habileté de nos constructeurs et dans l'expérience de nos ouvriers, en faisant chez nous des commandes que les Anglais recevaient d'habitude. La diminution de ses tarifs douaniers resserrera de plus en plus les liens qui unissent ses intérêts à ceux de la France, et la paix générale que nous devons au génie de Napoléon III, nous permet de renouer, avec toutes les nations du monde, ces vastes entreprises commerciales qui ont fait la fortune et la gloire de nos pères.

Nous avons entre les mains tous les éléments de succès, il ne nous faut que des hommes capables de les vivifier et de seconder l'action d'une municipalité réellement intelligente, réellement inspirée des grandes idées de l'Empereur.

Bordeaux, le 25 avril 1857.

DES INTÉRÊTS
DE BORDEAUX.

CHAPITRE PREMIER.
DES CAPITALES DE PROVINCE.

Les plus grands empires du monde ont presque toujours dû leur décadence et leur fin à l'importance exagérée de leur capitale ; c'est une leçon d'histoire que justifient tout naturellement les lois de l'économie politique et de la physiologie. De même que le corps le mieux constitué finit par périr quand une de ses parties absorbe la nourriture destinée à l'alimentation de toutes, de même l'Etat le plus puissant succombe quand sa capitale concentre tous les aliments de la fortune et de la prospérité publiques.

L'accumulation, sur un seul point, des forces vitales ou sociales compromet l'existence des empires aussi bien que celle des corps organisés ; une sage distribution de ces mêmes forces entretient la vie et la santé.

Il n'est pas inutile de rappeler ces principes dans un pays où les excès de la centralisation ont pris des proportions si gigantesques, si menaçantes pour l'avenir. La France possède la plus riche et la plus splendide de toutes les capitales, surtout depuis les merveilleuses transformations qu'elle a subies sous la main de Napoléon III. Certes, nous ne sommes pas de ceux qui voient avec chagrin les faveurs répandues à pleines mains sur Paris ; mais la satisfaction donnée à notre orgueil national par les magnificences des embellissements de notre capitale, ne nous empêche pas de combattre les fâcheuses tendances qu'elles ont provoquées. La pensée de l'auguste restaurateur de Paris n'a pas été comprise; il n'a voulu que bâtir des palais et des musées, et les capitalistes ont mis plus d'entêtement que jamais à border d'usines et de manufactures ses palais, ses musées, ses squares, ses avenues, ses boulevards. C'est ainsi que la capitale du luxe aspire à devenir en même temps la capitale de l'industrie et du commerce de l'Empire ; dangereuse ambition contre laquelle nous avons protesté bien souvent !

En travaillant avec une infatigable ardeur à faire de Paris la plus belle et la plus somptueuse capitale de l'univers, Napoléon III n'est que l'interprète des grandes idées politiques de François Ier, de Henri IV, de Louis XIV et de Napoléon Ier; les ministres qui exécutent sa volonté complètent l'œuvre des Sully, des Richelieu et des Colbert.

« C'est un acte de haute sagesse et de grande prud'hommie de faire d'une capitale comme Paris une ville de luxe, de richesse et la cité des beaux-arts. » Voilà ce qu'écrivait Sully.

Ecoutons le cardinal de Richelieu : « Faites de votre capitale, disait-il au roi, une ville de luxe, de richesse et de plaisirs, non une cité ouvrière; car si le populaire y est dominant par le nombre, il le sera par la force. Jetez quelques ambitieux dans cette fournaise de passions, et votre trône est poussière. »

Colbert ne se prononçait pas avec moins de force dans le même sens, et c'est en ces termes qu'il justifiait les nouvelles taxes destinées à payer les embellissements de Paris : « Avec le produit des taxes, vous ferez des monuments, du luxe, vous encouragerez les beaux-arts, vous ferez de Paris, enfin, la CITÉ REINE que tous les étrangers viendront admirer, en lui apportant de l'or pour lui donner d'autres atours. »

« Tant que j'aurai l'honneur d'être lieutenant-général de police, écrivait le marquis d'Argenson, je ne veux pas que l'on accorde des permissions de fonder dans Paris des manufactures et usines, appelant, à son de trompe, les manouvriers des villes secondaires et les cultivateurs de la province. Paris est ville de luxe, et la royauté s'en trouve bien; mais si la capitale devenait cité ouvrière et ville de fabrique avec un populaire dominant par le nombre, Paris, comme le disait Louis XIV, serait le marteau et la royauté l'enclume. »

L'opinion de Napoléon Ier mérite bien également

de trouver place ici. « Quelle sotte et plate pensée ont eue vos magistrats révolutionnaires, écrivait-il au comte Frochot, préfet de la Seine, de chercher à faire de Paris une immense cité ouvrière ! Paris ne doit être, ni une grande usine, ni un vaste comptoir..., mais bien la capitale des palais, un Musée universel avec de belles voies romaines, des quais splendides, peuplés de statues aux grands hommes de l'Europe. »

Personne n'a mieux traduit que Napoléon III la pensée des grands hommes d'État dont nous venons de relater l'opinion. « Paris est le cœur de la France; mettons tous nos efforts à EMBELLIR cette grande cité, à améliorer le sort de ses habitants..... Ouvrons de nouvelles rues, assainissons tous les quartiers populeux qui manquent d'air et de jour, et que la lumière bienfaisante du soleil pénètre partout dans nos murs ! » Voilà son programme, et on sait avec quelle persévérance il en poursuit l'exécution. Il n'a pas été compris de ceux-là mêmes qui sont appelés à recueillir les premiers bénéfices des immenses travaux dont il a tracé et exécuté les plans. Une augmentation passagère dans le prix des loyers a servi de prétexte là à malveillance pour mettre en suspicion ses plus généreuses et ses plus belles inspirations.

Devant l'esprit de parti, les fêtes qu'il encourage de ses sacrifices et de sa présence ne trouvent pas plus grâce que les embellissements de Paris, pas même les fêtes de charité. Il semble que le luxe soit, pour les mécontents et les ambitieux, une insulte à la misère du peuple. Tristes économistes, en vérité, qui ne savent pas que le luxe du riche c'est la richesse du pauvre! Est-ce que, par hasard, le luxe ne fait pas partie du travail du peuple, et n'opère pas la diffusion du bien-être?

Tous les hommes de bon sens ont applaudi à la grande politique de Napoléon Ier, qui ordonnait à ses principaux fonctionnaires de pousser à la dépense, de donner des fêtes et de provoquer les bénéfices du travail par les séductions du luxe. Qui ne se rappele la belle leçon qu'il donna un jour à l'un des hauts dignitaires de l'Empire? « Monsieur le sénateur, lui écrivait-il, vous remplissez, m'avez-vous dit, plusieurs fonctions dont les traitements réunis dépassent chaque année quatre-vingts mille francs, et vous vous faites conduire aux Tuileries dans un fiacre dont ne voudrait pas un simple boutiquier de la rue Saint-Denis. Je n'aime pas les faiseurs d'économies, et je vous enverrai mon carrossier... Dans les grandes villes, ne l'oubliez pas, Monsieur, c'est le superflu du riche qui assure le nécessaire du pauvre. »

Du luxe, de la splendeur, des monuments, des palais, voilà le lot naturel de Paris. Que la capitale de la France reste le foyer de l'Europe, le rendez-vous privilégié de l'intelligence et de la fortune; que ses destinées s'agrandissent de toutes les conquêtes de la civilisation; que l'attraction exercée par le prestige de ses mœurs, de ses beaux-arts, de son élégance et de son esprit devienne de plus en plus irrésistible et augmente constamment l'affluence des étrangers dans ses murs, nous battrons des mains à sa fortune et à ses triomphes.

Nous n'applaudirons pas avec moins d'enthousiasme aux fêtes données par l'Empereur et ses ministres aux souverains et aux ministres de l'étranger; nous bénirons le génie qui, s'élevant au-dessus des petites considérations d'égoïsme et de préjugés, sait faire retomber en pluie d'or, dans la main du pauvre et de l'ouvrier, les dépenses et les plaisirs de l'aristocratie. Mais si nous approuvons sans réserve la politique du luxe et ses heureuses applications au bien-être de Paris et de la Province, nous condamnons hautement les prétentions de Paris au monopole du commerce et de l'industrie de la France.

On sait avec quelle frénésie les capitalistes ont porté, depuis une dizaine d'années, leurs usines et leurs ateliers au centre et dans les faubourgs de Paris. Les filatures, les raffineries, les manufactures de toutes sortes et une foule d'industries autres que celles dites de luxe s'entassent à côté des hôtels de l'aristocratie et des magasins du commerce. Pour un peu, les hauts fourneaux des Ardennes et du Creuzot viendraient se placer à côté de la Colonne ou de l'Obélisque. Cette concentration industrielle peut faire les affaires de quelques spéculateurs, mais elle ne fait pas celles de la France. Elle provoque l'élévation factice des loyers et des salaires, en même temps qu'elle augmente les frais de la production et paralyse l'exportation. Qui paierait les différences de la taxe du pain, le jour où la concurrence des villages de l'Allemagne et des ateliers de l'Angleterre et des États-Unis aurait réduit le salaire des ouvriers de Paris ? On finira bien par comprendre le danger que nous signalons et par opérer cette décentralisation industrielle, cette alliance de l'industrie avec l'agriculture, alliance et décentralisation que nous ne nous lasserons jamais de préconiser.

Encore une fois, personne plus que nous ne désire la grandeur et la gloire de la capitale de la France ; Paris ne sera jamais assez beau, assez splendide, à nos yeux, sous le rapport du luxe et des monuments. Mais nous ne pouvons voir avec le même plaisir l'exubérance de son développement industriel. Il est bien entendu qu'il n'entre nullement dans nos intentions de gêner l'essor de cette admirable fabrication dont les produits, connus sous le nom d'articles de Paris, défient la concurrence étrangère. Cette industrie-là mérite d'être encouragée par tous les moyens possibles, et c'est précisément pour lui donner plus de place et de faveurs que nous voudrions voir disparaître de Paris ces vastes ateliers de constructions, ces grosses industries qui empiètent sur le terrain de la spécialité si gracieuse, si délicate et si riche des articles du luxe et du bon goût français.

Les compagnies de chemins de fer ont singulièrement encouragé l'émigration des industries de la province vers Paris. Composées, pour la plupart, de capitalistes du Nord, elles n'ont vu dans les nouvelles voies de communication, qu'un moyen de faire arriver plus promptement les ouvriers et les manufactures au milieu de Paris. Bien loin de favoriser les intérêts existants, les courants d'affaires naturels, elles se sont ingéniées à les déplacer au profit d'intérêts et de courants factices. Nous ne connaissons pas une seule voie ferrée dans le Midi qui ait été exécutée en vue d'un intérêt de localité, de province ; la plupart des lignes ont été tracées en quelque sorte à vol d'oiseau, dans le but unique d'abréger la distance de Paris.

Disposant d'un capital énorme, dominant par leur influence celle des plus grands industriels et des plus habiles négociants, exerçant sur tous les centres de production et de consommation un ascendant qu'on pourrait taxer de tyrannie, les compagnies de chemins de fer ne se sont pas contentées d'encourager l'émigration de nos industries de province vers Paris et de créer ainsi une capitale industrielle ; elles ont encore voulu créer une capitale commerciale, au moyen de combinaisons plus ou moins habiles de docks, de comptoirs et de sous-comptoirs d'escompte, de tarifs différentiels, etc., etc. Que n'ont pas rêvé les grandes associations financières de notre époque en faveur de Paris port de mer ! Fallût-il dépenser des centaines de millions pour conduire la mer devant le port Saint-Nicolas qu'elles n'hésiteraient pas à le faire, sans se préoccuper de la question d'utilité et d'opportunité.

Il est bien temps d'arrêter le développement de cette politique de centralisation indéfinie, parce qu'elle conduit tout droit au communisme d'en haut, communisme bien plus dangereux, bien plus terrible dans ses conséquences que le communisme d'en bas.

Si Paris est et doit rester la capitale du luxe, du plaisir et des beaux-arts, il est bon, par contre, que les antiques capitales du travail, de l'industrie et du commerce ne soient pas dépouillées de tout ce qui faisait leur fortune et leur gloire. A Paris les jouissances du luxe, à la province les bénéfices du travail ; telle est la répartition équitable que préconise la saine économie politique.

Nous n'avons pas oublié les services qu'ont rendus les capitales de nos provinces à la cause de l'ordre et à la restauration de l'Empire ; ce sont leurs travailleurs qui ont affranchi la France de la tyrannie parisienne, et il est bien juste qu'au lieu de diminuer leur influence on travaille à l'accroître.

Quand il a conduit dix millions d'hommes à l'urne du suffrage universel, Louis-Napoléon a rendu à nos départements la conscience de leur force politique. En les dotant aujourd'hui de chemins de fer et d'institutions de crédit, il les provoque à travailler avec lui à l'édifice de la grandeur agricole, industrielle et commerciale de la France. Les matériaux sont à pied d'œuvre ; honte à qui se croiserait les bras ! Les départements se doivent à eux-mêmes d'apporter dans le travail de la production nationale cet esprit de foi et de décision, avec lequel ils ont entraîné Paris vers l'Empire. Le monopole industriel de Paris ne vaut guère mieux pour eux que son monopole politique, et ils n'auraient accompli que la moitié de leur tâche s'ils ne tentaient pas de s'affranchir aussi de celui-là. Qu'ils laissent à la capitale son luxe, ses splendeurs artistiques, ses féeries de toutes sortes ; qu'ils lui laissent aussi ses jeux de bourse et son immense agiotage de valeurs aléatoires; mais pour Dieu ! qu'ils se hâtent d'apprendre à vivre de leur vie industrielle et commerciale, à féconder leurs magnifiques éléments de travail.

La province est appelée à jouer un beau rôle dans l'œuvre de régénération sociale commencée par Napoléon III ; ce n'est pas l'argent qui lui manque, ce n'est pas non plus le crédit. Elle a en elle-même, et sous sa main, d'immenses ressources qu'un peu de bonne volonté suffirait à vivifier. Nous voudrions lui voir cette mâle énergie, cette patiente persévérance du génie d'entreprise, qui ne se laisse jamais détourner de son but, et elle forcerait bien vite Paris à compter avec elle.

On voudra bien croire que ces paroles ne nous sont dictées par aucun sentiment de malveillance ou de jalousie contre Paris ; si nous demandons, avec tant de force, que la province se fasse riche et puissante par son industrie et son commerce, c'est afin que le luxe et les grandeurs de Paris reposent sur les solides assises du travail de la province et que la capitale de la France ne cesse jamais d'être la capitale du monde.

Qui doit inspirer aux départements cette énergie de l'esprit d'entreprise et d'association ? Ce sont les capitales que la nature elle-même leur a données; elles doivent l'exemple aux centres de population sur lesquels elles exercent, en quelque sorte, une suzeraineté morale, et elles méritent, de ce chef, tous les encouragements du Gouvernement.

Bordeaux est une de ces capitales naturelles qu'on ne diminue pas, qu'on ne supprime pas impunément, parce qu'elles sont nécessaires à l'équilibre des forces nationales, au triple point de vue de la politique, de l'industrie et du commerce. Assise sur les bords d'un fleuve magnifique, aux portes mêmes de l'Océan et de la Méditerranée; pourvue d'une rade qui le dispute en beauté à celles de Naples et de Constantinople; centre d'un vaste réseau de chemins de fer, de routes et de canaux; maîtresse de la plus riche industrie agricole du monde, à quel degré de grandeur et de prospérité ne peut s'élever la vieille capitale de la France du sud-ouest, si elle n'est pas sacrifiée aux exigences industrielles et commerciales de Paris, et surtout si elle sait mettre en valeur les précieuses ressources dont elle dispose ! Par une admirable faveur providentielle, elle réunit toutes les conditions nécessaires pour devenir à la fois la plus puissante ville de commerce et d'industrie, comme la plus séduisante station du plaisir et du luxe dont Paris est la tête de ligne.

Malheureusement, il semble qu'elle ne se soit pas encore relevée du découragement profond qui l'a saisie après la perte de sa belle colonie de Saint-Domingue. Insoucieuse de l'avenir, indifférente sur le présent, elle a presque oublié déjà les splendeurs de son passé. Courrait-elle, par hasard, à la décadence et laisserait-elle tomber de ses mains le sceptre qu'elle a trouvé sur son berceau? Nous serions tenté de le croire, en voyant l'espèce d'apathie avec laquelle elle s'occupe de ses intérêts les plus immédiats; mais, grâces à Dieu, elle compte encore, dans son sein, des enfants qu'enflamme le patriotisme local et qui brûlent de replacer sur la tête de leur chère cité la couronne que ses rivales voudraient lui enlever. Nous ne serons que le modeste interprète de leurs généreux élans, et, persuadé que travailler à la restauration des grandeurs de Bordeaux, c'est travailler, en définitive, pour la fortune et la gloire de la France, nous reprendrons une à une toutes les questions qui touchent aux véritables intérêts de Bordeaux. Si fatigantes et si ennuyeuses que soient les redites, elles sont le plus sûr moyen d'aider les infiltrations de la vérité; comme la goutte d'eau, elles finissent par user les résistances les plus rebelles. C'est là ce qui nous encourage à ressasser les divers arguments que nous avons émis tant de fois en faveur de telle ou telle idée, de telle ou telle entreprise bordelaise ; c'est aussi là l'excuse que nous invoquerons, auprès de nos lecteurs, pour les entretenir de nouveau des questions dont la solution se fait attendre depuis si longtemps.

CHAPITRE II.

DES MUNICIPALITÉS.

Nous ne ferons pas remonter jusqu'au Gouvernement la responsabilité de la décadence de Bordeaux et de l'état de stagnation dans lequel se trouvent ses affaires. Nous savons que l'Empereur Napoléon porte un intérêt tout particulier à notre belle cité, et qu'il y aura toujours une prédilection marquée pour celle qui peut à bon droit revendiquer le titre de fille aînée de l'Empire; mais l'Empereur ne peut rien faire pour elle qu'à la condition de connaître ses besoins et d'avoir dans sa municipalité un auxiliaire ardent, énergique, des grandes idées de progrès et d'améliorations dont il aime à poursuivre partout l'application. La municipalité de Bordeaux s'est-elle toujours montrée à la hauteur des exigences d'un pareil concours? S'est-elle bien inspirée de la pensée napoléonienne? N'a-t-elle pas craint de sortir de ses attributions, de froisser quelques intérêts particuliers, de compromettre une balance de caisse, d'inquiéter de vieilles habitudes d'indolence, en marchant hardiment dans la voie des réformes ouvertes par Napoléon III?

Nous sommes tout disposé à tenir compte de la bonne volonté des représentants de la ville de Bordeaux; nous sommes bien persuadé que l'administration supérieure n'a recommandé nos honorables mandataires au choix des électeurs qu'à cause de leur mérite et de leur capacité. Le Gouvernement d'aujourd'hui n'appartient pas à l'école des hommes d'Etat qui prétendaient que, pour mieux dominer un corps constitué, il fallait en éloigner les influences et les capacités. Le pays gagne toujours à être servi par les citoyens les plus capables et les plus influents ; l'influence et la capacité ne sont dangereuses qu'autant qu'elles se mettent au service des mauvaises passions de partis et de coteries politiques. Que manque-t-il donc aux représentants de nos intérêts pour attirer sur nous les bienfaits du Gouvernement et obtenir le redressement de nos griefs ? L'esprit, la force d'initiative. Manque de confiance et timidité, voilà ce qui arrête les élans de notre bon vouloir et de leur capacité.

Réunir en faisceaux toutes les forces vitales de la cité, provoquer la fusion intime de tous les intérêts, combattre l'esprit d'antagonisme et de jalousie, rattacher les uns aux autres, par les liens naturels du patriotisme, les agriculteurs, les industriels, les négociants, les savants de la Gironde et des vingt départements dont Bordeaux est la capitale, telle doit être la mission de l'autorité municipale. Oser et avoir confiance, voilà la formule, la devise des municipalités modernes.

Quand on est à la tête d'une grande ville, écrivions-nous le 2 juillet 1854, on est appelé à faire autre chose que des arrêtés sur les petites questions d'intérêt local. C'est beaucoup sans doute que de savoir tenir la main à toutes les mesures qui ont pour but l'approvisionnement des marchés, la sécurité et la propreté publiques. Mais ces résultats obtenus, doit-on s'arrêter? Nullement. Une plus haute mission réclame les administrations municipales. Ce n'est pas assez pour elles d'assurer le présent, elles ont encore à fonder l'avenir.

On s'est beaucoup récrié, de nos jours, contre ce que l'on appelle l'amoindrissement de nos municipalités; mais qui donc l'a provoqué, qui donc l'entretient, sinon les municipalités elles-mêmes? Elles n'ont plus, il est vrai, le pouvoir de tenir le Gouvernement en échec et de s'affubler des oripeaux d'un faux libéralisme; mais ne conservent-elles pas toujours le droit de faire entendre leurs justes réclamations? Qui les empêche d'user de leur droit d'initiative et de pétition? Le Gouvernement ne saisit-il pas avec bonheur l'occasion de les consulter avant de prendre une décision quelconque sur les affaires qui les intéressent? N'a-t-il pas plutôt à se plaindre de leur indolence et de leur défaut d'initiative? Nos fières municipalités d'autrefois luttaient contre la féodalité, et les rois de France, témoins de leurs courageux efforts, les aidaient souvent de leur épée. Pourquoi celles d'aujourd'hui n'ont-elles plus cette ardeur d'initiative, ce sentiment de leur force? Seraient-elles moins écoutées, si elles exposaient leurs griefs avec cette respectueuse persistance, cette foi de son droit qui assurent toujours le triomphe ? N'ont-elles pas l'Empereur pour premier patron ?

Jamais peut-être les municipalités n'ont eu plus qu'aujourd'hui l'occasion de prouver leur importance et leur vitalité. Toutes les fois que leurs intérêts ont été menacés par des individualités ou par des compagnies puissantes, elles ont obtenu pleine satisfaction. Entre le fort et le faible, le Gouvernement n'hésite pas. Si le faible est une ville, tant mieux pour elle, la ville sera sûre de l'emporter. Il y a tantôt cinq ans, le Havre, fatigué des envahissements d'une riche administration de chemins de fer et des démarches inutiles qu'il avait faites pendant dix ans, s'adressa, en désespoir de cause, à l'Empereur Napoléon ; justice lui fut immédiatement rendue. C'est que nous vivons sous un Gouvernement dont la mission est d'être le destructeur le plus impitoyable de toutes les féodalités ; il n'a, lui, d'autres susceptibilités à ménager que celles de l'intérêt général, d'autres droits à faire prévaloir que ceux de la masse ; il peut être juste parce qu'il est fort, indépendant parce qu'il s'appuie sur le peuple, sur tout le monde.

Combien de fois, depuis qu'il est sur le trône, l'Empereur n'a-t-il pas fait appel à l'esprit d'entreprise de nos villes ! Combien de fois n'a-t-il pas aidé leurs sacrifices par des subventions considérables ! Lyon, Marseille, le Havre ont entendu sa voix. Aussi, comme ces villes sont magnifiquement dotées ! Bordeaux s'est tenu si modestement à l'écart, qu'il paraît prendre à tâche de se faire oublier, et pourtant que d'améliorations à introduire, que de grandes choses à faire chez nous !

S'il est vrai que la moindre dépense nous effraie, que le plus petit pas en avant nous fatigue, nous sied-il bien de nous plaindre de notre infériorité et pouvons-nous accuser le Gouvernement des maux que nous sommes les premiers à entretenir ?

L'Empereur ne peut aider que ceux qui ont le courage de s'aider eux-mêmes, et c'est mille fois rationnel ; il a le droit d'exiger que ses grandes conceptions, que ses magnifiques projets d'améliorations populaires soient appliqués par les mandataires spéciaux et directs des communes de l'Empire. Ces mandataires sont les Conseils municipaux et les administrations municipales ; leur principale mission, mission de confiance et de patriotisme, est de populariser, de faire passer dans la pratique tous les genres de progrès et de bien-être. La commune est la base de tout Gouvernement, et les représentants de la commune qui négligent de travailler à la propagation des belles institutions émanées de l'idée impériale, compromettent à la fois, et les intérêts de leur commune, et ceux du Gouvernement.

La loi municipale de 1855 est assez libérale dans son esprit et dans sa lettre pour que tout citoyen de bonne volonté soit mis à même d'émettre son opinion sur les intérêts de la commune et d'aider à la vulgarisation de tous les progrès. Aux termes de cette loi, le Conseil muncipal est investi du droit d'initiative; il est le véritable Sénat de la commune. L'administration municipale représente le Pouvoir exécutif, et elle peut, au moyen des enquêtes, faire appel aux lumières de tous les citoyens sur les différentes questions d'utilité publique. C'est donc un droit et un devoir pour les Conseils municipaux de proposer, dans leurs quatre sessions constitutionnelles, toutes les mesures qui leur paraissent opportunes, au double point de vue moral et matériel ; c'est un devoir pour tous les citoyens de répondre à l'appel de l'administration municipale quand celle-ci juge à propos de faire des enquêtes ; c'est un devoir pour l'administration municipale de ne soumettre à l'approbation du Gouvernement, représenté par les préfets ou les ministres, que des arrêtés conformes aux vœux du Conseil municipal et des citoyens.

Cette interprétation des lois du 20 mai 1855 et du 8 juillet 1837 n'a pas encore été bien comprise à Bordeaux, et cependant elle y serait bien féconde en résultats. Imaginons que dans toutes les grandes questions d'intérêt municipal, tous les citoyens soient invités à aller transcrire leur opinion sur un registre déposé à la mairie ; imaginons que nos conseillers municipaux se fassent les interprètes, les avocats des vœux de la population ; imaginons, enfin, que l'administration municipale mette sa gloire à faire exécuter tout ce qui serait réellement utile et praticable, n'est-il pas évident qu'il sortirait de cet ensemble d'efforts quelque chose de grand et de patriotique ? La presse locale se ferait, de son côté, un devoir de provoquer la discussion, d'écarter tous les conflits de quartiers et d'intérêts individuels ; son concours loyal deviendrait une véritable force pour l'administration municipale et pour le Gouvernement.

Publicité des enquêtes, publication des comptes-rendus du Conseil municipal, insertion, dans les journaux, des noms et des votes de chaque conseiller en regard de son opinion, comme cela se pratiquait encore, l'année dernière, à Bordeaux, et comme cela se pratique toujours au Corps législatif ; appel incessant à toutes les lumières, à toutes les bonnes volontés, voilà les moyens de ramener la vie et l'activité dans le corps de nos municipalités.

On sait que l'Empereur attache une haute importance à la régénération des municipalités, et la dernière circulaire de S. Exc. M. le Ministre de l'intérieur est une nouvelle preuve de sa vive sollicitude pour les intérêts des communes. On a calomnié la loi en disant qu'elle s'opposait à la manifestation des vœux des municipalités ; calomnié l'Empereur et ses ministres en prétendant que la décentralisation était un vain mot. Le Gouvernement de Napoléon III aime et veut la vérité ; il aime et il veut surtout l'action. Agissons donc, aidons-nous donc un peu nous-mêmes si nous voulons qu'il nous aide.

Non-seulement les municipalités ne sortiraient pas de leurs attributions légales en s'occupant de toutes les grandes questions morales et matérielles à la solution desquelles est attaché l'avenir de la commune, mais, nous le répétons, elles répondraient aux vœux les plus chers du Gouvernement qui, heureux de trouver chez elles des interprètes et des auxiliaires de sa pensée, ne pourrait que les encourager à marcher hardiment dans cette voie d'initiative et de progrès.

Les plus belles institutions, les plus généreuses inspirations des gouvernements ne donnent tous leurs fruits qu'autant que la commune en surveille et en favorise l'application; c'est là une observation de tous les temps et de tous les lieux. Sans la forte organisation de ses municipes, l'Empire romain n'aurait pas eu une si longue durée, et l'on peut dire avec raison que toute nation à laquelle font défaut la vie et l'action municipales, finit bien vite par disparaître. Le patriotisme des Conseils municipaux et des administrations communales peut donc se mesurer aux degrés du dévoûment qu'ils déploient dans l'application des améliorations sociales inspirées par le Gouvernement ; c'est ce qui nous a fait dire que les représentants de la commune qui négligent de travailler à la propagation des belles institutions émanées de l'idée impériale, compromettaient à la fois les intérêts de la commune et ceux du Gouvernement, en un mot, les intérêts de la nation tout entière.

Aujourd'hui, que le génie de Napoléon ouvre un

si vaste horizon à notre activité agricole, industrielle et commerciale, nos municipalités doivent avoir à cœur de prouver qu'elles ont l'intelligence de la reconnaissance en mêlant leur action à celle du Gouvernement, l'intelligence de leur époque en provoquant, par tous les moyens possibles, l'association si féconde du travail et des capitaux moraux et matériels de tous les citoyens de la commune.

CHAPITRE III.

BORDEAUX CAPITALE MARITIME.

Il y a des capitales naturelles, il y en a de factices. Quand les premières ne sont pas détruites par l'inintelligence humaine, elles durent autant que le monde; les secondes tombent avec les hommes et les artifices qui les élèvent. Bordeaux est une de ces villes que la nature crée capitales à leur naissance, et qui n'ont plus qu'à entretenir les richesses dont elles ont été dotées pour vivre éternellement.

Le premier élément de la fortune de Bordeaux est évidemment le fleuve qui coule à ses pieds, et qui, d'un côté, tient à l'Océan, de l'autre à la Méditerranée. Est-il vrai, comme l'ont prétendu les adversaires de notre port, que ce magnifique cours d'eau n'offre plus à la navigation les mêmes avantages qu'autrefois? C'est là une assertion calomnieuse que réfutent victorieusement tous les jours les traversées des bâtiments du plus fort tonnage; quand des navires de 2,000 tonneaux remontent jusqu'à Bordeaux avec le secours de la marée, il n'y a pas trop lieu de se plaindre. Est-ce à dire que le régime du fleuve n'exige pas d'importantes améliorations? Non sans doute, car on ne peut se dissimuler que plusieurs passes sont devenues assez difficiles pour qu'on songe sérieusement à les approfondir. De grands travaux ont déjà été exécutés dans ce but; mais notre avis a toujours été qu'au lieu de s'attaquer à des points isolés, les ingénieurs auraient mieux fait d'étudier et d'aider tout simplement les allures naturelles du fleuve.

Bordeaux conservera son fleuve maritime tant que le golfe de la Gironde permettra la transmission de l'ONDE; mais les rétrécissements, les comblements, les dépôts de vase et de sables ne forceraient-ils pas un jour le port de Bordeaux à descendre à Pauillac, au Verdon ou à Royan, s'ils n'étaient pas combattus avec toutes les armes de la science et de l'expérience? Les ports de Damiette, de Rosette, d'Aigues-Mortes ne disent-ils pas assez le sort réservé à celui de Bordeaux? Nous n'aimons guère le rôle d'alarmiste; mais l'intérêt du présent, et surtout celui de l'avenir de notre belle cité, nous font un devoir de dire la vérité à l'administration des ponts et chaussées.

Notre profond respect pour les lumières de ses ingénieurs ne nous empêchera pas de constater qu'aucune vue d'ensemble n'a jamais présidé à ses travaux; se traînant à la remorque des articles de journaux, des circonstances, des goûts publics, des détails, des idées d'hommes politiques, elle a bien discuté par-ci par-là quelques questions isolées; mais aucun plan arrêté, aucun projet d'ensemble n'est sorti de son initiative. La faute n'en est pas au talent et à la bonne volonté de ses ingénieurs, mais à l'organisation qui les régit.

Nous voudrions que les hommes chargés des destinées d'un fleuve tel que celui de la Gironde pussent, à la suite d'enquêtes sérieuses, se réunir, concerter leurs projets, échanger leurs idées et recevoir une impulsion unique. Pourquoi ne les débarrasserait-on pas des tiraillements et des influences de localités? Pourquoi tous nos ingénieurs hydrauliques ne seraient-ils pas soumis à la juridiction du ministère de la marine? L'unité, et, dirons-nous, l'indépendance d'action sont les premières conditions de succès dans les travaux qui ont pour but la conservation de notre fortune fluviale et maritime.

Tout le monde sait qu'à certaines époques de l'année, le tirant d'eau de la Garonne descend à 75 centimètres, notamment entre Castets et Langon, au point que les petits caboteurs sont obligés de s'arrêter ou de recourir à l'expédient si coûteux des allèges. Quelques ingénieurs, fort distingués d'ailleurs, ont pensé qu'il serait facile de remédier à cet attérissement de la Garonne en resserrant son lit. Les praticiens ne sont pas tout à fait de leur opinion. Tel qu'un cheval fougueux et indompté, la Garonne s'irrite des obstacles, et ses emportements seront d'autant plus à redouter, qu'elle trouvera plus de digues sur son passage. Nous savons malheureusement trop bien, par l'expérience, à Bordeaux et dans les environs, que le courant du jusant, par exemple, n'a déjà pas assez d'ouverture pour son débit et qu'il laisse déposer les terres et les sables que l'eau tient en suspension. C'est ainsi que se sont formés ces bancs de sable qui s'arrêtent par l'insuffisance des moyens de dégorgement. Ne vaudrait-il pas mieux faire la part du fleuve, en lui sacrifiant quelques milliers d'hectares, plutôt que d'exposer à ses ravages périodiques des milliers de kilomètres cultivés ?

Les ingénieurs les plus expérimentés ont proposé d'échelonner la Garonne, dans le sens de la hauteur, en trois lits : le lit MAJEUR, qui occupe toute la vallée submersible ; le lit MOYEN, qui occupe toute l'espace compris entre les berges naturelles du fleuve ; le lit MINEUR, qui est formé au moyen de petites digues d'étiage, très peu relevées et couvertes par les eaux moyennes.

Les ingénieurs ne se sont occupés jusqu'à présent que des deux derniers, et s'ils commencent à penser au lit MAJEUR, c'est uniquement dans l'intérêt de la défense des propriétés riveraines, et ils ne se préoccupent guère du débit du fleuve. Aussi, arrive-t-il que les distances comprises entre les digues établies sur chaque rive, varient continuellement et ne sont pas, dans tous les cas, assez grandes pour former un véritable lit majeur. Les propriétaires riverains élèvent des digues submersibles partout où il y a le moins de dépenses à faire, et les ingénieurs permettent trop facilement des plantations d'arbres, des constructions de maisons et des bâtis de clayonnages entre les digues du lit majeur et le fleuve. C'est ainsi qu'ils gênent les allures du fleuve au lieu de les favoriser.

L'observation que nous faisons sur le jusant s'applique également au flot : AU LIEU DE RÉTRÉCIR L'EMBOUCHURE DE LA GARONNE, MIEUX VAUDRAIT L'AGRANDIR; nous pensons qu'il est plus rationnel de présenter à la mer la grande ouverture d'un entonnoir que la petite, sans qu'on ait à craindre le déplacement des sables fixes qui forment les passes actuelles. Sous prétexte d'éviter la création d'une barre semblable à celle d'Arcachon ou de Bayonne, on a dépensé, à la Pointe de Grave, des millions que la mer a engloutis, sans profit pour le régime du fleuve.

Nos ingénieurs ont été moins heureux encore du côté de Tout-Vent. A deux ou trois kilomètres de ces magnifiques pâturages et de ces mattes d'une fécondité si puissante, mugit l'Océan; il n'y a qu'un rempart qui les protége : ce sont les dunes. Mais les dunes sont minées et la mer continue ses ravages avec une opiniâtreté désespérante. Les travaux que l'on avait exécutés à Tout-Vent sont à peu près détruits, à l'exception de quelques épis qui se trouvent à gauche de l'anse du sud. Les brise-lames, que nous avons remarqués au mois d'octobre dernier, suffiront-ils à la défense de ce point si important du bas Médoc ? Nous voudrions pouvoir l'espérer; mais dans l'espace d'une année, la mer a avancé de plus de 50 mètres vers les dunes, et les amoncellements que l'on remarque en été derrière les brise-lames, disparaissent ordinairement en hiver. La jetée de la Pointe de Grave a mieux réussi, il est vrai, et les épis placés au sud de cette jetée ont fait exhausser la plage d'une manière très rassurante jusqu'au rocher de Saint-Nicolas ; mais ne pourrait-on pas attribuer au succès obtenu de ce côté les tristes résultats des travaux de Tout-Vent ? Et n'est-il pas vrai que plus on agrandira la base des récifs entre Cordouan et Saint-Nicolas, plus le retour de la lame sur l'anse acquerra d'énergie ?

Nous serions assez disposé à croire que, si l'on avait ménagé une plus grande ouverture pour l'entrée de la mer dans la Garonne, on aurait épargné dans le présent bien des dépenses inutiles, et, peut-être, évité bien des catastrophes dans l'avenir. Ainsi que l'a dit l'Empereur Napoléon III, la mer a ses habitudes et ses mœurs ; il faut les connaître et savoir les respecter pour prévenir plus sûrement ses colères. La même observation s'applique à tous les grands cours d'eau. En un mot, il faut étudier les effets de la nature et remonter à la cause ; si on ne peut détruire la cause, à quoi bon enlever l'effet ?

On a eu le tort jusqu'à présent de déplacer les bons ingénieurs hydrauliques, de les soumettre à une foule d'influences locales, et de ne pas leur donner sur place l'avancement mérité par leurs travaux et leur expérience. L'Empereur, dans sa lettre sur les inondations, a promis de changer ce mode vicieux du service. Nous verrions avec plaisir que le Gouvernement complétât la réforme ordonnée par le maître, en assimilant les ports du commerce aux ports militaires. Dans les premiers, aucune vue d'ensemble ne préside aux travaux d'amélioration; dans les seconds, au contraire, tout s'exécute promptement et régulièrement; nous n'en voulons pour exemple que le nouvel avant-port de la ville de Toulon. Le port de Bordeaux a eu beaucoup à souffrir des divers systèmes préconisés par les différents ingénieurs des ponts et chaussées qui se sont succédé chez nous à des intervalles plus ou moins courts. S'il avait été soumis à l'administration directe du ministère de la marine, il n'aurait probablement pas à craindre aujourd'hui la formation d'une barre au beau milieu de sa rade, et les passes de son fleuve seraient bien certainement beaucoup moins dangereuses; on aurait prévenu tous les ensablements, on aurait creusé le lit du fleuve partout où cette opération aurait été reconnue nécessaire; on aurait exécuté, en un mot, tous les travaux d'entretien et d'amélioration avec cette unité, cette expérience et cette promptitude qui font tant d'honneur aux ingénieurs des ports de guerre. Ces ingénieurs ne relèvent que du ministère de la marine, pour l'exécution des projets approuvés par le ministère des travaux publics, et c'est là ce qui fait la garantie de leurs succès. La sécurité et la prospérité de nos grands ports commerciaux importent tout autant à l'avenir de la France que celles de nos grands ports militaires; aussi, ne comprenons-nous pas que, destinés à rendre les mêmes services, ils ne soient pas régis par le même mode d'administration. C'est une réorganisation complète à opérer.

Il faut des hommes d'une haute intelligence et d'une expérience consommée, pour surveiller le régime d'un fleuve tel que celui d'où dépendent la fortune de Bordeaux et celle de plus de vingt départements. Le mal n'est pas encore très grand et il est possible aujourd'hui d'y remédier. Quoiqu'en aient dit les partisans de la centralisation parisienne et havraise, Bordeaux est parfaitement en état de donner l'hospitalité à des services transatlantiques. « Sa rivière, écrivait ces jours derniers un journal de Paris, ne permet, malgré son étendue, le passage qu'à des navires d'un moyen tonnage et le refuserait infailliblement à des paquebots établis dans les proportions gigantesques qui doivent présider à la construction des futurs paquebots transatlantiques. » D'abord, il est faux de dire que les navires d'un fort tonnage ne puissent pas remonter jusqu'à Bordeaux; nous avons eu maintes fois l'occasion de signaler la montée en rade de bâtiments jaugeant deux mille tonneaux; ensuite, l'écrivain en question partage, comme beaucoup de ses confrères parisiens, cette erreur que les paquebots transatlantiques doivent avoir des proportions gigantesques. Nous plaindrions la compagnie concessionnaire si elle donnait à ses paquebots un tonnage supérieur à celui des bâtiments qui fréquentent notre port, car la vitesse importe beaucoup plus que la charge au succès des paquebots qui, à notre avis, doivent être avant tout des COUREURS maritimes ; nous la plaindrions surtout si elle dédaignait de prendre Bordeaux pour port d'attache. La vérité est que si l'on négligeait de creuser les passes, de prévenir les ensablements et de surveiller attentivement le régime du fleuve, le mal pourrait s'aggraver au point de devenir irrémédiable ; mais, dans l'état actuel des choses, la Gironde est bien encore la Tamise de la France, suivant l'expression échappée, l'année dernière, à l'enthousiasme de l'Empereur.

Jusqu'à présent nous avons un peu trop compté sur les inondations de la Garonne et de la Dordogne pour creuser les passes de la Gironde ; notre municipalité s'est un peu trop reposée sur les ingénieurs pour améliorer sa rade et son fleuve. Il est grand temps de solliciter du Gouvernement l'exécution de travaux plus efficaces que ceux des endiguements du haut de la Garonne, de la Pointe de Grave et de Tout-Vent ; grand temps de placer notre port sous la direction d'ingénieurs indépendants de toute espèce d'influences locales.

C'est à l'absence de véritables enquêtes telles qu'elles se pratiquent en Angleterre et en Belgique, c'est au manque de discussions publiques entre les gens de l'art, c'est au système-métis de l'administration du ministère des travaux publics, qu'il faut attribuer la triste infériorité des ports commerciaux sur les ports militaires. Plût à Dieu que l'Empereur pût venir s'assurer par lui-même de l'état de notre fleuve, ainsi qu'il était si disposé à le faire l'année dernière !

Nous savons qu'en ce moment même on se prépare à exécuter, dans la partie du fleuve qui coule aux pieds de notre ville, des projets qu'il nous est impossible de ne pas considérer comme fatals. Ainsi, en Paludate, on se propose de construire une digue, de canaliser, d'enlever d'énormes quantités de sables; mais si, malgré les prévisions des ingénieurs, les rétrécissements du fleuve allaient aggraver l'ensablement au lieu de le diminuer ? Nous savons bien qu'en rétrécissant un chenal, on ne crée pas des ensablements ; mais souvent on ne fait que les déplacer. Quel remords pour les ingénieurs et pour ceux qui les inspirent si le banc de sable qu'ils veulent enlever en amont allait se reformer en aval, en pleine Garonne, au milieu de la rade, précisément à cause de la rapidité nouvelle imprimée au courant par la construction du chenal et aussi à cause de la nature des courants observés aux Chartrons !

La continuation du quai vertical le long des Chartrons ne menace pas moins de contrarier les courants qui se portent de ce côté, et si l'on empiète trop sur le fleuve pour ménager l'alignement de la façade, notre navigation sera gravement compromise. Nous avons beaucoup plus de confiance dans les machines de désenvasement et de dragage que dans les digues et les barrages des ingénieurs ; toute modification du régime d'un fleuve ne doit être tentée qu'avec une extrême réserve. Trop souvent, hélas ! on a rétréci la Garonne à Bordeaux et en amont, dans toute la partie où monte la marée. On a diminué la quantité d'eau montante et la quantité d'eau descendante, et, [par suite, la puissance de corrosion et d'entraînement !

Parmi les moyens les plus propres à entretenir constamment la même profondeur d'eau dans le haut de la Garonne, il en est un que nous avons proposé à l'époque des inondations. « Il consisterait, écrivions-nous le 9 juin 1856, à établir un certain nombre de réservoirs près des plateaux qui déversent leurs eaux dans les affluents des grandes rivières. Que dans un des affluents du Lot, par exemple, on établisse quelques-uns de ces réservoirs, et le Lot, au lieu de verser des millions de mètres cubes dans la Garonne en quelques heures, les déversera en plusieurs jours ; qu'on fasse la même opération sur les autres affluents, et les débordements ne seront plus à craindre. » Ce système, si vivement recommandé par l'Empereur, dans sa lettre du 21 juillet suivant, à M. le Ministre des travaux publics, ne présente pas seulement l'avantage de prévenir et de régler les débordements, il a encore celui de fournir de l'eau à la navigation des grands fleuves et à l'irrigation. Il permettrait, dans tous les cas, d'économiser une quantité considérable d'eau pour les époques de sécheresse et d'empêcher ce charriage de sables et de terres, conséquence ordinaire des grandes inondations.

La question des débordements est une question agricole; faites de la terre une éponge par le drainage, de chaque commune un champ d'irrigation; établissez un réseau de dérivations, et il n'y aura plus de débordement; et d'un fléau dévastateur vous ferez un agent de production en même temps qu'un auxiliaire de la navigation.

Un autre moyen de venir en aide à la navigation du haut de la Garonne, serait la prolongation du canal latéral jusqu'à Bordeaux, ou tout au moins jusqu'à Portets; c'est le complément nécessaire de l'œuvre de l'immortel Riquet. « Bien que cette idée ne soit pas neuve, écrivions-nous il y a deux ans, elle mérite cependant d'être reprise à nouveau, en présence des modifications profondes de notre économie industrielle et commerciale. Relier directement le Levant et l'Italie à Bordeaux par la voie d'eau, transporter à meilleur marché que par le chemin de fer les marchandises d'encombrement, partager avec Marseille les bénéfices de l'entrepôt ou du transit des provenances de la mer Noire, de la Méditerranée et de la mer Adriatique, conduire tous ces produits dans les mers du Nord, voilà le but qu'il faut atteindre. »

Tel qu'il est aujourd'hui, le canal réalisera-t-il toutes nos espérances ? Nous en doutons. Il n'est pas bien prouvé d'abord que le mouillage normal de 2 mètres 20 centimètres soit atteint dans tout son parcours. Ensuite, pour que ce canal produisît tout son effet utile, il ne faudrait pas que l'on fût obligé de rompre charge à Castets, et de grever par conséquent la marchandise de nouveaux frais de chargement et de déchargement. La navigation n'est économique qu'à la condition d'être régulière et continue. Or, il est prouvé, comme nous l'avons précédemment fait observer, qu'à certaines époques de l'année, le tirant d'eau de la Garonne descend à 75 centimètres entre Castets et Langon ; les caboteurs de Cette et de Marseille seraient donc forcés de s'arrêter en chemin ou de recourir à l'expédient si coûteux des allèges. En continuant le canal jusqu'à Portets, on éviterait ces fâcheux inconvénients, et les marchandises pourraient arriver dans le port de Bordeaux aux meilleures conditions possibles.

Bien qu'il s'arrête à Castets, le canal latéral à la Garonne inspire néanmoins tant de confiance à la compagnie qui l'exploite, qu'elle a fait publier dernièrement une note d'où nous extrayons les passages suivants :

« On se demande pourquoi la marchandise partant des ports de l'Ouest pour se rendre dans la Méditerranée, est obligée de faire un voyage de circumnavigation par Gibraltar, ou de passer par

Paris et Lyon pour se rendre à Marseille, jusqu'au moment où il lui sera permis d'emprunter le rail-way de Bordeaux à Cette.

» On ignore donc, ou on oublie, qu'il existe, entre Bordeaux et Cette, un trafic très actif par la voie des canaux, à prix réduit, inférieur à celui du chemin de fer du Midi, quelque modéré qu'il puisse être.

» En effet, à peine le canal latéral à la Garonne, CETTE CONTINUATION DE L'OEUVRE DE RIQUET, comme l'appelait M. Martin (du Nord), organe du Gouvernement en 1838, a-t-il été ouvert à la circulation, que la Compagnie du canal du Midi s'est empressée d'établir un tarif de TRANSIT pour la marchandise passant d'une mer dans l'autre, en réduisant son péage à DEUX CENTIMES et DEUX CENTIMES ET DEMI, suivant la classe, par tonne et par kilomètre.

» Cette amélioration, qui date du 1er octobre 1851, a suscité même les réclamations des villes intermédiaires entre Bordeaux et Cette, sous le prétexte que ces deux villes extrêmes jouissaient de l'avantage qui leur était refusé, de recevoir leurs marchandises à prix réduit. La presse de Toulouse enregistra, dans le temps, toutes leurs doléances à cet égard.

» En parlant des lenteurs et des frais des expéditions imposés aujourd'hui à la marchandise, on ferait entendre à ceux qui n'ignorent point que Bordeaux et Cette sont réunis par une voie canalisée, que cette voie est longue et coûteuse. Il n'en est rien pourtant.

» La batellerie accomplit le trajet total en huit jours, au moyen des relais-poste établis sur le canal du Midi, depuis l'année 1855, par les soins de la Compagnie propriétaire de ce canal.

» Le trajet étant de 500 kilomètres environ, le rail-way ne rendra pas plus tôt la marchandise. On sait, en effet, qu'en France, LA PETITE VITESSE n'accomplit les transports qu'à raison de 80 à 100 kilomètres par 24 heures, avec réserve de 36 à 48 heures pour les opérations dans la gare de départ et autant dans la gare d'arrivée.

» Le prix de la batellerie a varié de 18 à 20 fr. la tonne, et est même descendu à 16 fr. pour le MERRAIN en 1853.

» En supposant que le chemin de fer du Midi abaisse son tarif différentiel pour le transit de 5 à 6 c. d'une gare à l'autre, ce sera toujours de 25 à 30 fr. par tonne qu'il prendra, c'est-à-dire 50 pour 100 plus cher que la voie d'eau. »

Plût à Dieu que ce brillant programme pût être suivi ! Malheureusement, il ressemble beaucoup trop à une réclame de journal. Le canal latéral n'est pas dans d'assez bonnes conditions pour lutter contre le chemin de fer ; on sait qu'il appartient à la compagnie du Midi, et celle-ci ne négligera sans doute rien pour en faire un auxiliaire au lieu d'un concurrent de sa voie ferrée. Nous ne connaissons pas de canal, à petite section, qui soit en état de lutter contre un chemin de fer bien organisé, tant sont puissantes les locomotives que l'on construit aujourd'hui ; aussi, malgré les services qu'a rendus et que pourrait encore rendre le canal latéral, sera-t-il annihilé un jour par le chemin de fer. Nous ne demanderions pas mieux, pour notre compte, que de voir entre Bordeaux et la Méditerranée un canal susceptible de nous affranchir du monopole de la voie ferrée ; nous aimons la concurrence, surtout en matière de transport, parce qu'elle est la plus sûre garantie de la liberté et du bon marché. Malheureusement, il n'y a qu'un canal maritime qui puisse défier le chemin de fer ; la dépense serait, il est vrai, assez considérable, mais les bénéfices d'un pareil travail atteindraient d'immenses proportions.

Au moment où le génie de la civilisation moderne s'apprête à percer l'isthme de Suez et celui de Tehuantepec ou de Panama, il n'est pas inutile de rappeler que le complément obligé de ces deux opérations grandioses, c'est le percement de l'isthme de Bordeaux. Quoique la hauteur du faîte de partage d'un canal maritime reliant l'Océan à la Méditerranée soit moindre que celle du canal de Tehuantepec, au dire des ingénieurs américains, il y aurait néanmoins une si grande profondeur de terre à déblayer que la dépense serait énorme. Aussi avons-nous recherché un moyen plus prompt et plus économique d'arriver à un résultat extrêmement satisfaisant ; il consisterait à se servir des lits de l'Aude et de la Garonne, deux rivières que le canal de Riquet unit déjà. Leurs eaux, suffisamment retenues à la hauteur du tirant maritime par de grands barrages mobiles avec écluses à sas, pourraient se prêter parfaitement au transport des navires d'un fort tonnage. Les barrages mobiles s'inclineraient au passage des bâtiments et se relèveraient ensuite, comme le petit barrage de ce genre qui existe à Agen, à l'origine de la prise d'eau du canal latéral à la Garonne.

Rien n'empêche de faire des écluses plus longues et plus larges que celles du canal actuel, comme rien n'empêche aussi de donner un plus grand tirant d'eau au moyen d'un plus grand nombre de réservoirs. L'Aude, on le sait, va tomber à la mer au-dessous de la ville d'Agde, et, répétons-le, rien ne s'opposerait à ce que son lit pût servir de canal maritime, à l'aide de digues latérales insubmersibles et de barrages mobiles, pour peu que l'on tînt en réserve toutes les eaux affluentes susceptibles d'inonder les parties submersibles.

Il est bien vrai qu'il faudrait sacrifier quelques terrains cultivés; mais qu'importe, si la pisciculture, l'irrigation et la navigation produisaient des indemnités suffisantes ? Malgré les frais d'expropriation, de terrassements et d'ouvrages d'art que nécessiterait un pareil travail, nous sommes persuadé que la dépense ne dépasserait pas celle du chemin de fer de Cette à Bordeaux. Le canal actuel servirait de jalon. Le canal de Gothie est un canal à écluses dans le genre de celui que nous préconisons, et il rend d'immenses services à la grande navigation suédoise. Le jour où un canal maritime, à larges écluses à sas, unirait les deux fleuves étagés qu'on appelle l'Aude et la Garonne, des remorqueurs à vapeur rouleraient les navires d'une mer à l'autre ! Mais avant de commencer cette œuvre gigantesque, il faudrait faire disparaître les débordements, les grands crues, les perturbations fluviales; il faudrait traduire en faits les belles recommandations de l'Empereur au Ministre des travaux publics, dans sa lettre sur les inondations. Le fleuve maritime par l'art c'est le couronnement de l'édifice de l'architecture hydraulique et agricole.

La jonction de la Méditerranée à l'Océan par un canal analogue à celui qu'on se propose de creuser à travers l'isthme de Suez, présenterait certainement beaucoup plus d'avantages que le fameux canal de Paris port de mer. L'isthme de Bordeaux serait très probablement moins difficile à percer; une partie de la besogne est déjà faite et il pourrait arriver un jour que des capitalistes sérieux entreprissent cette œuvre gigantesque, qui aurait pour résultat de supprimer à jamais le détroit de Gibraltar, et de placer deux couronnes sur la tête de la ville de Bordeaux. L'avenir se chargera de réaliser nos espérances et nos prévisions.

Rappelons-nous, dans tous les cas, que le percement de l'isthme de Bordeaux est le complément obligé, naturel du percement des isthmes de Suez et de Panama. En émettant cette opinion, nous ne pouvons avoir qu'un tort, celui d'avoir raison trop tôt.

Il n'existe peut-être pas au monde un seul fleuve qui réunisse au même degré que le nôtre toutes les conditions favorables à la navigation ; il s'agit seulement de savoir en tirer parti. Dans la partie supérieure de son cours, il reçoit de nombreux affluents, et à son embouchure, quand il se mêle aux vagues de l'Océan, il semble leur communiquer quelque chose de son calme en échange de la majesté qu'il lui emprunte.

Les navires peuvent entrer dans ses eaux, à toutes les époques de l'année, quelle que soit la tourmente de la mer ; ils auraient, au besoin, les Perthuis pour refuge. Ils n'ont à craindre, ni les caprices du vent, ni les exigences de la marée, ni les encombrements, ni les obstacles de toute nature qu'ils rencontrent dans la plupart des autres ports ; une fois en rivière, ces bâtiments sont aussi en sûreté que dans un chantier. Ce sont là, on en conviendra, des priviléges de la nature assez précieux pour que nous demandions au Gouvernement de les entretenir et de les développer avec soin. Nous ne craindrions pas de les voir disparaître si le fleuve et le port de Bordeaux étaient placés sous la direction immédiate du ministère de la marine et d'ingénieurs hydrauliques à poste fixe.

Il ne faut qu'un peu de bonne volonté de la part de l'administration et des propriétaires riverains pour prévenir de plus graves désordres dans l'économie de la Garonne et de ses affluents jusqu'au Bec-d'Ambès ; il ne faut que des dragages pour en approfondir le lit de plusieurs mètres partout où les envasements et les ensablements menacent l'existence de nos passes. Or, pendant que le ministère des travaux publics s'obstinait à refuser toute espèce d'allocation pour le dragage de la Garonne, le ministère de la marine ordonnait le creusement du port de Toulon, et, en ce moment même, il fait exécuter des travaux de désenvasement considérables à Lorient. A Bordeaux, les ingénieurs des ponts et chaussées se sont à peine occupés de l'appareil si simple de M. Rabache, un de nos compatriotes, et au lieu de vérifier par eux-mêmes les avantages de son ingénieuse théorie sur les envasements, ils ont trouvé plus commode de commencer par nier ses calculs et le mérite de son invention.

Des dragages et toujours des dragages, voilà le meilleur moyen d'entretenir le régime de notre Garonne et de faciliter la montée en rade des bâtiments du plus fort tonnage. Quant à la Gironde, ce n'est pas un fleuve, c'est un bras de mer intérieur ; la nature a fait pour Bordeaux ce que le génie de l'art a fait pour Cherbourg. Ici les ingénieurs n'ont qu'à se contenter d'étudier les mœurs et les habitudes de la mer pour apprendre à les ménager. Plût à Dieu qu'ils fussent assez bien inspirés pour ne pas vouloir lutter contre les flots ! Ils ne détourneraient plus alors sur Tout-Vent les colères qu'ils combattent à la Pointe de Grave ; ils épargneraient bien des millions à la France, bien des dangers à la navigation bordelaise.

La Gironde est une mer qu'il ne faut pas gêner dans ses allures et ses habitudes ; il suffit qu'on la respecte pour qu'elle soit toujours prête à donner asile aux plus grandes flottes commerciales et militaires du monde.

Le plus riche spectacle que les Bordelais pourraient donner à l'Empereur ne serait-il pas la vue de cette magnifique mer intérieure qui commence au Bec-d'Ambès pour aller se perdre dans les profondeurs de l'Océan ! Notre municipalité a une belle revanche à prendre, cette année, si, comme nous l'espérons, l'auguste héritier de Napoléon vient encore honorer notre ville de sa présence.

CHAPITRE IV.

BORDEAUX CAPITALE DE CHEMINS DE FER.

Grâce à son beau fleuve et à sa magnifique position entre l'Océan et la Méditerranée, Bordeaux est, sans contredit, le centre le plus actif de toutes les affaires agricoles, industrielles et commerciales du sud-ouest de la France. C'est vers Bordeaux qu'ont convergé, depuis un temps immémorial, les produits des trois grands bassins de la Dordogne, de la Garonne et de l'Adour. S'il est impossible de lui contester cette antique suprématie; s'il est vrai que, de nos jours encore, aucune ville ne puisse disputer à la nôtre la légitime importance que lui donnent ses cours d'eau, nous ne comprenons pas comment elle a pu être la victime de tant d'erreurs ou d'oublis dans le tracé de ses chemins de fer.

En matière de voies de communication, il y a un principe qui doit dominer tous les autres, et nous le formulerons ainsi : favoriser les intérêts sans les déplacer. Qu'il s'agisse de canaux, de routes ou de chemins de fer, le principe est le même, et toutes les fois qu'on s'en écarte, on viole les lois de la saine économie politique; on détruit sans créer. Quand une ville comme Bordeaux résume en elle tout le courant industriel et commercial d'une partie du pays, les voies de communication, qui la desservent, n'ont de raison d'être qu'à la condition de grossir ce courant, d'imprimer une nouvelle activité aux affaires dont cette ville est le centre. Les chemins de fer ne sont pas faits pour les compagnies qui les entreprennent, mais pour les populations qui doivent s'en servir; c'est ce que tous les gouvernements ont trop oublié en France.

Les intérêts de Bordeaux ont été sacrifiés à la fois, et dans la direction de ses chemins de fer et dans l'emplacement de ses gares. Il nous est malheureusement trop facile de justifier cette double assertion.

Parlons d'abord des graves préjudices que cause à Bordeaux la direction de certains chemins de fer, tels que le Grand-Central et le réseau pyrénéen, dont la destination primitive était et devait être l'intérêt du centre bordelais :

L'éternel honneur de Napoléon III sera d'avoir inauguré son avènement au trône national par un acte éclatant de réparation et de justice distributive; le décret qui consacra l'exécution de voies ferrées à travers les contrées les plus oubliées et les plus déshéritées de la France, a été acclamé par nos populations comme un immense bienfait de la politique impériale. Malheureusement, les personnes chargées d'interpréter les intentions bienveillantes de l'Empereur n'en ont pas compris toute la haute portée économique.

Il était rationel de penser que tous les chemins de fer aboutissant à Bordeaux seraient dirigés dans le sens des grands cours d'eau qui, de temps immémorial, ont porté vers Bordeaux les produits agricoles et industriels des populations établies sur leurs rives. Activer, multiplier les richesses existantes, voilà bien, répèterons-nous à satiété, le premier rôle des chemins de fer. Du jour où ils ne font que déplacer les intérêts naturels pour en créer de factices, ils manquent à leur mission, ils deviennent plus dangereux qu'utiles. Nous leur appliquerons ce que le prince Louis-Napoléon disait du canal de Nicaragua :

« Si l'on veut, écrivait-il, que le canal devienne le principal élément des progrès de l'Amérique centrale, il faut qu'il traverse, non pas la partie la plus étroite de la langue de terre, mais la partie du pays LA PLUS PEUPLÉE, la plus saine, la plus fertile, ARROSÉE PAR LE PLUS GRAND NOMBRE DE RIVIÈRES, afin que son activité puisse se communiquer aux points les plus éloignés de l'intérieur. »

Toute l'économie politique des chemins de fer est dans cette simple phrase de l'auguste écrivain. Les interprètes de la pensée impériale n'en ont pas tenu compte dans les tracés du Grand-Central et du réseau pyrénéen, et, au lieu de favoriser « la partie du pays la plus peuplée, arrosée par le plus grand nombre de rivières », ils ont barré, pour ne pas dire tari, les principaux courants d'affaires. Comme grand centre de consommation, et surtout comme port de mer, Bordeaux offre incontestablement le débouché le plus riche et le plus économique pour tous les produits des vallées de la Dordogne, de la Garonne, du Lot et de la Baïse ; ce sont là les affluents naturels de son commerce et de son industrie. Eh bien ! la Dordogne, le Lot et la Baïse ont été privés jusqu'à présent des chemins de fer qui leur revenaient de droit, et on a détourné ainsi de Bordeaux les sources les plus précieuses de sa fortune commerciale et industrielle. Et tout cela, pourquoi ?

Pour favoriser quelques chefs-lieux de préfecture ou de canton de l'Auvergne, du Périgord, de l'Agenais et du Béarn ; pour conduire plus rapidement, vers Paris et le Havre, les produits de l'Espagne et du Portugal. C'est en vue de ce double résultat que l'on a choisi Agen comme point de soudure du Grand-Central et du réseau pyrénéen.

Sous le régime du parlementarisme florissait l'influence d'un député célèbre par ses succès de clocher en matière de viabilité. Toutes les fois qu'il s'agissait d'un nouveau tracé de route, il se rendait au sein des commissions, armé d'une carte et d'une ficelle. Sur la carte se détachait, en grosses lettres, le nom de son clocher, et, sur ce nom, il faisait pivoter avec une merveilleuse dextérité un bout de la ficelle pour démontrer que la route en question devait nécessairement passer par son canton, quel qu'en fût d'ailleurs le point de départ. Le suffrage universel a renversé le parlementarisme, et le Gouvernement n'a plus à subir la pression des influences de clocher ; il y a un tribunal aujourd'hui pour faire droit à toutes les réclamations, tribunal suprême dont on n'invoque pas en vain la justice : c'est celui de l'Empereur.

Nous savons que l'auguste héritier de Napoléon aime la vérité et ne néglige rien pour la faire arriver jusqu'à lui ; aussi, la lui dirons-nous tout entière. En suivant sur la carte le tracé du Grand-Central et du réseau pyrénéen, il est facile de voir que les véritables intérêts des grandes capitales de province, telles que Bordeaux et Lyon, y sont sacrifiés à ceux de Paris et de quelques paroisses isolées ; une simple inspection des plans permet en effet de constater :

1º Que la ligne de Bordeaux à Lyon, au lieu d'être dirigée par la vallée de la Dordogne, part de Coutras pour aboutir à Saint-Etienne, en passant par Périgueux. Elle délaisse ainsi le courant de la Dordogne, sauf à donner à Bergerac un embranchement sur Mussidan. Comprend-on cet abandon de la vallée de la Dordogne, cette communication prolongée de Bergerac à Bordeaux par Mussidan ?

2º Que la ligne de Limoges à Agen, encore par Périgueux, s'écarte de Bergerac pour toucher aux forges de Fumel, achetées par la Compagnie du Grand-Central, et coupe ainsi le courant commercial du Lot au port de Penne, en allant directement sur Agen. Sauf un embranchement sur Villeneuve, il y aura donc une lacune considérable dans la vallée entre Villeneuve et Aiguillon.

3° Que la ligne de Clermont-Ferrand à Montauban, formée en partie par la voie de Coutras à Saint-Etienne, viendra couper de nouveau le Lot à 50 kilomètres environ au-dessus de Cahors, laissant ainsi entre ce point et Cahors une seconde lacune dans la vallée du Lot. Un embranchement sur Marsillac et les houillères d'Aubin devra être poursuivi jusqu'à Rodez.

Tel est l'ensemble du réseau Grand-Central, réseau dont on a pu dire avec raison « qu'il touchait à tout et n'aboutissait nulle part » et qui, ajouterons-nous, n'aboutit qu'à éloigner de Bordeaux, pour les détourner sur Périgueux et Agen, les courants naturels de la Dordogne et du Lot.

Ainsi, de Bergerac on devra passer à Mussidan pour atteindre Libourne et Bordeaux. De Cahors et de Villeneuve, on devra passer soit à Périgueux, soit à Agen, pour aboutir à Lyon. Agen même n'aboutira à Lyon que par Périgueux ou Montauban, toujours par ce motif que la vallée du Lot n'aura que deux tronçons disjoints. Rodez, pour la même raison, n'aboutira à Bordeaux que par Montauban et Périgueux. Enfin, les houilles d'Aubin, jetées à Montauban apparemment pour les besoins de la ville de Toulouse, qui a déjà trop de celles de Crameaux, les houilles d'Aubin, disons-nous, resteront éloignées de Bordeaux et des départements du Lot, de Lot-et-Garonne, du Gers, des Landes, des Hautes et Basses-Pyrénées.

Si le tracé du Grand-Central est fatal aux intérêts de Bordeaux et de la compagnie du Midi, son point de soudure, à Agen, avec le réseau pyrénéen ne l'est pas moins. Toutes les objections soulevées contre ce point de soudure d'Agen ont été impitoyablement écartées. Seule, la ville de Toulouse a obtenu, contrairement aux premiers projets de l'administration, que la ligne de Bayonne fût parallèle aux Pyrénées et passât par Saint-Gaudens; mais aussi elle s'était pourvue en cassation auprès de l'Empereur.

Le même recours ne pourrait-il avoir pour résultat le complément du Grand-Central dans la vallée du Lot et par conséquent sa jonction au chemin du Midi à Aiguillon, de manière à supprimer le tronçon du port de Penne à Agen ? Partant d'Aiguillon, la ligne de Tarbes, par la vallée de la Baïse avec embranchement sur Auch, pourrait être poursuivie jusqu'à Toulouse, par Grisolles. Le chef-lieu du Gers se trouverait ainsi relié avec Agen, Montauban et Toulouse, et on supprimerait la ligne directe d'Agen à la Baïse (à l'île de Noé) par Auch.

Cette combinaison aurait pour effet :

1º De rétablir les courants directs du commerce des deux bassins de la Garonne et du haut Adour sur Bordeaux ;

2º D'assurer des communications, sinon plus directes, du moins plus utiles sur Paris et sur Lyon ;

3º De faire aboutir les deux réseaux au chemin de Bordeaux à Cette, en choisissant un point de jonction beaucoup plus favorable qu'Agen, où le courant du Gers ne peut apporter qu'une minime quantité de marchandises, et où celui de la Baïse ne peut aboutir, non plus que celui du Lot.

Si les hommes auxquels est dévolue la mission sacrée d'éclairer la justice de l'Empereur s'étaient inspirés de ses idées sur la direction qu'il convient de donner aux chemins de fer, nul doute que les vallées de la Dordogne, du Lot et de la Baïse n'auraient pas été sacrifiées aux intérêts de Clermont, de Périgueux, d'Agen, d'Auch et de Tarbes. L'auguste écrivain a indiqué, ainsi que nous l'avons dit plus haut, la meilleure règle à suivre pour le tracé de toutes les voies de communication, lorsqu'il a écrit qu'elles doivent traverser « la partie du pays la plus peuplée, la plus fertile, arrosée par le plus grand nombre de rivières, afin que leur activité puisse se communiquer aux points les plus éloignés de l'intérieur. » Or, il n'est peut-être pas de pays, en France, où ces principes si vrais et si féconds soient susceptibles de recevoir une application plus large et plus juste que dans les départements dont Bordeaux est la capitale. En effet, sans parler de la Dordogne, dont tout le monde apprécie la haute importance, le Lot et la Baïse sont des rivières que l'on ne dédaigne pas ; elles vont porter à la Garonne, à Bordeaux et à l'Océan les produits des nombreuses usines établies sur leurs bords ainsi que les denrées agricoles des vallées au fond desquelles elles sont situées.

C'est vers Bordeaux, vers l'ouest de la France, vers l'Océan que se dirigent les fers et les charbons d'Aubin, de Decazeville, de Fumel, etc.

Depuis des siècles, par suite de la situation même des lieux, de nombreuses industries, de grandes spéculations et un immense trafic ont été fondés sur les rives du Lot. Les populations et de puissants intérêts s'y sont groupés; de grandes voies de circulation, qui toutes convergent vers ses bords, y ont créé des intérêts et des habitudes d'une importance tellement considérable, qu'aujourd'hui il est devenu presque impossible de déplacer les uns et de modifier les autres.

C'est encore vers Bordeaux, vers l'ouest de la France, vers l'Océan que se dirigent les produits naturels ou fabriqués de la vallée de la Baïse. De vastes cultures de céréales et plus de cent mille hectares de vigne fournissent aux forces hydrauliques de Nérac et de la basse Baïse, ainsi qu'aux importantes maisons de Condom et de Pont-de-Bordes, les matières premières d'industries multipliées. Les manipulations s'y exercent, tous les ans, sur plus de vingt millions de francs de blés, d'eaux-de-vie, de vins rouges ou blancs. Les chûtes d'eau, dont les étés les plus secs ne diminuent jamais l'action, les qualités supérieures des blés fournis par les contre-forts et les massifs calcaires qui couronnent les usines de la vallée, feront toujours que les débouchés fournis par la vallée de la Baïse seront plus utiles aux travailleurs, aux industriels, à tous les producteurs de la Gascogne et du centre bordelais que ceux qu'on tenterait d'improviser ailleurs.

Des chiffres irrécusables, puisés aux sources les plus authentiques, constatent que le Lot, la Baïse et leurs affluents transportent, depuis un temps immémorial, tous les produits du sol et de l'industrie presque exclusivement vers Bordeaux.

Des chiffres non moins irrécusables constatent que Bordeaux fournit, par les mêmes voies de communication, tous les approvisionnements nécessaires à ces contrées en denrées coloniales, merrains, articles de Paris, etc.

La statistique prouve donc que, soit à la descente, soit à la remonte, c'est sur ces cours d'eau qu'a lieu le plus grand mouvement commercial du pays; c'est là que sont la vie, l'industrie, la richesse. Or, puisque les chemins de fer ont pour mission principale non de déplacer mais d'activer, de multiplier les forces naturelles, la logique de l'économie politique ordonnait donc de faire passer par les vallées du Lot et de la Baïse le Grand-Central et le réseau pyrénéen. En leur donnant cette direction, on aurait obtenu les résultats si bien indiqués par l'Empereur, pour le tracé du canal de Nicaragua; ils auraient traversé « la partie la plus peuplée, la plus fertile, arrosée par le plus grand nombre de rivières, « et les contrées les plus éloignées de l'intérieur n'auraient pas tardé à ressentir les bienfaits de l'accroissement d'activité » qui aurait été la conséquence naturelle d'une soudure plus intelligente du Grand-Central et du réseau pyrénéen. Notre ville serait restée ainsi la capitale des contrées sur lesquelles elle règne depuis un temps immémorial, capitale d'autant plus florissante que les chemins de fer auraient prêté un concours plus actif à son fleuve et à ses nombreux affluents.

Les principes d'économie politique si vivement éclairés par le génie de l'auguste écrivain n'ont pas été compris des agents de l'administration ; les inspecteurs des ministères et les commissions d'enquêtes n'ont pas vu le grand côté de l'économie politique des chemins de fer ; ils n'ont aperçu que le tracé à vol d'oiseau. En obéissant, malgré eux, sans doute, à des considérations de localités, ils ont tiré un cordeau d'alignement sur Tarbes, Auch, Agen, Périgueux, c'est-à-dire sur des endroits beaucoup moins fertiles et moins peuplés que les vallées du Lot et de la Baïse. Cette direction leur a paru la plus courte, la mieux garnie de préfectures, et ils l'ont adoptée sans examiner si elle n'était pas la plus difficile, la plus coûteuse, la plus dégarnie d'éléments de productions et de commerce. Ils auraient pourtant bien dû comprendre que les divisions administratives n'indiquent pas toujours les groupes d'intérêts agricoles, industriels et commerciaux ; ces intérêts là ne se centralisent pas par arrondissements ou par cantons.

Les hommes chargés de l'enquête relative au Grand-Central et au réseau pyrénéen n'ont pas assez tenu compte des puissantes industries qui résument dans les deux vallées du Lot et de la Baïse l'activité et la richesse des départements du Lot-et-Garonne, du Gers et de la Gironde; ils n'ont pensé qu'à donner une satisfaction à l'amour-propre de quelques chefs-lieux de préfecture. C'est ainsi qu'en choisissant Agen comme point de jonction du Grand-Central et du réseau pyrénéen, ils sont arrivés à un résultat complétement négatif. Quoiqu'on dise et quoiqu'on fasse, Agen n'a jamais été et ne sera jamais un entrepôt sérieux de commerce pas plus qu'un grand centre de population. On lui a tout donné ; mais, belles routes, grand fleuve, chemin de fer, rien n'a pu jusqu'à présent modifier sa constitution, et ce ne sera pas l'addition d'un nouveau rail-way qui lui fournira ce que la nature lui a refusé, c'est-à-dire des éléments de commerce et des matières premières d'industrie.

Inutile à la ville d'Agen, le rail-way qui la traverse est un grave obstacle aux progrès des vallées, qui sont en possession de toutes les productions les plus importantes, de toutes les industries les plus vivaces du pays. On ne peut supposer que la traverse ferrée du port de Penne favorisera l'écoulement des riches produits du Lot, qui, ayant tous leurs points d'attraction vers Bordeaux, prendront pour y arriver la voie de la rivière ou du roulage, jusqu'à la rencontre du chemin de fer de Cette, soit à la gare d'Aiguillon, soit à toute autre gare plus éloignée d'Agen en aval. Arrivée là, cette masse énorme de produits sera donc soumise à la double alternative, ou de supporter des frais considérables pour le transbordement du bateau dans le wagon, ou de continuer, sur la Garonne, la navigation lente et pénible du Lot. La plupart des expéditeurs de la vallée du Lot sont tous forcés de prendre ce dernier parti ; ceux de la vallée de la Baïse subissent aussi la même nécessité. Les eaux-de-vie et les vins ont trop à souffrir des transbordements fréquents pour qu'arrivés par la voie d'eau jusqu'au chemin de fer du Midi, ils soient déchargés des bateaux et mis en wagons.

Tant qu'il n'y aura pas de chemin de fer partant directement, soit de Cahors, soit de Condom, soit de Pont-de-Bordes pour porter sans rompre charge les produits en gare de Bordeaux, les négociants préféreront la navigation, en descente, du Lot, de la Baïse, de la Garonne ou du Canal latéral. Une légère déviation dans le tracé du Grand-Central et du réseau pyrénéen, la rencontre de ces deux voies ferrées à Aiguillon, c'est-à-dire à l'embouchure du Lot et de la Baïse dans la Garonne, serait donc un immense bienfait pour ces riches industries, pour cette nombreuse population d'ouvriers et de cultivateurs, qui ne peuvent être sacrifiés plus longtemps à la ville d'Agen et à la vallée du Gers.

Si les personnes chargées d'exécuter la volonté de l'Empereur avaient bien compris sa pensée, nous sommes persuadé que la direction par les vallées du Lot et de la Baïse, aurait été infailliblement préférée. La vallée du Gers aurait bien eu son tour, mais on serait allé du moins au plus pressé. C'est la marche contraire qui a été suivie ; on a préféré l'accessoire au principal, et nous le déplorons vivement au point de vue des intérêts de Bordeaux.

On nous a reproché de ne voir dans l'intérêt de Bordeaux qu'un intérêt de clocher. Bordeaux n'est pas un clocher, répondrons-nous, c'est une capitale ; c'est la capitale industrielle et commerciale de tout le sud-ouest de la France, c'est le centre le plus vaste de l'exportation et du commerce inter-océanique.

Périgueux, Libourne, Bergerac, Agen, Toulouse, Auch, Tarbes, Pau, le Mont-de-Marsan, Bayonne lui-même, n'ont et ne peuvent avoir d'autre intérêt que celui de leur métropole. Que gagneront toutes ces villes à la création d'une voie nouvelle qui les rapprochera, de quelques kilomètres, de Paris ? Si la distance est moindre, les rampes ne seront-elles pas plus considérables, et ne perdra-t-on pas en vitesse les avantages apparents d'un tracé à vol d'oiseau ?

Une autre considération, qu'il ne faut pas négliger, c'est celle de la concurrence. Si actives et si disposées qu'elles soient à desservir les populations, la plupart des compagnies de chemins de fer ont besoin du stimulant de la concurrence. Il faut donc établir, autant que possible, les voies ferrées à côté des canaux et des rivières navigables. Et puis, c'est ordinairement sur les cours d'eau que se fondent les grandes usines, les grands centres industriels et commerciaux ; il est donc rationnel de pousser au développement de la production et du commerce en leur donnant de nouvelles forces. C'est dans ce but que les chemins de fer doivent être placés à portée des producteurs et des négociants. L'abaissement du prix des frais de transport, provoqué par le double voisinage de la navigation et des voies ferrées, profite de cette manière au pays tout entier.

En demandant que les voies ferrées convergent, comme les voies navigables, vers Bordeaux, centre général de commerce et d'exportation, nous restons donc dans la logique de l'économie politique et de la topographie de nos contrées.

Nous voyons un grand danger dans la fascination qu'exerce Paris sur Périgueux, Agen, Auch, etc. ; danger pour Bordeaux et danger aussi pour les villes qui sacrifieraient leur fortune naturelle aux chances plus ou moins aléatoires d'un débouché sur Paris. Les prunes d'Agen, par exemple, ne vont-elles pas en Angleterre et aux Etats-Unis, et nevaut-il pas mieux pour nous qu'elles prennent la voie de Bordeaux, au lieu de suivre celle du Havre ? Et les eaux-de-vie du Gers ? ne perdront-elles pas en qualité marchande tout ce qu'elles gagnent maintenant au mélange qu'elles subissent, à Condom et au Pont-de-Bordes, avec celles de l'ouest de la Baïse ? Que dirons-nous des houilles d'Aubin et de Carmeaux ? Bordeaux ne leur offre-t-il pas un débouché bien plus important que les autres directions qu'on vante si fort ? Nous ne croyons nullement parler au nom d'un intérêt de clocher en désirant que les houilles françaises viennent se substituer, au moins en partie sur notre marché, aux houilles anglaises. Pour cela, il faut des transports économiques, c'est-à-dire aussi directs et aussi continus que possible. C'est ce qu'est loin d'offrir le tracé projeté, puisqu'il laisse une lacune de Cahors à Rodez, et détourne sur Agen et sur Périgueux la ligne qui devrait suivre le Lot.

Tout en facilitant, comme nous l'avons demandé, les rapports avec Bordeaux, le Grand-Central et le réseau pyrénéen trouveraient des transports de marchandises qui s'élèvent déjà, dans les deux vallées du Lot et de la Baïse, à plus de 600,000 tonnes par an, et qui s'accroîtraient infailliblement d'une manière prodigieuse. Ces transports leur échapperont en totalité avec le tracé par Agen et Auch ; le chemin du Midi lui-même n'en prendra qu'une faible partie, parce que les frais et les inconvénients des transbordements maintiendront le monopole du Lot, de la Baïse et de la Garonne.

Un chemin de fer complète ou remplace une navigation quand il est en contact avec elle sur tout son parcours ; mais la navigation conserve tous ses droits si le chemin de fer s'en éloigne. Que faut-il pour que le chemin de fer suive les deux courants commerciaux si importants, qui convergent vers Bordeaux? Il faut que la partie de cette grande ligne du centre, comprise entre Périgueux et Tarbes, suive la vallée du Lot et remonte ensuite la vallée de la Baïse, après avoir traversé la ligne du Midi à Aiguillon ou plus bas. Le développement sera à peu près équivalent, et les travaux seront moins coûteux, les pentes moins fortes qu'en passant par Agen et Auch. Si, conjointement avec la modification proposée, Auch était relié par un embranchement, qui pourrait se plaindre? Quel serait l'intérêt lésé?

Nous ne voyons pas d'objection sérieuse. On a, du reste, fait un pas vers nos idées en exécutant les embranchements du port de Penne à Villeneuve-sur-Lot et de Fumel à Cahors. Que ne continue-t-on le premier jusqu'à Aiguillon et le deuxième jusqu'à la rencontre du réseau central dans l'Est? On ferait, du moins, quelque chose de rationnel. Un système de chemin de fer bien conçu doit laisser à l'avenir le soin de compléter les embranchements accessoires au lieu d'aborder l'accessoire pour négliger le principal.

Dans le système que nous préconisons, où est l'intérêt de clocher? Nous le verrons à Agen et à Auch si, pour placer directement ces deux villes sur le Grand-Central, on sacrifie les relations avec Bordeaux des riches bassins du Lot et de la Baïse. Il y là une richesse publique toute créée, richesse qu'on empêche de progresser. Le sacrifice est sans compensation.

Même raisonnement pour la vallée de la Dordogne, qui est traversée et non suivie par le chemin de fer. Aussi, la navigation continuera sans profit pour le chemin de fer, sans progrès pour les intérêts industriels et commerciaux.

Nous engageons vivement toutes les villes qui jalousent en ce moment Bordeaux à joindre leurs efforts aux nôtres pour obtenir que le chemin de fer du Grand-Central et du réseau pyrénéen converge avec les cours d'eau vers notre beau port. Leur fortune est la nôtre ; les villes d'Agen, de Toulouse, d'Auch, etc., seraient les premières à souffrir de toute spoliation opérée au détriment de Bordeaux.

Encore une fois, Bordeaux n'est pas un clocher, c'est la capitale du sud-ouest et du commerce inter océanique ; et ceux qui l'ont oublié feront bien de demander avec nous, sinon une modification du tracé actuellement adopté, du moins une importante addition. Agen, Auch et Tarbes auraient leur ligne directe par la vallée du Gers, que Bordeaux n'aurait plus à se plaindre si l'on donnait aux deux vallées du Lot et de la Baïse un embranchement qui réunirait par la vapeur des intérêts déjà si étroitement unis par la nature.

Nous espérons que le jour où l'Empereur connaîtra la vérité tout entière sur l'espèce de monopole exercé par les grandes compagnies dans la direction des chemins de fer, il y mettra bon ordre.

« Nous avons à redouter l'opposition des forges de Fumel et de Duravel, nous disait tout dernièrement le maire d'un de nos chefs-lieux d'arrondissement les plus importants ; l'intérêt de ces établissements appartient aujourd'hui à la puissante compagnie d'Orléans, qui s'est émue de tout ce qui se passe, de tout ce qui se dit et s'agite ; on ne parle de rien moins que de faire écarter nos demandes. » Voilà donc le résultat de la féodalité des compagnies modernes! Ces grandes suzeraines du jour ont la prétention, trop souvent justifiée, de tenir en échec les plus vastes centres d'industrie et de population; la compagnie d'Orléans, qui va hériter, dit-on, du Grand-Central, consentira-t-elle jamais à se charger de la liquidation des millions passés au creuset des hauts-fourneaux qu'elle achèterait ? Voudra-t-elle, aussi, faire payer à nos contrées les différences des actions de ces forges qui se sont imposées au chemin de fer? Ce serait à ne pas y croire.

La vérité, répèterons-nous, arrivera bien un jour jusqu'à l'Empereur, et la concession des embranchements, sur les deux vallées les plus importantes de notre cercle industriel et commercial, suivra de près l'expression des vœux unanimes de plus de 400 communes.

C'est ainsi que Bordeaux rentrera en possession de ses avantages ; le chemin de fer alors complètera non seulement le Lot, la Baïse et la Garonne, mais encore la Dordogne, et chaque bassin aurait son embranchement particulier.

Si nous avons combattu avec tant de persistance la triste combinaison qui a prévalu dans le tracé du Grand-Central et du réseau pyrénéen, c'est parce qu'elle est l'expression du système le plus anti-bordelais que nous connaissions. La soudure à Agen, la direction par Auch et par Tarbes ont été préconisées pendant longtemps par nos adversaires, pour détourner sur Agen et sur Périgueux les marchandises et les voyageurs de l'Espagne et du Portugal. La loi de 1842 avait bien décidé que Bordeaux devait se trouver sur la ligne du transit de la France avec l'Espagne; mais il a suffi des caprices de quelques spéculateurs et des calculs plus ou moins hasardés de quelques ingénieurs, pour que cette loi si formelle fût complètement mise à l'écart. Au lieu de s'y conformer en faisant passer par Béobie et la Bidassoa le chemin de fer de Paris à Madrid, on a imaginé de le diriger sur Tarbes, Gavarnie, Huesca et Sarragosse ; on a même proposé, et c'est encore la grande préoccupation du moment, de joindre Bayonne à Pampelune en passant par les Alduldes.

Les habitants de Bayonne eux-mêmes ont donné dans le piège, et, par un sentiment irréfléchi d'amour-propre, ils auraient volontiers sacrifié leurs intérêts les plus chers à l'ambition de faire de leur ville une capitale pseudo-maritime. Un enfant de Bayonne, qui est en même temps un administrateur de Bordeaux, M. Léon, a victorieusement réfuté tous les arguments qu'on a fait valoir en faveur du tracé par les Alduldes; l'excellent mémoire qu'il a publié à ce sujet ne contribuera pas peu à calmer la fièvre ambitieuse des habitants de Bayonne, en leur montrant que leurs véritables intérêts sont intimement liés à ceux de Bordeaux.

Nous espérons bien que les spéculateurs et les ingénieurs, dont nous déplorons les calculs, se rendront, comme les Bayonnais, à l'évidence des faits, et qu'ils ne chercheront plus à détourner de Bordeaux et du chemin de fer de Bayonne la communication directe de Paris avec l'Espagne. Mais comme en ce monde les projets les plus absurdes ont tout autant de chances d'être adoptés que les plus sages, nous prendrons nos précautions contre une pareille éventualité !

Nous n'oublierons pas que le chemin du centre de l'Espagne, celui de Madrid à Sarragosse, appartient à la même compagnie, qui exécute ou plutôt qui met aux enchères, en France, les tronçons du Grand-Central. Afin de donner une valeur réelle à ce chemin hermaphrodite du Grand-Central, on fait habilement miroiter, aux yeux des actionnaires, l'espérance de supplanter les chemins de fer d'Orléans et de Bayonne dans l'exploitation de la grande voie ferrée qui doit pénétrer en Espagne.

Les représentants des intérêts de Bordeaux ne souffriront pas qu'on abuse plus longtemps de la crédulité publique et qu'on mette en question l'application d'une loi qui a ordonné que la ligne de Paris à Madrid passerait par Bordeaux. Le chemin de fer est déjà à Bayonne, et c'est par ce point que la France doit être mise en communication directe avec tout le réseau des chemins d'Espagne.

Disputée et amoindrie à la fois sur le Grand-Central, sur le Midi et sur le réseau pyrénéen, l'influence de Bordeaux, du plus grand port de l'Océan, est battue aussi en brèche par un autre port de mer, par Nantes. Depuis que le Gouvernement leur a donné le bassin à flot de Saint-Nazaire, nos excellents voisins sont devenus ambitieux ; ils n'aspirent à rien moins qu'à faire de Saint-Nazaire le point de départ exclusif de toutes les exportations de notre rayon industriel et commercial. Pour réussir dans leur beau projet, ils ont imaginé, sous le nom de Grand-Transversal, un chemin de fer qui mettrait Nantes et Saint-Nazaire en communication directe avec le centre de la France et de la Méditerranée.

Il est très vrai que, dans le but d'obtenir l'adhésion des principaux départements, et notamment celle de la Gironde, la compagnie du prétendu Grand-Transversal a promis qu'un de ses embranchements viendrait directement de Nantes à Bordeaux ; seulement, elle ne s'est pas expliquée d'une manière très franche sur la valeur qu'elle assignait au mot « directement », et elle a pensé que le moyen le plus direct de tenir sa promesse serait de faire aboutir à Angoulême ou à Poitiers son fameux embranchement sur Bordeaux. Le Conseil général de la Gironde lui a répondu que le seul chemin de fer qu'il pût appuyer de ses vœux, serait celui qui arriverait sans détours à Bordeaux, par Blaye, etc. ; en d'autres termes, notre Conseil général a repoussé le chemin du Grand-Transversal pour y substituer celui du littoral, et il a très sagement fait, car permettre à Nantes de traverser la France par une autre voie que par les voies déjà tracées, sans toucher ni le Midi, ni Bordeaux, c'est tuer plus sûrement Bordeaux qu'en supprimant la Dordogne, le Lot et la Baïse. Il suffit de jeter les yeux sur la carte pour voir que la marchandise alors se dirigerait directement de Marseille sur Nantes ; ce serait une concurrence directe contre nos intérêts, et cependant la combinaison du Grand-Transversal a trouvé des défenseurs dans un grand journal de Bordeaux !

Le seul chemin de fer exécuté ou projeté que la concurrence ne puisse pas disputer à Bordeaux, c'est celui qu'on a appelé improprement chemin du Médoc, et qui, à notre avis, devrait porter le nom de chemin de l'Océan. Malheureusement, nous ne paraissons pas nous préoccuper beaucoup des avantages qu'il nous procurera, car voilà deux ans que nous attendons le moment de le commencer. Il n'est guère possible de justifier une telle indifférence, quand on pense que cette voie ferrée est précisément celle qui doit assurer à Bordeaux dix-huit heures d'avance sur l'Angleterre et six ou sept heures au moins sur toutes les autres stations rivales pour les communications transatlantiques.

Il y a pour nous une immense fortune maritime et commerciale dans le chemin de fer de l'Océan, parce que, tout en laissant le temps nécessaire aux paquebots transatlantiques pour remonter le fleuve jusqu'à Bordeaux, nous pourrons expédier de Richard, en moins d'une heure, les correspondances et les voyageurs dans toutes les contrées de l'Europe, y compris la Russie elle-même. Les capitaux sont prêts, nous l'avons déjà dit maintefois; les actionnaires ne demandent aucune espèce de subvention, nous l'avons dit encore; ils n'enlèveront rien à l'encaisse de la France, puisqu'ils apportent des capitaux étrangers. Il y a donc tout bénéfice pour nous, et nous ne comprenons pas bien pourquoi nous ne travaillons pas avec plus d'ardeur à précipiter l'échéance de cette bonne fortune.

Nous avons des ouvriers, des entrepreneurs, des ingénieurs qui attendent du travail; voilà deux ans que nous ne profitons pas de l'hiver, c'est-à-dire de la saison la plus favorable pour opérer, dans les marécages traversés par le chemin de fer, des terrassements qui, faits en été, deviendraient dangereux pour la salubrité publique; hâtons-nous donc, et supplions le Gouvernement de venir promptement en aide à notre bonne volonté.

Les seuls chemins de fer, dont la direction soit conforme aux véritables principes de l'économie politique et avec les intérêts de notre belle cité, sont ceux de Bordeaux à Paris, de Bordeaux à Cette et de Bordeaux à Bayonne. Il est vrai de dire que les deux compagnies qui les exploitent sont également puissantes, et par leurs capitaux et par la capacité de leurs directeurs respectifs ; aussi, attendons-nous de leur initiative la juste réparation des graves préjudices que nous a valus l'ambition de quelques bourgs isolés. Les villes de Clermont, de Périgueux, d'Agen et de Tarbes, ont été aveuglées sur leurs véritables intérêts par certaines personnalités avides de prouver toute la portée de leur influence; mais elles ne tarderont sans doute pas à revenir de leurs erreurs. Si le Grand-Central et le réseau pyrénéen sont partagés entre les compagnies d'Orléans et du Midi, d'importantes rectifications seront faites aux tracés actuels; des embranchements indispensables se construiront rapidement, et l'accessoire d'aujourd'hui redeviendra le principal de demain ; ce sera justice. Nous avons prédit bien des fois la dislocation de tout l'échafaudage de petites localités et de hautes influences qui jusqu'à présent ont dominé dans nos contrées; nous avons affirmé que l'ordre naturel des choses ne serait pas impunément violé ; nous touchons à la réalisation de nos espérances. Les compagnies d'Orléans et du Midi se rendront dignes de la bienveillance de l'Empereur, en s'inspirant de ses idées économiques et en exécutant fidèlement tous ses ordres. Toutes deux s'entendront pour exécuter les deux inflexions si désirées et si nécessaires du Grand-Central et du réseau pyrénéen par les vallées du Lot et de la Baïse; toutes deux coaliseront leurs efforts pour assurer à Bordeaux le transit de Paris à Madrid et à Lisbonne.

Les chemins de fer dont Bordeaux est le centre,

peuvent contribuer, dans une proportion énorme, à nous rendre notre antique prospérité commerciale ; aussi, ne saurions-nous surveiller avec trop de précaution les évolutions de la concurrence et les manœuvres des compagnies.

Si nous savons tirer parti de nos lignes et poursuivre le redressement de nos griefs économiques, notre ville prendra, dans quelques années, un développement inouï. Ainsi, avec le chemin d'Orléans, Bordeaux deviendra l'un des ports de Paris et des fabriques du centre. Avec le Grand-Central, il sera le port de Lyon, d'une partie de l'est de la France, de la Suisse et de l'Allemagne. Le chemin du Médoc lui livrera l'Océan et une bonne partie des lignes transatlantiques. Le chemin de Cette lui livrera la Méditerranée et l'Adriatique, ainsi que le monopole à peu près exclusif de tout le commerce du Levant et de la mer Noire avec les ports de la Baltique. Magnifique horizon sur lequel nous devrions avoir les yeux toujours fixés !

CHAPITRE V.

BORDEAUX CAPITALE DE GARES.

Plus d'un lecteur étranger se récriera, sans nul doute, contre la singularité de ce titre; il nous comprendra mieux quand il saura que Bordeaux, capitale d'un immense réseau de chemins de fer, ne possède pas une seule gare dans son sein. La gare d'Orléans est à la Bastide, celle de Lyon à Coutras, celle du Midi à Bègles, et celle du Grand-Central à Agen; il n'y a qu'à Bordeaux où l'on puisse voir de pareilles anomalies. Les deux rives de la Garonne sont unies à Bordeaux par un pont grandiose, qui passe à bon droit pour le chef-d'œuvre du célèbre ingénieur Claude Deschamps. Mais ce pont est soumis au monopole d'une compagnie qui perçoit un péage tellement élevé, principalement sur les charrettes, qu'il est presque impossible aux cultivateurs des terrains si fertiles de l'Entre-deux-Mers, d'apporter leurs produits dans la ville. Les plus riches propriétaires eux-mêmes hésitent souvent à se servir de leurs voitures pour aller visiter leurs domaines, où faire une promenade dans la partie la plus féconde et la plus pittoresque d'un territoire qui est ou doit être bordelais à tant de titres. Le mouvement extraordinaire imprimé aux affaires, par l'ouverture des chemins de fer de Paris et du Midi, est venu démontrer, d'une manière plus énergique encore, tout le ridicule et presque l'odieux de cette tyrannie péagère.

La population a eu beau protester, avec la vivacité du bon sens qui la distingue, contre un semblable abus de la force capitaliste ; elle a eu beau réclamer à grands cris le rachat du pont Deschamps et la construction d'un nouveau pont sur la Garonne, aucune satisfaction n'a été donnée jusqu'à présent aux plaintes légitimes qui ont été exprimées sur tous les tons et sous toutes les formes. L'opiniâtreté des influences égoïstes qui montent la garde aux deux grilles du pont Deschamps, s'est accrue et s'accroît tous les jours de l'accumulation des bénéfices réalisés sur la circulation de plus en plus active des voyageurs et des marchandises apportés à Bordeaux par les chemins de fer.

A l'époque où M. Haussmann consacrait aux intérêts de Bordeaux l'ardeur d'initiative et de progrès qu'il déploie en ce moment avec tant de succès à Paris, les efforts qu'il fit en faveur de l'annexion de la commune de La Bastide à notre ville n'aboutirent à aucun résultat satisfaisant. Dire le nombre de récriminations qui s'élevèrent contre ce projet, serait difficile. L'opposition que rencontra alors M. Haussmann était alimentée surtout par ceux qui craignaient de voir dans l'annexion de La Bastide un acheminement vers la suppression du péage du pont ; nous avons l'habitude de respecter les hommes et les opinions sincères, mais jamais les combinaisons de l'égoïsme.

Il est impossible qu'une commune séparée seulement de Bordeaux par le fleuve, ne fasse pas un jour partie intégrante de Bordeaux ; la réunion de la ville de Saint-Esprit à Bayonne n'était certes pas plus urgente que celle de La Bastide à Bordeaux, et s'il est vrai, comme on l'a dit, que l'exécution du projet de M. Haussmann doive entraîner nécessairement la suppression du péage du pont, ce sera pour nous une raison d'en signaler plus vivement que jamais toute l'opportunité.

Mais en supposant que l'on commette la faute de renoncer à une annexion si utile et si nécessaire, s'ensuit-il qu'il faille ajourner en même temps la suppression du péage du pont ? Tel n'a jamais été notre avis. Le rachat du pont Deschamps aurait dû être décrété le jour même où les quarante ponts de la Seine furent affranchis de toute espèce de redevance. Pour peu que le mouvement de notre commerce et de notre industrie aille en augmentant, nous aurons bientôt à payer, chaque année, un impôt de plus de QUINZE CENT MILLE FRANCS. La liberté de circulation interdite dans la ville qui est le berceau du libre-échange, dans une ville de commerce où la liberté de circulation est le premier aliment de tous les habitants, c'est là une singulière anomalie, et nous sommes véritablement humilié de la voir durer si longtemps !

L'annexion de La Bastide et la suppression du

péage du pont Deschamps ne seraient pas encore une satisfaction suffisante pour Bordeaux ; la première, la plus impérieuse des nécessités actuelles, c'est la construction d'un nouveau pont sur la Garonne pour la jonction des voies ferrées du Nord et du Midi.

L'année dernière, le Conseil général a exprimé le vœu que le passage des piétons, sur ce nouveau pont, fût gratuit. Ce n'est pas assez, à notre avis, et nous demanderons que cette gratuité s'étende en même temps à la circulation des voitures, comme cela se pratique à Paris sur le pont de Bercy ; il y a là une haute question d'utilité.

La partie la plus riche et la plus rapprochée de Bordeaux se trouve frappée d'une taxe écrasante par le péage actuel du pont ; elle est expulsée du marché consommateur, absolument comme si elle était placée à une distance considérable d'une ville dont elle n'est séparée que par le fleuve. De là, une infériorité déplorable pour la rive droite. La culture des plantes alimentaires et les opérations de l'industrie et du commerce y sont gênées, et Bordeaux en souffre naturellement autant que La Bastide et Floirac.

La habitants de cette dernière commune ont adressé une pétition à Son Exc. le Ministre des travaux publics, pour en obtenir la gratuité du passage des voitures ; et, disons à l'honneur d'un des plus honorables propriétaires de cette commune, M. de Bethmann, qu'il s'est empressé de signer cette pétition, bien qu'il soit un des principaux actionnaires du pont Deschamps. Ce noble désintéressement est assez rare pour que nous le signalions. La gratuité du passage des voitures est aussi le complément du boulevard extérieur auquel on travaille en ce moment ; il est bon de tout prévoir, et il faut que les voitures qui auront pris la route de ce boulevard puissent, au besoin, aboutir directement à l'autre rive du fleuve.

Nous savons bien que la gratuité du passage des piétons et des voitures sur le nouveau pont, ne sera pas vue de très bon œil par les actionnaires du pont Deschamps : nous sommes même persuadé qu'elle provoquera forcément la suppression du péage actuel ; mais nous plaçons les intérêts généraux avant les intérêts particuliers, et nous ne faisons en cela que remplir un devoir.

La construction d'un nouveau pont aurait à nos yeux cet immense avantage, qu'elle entraînerait inévitablement toutes les autres améliorations, et nous donnerait par conséquent, à la fois, et l'annexion de La Bastide, et le rachat de l'ancien pont, et la concentration de toutes les gares en façade des quais de la rive gauche, et la communication directe des voyageurs et des marchandises avec tous les points de la ville.

Pour réaliser un si beau programme, il nous faut un pont grandiose ; il nous faut une traversée digne de la Garonne, digne de la ville de Bordeaux. Un pont-tube, tel que celui de Langon, ne répondrait nullement aux espérances de notre orgueil local. Nous aimerions à voir sur notre beau fleuve un de ces ponts qui réunissent la hardiesse à la solidité, l'élégance à la grandeur. Deux voies pour les trains des chemins de fer, une voie gratuite pour les voitures, deux trottoirs gratuits pour les piétons, voilà ce que doit nous donner le nouveau pont.

Un petit nombre d'arches suffirait-il pour soutenir un pareil poids, et existe-t-il aujourd'hui un système de pont susceptible de remplir toutes ces conditions? Nous avons donné, il y a quelques mois, la description d'un perfectionnement dû à un modeste ouvrier de notre ville, M. Fréland, et nous ne voyons pas pourquoi nos compagnies de chemins de fer n'en tenteraient pas l'application sur la Garonne. Nous avons assez de foi dans l'avenir du système Fréland pour le recommander de nouveau à la bienveillante attention de tous les hommes compétents, et transcrire ici ce que nous en avons déjà dit :

On sait quelles difficultés présente la construction de ces ponts gigantesques sur lesquels passent d'innombrables convois emportés par la vapeur. Eh bien ! M. Fréland a découvert une combinaison qui lui permet de triompher de tous les obstacles et de réduire les frais de plus de moitié, tout en donnant à ses charpentes et à ses ponts une élégance et une légèreté incomparables. Nous connaissions son invention depuis quelques mois ; mais avant d'en entretenir nos lecteurs, nous avons.

voulu attendre qu'elle fût sanctionnée par la pratique. La belle application qu'il en a faite dans la nouvelle salle du Théâtre des Variétés, et les éloges flatteurs qu'elle lui a valus de la part des hommes les plus compétents, ne nous ont plus laissé de doutes sur son succès ; on en jugera par la description suivante :

La charpente Fréland est composée, en général, de fermes affectant toutes espèces de courbes, et espacées selon les résistances à vaincre et les exigences de la construction. Ces fermes sont formées d'une succession de châssis ou cadres juxtaposés les uns contre les autres, maintenus entre eux par des boulons et des tablettes en fer placées de chaque côté. Il résulte de cette disposition que chaque châssis, à partir des points extrêmes de la ferme, reçoit celui qui le précède et successivement pour tous les autres, jusqu'au dernier, qui est placé au sommet de la courbe comme une clé de voûte.

Ces châssis ou cadres sont consolidés intérieurement par deux traverses croisées et appelées, dans le métier, croix de saint André ; les extrémités en sont encastrées dans deux côtés du châssis et non dans les angles, ce qui permet d'éviter la désarticulation des parties.

Le haut et le bas de ces cadres présentent, on le comprend, une résistance parallèle à l'action des pressions, c'est-à-dire dans le sens des fibres de la matière employée, condition des plus avantageuses à la stabilité ; en d'autres termes, la résistance est comme celle du bois debout. Les ruptures paraissent donc impossibles ; il faudrait l'écrasement de la matière. On sait, en effet, que telles pièces de bois, de fer, etc., qui rompraient sous une charge placée dans le sens de la longueur, résisteraient facilement à une charge au moins cent fois plus forte, placée dans le sens de la hauteur, c'est-à-dire parallèlement aux fibres. Nous résumerons d'un mot l'invention de M. Fréland, en disant que c'est le système des voussoirs en pierre appliqué au bois, au fer, à tous les métaux, avec cette différence qu'il peut atteindre des portées énormes qui sont complètement impossibles avec la pierre.

Ces explications suffiront pour donner une idée de la révolution opérée dans les constructions par M. Fréland. Les séries de cadres qu'il taille lui permettent, 1° d'employer des morceaux de bois ou de fer qui sont d'un prix très-minime à cause de leurs petites dimensions ; 2° d'exécuter des charpentes de 100 mètres aussi facilement que des charpentes de 30 mètres ; 3° de diminuer l'épaisseur des murs ; 4° de faire directement des voûtes sur lesquelles on n'a plus qu'à latter ; 5° de construire des arceaux de ponts de 100 mètres, sans qu'il soit besoin de travaux hydrauliques de consolidation dans les intervalles ; 6° d'exécuter toutes les ornementations possibles ; 7° enfin, d'expédier au loin des cargaisons de charpentes et de ponts avec moins d'encombrement que des tonneaux de vins.

Ce dernier avantage mérite surtout d'être apprécié dans un port de mer ; ainsi étant donnée la largeur d'un fleuve étranger, M. Fréland calcule et envoie ses châssis en fonte ou en bois, et on n'a plus qu'à les poser sur les culées qui ont été préalablement préparées pour recevoir la naissance des voûtes. De même pour les charpentes de maisons, on n'a qu'à en indiquer la portée, et M. Fréland les expédie toutes prêtes pour la pose. Imaginons maintenant qu'il se serve d'une machine pour découper ses châssis suivant les différentes espèces de charpentes qui lui sont demandées, et on comprendra avec quelle rapidité et quelle économie il pourra satisfaire à toutes les exigences.

Nous avons beaucoup admiré, à Paris, le pont d'Arcole ; mais il a coûté 1,100,000 fr., sans donner aucun bénéfice à l'entrepreneur. « M. Fréland, dit un des hommes les plus autorisés de la science, construirait sur la Seine un pont châssis plus élancé, plus élégant, incomparablement plus léger et non moins solide, au prix de 400,000 fr. »

Nous avons beaucoup admiré encore la masse du pont tube jeté sur la Garonne, près de Langon. La solidité surtout nous en a paru remarquable ; mais on conviendra qu'il laisse à désirer sous le rapport de l'élégance et de la légèreté ; c'est un énorme bloc qu'on prendrait de loin pour un immense tombeau. Or, avec son système, M. Fréland construira, quand on le voudra, et à des prix beaucoup plus bas, un pont qui luttera de légèreté avec les ponts suspendus, sans en avoir l'inquiétante mobilité. Son pont n'aura que trois arches d'une rive à l'autre de la Garonne, et les plus lourds convois de chemins de fer pourront le traverser sans danger. Quelle magnifique occasion offerte aux compagnies d'Orléans et du Midi pour se donner la main sur notre beau fleuve et venir à Bordeaux pour concentrer leur puissance dans une seule et même gare !

Toutes les compagnies de chemins de fer ont violé et violent encore l'esprit de leur décret d'institution en refusant de venir s'installer à proximité de notre population et de nos instruments de travail. C'est contrairement à la loi, contrairement à la logique de la nature que notre ville est forcée de subir de longs détours et de grands frais pour aller chercher la gare de **La Bastide**. La compagnie d'Orléans a donné, la première, le signal de l'infraction au décret qui l'a instituée, et la plupart des Bordelais se sont tus ou ont approuvé sa conconduite. L'exemple donné par la compagnie d'Orléans était trop contagieux pour ne pas être suivi ; aussi les intérêts de Bordeaux ont-ils été sacrifiés dans l'emplacement des gares, non seulement par la compagnie d'Orléans, mais encore par celles du Grand-Central et du Midi.

Aux termes du décret de concession, le Grand-Central devait mettre notre ville directement en rapport avec Lyon, et par Lyon avec les grands centres industriels d'une partie de l'est de la France, de l'Allemagne et de la Suisse. Nous ne referons plus le calcul des détours et des déviations qui n'ont tendu qu'à éloigner notre port de ces riches destinations pour favoriser quelques alliances de main gauche ; mais nous demanderons, encore une fois, comment il se fait que la gare de Bordeaux sur le Grand-Central ait été portée à Coutras ? Est-ce que la compagnie concessionnaire ne devait pas faire aboutir sa ligne à Bordeaux même, sur la rive gauche de la Garonne ? Elle s'est récriée, dit-on, contre les difficultés d'exécution, contre les frais qu'entraînerait la construction d'un chemin de fer à travers la Benauge. Mais est-ce que, par hasard, les riches contrées de l'Entre-deux-Mers ne mériteraient pas d'être aussi bien traitées que le Périgord, le Limousin et la Creuse ? Est-ce que les collines de la Benauge présenteraient des difficultés plus invincibles que les montagnes du Forez et de l'Auvergne ? Les représentants des intérêts de Bordeaux ne doivent pas se lasser de réclamer contre la violation d'un décret qui nous prive d'une gare à laquelle nous avons tant de droits. Ce n'est ni à Libourne, ni à Coutras qu'est sa place naturelle ; elle est à Bordeaux.

Parlerons-nous encore d'une autre violation de décret contre laquelle nous nous sommes élevés bien souvent aussi ? Il le faut bien, puisque, malgré les vœux de toute une grande population, l'on éternise, à deux kilomètres de Bordeaux, le provisoire d'une gare plus importante peut-être que celles d'Orléans et du Grand-Central pour nos débouchés. La place de la gare du Midi, qui doit relier Bordeaux à Madrid et à Lisbonne, à la Méditerranée et à l'Océan, est marquée depuis longtemps sur la rive gauche de la Garonne, en façade des quais de Paludate ; mais on a voulu l'établir sur le fleuve lui-même pour arriver plus facilement, sans doute, à monopoliser l'emplacement des chantiers de construction, et toute la petite navigation si active et si économique du haut de la Garonne. On proposait même de supprimer le banc de sable de Paludate, et de bâtir une petite forteresse avec tourelles et donjons, sur les bords d'un fleuve qui appartient au commerce libre et à toute l'industrie maritime.

La population s'est émue des menaces d'un semblable projet, et elle a trouvé dans l'Empereur un défenseur énergique. Songerait-on à le reprendre en sous-œuvre ? L'occasion paraîtrait assez favorable. D'un côté, un jugement vient de déclarer que l'emplacement des chantiers de construction appartient à l'Etat; de l'autre, les ingénieurs se disposent à demander la construction par l'Etat d'une digue à la place du banc de sable. Tous les travaux préliminaires se trouveraient donc exécutés aux frais de l'Etat, et la compagnie n'aurait plus qu'à procéder à l'installation de sa gare. Eh bien ! dans ce cas même, Bordeaux n'aurait pas encore dans son sein sa véritable gare du Midi, et notre port ne serait pas relié directement à Paris, à Madrid et à Lisbonne ; Bordeaux n'aurait qu'une gare de rebroussement, car la construction du pont destiné à souder, sur le fleuve, la ligne d'Orléans à celle du Midi, nécessitera l'établissement d'une gare beaucoup plus éloignée même que celle de Bègles, à cause de certaines différences de niveau habilement ménagées.

La compagnie ne peut-elle calmer toutes les inquiétudes et donner satisfaction à tous les intérêts ? Ce serait facile, et nous avons indiqué souvent le meilleur moyen de tout concilier. Qu'elle s'établisse en façade du quai de Paludate, et elle pourra s'étendre presque indéfiniment, d'un côté, dans d'immenses terrains abandonnés, de l'autre dans les quartiers si pauvres de Saint-Michel, de Sainte-Croix et de Sainte-Eulalie. Le fleuve sera à ses pieds, et elle aura tout l'espace nécessaire à ses mouvements, sans courir le risque de gêner la circulation publique, et surtout sans menacer de son monopole la navigation du haut de la Garonne. Des terrassements exécutés dans cette partie de la ville mettraient la gare au niveau du nouveau pont, et les convois traverseraient la Garonne pour entrer plus DIRECTEMENT dans Bordeaux.

Cette communication directe et non interrompue est attendue depuis longtemps par la population et par les étrangers. Il est véritablement humiliant pour nous que les voyageurs de Madrid et de Paris soient forcés de s'arrêter devant notre fleuve, et d'aller chercher un ommibus pour les conduire, eux et leurs bagages, d'une gare à l'autre. Tous les journaux se sont émus d'un si triste état de choses, et plusieurs d'entre eux ne nous ont pas épargné les sarcasmes. Les plus sages se sont contentés de rappeler à la compagnie du Midi que le Gouvernement et le public attendaient toujours impatiemment qu'elle fît connaître son projet de raccordement, dans Bordeaux, de la gare de Cette et de Bayonne avec celle de Bordeaux à Paris.

« Nous savons, dit une feuille spéciale, que cette question doit être résolue avec le concours de la compagnie de Paris à Orléans ; mais la compagnie du Midi ayant proposé un projet autre que celui qui avait été étudié par les ingénieurs de l'Etat et adopté par la compagnie d'Orléans, il s'ensuit que la question reste en suspend jusqu'à ce que le projet de la compagnie du Midi soit définitivement arrêté et présenté à l'administration supérieure.

» L'importance de la traversée de Bordeaux par ce chemin de fer est telle, que dans l'état actuel des choses, les voyageurs qui se dirigent de Paris à Bayonne, Toulouse et les lieux intermédiaires, perdent un temps considérable pour se rendre de la gare de La Bastide à celle de la rive gauche de la Garonne. Nous ne parlons pas ici des frais de camionnage, qui doivent s'élever de 3 à 5 fr. pour les marchandises en général, et qui seraient réduits à la simple perception des taxes kilométriques si le raccordement existait. »

Il résulte de cet article, dont les chiffres et les

conclusions n'ont pas été contestés, que la compagnie d'Orléans s'est depuis longtemps ralliée au projet étudié par les ingénieurs de l'Etat pour le raccordement, dans Bordeaux, du chemin de fer de Paris avec tous ceux du Midi. C'est donc à la compagnie des chemins de fer du Midi seule qu'est dû le retard apporté à l'exécution des clauses imposées par le cahier des charges annexé au décret qui lui a concédé le magnifique réseau qu'elle exploite presque en entier aujourd'hui. Elle gagnerait pourtant beaucoup à souder promptement sa voie ferrée à celle d'Orléans. Pendant quelque temps, la ville de Lyon avait eu à se plaindre d'une semblable solution de continuité; mais, à Lyon, l'intelligence et la bonne volonté des deux compagnies qui se partagent le parcours de Paris à Marseille sont allées au devant des vœux de la population. La solution de continuité dont nous nous plaignons à Bordeaux depuis de longues années, n'existe plus à Lyon, et un journal ne craint pas d'évaluer à 100,000 fr. par semaine l'augmentation de recettes qui est résultée de la jonction des deux lignes !

Pouvons-nous souffrir plus longtemps à Bordeaux une interruption si fatale à nos intérêts? Nous le demandons à nos autorités constituées, à nos corps électifs surtout, n'est-il pas urgent de poursuivre l'exécution du décret qui a ordonné la cessation d'une incroyable inertie? Nous soupçonnons bien dans quel but la compagnie du Midi se traîne d'attermoiements en attermoiements; examinons et jugeons :

Maîtresse aujourd'hui du réseau des chemins de fer du Midi et du canal latéral à la Garonne ; maîtresse demain du réseau pyrénéen et de la majeure partie du cabotage à vapeur de la Méditerranée et de l'Océan, elle aspire encore à régner sur notre fleuve. Nous nous félicitons bien franchement de sa puissance, et personne mieux que nous n'apprécie ses services ; mais c'est précisément parce qu'elle est riche et puissante que nous entendons lui imposer des charges et subordonner ses intérêts à ceux de la capitale de sa quadruple exploitation. Nous n'avons contre elle aucune espèce d'animosité ; nous admirons même le génie de son chef, mais nous n'oublions pas qu'il est enfant de Bordeaux, et que ce titre lui impose le plus doux des devoirs, celui d'être le premier protecteur des véritables intérêts de sa ville natale.

Seul dans la presse, et contrairement à l'opinion exprimée par la municipalité, par la Chambre de commerce et par une foule d'autres notabilités, nous avons soutenu que la gare de la compagnie du Midi devait se trouver en façade de nos quais et former le prolongement de cette magnifique série d'habitations monumentales créée par le génie de M. de Tourny. Le 3 juin 1854 parut un arrêté ministériel aux termes duquel « la gare des chemins de fer du Midi doit occuper les terrains compris entre l'origine de l'hospice des Enfants trouvés et la gare provisoire. » Cette décision, tout Bordeaux le sait, est due à une auguste initiative.

Aujourd'hui comme alors, nous sommes donc en

droit d'insister sur l'urgence de placer la gare du Midi en façade des quais, et de charger la compagnie de tous les grands travaux d'assainissement et d'amélioration si nécessaires aux quartiers de Paludate. « Il faut pénétrer dans les maisons de la façade, écrivions-nous en 1853; il faut, à la place des pâtés d'habitations mal construites, de baraques malsaines et mal aérées, élever des bâtiments vastes et spacieux, et planter là le drapeau de la gare. » En établissant la gare sur l'alignement des quais, rien n'empêcherait qu'elle fût en communication directe avec les bords du fleuve, et que le wagon s'unît au navire ou au caboteur. La dépense serait, sans doute, un peu plus élevée; mais elle ne laisserait pas que d'être productive, car nous sommes persuadé que le percement de nouvelles avenues et la construction d'hôtels splendides donneraient des revenus qui indemniseraient largement la compagnie de ses avances. Un jour viendra peût-être où les chantiers de construction, pour la conservation desquels nous avons tant combattu, seront transportés ailleurs; mais si leur déplacement n'est occasionné que par les nécessités de la navigation fluviale et celles de l'augmentation du nombre de nos caboteurs, nous nous en consolerons facilement, parce que ce déplacement aura pour cause un accroissement de notre fortune maritime et nullement l'oppression d'une compagnie de chemins de fer.

Nous persistons donc à demander, non seulement que la gare du Midi soit placée en façade des quais de Paludate, mais encore qu'elle desserve directement, et sans voie de rebroussement, la ville et le fleuve de Bordeaux. Nous persistons aussi à réclamer la concentration, dans le même quartier, des gares de La Bastide et des chemins de fer de Lyon.

CHAPITRE VI.

BORDEAUX CAPITALE INTELLECTUELLE.

Le jour où, comme tout nous porte à le croire, pleine justice sera rendue aux légitimes réclamations de Bordeaux ; le jour où notre vaste réseau de routes, de fleuves, de canaux et de chemins de fer sera mieux approprié à nos besoins et à notre position topographique, comme centre d'importations et d'exportations, notre fortune ne dépendra plus que de notre intelligence et de notre travail. Pour mettre en valeur les inépuisables ressources que la nature et l'industrie ont mises à nos pieds, il nous faut des hommes instruits, actifs, capables de comprendre et d'exécuter les grandes choses inspirées par le génie pratique des affaires.

Verser à pleines mains les bienfaits de l'instruction et de l'éducation sur toutes les intelligences ; former des citoyens dont les mâles et puissantes facultés soient à la hauteur des grandes destinées de leur ville natale, tel est donc le premier devoir de la municipalité de Bordeaux ; la capitale intellectuelle de plus de vingt départements doit donner l'exemple de la libéralité en faveur de l'instruction et de l'éducation à tous les degrés. Puisque tous les citoyens sont appelés à exprimer leur opinion, soit dans les enquêtes, soit dans les élections, sur les intérêts de la commune, il est tout naturel qu'on leur donne les moyens de cultiver leur intelligence et leur cœur; le bon sens des citoyens suffit bien souvent pour prévenir les fautes des administrations, quand il est éclairé et fortifié par l'instruction.

On a bien médit de l'instruction dans ces derniers temps, et au moment même où le Gouvernement de l'Empereur ne néglige rien pour la répandre à pleines mains dans toutes les communes de l'Empire, il se trouve encore des gens qui voient avec défiance et déplaisir cette généreuse tendance. L'instruction est pour les esprits ce qu'est la taille pour les arbres fruitiers; les fruits en sont d'autant plus doux et plus savoureux qu'elle a été mieux appropriée aux besoins du sujet. Dans les campagnes, l'instruction primaire qui n'est pas combinée avec l'agriculture, présente, sinon des dangers, du moins des inconvénients; dans les villes industrielles et commerciales, l'instruction primaire qui n'est pas dirigée spécialement vers l'industrie et le commerce, ne produit pas non plus tout son effet utile.

Nous ne pouvons résister au plaisir de citer, à l'appui de notre opinion, les belles paroles de l'évêque d'Orléans : « Quel que soit son rang dans la société, dit Mgr Dupanloup, quelle que soit sa naissance ou son humble fortune, jamais un homme n'a trop d'intelligence, ni une moralité trop élevée; jamais il n'a trop de caractère, ni de cœur.

Quoi, me dira-t-on, vous voulez que l'homme du peuple, que l'homme des champs puisse être intelligent comme le négociant, comme le magistrat ? Eh ! sans doute, je le veux, si Dieu l'a voulu et fait ainsi, et je demande que l'éducation ne fasse pas défaut à l'œuvre de Dieu. De quel droit voudrait-on refuser à l'homme du peuple le développement convenable de son esprit ? L'homme du peuple étudie autres choses que le négociant et le magistrat; il en étudie, il en sait moins; c'est dans l'ordre; mais qu'il sache aussi bien, qu'il sache même mieux ce qu'il doit savoir; qu'il ait autant d'esprit, et quelquefois plus, pourquoi pas ? »

Belles paroles, en vérité, que celles-là ; aussi, sommes-nous en droit d'en conclure que la loi qui rendra l'instruction primaire réellement, sincèrement obligatoire, sera un bienfait pour la société en général, et pour les communes en particulier.

Bordeaux est certainement une des villes où l'instruction a reçu le plus de développement. Il serait à désirer que cette instruction fût obligatoire, parce que bon nombre d'enfants errent encore dans nos rues et nos lieux publics, sous prétexte de cirer les chaussures et de vendre des allumettes chimiques. L'action des bureaux de charité pourrait, à cet égard, suppléer au silence de la loi, si toute distribution de secours faite aux parents devenait pour ceux-ci un engagement d'envoyer leurs enfants à l'école primaire. C'est, du reste, ce qui se pratique dans plusieurs communes de l'Empire.

Nous ne saurions trop féliciter notre Conseil municipal et notre administration de leur vive sollicitude pour tous les établissements d'instruction. L'enfant du pauvre, de l'ouvrier, trouve dans les crèches, dans les salles d'asiles, dans les écoles communales, tous les éléments possibles pour former son esprit et son cœur. Quand il a atteint l'âge de douze à quinze ans, l'école supérieure de la rue Pellegrin lui permet de compléter son instruction primaire et de la couronner par l'étude de la géométrie, du dessin linéaire, de l'anglais, de l'allemand, de l'espagnol, de la physique, de la chimie, de la tenue des livres, etc. Plus tard, il lui est loisible de fréquenter un assez grand nombre de cours donnés par la ville et par une société savante : c'est bien, très bien.

Nous voudrions seulement que toutes les classes du soir instituées pour les adultes, que tous les cours gratuits donnés par des sociétés savantes ou artistiques fussent placés sous la direction immédiate de la ville. Nous rendons volontiers hommage au zèle et au dévoûment de quelques-unes de nos sociétés en faveur de l'instruction populaire; mais ces sociétés reçoivent des subsides de la ville, et nous pensons, nous, que la ville ferait plus sagement de supprimer la plupart de ces subsides pour concentrer ses ressources au profit des cours municipaux. Remplacer tous les cours particuliers par des cours municipaux publics et gratuits, augmenter l'importance et le nombre de ces cours municipaux, tel doit être le rôle des représentants de la commune.

En matière d'instruction, surtout, la ville ne peut pas, ne doit pas se laisser effacer par quelques importances individuelles ; sa place est au premier rang. Et quand nous demandons que la ville ne soit dominée ni effacée par aucune société savante, nous émettons une idée réellement administrative, éminemment gouvernementale. Il est bon que l'enfant ou l'adulte, heureux des bienfaits de l'instrution qu'il aura reçue dans sa ville natale, reporte sa reconnaissance non sur des sociétés particulières, sur des individus, mais bien sur sa ville natale, sur les représentants de sa commune, sur les délégués du Gouvernement, sur le Gouvernement lui-même, qui aura subventionné les établissements communaux.

Nous ne voulons pas qu'on éparpille les influences, pas plus que les affections. Les influences que nous respectons, que nous aimons à grandir, sont les influences des mandataires de la commune et du Gouvernement ; les affections que nous voulons détourner au profit de la commune et du Gouvernement, sont les affections de l'enfant qui aura reçu d'eux les bienfaits de l'instruction et de l'éducation.

Les bons souvenirs que laissent à l'enfant la crèche, la salle d'asile, l'école primaire, l'école professionnelle et les cours supérieurs institués par la commune et soutenus par le Gouvernement, valent mieux pour le Gouvernement et la commune que les souvenirs des faveurs d'une société savante.

Faire que dès son âge le plus tendre l'enfant apprenne à aimer sa ville natale et le Gouvernement de l'Empereur, voilà la portée politique des bienfaits de l'instruction et de l'éducation communales.

Il serait bien à désirer que la sollicitude avec laquelle la municipalité de Bordeaux s'occupe de l'instruction des enfants et des garçons adultes s'étendît aussi aux jeunes filles du pauvre, de l'ouvrier. Les cours publics et gratuits qu'elle dirige ou qu'elle subventionne si libéralement ont pour but d'entretenir dans les jeunes générations le feu sacré de l'intelligence, du travail et des saines doctrines; ils mettent à la portée du fils de la famille la plus pauvre tous les moyens possibles de devenir ouvrier habile, artiste distingué et honnête homme. Pourquoi les jeunes filles sont-elles privées des faveurs accordées aux jeunes gens ? Pourquoi ne leur fournirait-on pas aussi à elles les moyens de compléter leur instruction et de gagner honorablement leur vie ?

On a trop oublié en France que la base de tout gouvernement, de toute société, c'est la famille, c'est la femme. N'est-il pas déplorable que celle qui doit former l'esprit et le cœur de nos ouvriers soit dénuée de toute instruction, de toute éducation, de tout enseignement ? Nous ne connaissons pas de ville où les jeunes filles, où les femmes du pauvre soient plus négligées qu'à Bordeaux sous tous les rapports. Elles ne trouvent ni leçons du soir, ni institutions propres à développer les aptitudes de leur sexe; le manque d'instruction les empêche de faire aucun progrès dans leurs professions et par conséquent d'augmenter leurs salaires. Aussi, combien en est-il qui gagnent à peine soixante-quinze centimes par jour; combien qui sont poussées à l'inconduite par l'excès des privations; combien qui sont forcées de s'enfermer dans une maison de refuge ou de correction !

La concurrence des couvents de femmes, où s'exécutent, à plus de 60 p. 100 de rabais, tous les travaux d'aiguille et de lingerie, fait assurément grand tort aux jeunes filles de nos ouvriers; mais ce qui leur nuit encore plus, c'est la privation de tout moyen d'instruction, de tout atelier de perfectionnement. Libres, honnêtes, mais pauvres, mais sans ouvrage et sans industrie, ces malheureuses n'ont-elles pas plus de droits à la bienveillance et aux encouragements des municipalités que les repenties des maisons de refuge ?

En protégeant et en aidant les jeunes filles honnêtes, en prévenant le monopole des associations religieuses, on diminue la population où se recrutent les couvents de repenties. C'est là une observation que nous ne nous lasserons pas de répéter.

Quelques grandes villes de France, de Belgique, de Prusse et d'Angleterre ont déjà organisé chez elles des cours spéciaux pour les jeunes filles, des classes du soir où on leur enseigne non seulement les notions les plus propres à former leur esprit et leur cœur, mais encore les secrets de toutes les industries qu'elles peuvent exercer avec le plus de succès et de bénéfice. Nous serions heureux de voir un si bel exemple suivi par la municipalité de Bordeaux. Puisqu'elle entretient bien des écoles de peinture et de sculpture pour les jeunes gens, nous ne comprendrions pas qu'elle se refusât à créer des ateliers modèles de tapisserie, de broderie, de dentellerie, d'éventaillerie, de peinture sur porcelaine, etc., pour les jeunes filles. Il est de toute justice qu'elle fasse disparaître enfin, entre les deux sexes, l'inégalité des moyens d'instruction et de travail.

Pour couronner l'instruction populaire des deux sexes, la ville devrait avoir son école de chant, son conservatoire de musique. Elle s'est reposée du soin d'entretenir, dans la jeunesse bordelaise, le goût du chant et de la musique, sur une société particulière dont nous savons apprécier le zèle et les services artistiques; elle lui accorde même des subsides, mais elle n'inspire, elle ne dirige rien. C'est là un rôle qui ne lui convient pas ; elle y perd sous le double rapport moral et matériel. D'abord, ainsi que nous le disions précédemment, la ville de Bordeaux ne doit jamais se laisser reléguer au second plan, pas plus dans l'administration de ses écoles que dans les grandes institutions ou fêtes artistiques, industrielles, scientifiques et littéraires. Ensuite, puisqu'elle possède un théâtre et qu'elle le subventionne, elle devrait, à notre avis, posséder aussi une pépinière de jeunes artistes dans laquelle elle recruterait la majeure partie du personnel nécessaire à l'exploitation de son théâtre. En confiant à une société particulière l'avenir de notre belle scène lyrique, elle l'expose à toutes les fluctuations d'élections, à tous les tiraillements qui trop souvent causent la dissolution des meilleures sociétés. Nous sommes persuadé que si elle entretenait à ses frais et sous sa surveillance immédiate un conservatoire de musique, elle pourrait diminuer d'une manière notable les dépenses de son théâtre, tout en étant mieux servie; puis, quand elle donnerait des fêtes, elle aurait des masses chorales bien disciplinées et toujours prêtes à seconder ses inspirations philanthropiques ou patriotiques.

Encore une fois, nous rendons pleine justice aux efforts des sociétés, qui n'ont reculé devant aucun sacrifice pour créer de bonnes écoles de chant, de magnifiques expositions industrielles ou artistiques; mais nous ne pouvons nous empêcher de préférer à cette initiative individuelle l'initiative de la commune, de la ville de Bordeaux. Il ne peut convenir à une grande cité de se tenir à l'écart quand il s'agit d'organiser un festival, une exposition, une institution de charité, etc., etc.; la modestie ne va bien qu'aux individus et aux sociétés particulières. En se mettant toujours en avant, les représentants de la ville exercent toute la plénitude de leur empire sur l'esprit des citoyens, ils nourrissent le patriotisme local, et ils font remonter jusqu'à l'Empereur la reconnaissance et l'affection populaires.

Dans un but que l'avenir se chargera de justifier ou de condamner, le Gouvernement a considérablement augmenté les attributions des Préfets ; les municipalités n'ont pas besoin de voir étendre les leurs pour faire le bien. Leur mission est toute de dévoûment, de spontanéité; c'est un travail de tous les instants, une absorption constante de tous les intérêts moraux et matériels des citoyens. Ainsi, en matière d'instruction et d'éducation, leur initiative ne doit pas se borner seulement à la culture intellectuelle et morale des classes ouvrières, elle doit embrasser aussi celle des classes dites supérieures ; disons, en passant et une bonne fois pour toutes, que nous ne reconnaissons pas de classes de citoyens, nous ne reconnaissons que des classes d'intelligence.

Les chefs de la famille communale, les conseillers municipaux, doivent fournir à tous les esprits les moyens d'atteindre les hauteurs de la science, du commerce, de l'industrie, des arts, etc. Le ciel est avare d'intelligences supérieures, et l'enfant qu'il a heureusement doté est un présent de sa munificence; il faut donc que cette intelligence supérieure puisse se développer à l'aise et prétendre à toutes les grandeurs du travail et de la moralité. C'est là une bonne et belle ambition, et elle mérite d'être aidée. Aussi, bien loin de partager l'antipathie de certaines gens contre la vulgarisation de l'instruction primaire, répéterons-nous, avec Mgr Dupanloup, que l'instruction des enfants du peuple doit être complète et appropriée aux forces de leur intelligence et de leur profession.

Dans un centre industriel et commercial, il faut que l'instruction embrasse tous les degrés des connaissances industrielles et commerciales ; dans un centre agricole, il faut que l'enseignement de l'agriculture soit donné aussi à tous les degrés. Telle a été la pensée de l'Empereur lorsqu'en 1854 il a ordonné la création de cours professionnels dans les principales villes de France. L'application des sciences au commerce et à l'industrie est le premier besoin de notre siècle, c'est aussi celui de la ville de Bordeaux.

On peut différer d'opinion, avons-nous dit plusieurs fois, sur les avantages de la bifurcation des études dans nos établissements d'instruction secondaire ; l'expérience est le seul juge compétent à consulter en pareille matière. Mais tout le monde sera d'accord avec nous pour approuver sans réserve le principe de bifurcation introduit dans l'enseignement des Facultés par le décret organique du 22 août 1854. Nous avons accueilli ce décret de Napoléon III avec une satisfaction d'autant plus vive, que nous avions insisté plus énergiquement et plus souvent sur la nécessité de créer à Bordeaux une Faculté embrassant dans son ensemble l'enseignement supérieur de l'agriculture, de l'industrie et du commerce. Malheureusement, la belle pensée de l'Empereur n'a pas encore reçu dans notre ville toute l'interprétation qu'elle comportait.

Le 15 novembre 1855, des professeurs très-distingués ont bien ouvert des cours de physique, de chimie, d'histoire naturelle, de géométrie descriptive, de mécanique, de travaux graphiques, de littérature française, d'histoire et de géographie. C'était là assurément un programme fort varié, fort intéressant peut-être pour les jeunes gens qui se destinent à la carrière de l'industrie ou de l'enseignement scientifique ; mais, ainsi que nous le disions à cette époque, la partie la plus nombreuse de notre jeunesse bordelaise, celle qui veut étudier le commerce dans ses plus hautes combinaisons, comme dans ses plus petites ramifications, ne tirera que très peu de profit d'un enseignement de sciences, étrangères pour la plupart au commerce.

Depuis quatre ans, nous n'avons cesser de réclamer en faveur de Bordeaux, grand centre commercial et industriel, l'institution d'une Faculté commerciale et industrielle qui comprendrait les études supérieures d'économie politique, de droit commercial, de comptabilité générale, de langues étrangères, etc. Le 15 avril 1854, MM. Dumas et Laferrière, inspecteurs généraux des Facultés, vinrent annoncer à notre population que « dans le vaste plan de perfectionnement et de créations fécondes du Gouvernement, Bordeaux avait été choisi pour devenir un des grands centres d'instruction, aussi bien pour les carrières libérales que pour les carrières industrielles ». Le Conseil municipal avait alors une magnifique occasion de provoquer la création immédiate d'une véritable Faculté commerciale et industrielle ; mais il se borna à demander, conformément au vœu du Conseil général, que notre école secondaire de médecine devînt une Faculté. L'intention était assurément trop bonne pour que nous ayons jamais pensé à lui en faire un reproche ; n'empêche que nous fassions aujourd'hui un nouvel appel à son initiative en faveur de notre idée de prédilection.

Nous maintenons que l'enseignement des sciences appliquées doit être combiné avec celui de l'économie politique, du droit commercial, de la comptabilité et des langues étrangères, etc. Nous ne demanderions certes pas mieux que de voir concentrer à Bordeaux des Facultés de théologie, de lettres, de sciences, de médecine et de droit ; mais si nous avions à choisir entre toutes ces Facultés et celle du commerce et de l'industrie, nous n'hésiterions pas à nous prononcer pour cette dernière, persuadé qu'elle entraînerait bientôt la création de toutes les autres. Nous vivons à une époque où l'industrie et le commerce dominent en quelque sorte toutes les professions. Les applications industrielles de chaque jour, le développement gigantesque du commerce, ont établi une connexion profonde entre les études du droit, de la théologie, par exemple, et les études scientifiques, industrielles ou commerciales; ces dernières sont utiles, nécessaires même, à l'avocat, au juge et au prêtre, autant et plus que les lettres le sont au chimiste et au médecin.

Le décret impérial du 22 août 1854 a jeté les bases des Facultés de l'agriculture, de l'industrie et du commerce; c'est aux grandes municipalités, c'est aux premiers représentants des centres intellectuels de la province à en poursuivre le complément auprès du Gouvernement, et à s'imposer de nouveaux sacrifices pour donner à tous les jeunes gens studieux, placés sous leur tutelle immédiate, les moyens d'élever le niveau de leur instruction à celui des besoins de leur profession. La Faculté des sciences, établie à Bordeaux, peut être d'un grand secours pour les applications industrielles; nous doutons néanmoins que son organisation actuelle lui permette de rendre autant de services qu'en rendrait un enseignement supérieur exclusivement approprié à l'industrie des contrées du centre et du sud-ouest dont Bordeaux est la capitale. Toujours est-il que l'industrie a déjà reçu chez nous une première satisfaction. Quant au commerce, son enseignement est encore à créer.

On a dit que l'étude des affaires, telle qu'elle est faite dans les bureaux de commerce, suffisait amplement à l'instruction de nos apprentis négociants;

c'est là une erreur. La pratique du bureau retrécit plutôt qu'elle n'agrandit les idées, quand elle n'est pas éclairée par la connaissance des grands principes qui président à toutes les transactions. Ainsi, la science de l'économie politique est bien certainement un des premiers besoins du commerce, et cependant elle n'est enseignée dans aucun de nos grands centres commerciaux et industriels. C'est une science tellement utile, selon nous, que depuis quatre ans nous réclamons la vulgarisation de ses éléments, même dans les écoles primaires.

Elle est le guide le plus sûr de l'agriculture, de l'industrie et du commerce, et les services qu'elle est appelée à rendre sont aussi grands sous le rapport moral que sous le rapport matériel. N'est-elle pas le couronnement obligé de l'instruction de nos jeunes gens, cette science qui préserve les têtes les plus ardentes de l'influence impure des théories anti-divines, anti-humaines, anti-sociales ? Doit-on négliger d'inculquer de bonne heure à tous les citoyens les principes éternels sur lesquels reposent le bien-être et le salut de l'humanité ? L'économie politique n'est pas seulement la statistique des faits, elle en est l'explication raisonnée ; le commerce surtout y puiserait de précieux enseignements pour ses opérations si multipliées et si diverses. Dans son dernier discours, l'Empereur a signalé avec une grande éloquence les fâcheux effets moraux et matériels de l'ignorance des principes de l'économie politique ; le moment nous paraît donc opportun pour réclamer de nouveau la création d'une chaire d'économie politique dans les grands centres industriels et commerciaux tels que Bordeaux. Nous appelons encore une fois sur ce point la bienveillante attention de notre municipalité.

L'enseignement supérieur des principes de la comptabilité générale n'est pas moins indispensable dans une ville de commerce que celui de l'économie politique. « On dédaigne trop cette étude à Bordeaux, écrivions-nous à la date du 14 novembre 1854 ; on s'abandonne à la routine de ceux qu'on appelle des caissiers ou des teneurs de livres. On oublie que ces employés sont précisément la tête d'une maison de commerce ou d'industrie, et il semble qu'on néglige de les instruire dans la crainte de voir grandir leur influence et leur position. » Le meilleur négociant est ordinairement le meilleur comptable. Aussi, était-ce une grande science autrefois que la comptabilité, une science considérée, et ce n'était qu'après un long apprentissage qu'on se permettait de passer des articles. Les jeunes gens des premières familles travaillaient sous la surveillance de leurs parents et des vieux employés ; ils se rendaient dignes, par des études approfondies, de succéder aux uns et de diriger les autres. Nos jeunes gens d'aujourd'hui vont plus vite en besogne ; aussi, trop souvent, ils ne vont pas loin. Combien s'improvisent négociants au sortir d'un collége ou d'une pension parce qu'ils connaissent une règle de trois ou qu'ils ont appris à distinguer un débiteur d'un créditeur ! absolument comme ces capitalistes qui s'imaginent en savoir autant qu'un banquier, parce qu'ils savent calculer une échéance, dresser un compte-courant ou faire une règle conjointe. C'est fâcheux.

L'enseignement public et gratuit de la comptabilité supérieure serait un véritable bienfait pour notre commerce. Les jeunes employés comme les futurs patrons apprendraient alors à établir un compte d'une manière nette et précise, à synoptiser les opérations les plus délicates, et surtout à éviter les écueils contre lesquels viennent se briser tant de maisons, faute d'études et d'expérience. Tous ceux que leur vocation et leur position appelleraient au maniement des affaires verraient les difficultés s'aplanir devant eux ; l'étude approfondie de la théorie en ferait bien vite des praticiens comsommés.

Les enfants de la classe ouvrière, qui auraient appris dans leurs écoles les premiers éléments de la comptabilité, trouveraient dans un cours supérieur la facilité de s'élever du rang de manœuvres ou d'artisans à celui de commis intéressés, peut-être même à celui de négociants capables.

Ce que nous disons de la comptabilité s'applique également au droit commercial. La Chambre de commerce a déjà institué un cours de droit maritime qui rend de grands services à notre jeunesse studieuse ; mais il a besoin d'être complété. Nous demandons pour nos gens la création d'un cours qui embrasse, non seulement les opérations maritimes, mais encore tout l'ensemble des transactions commerciales. Sa place, comme celle de l'habile professeur auquel est confié le cours de droit maritime, est à la Faculté.

Nous avons réclamé maintes fois, mais en vain, la création à Bordeaux de cours publics et gratuits de langues étrangères ; c'est l'annexe obligée de toute Faculté commerciale et industrielle. Nous nous étonnons, en vérité, répèterons-nous, qu'on tarde si longtemps à comprendre les avantages de ces cours, dans un port de mer qui est en relations d'affaires avec tous les pays du monde. Que de pertes n'éprouvent pas, chaque année, nos négociants par le seul fait de leur ignorance des langues commerciales !

Il serait bien à désirer que l'anglais, l'allemand, l'espagnol devinssent familiers à tous ceux qui veulent entrer dans la carrière du commerce. Nous irons même jusqu'à dire que les langues des principaux peuples avec lesquels nous trafiquons, devraient avoir leur chaire à Bordeaux. On entretient à grands frais des cours de ce genre au Collége de France, et personne n'en profite que le professeur ; il nous semble qu'ils seraient bien mieux placés et surtout plus utiles dans nos ports de mer qu'à Paris. Ils serviraient du moins à nous faire connaître les noms des produits, des mesures, des monnaies de l'étranger ; ce serait une introduction à la géographie commerciale, autre étude dont nous ne soupçonnons pas l'utilité.

La plupart de nos déceptions commerciales sont dues à notre ignorance des mœurs, des goûts, des préjugés, de la religion, de la situation politique et économique des peuples auxquels nous portons nos produits ; une simple différence dans l'aunage, dans la teinte des étoffes en usage chez eux, suffit pour compromettre toute une cargaison, et nos ports de mer ne possèdent pas une seule chaire où soient enseignés ces premiers éléments de la géographie commerciale ! Les Anglais doivent l'immense supériorité de leur commerce et de leur industrie bien moins à la multitude de leurs navires qu'à leur connaissance approfondie de tous ces petits détails d'aunage, de teinte, de mœurs, de goûts, etc. Ils savent tout exploiter, les passions comme les superstitions des peuples ; ils empoisonnent des millions de Chinois avec l'opium, et ils vendent des cargaisons d'idoles aux cannibales de l'Océanie. Sans pousser aussi loin qu'eux l'amour du lucre, nous ferions bien, sans nul doute, d'apprendre à ne pas envoyer des étoffes de trois mètres de dimension à ceux qui sont habitués à n'en employer que de deux mètres ; des couleurs noires ou vertes à ceux qui préfèrent les rouges, les jaunes ou les blanches.

Voilà l'utilité des cours de langues étrangères combinés avec l'enseignement de la géographie commerciale. Nous appelons encore sur ce sujet l'initiative de notre municipalité.

Bordeaux possède un cours d'hydrographie ; mais il n'est fréquenté que par les candidats au grade de capitaine au long-cours. Pourquoi ne ferait-il pas partie de notre Faculté de commerce et ne deviendrait-il pas, à ce titre, aussi public que les autres cours gratuits ? Il faut aller à la Chambre de commerce pour entendre le cours de droit maritime, aller nous ne savons où pour trouver le cours d'hydrographie. Nous déplorons cet éparpillement de forces intellectuelles.

Existe-t-il ici un endroit où soit enseignée la science des constructions maritimes ? Nous l'ignorons absolument, et il est probable que la grande majorité de la population partage notre ignorance. Est-il possible que la première ville de France pour les constructions ne possède pas une chaire de génie maritime, où les ouvriers, les contre-maîtres les plus intelligents de nos chantiers, où nos candidats capitaines, nos commis négociants, armateurs, et assureurs viendraient puiser des renseignements si utiles pour leurs professions respectives. Puisque cette lacune existe, il faut se hâter de la combler.

Nous en dirons autant à propos du cours que devraient fréquenter les jeunes gens qui se destinent à la carrière du courtage, etc.

Nous n'avons pas de nouvelles non plus des observations de notre Observatoire. L'enseignement de l'astronomie serait pourtant bien à sa place dans un port de mer, et à Bordeaux mieux que partout ailleurs, puisqu'il y a des professeurs tout prêts et des instruments tout montés. Toulouse a un Observatoire et un professeur d'astronomie ; on parle même, dans le monde savant, de ses observations sur la comète et sur tous les astéroïdes possibles. Bordeaux n'a pas la même satisfaction.

Nous ferions bon marché de la question d'amour-propre si elle ne se compliquait pas de la question d'utilité. Une grande cité maritime dans laquelle viennent étudier, pour obtenir leurs diplômes, les candidats au grade de capitaine au long-cours, doit veiller à ce que rien ne manque à leur instruction. Or, les connaissances astronomiques forment une partie essentielle de leur profession, et ils ne peuvent les acquérir que dans un Observatoire bien pourvu d'appareils et fonctionnant régulièrement. Il ne serait pas inutile non plus de donner à notre jeunesse studieuse des notions exactes sur une science que l'illustre Arago savait si bien faire aimer des femmes elles-mêmes ; elle agrandit les idées, elle élève le cœur, elle détruit les préjugés et fait justice de bien de superstitions. N'est-ce pas assez pour qu'on travaille à la populariser, et notre municipalité ne serait-elle pas heureusement inspirée en provoquant la réouverture d'un cours qui était fréquenté, il y a cinq ou six ans, par un si grand nombre de personnes de toutes les classes ?

On nous objectera, sans doute, que nous étendons singulièrement le programme des connaissances nécessaires aux jeunes gens qui se destinent à la carrière du commerce, de la marine ou de l'industrie ; nous répondrons que le commerce, la navigation et l'industrie sont, de toutes les carrières, celles qui exigent le plus vaste ensemble de connaissances théoriques et pratiques.

L'enseignement de l'agriculture et de l'horticulture a aussi sa place marquée dans la Faculté dont nous demandons la création ; c'est en multipliant les productions agricoles et horticoles qu'on développe les intérêts de l'industrie et du commerce. Les études théoriques sont pour beaucoup, sans doute, dans le progrès de l'agriculture et de l'horticulture ; mais ces deux sciences ont surtout besoin d'application pratique. Pourquoi ne choisirait-on pas, aux portes de la ville, un vaste terrain où se feraient toutes les expériences possibles, sur les différentes espèces de graines, de plantes, d'arbres, etc. ? L'année dernière, on a supprimé la pépinière départementale, et, quelques mois après, le Conseil général votait la création d'une chaire d'horticulture ! Il était possible de montrer un peu plus de logique. Les expériences d'horticulture et d'agriculture doivent être constamment à la portée des personnes qui veulent suivre la végétation dans toutes ses phases, pour mieux se rendre compte des leçons pratiques. Le Jardin public, si nous en jugeons par sa distribution actuelle, ne permettra guère de faire des observations suivies sur la taille des arbres fruitiers ou sur le développement des plantes nouvelles ; il serait donc utile d'aviser dès maintenant à l'achat d'un terrain où se feraient tous les essais de culture et d'ACCLIMATATION dont nous parlions en 1854.

Nous ne faisons que nous répéter en appelant l'attention de notre municipalité sur toutes ces améliorations; c'est un triste rôle, sans doute, que de se traîner dans les répétitions ; mais force nous est bien de nous y résigner. Nous avons, d'ailleurs, l'habitude de faire passer l'utile avant l'agréable. Notre but, ont le voit, est de multiplier dans Bordeaux les éléments de l'instruction et de l'éducation à tous les degrés; de mettre à la disposition de l'enfant pauvre qui sort de l'école primaire, les mêmes moyens de progrès et d'élévation que ceux qui sont à la disposition de l'élève des lycées. C'est sur le travail intelligent qu'il faut, suivant nous, fonder l'avenir des générations nouvelles; aussi, mesurons-nous l'instruction aux seules forces de l'intelligence, et demandons-nous la création d'une Faculté qui soit pour les travailleurs de l'agriculture, de l'industrie et du commerce, ce que sont les Facultés actuelles pour les prêtres, les avocats et les médecins. Nous en appelons à la bonne volonté de notre municipalité pour réunir en faisceau de lumière tous les foyers épars d'instruction que possède déjà notre belle cité ; nous en appelons à son initiative pour obtenir du Gouvernement l'addition de tous les cours qui manquent encore à notre jeunesse studieuse. Il faut qu'elle obtienne la constitution définitive d'une véritable Sorbonne bordelaise, concentrant toutes les Facultés pour l'enseignement supérieur des lettres, de la théologie, du droit, de la médecine, de l'agriculture, de l'industrie et du commerce.

C'est par le luxe de ses établissements d'instruction qu'une grande cité comme Bordeaux doit surtout briller. Plus elle élèvera le niveau intellectuel de ses enfants, plus elle étendra le réseau de sa fortune et de sa réputation.

Nous pensons avoir suffisamment prouvé que la ville de Bordeaux ne devait reculer devant aucun sacrifice pour développer, chez les enfants et les jeunes gens de la cité, chez les pauvres aussi bien que chez les riches, les progrès de l'instruction et de l'éducation à tous les degrés ; mais là ne se borne pas sa mission. Il faut encore qu'elle entretienne, chez les hommes faits, l'amour sacré de la science, de la littérature, des beaux arts, en un mot de toutes les études propres à élever l'âme et à nourrir le cœur.

Les sociétés savantes ont donc droit à ses subsides et à ses encouragements. Plus elle comptera dans son sein d'hommes disposés à mettre en commun les trésors de leur intelligence et de leurs connaissances spéciales, plus elle devra s'en applaudir car plus grand sera le capital intellectuel de ses habitants, plus élevé sera l'intérêt qu'elle en retirera.

Jusqu'à présent, la ville de Bordeaux s'est peu

inquiétée du nombre et de l'importance de ses sociétés savantes ; elle s'est contentée de payer chaque année un subside à quelques-unes d'entre elles, peut-être même à toutes, et là s'est arrêtée son intervention ; il y a quelque chose de mieux à faire, suivant nous. Organisées comme elles le sont, nos sociétés savantes rendent de très grands services, nous en convenons ; mais elles pourraient en rendre de bien plus grands encore si elles comprenaient mieux la puissance de l'association, de la solidarité. D'un côté, aucun lien ne les réunit ; de l'autre, elles ne se font guère connaître du public qu'à de rares intervalles, quand il leur plaît d'ouvrir leurs portes à deux battants pour prononcer des discours et célébrer leurs travaux devant un public spécialement invité à les applaudir.

Ordinairement, elles se renferment dans un petit cercle d'amis ou d'influences ; elles redoutent, par dessus tout, de s'exposer au grand jour. Cette sorte de réserve peut suffire à la modestie de nos diverses illustrations locales, mais elle ne suffit pas, à coup sûr, aux besoins de ceux qui désireraient ardemment profiter de leurs connaissances spéciales. C'est en opérant une large diffusion de lumière que les sociétés justifieraient leurs différents titres.

Le but de toute société savante est et doit être d'instruire, de vulgariser les hauts enseignements de la théorie et de la pratique des différentes sciences qui forment le capital de l'humanité.

Au lieu de s'isoler, de se cacher, nos sociétés ne devraient-elles pas se mettre, le plus souvent possible, en rapport direct avec la population. Le mystère dont elles s'enveloppent prive, d'abord le public, ensuite leurs propres membres, des bonnes leçons qu'elles pourraient donner. En effet, dans la Société d'horticulture, par exemple (nous en parlons sciemment), il n'y a guère que les présidents, les secrétaires et les membres du bureau qui aient le droit de se réunir, pour entendre la lecture de quelques correspondances, voter une dépense de quelques francs, émettre un vœu plus ou moins utile et inscrire leurs noms dans un procès-verbal. Nous voudrions bien savoir pourquoi tous les membres d'une même société indistinctement n'assisteraient pas aussi aux séances pour traiter les différentes questions pendantes, échanger leurs idées, s'instruire par la discussion, présenter des observations, faire des propositions qui seraient acceptées ou rejetées par la majorité des votes.

Nous voyons avec peine qu'on repousse les sociétaires de la chapelle des séances ordinaires; mille fois mieux vaudrait les y attirer, dût-on employer la séduction des jetons de présence, comme cela se pratique dans la plupart des sociétés savantes de Paris et de l'étranger. Nous n'avons pas de reproche à faire à l'Académie impériale sous ce dernier rapport; mais si tous ses membres assistent aux séances, ils ne se produisent que très rarement en public, et c'est là une faute grave à notre avis.

Une société dont nous avions proposé la création en 1854, la Société d'acclimatation, vient bien de décider que « tous ses membres auront le droit d'assister aux séances, d'y faire des communications et des lectures »; mais, comme si elle s'était repentie d'avoir commis un excès de libéralité, elle s'est empressé de mettre à l'exercice du droit octroyé aux associés la restriction suivante : « SANS TOUTEFOIS QU'ILS AIENT, EN AUCUNE FAÇON ET POUR QUELQUE MOTIF QUE CE SOIT, VOIX DÉLIBÉRATIVE. »

Franchement, l'art. 14 de la charte peu constitutionnelle du comité régional d'acclimatation ne nous satisfait pas du tout. Pourquoi, après être entrés dans la voie du progrès, les membres du bureau se sont-ils arrêtés en si bon chemin ? Pourquoi refusent-ils à tous les sociétaires le droit de voter ? Nous ne nous expliquons pas l'omnipotence que s'arrogent les bureaux de nos sociétés savantes : il nous semble qu'ils pourraient se contenter de l'honneur de représenter leurs sociétés respectives dans les solennités publiques, de préparer les travaux, de surveiller l'emploi des fonds, d'être, en un mot, le pouvoir exécutif de l'assemblée délibérante.

Tout en respectant les liens de sympathies ou de convenances personnelles qui ont provoqué la création de nos sociétés savantes, nous voudrions que chacune d'elles ne formât qu'une section d'un grand tout, que nous appellerions l'ACADÉMIE LIBRE de Bordeaux. Les chaises pourraient bien y être substituées aux fauteuils, sans que la science et le public eussent à en souffrir. Les discours et les belles phrases auraient leur section, l'agriculture aurait la sienne, l'horticulture aussi, etc. Toutes les spécialités de sciences et d'arts conserveraient leur individualité propre; mais les travaux de nos académiciens convergeraient vers le même but : celui du développement intellectuel de la population et du centre bordelais. De nos petites chapelles d'aujourd'hui, nous formerions un vaste temple élevé à l'intelligence méridionale : peut-être y aurait-il quelques grands-prêtres de moins, mais les adorateurs de la science seraient plus nombreux.

On nous objectera, sans doute, qu'il serait impossible de trouver un local assez vaste pour donner satisfaction aux exigences de chaque section académique; ce n'est là qu'un bien faible obstacle. Le jour où toutes les petites rivalités d'amour-propre, les petites ambitions de fauteuils ou de bureaux seraient confondues dans un même sentiment de patriotisme et d'émulation, le jour où serait bâti le temple intellectuel et moral, les cotisations des membres de chaque société, et l'aide d'une subvention de la ville, suffiraient amplement à la construction du temple matériel, du palais des réunions générales.

Il appartient à la ville de Bordeaux de provoquer la fusion de toutes nos sociétés savantes, de leur imprimer une direction uniforme. Société des sciences et des belles lettres, Société d'horticulture et d'agriculture, Société philomathique,

Société linnéenne, en un mot toutes les spécialités de l'intelligence humaine, y compris bien entendu la première des Sociétés savantes qui devrait exister à Bordeaux, celle du commerce et de la marine, seraient soumises aux mêmes réglements et aux mêmes charges.

En résumé, réunion où plutôt fusion de toutes les sociétés dans une grande académie bordelaise, composée des différentes sections littéraires, artistiques, industrielles et commerciales; construction, à frais communs, d'un palais et d'un musée destinés aux réunions et à l'instruction générale; concentration de tous les subsides de la ville; convocation au moins bi-mensuelle des sociétaires de chaque section; discussion publique sur les questions afférentes aux diverses sections; publication mensuelle de tous les travaux des sections, non sous la forme des comptes-rendus officiels du Conseil municipal, mais sous celle d'une brochure, dans laquelle serait relatée l'opinion de tous les membres qui auraient pris part aux discussions, voilà les réformes que nous appelons de tous nos vœux dans l'organisation de nos sociétés savantes.

Ainsi serait entretenu le grand foyer intellectuel dont les rayons doivent rejaillir à la fois sur Bordeaux et sur les départements voisins.

L'académie libre dont nous demandons la création, au moyen de cotisations modestes, réunirait dans son sein, non seulement toutes les capacités bordelaises, mais encore celles de nos arrondissements qui, jusqu'à présent, n'ont pu participer au mouvement intellectuel du chef-lieu. Les départements dont Bordeaux est le centre auraient aussi leurs représentants dans cette importante société, qui pourrait même être affiliée à toutes les autres Sociétés savantes de France. Ainsi serait fondée l'Académie centrale de province, qui, mieux que toutes les institutions des gouvernements, opérerait enfin cette décentralisation intellectuelle, objet de nos vœux et de nos espérances. Quelles magnifiques solennités ne sortiraient pas de cette vaste concentration d'intelligences et de capacités empruntées à toutes les spécialités du génie français ! Quelle puissance d'action n'aurait pas une pareille communauté d'efforts !

Les petites passions, les petits calculs de l'égoïsme et toutes les mesquineries individuelles qui paralysent l'essor du progrès ne tiennent pas longtemps quand elles sont combattues par des hommes à l'esprit élevé et aux sentiments généreux. Or, l'instruction a précisément pour effet d'élever les esprits, d'ennoblir les cœurs, en même temps qu'elle forme des hommes capables pour l'exploitation des richesses agricoles, industrielles et commerciales du pays. Nous avons donc bien raison d'insister sur l'indispensable nécessité de développer, dans Bordeaux, les progrès de l'instruction à tous les degrés.

Si nos vœux étaient entendus, notre ville prendrait rapidement une belle place dans cette puissante association de toutes les forces intellectuelles de la province. Elle deviendrait alors l'inspiratrice de toutes les idées nobles et généreuses; elle attirerait à elle les savants et les artistes de tous les pays ; elle serait le centre d'acclimatation de toutes les richesses naturelles que ses capitaines et ses armateurs lui apporteraient de l'étranger, et sa fortune matérielle s'illuminerait de tout l'éclat de ses conquêtes littéraires, scientifiques et artistiques. La suprématie de l'intelligence lui garantirait celle du commerce et de l'industrie.

CHAPITRE VI.

BORDEAUX CAPITALE AGRICOLE.

Entourée qu'elle est d'un vaste réseau de routes, de cours d'eaux et de chemins de fer, la ville de Bordeaux devrait provoquer, par tous les moyens possibles, les progrès de l'agriculture, qui sont la base de tous les progrès industriels et commerciaux. Jusqu'à présent, elle a été le centre de la plus riche production naturelle qui existe au monde, celle de vins et des eaux-de-vie. Il faut que le climat et le sol de la Gironde soient bien généreux pour avoir fourni, pendant des siècles, les immenses quantités de produits vinicoles, que les navires du commerce transportent chez toutes les nations ; car il n'est peut-être pas de pays où l'art de l'agriculture vienne moins en aide que chez nous aux forces de la nature.

Nous sommes très fiers de nos vignobles, et cependant à peine savons-nous les entretenir, au moyen de la taille, du provignage et des assolements. Dieu nous garde de médire de la science agricole de nos propriétaires et de nos vignerons ; mais il faut bien avouer que, généralement, ils se préoccupent fort peu du soin d'améliorer leurs plants ou d'en introduire de nouveaux. Leur système de provignage tend presque toujours à épuiser les jeunes sujets avant l'âge. La taille en cordon, qui équilibre si bien la sève, leur est à peu près inconnue, et leurs vieilles souches sont bien plus remarquables par les mousses et les lichens dont elles sont couvertes que par l'abondance de leurs produits.

Quoique les causes de la maladie qui sévit depuis cinq ans dans nos contrées nous soient à peu près inconnues, nous sommes persuadé néanmoins qu'il serait possible d'en conjurer les ravages par une taille et une culture plus intelligentes. Chaque année, des concours de taille sont établis par nos comices agricoles ; des prix sont décernés aux vainqueurs en séances solennelles : c'est assurément là une excellente chose ; mais quels sont les jurés de ces concours ? Les vignerons eux-mêmes, et la routine se couronne ainsi de ses propres mains.

On a encore chez nous le grand tort d'éterniser en quelque sorte la culture de la vigne sur le même terrain. Nous comprenons que dans les sols généreux qui fournissent à nos vins ce délicieux parfum qu'on ne saurait trouver ailleurs, on laisse vieillir nos illustres souches le plus longtemps possible ; mais quand le moment de les arracher est arrivé, il serait bon, suivant nous, de rafraîchir le sol par des enfouissages de fourrage vert, par des cultures de prairies artificielles et d'autres plantes qui se succèderaient pendant cinq ou six ans au moins. C'est une grande faute de planter des vignes, au bout d'un an ou de deux ans, sur une terre qui en a déjà porté pendant des siècles.

Les cultures de céréales entre les planches qui séparent les rangs des ceps, tendent à se généraliser dans nos contrées ; il ne faudrait cependant pas abuser de ce système, car il pourrait provoquer l'épuisement du sol et de la vigne elle-même.

En émettant ces quelques observations, nous n'avons pas l'intention de nous poser en réformateur ; nous pensons seulement qu'il y a de grandes améliorations à introduire dans nos vignobles, et nous ne voulons qu'appeler, sur ce sujet, l'attention des hommes plus compétents que nous.

Le patronage de la ville de Bordeaux, de notre Chambre de commerce, de notre Société d'agriculture, devrait s'étendre, non seulement sur les vignobles du département de la Gironde, mais encore sur ceux de tous les départements qui nous entourent. La bonification des vins opérée par une culture plus intelligente, dans les centres vinicoles qui nous envoient leurs produits, serait pour nous une source inépuisable de richesses. Bordeaux n'est-il pas le grand marché du Sud-Ouest et du Midi pour l'exportation des vins et des spiritueux, soit à l'intérieur, soit à l'extérieur ?

Nous ne sachions pas que la municipalité de Bordeaux se soit jamais préoccupée du développement de la richesse agricole du centre bordelais ; elle accorde, il est vrai, chaque année, un léger subside à la Société d'agriculture de la Gironde, mais là se borne son initiative. Il est cependant bon nombre de problèmes agricoles à la solution desquels elle ne devrait pas rester indifférente ; les deux plus grandes questions de l'époque, la fertilisation des landes et le desséchement des marais, mériteraient bien, par exemple, d'attirer son attention, parce qu'elles touchent très directement aux intérêts de Bordeaux.

Sur les deux rives de la Garonne et de la Gironde s'étendent plus de cinquante mille hectares de marais insalubres autant qu'improductifs, et aux portes même de notre ville commence cet immense désert de cinq cent mille hectares qu'on appelle les landes ; la capitale de la Guienne peut-elle ne pas intervenir quand il s'agit d'améliorer cette vaste étendue de terrain dont l'assainissement et la mise en valeur centupleraient nos ressources industrielles et commerciales ? Nous sommes véritablement peiné d'avoir à dire que notre municipalité n'a provoqué aucune amélioration par ses subsides et ses encouragements, qu'elle n'a même pas exécuté les travaux d'assainissement qui lui incombaient naturellement. Nous n'en voulons pour exemple que les cloaques infects qui entourent le quartier des Chartrons.

Il y a des siècles que ces marais sont un foyer pestilentiel pour de nombreuses populations, des siècles que les hommes les plus éclairés ont protesté contre l'incurie des propriétaires et les dangers d'un pareil voisinage. En consultant les vieilles chroniques, on lit que les habitants abandonnaient en masse leurs foyers, et que le Parlement était obligé de se réfugier dans les villes environnantes pour y rendre la justice. On connait les vœux répétés des Bordelais ; personne n'ignore que le maréchal d'Ornano et les jurats promirent à Dieu un modèle des Armes de la ville en argent pur, s'il faisait cesser dans un an la peste qui sévissait depuis sept ans. Le cardinal de Sourdis, un grand homme que Bordeaux n'a pas encore honoré d'une statue, eut le bon esprit de dessécher une partie des marais qui entouraient la ville, et il éteignit ainsi le feu de la peste. Mais la plupart des grandes artères de dessèchement et de limonage créées par le savant prélat et continuées par les Hollandais, ont été complétement abandonnées ; des propriétaires avides et inintelligents ont pu les combler ou les détourner de leur direction sans que les administrations municipales qui se sont succédé aient réprimé un pareil brigandage.

Au mois d'avril 1808, Napoléon Ier, passant à Bordeaux, se fit rendre compte de toutes les améliorations réclamées par les habitants ; le mauvais état des marais n'échappa pas à son regard d'aigle, et quelques jours après son départ, un décret daté de Bayonne ordonnait de grands travaux destinés à faire disparaître tous les foyers pestilentiels qui s'étaient reformés de plus belle.

« Voulant donner à notre ville de Bordeaux, écrivait-il, une preuve particulière de l'intérêt que nous lui portons, et de notre satisfaction pour les sentiments patriotiques qui l'animent, et pour le courage et la dignité avec lesquels elle supporte les privations que les circonstances imposent plus spécialement à ses habitants et à son commerce qu'à toute autre partie de notre empire ;

» Ayant reconnu par nous-même les besoins de toute espèce qu'éprouve cette commune, une des plus importantes de nos états ;

» Voulant que tous les établissements nécessaires lui soient donnés; que ceux qui existent soient perfectionnés ;

» Avons décrété et décrétons.... Le desséchement des marais de Bordeaux et de Bruges sera terminé avant le 1er juillet 1809. A cet effet, les digues de la Jalle et de la Garonne seront renforcées. L'ancien canal connu sous le nom d'*Estey des Moines* sera rouvert et curé pour l'écoulement des eaux qui affluent de la ville et du Bouscat ;

» Dans le cas où ces travaux ne produiraient pas un desséchement complet, le canal connu sous le nom d'*Estey de Lauzun* sera ouvert et dirigé de manière à ce qu'il conserve les eaux extérieures jusqu'à leur issue à la Garonne Une écluse sera construite, avec les contre-fossés et accessoires nécessaires ;

» La ville de Bordeaux contribuera à ces travaux pour la portion qui la concerne, et en concurrence avec la communauté et les syndics des propriétaires. »

Une somme de 50,000 fr. fut immédiatement mise par l'Empereur à la disposition de l'administration pour le desséchement de ces marais, qu'il réglait avec un coup-d'œil si sûr, que ses indications forment encore aujourd'hui la base des travaux proposés par nos ingénieurs.

Les municipalités qui se sont succédé à Bordeaux depuis cinquante ans n'ont tenu aucun compte de la volonté de Napoléon Ier, et nous sommes encore à attendre, en ce moment, les améliorations qu'il avait ordonnées.

L'année dernière, M. le Préfet ouvrit une enquête sur les projets présentés par l'administration du service hydraulique, pour le desséchement des marais de Bordeaux et de Bruges ; il n'y eut, tout d'abord, qu'une voix sur l'efficacité des moyens d'exécution qui avaient été étudiés avec une patience et une sagacité remarquables par un de nos ingénieurs les plus distingués. Mais les magnifiques espérances que nous avaient fait concevoir l'inspection des plans, l'intelligence des membres du syndicat et le calcul des bénéfices de l'opération se sont bien vite évanouies, quand nous eûmes parcouru les marais et interrogé les personnes les plus compétentes en la matière. Nous avons pu constater à cette époque trois faits également déplorables, à savoir : la destruction à peu près complète de tous les anciens travaux, l'impuissance de l'administration des ponts et chaussées et l'absence de travaux d'ensemble.

Aux portes mêmes de Bordeaux, les canaux de desséchement exécutés, en 1611, par le cardinal de Sourdis, dans les marais de Rivière et des Chartrons, ont presque entièrement disparu. Les esteys des *Moines* et de *Mancy* ont été fermés par des propriétaires égoïstes, qui ont préféré les détruire pour se dispenser de les entretenir convenablement. Napoléon Ier avait affecté des sommes spéciales au dégorgement et au prolongement des deux esteys si importants de *Lauzun* et de *Crebat*; mais son décret du 25 avril 1808 n'a pas été mieux compris que celui du 2 juillet 1812. Les quelques travaux exécutés par d'habiles ingénieurs ont tous été compromis par le défaut de surveillance et par les tiraillements des commissions spéciales. Ici, on a fait des coupures; là, on a renversé des digues; d'un côté, on a construit des maisons, établi des batardeaux; de l'autre, on a planté des arbres et barré les fossés. Enhardis par l'impunité, bon nombre de propriétaires se sont adjugés des prises d'eau, de droite et de gauche, sans s'inquiéter des dommages qu'ils pouvaient causer aux autres riverains. Canaux d'introduction, canaux d'évacuation, tout a été confondu, dévasté, sans que personne osât protester au nom de l'intérêt public. Aussi, qu'est-il advenu de ce défaut d'entretien des esteys, de ces entreprises illégales, de ce désordre général ? Une bonne partie du quartier des Chartrons, la rue Bourbon, le chemin de la Barde, etc., etc., sont entourés aujourd'hui d'une triple ceinture d'eaux croupissantes dont nous avons dû signaler souvent la dangereuse infection.

Plus loin, le mal est aussi grand, et, pour combler la mesure, on est venu jeter dans les marais des millions de sangsues et des milliers de chevaux, sans se préoccuper, ni de la conduite des eaux, ni du colmatage, ni de la salubrité publique. Seuls, quelques éleveurs intelligents se sont conformés aux réglements et ont eu le bon esprit de faire de l'éducation des sangsues une préparation au colmatage et au développement de la culture maraîchère ; mais ce n'est là qu'une très rare exception. La plupart des éleveurs de sangsues n'ont pas voulu suivre les conseils qui leur ont été donnés si souvent, et dans un temps qui n'est pas loin, ils seront forcés d'abandonner une industrie qui pouvait faire leur fortune.

On rendra cette justice aux ingénieurs des ponts et chaussées, que tous ont énergiquement protesté contre l'incurie des propriétaires de marais, et contre la destruction des canaux et des fossés.

« Il serait avantageux, écrivait en 1778 l'illustre et savant Brémontier, qu'un inspecteur éclairé fût chargé de tous les travaux susceptibles de transformer des cloaques infects en habitations heureuses et productives. Il pourrait fixer, dans ses tournées, les ouvrages nécessaires pour la réparation des digues, des canaux, des écluses, des marais desséchés ; il empêcherait les bévues que des personnes prépondérantes dans les délibérations, mais peu instruites, font faire aux communautés ; il éviterait des dépenses inutiles par un emploi mieux entendu des fonds destinés à ces sortes d'ouvrages.

» Combien d'ouvrages particuliers, anciennement faits, qui se trouvent ou détruits ou qui tombent en ruine, dont le mauvais état, faute d'une légère réparation, porte un préjudice inappréciable, non seulement à ceux qui doivent les entretenir, mais encore à ceux qui en paraissent les plus éloignés. Combien de propriétaires en souffrance qui n'osent se plaindre, dans la crainte de se faire des ennemis dangereux ou de tomber dans des procès plus onéreux que le mal qu'ils éprouvent, par les longueurs éternelles et les détours obscurs de la chicane ! »

L'empereur Napoléon Ier fit droit aux sages réclamations de Brémontier. Dans le décret du 2 juillet 1812, qui institua la commission syndicale des marais de Bordeaux et de Bruges, il ordonna que tous les travaux à exécuter pour compléter le desséchement ne pussent être entrepris que sur des projets rédigés par l'ingénieur en chef et approuvés par le directeur général des ponts et chaussées.

Les articles 12, 13, 14, 15 et 16, de ce décret prescrivent formellement « qu'aucun paiement ne pourra être fait que sur les mandats du directeur, visés par le conducteur et l'ingénieur, sur des certificats de réception des travaux, délivrés par l'ingénieur en chef. Malgré ces dispositions si précises, bon nombre de commissions syndicales n'ont eu rien de plus pressé que de se soustraire au contrôle des ingénieurs pour se charger de la direction des travaux.

En lisant les différents rapports qui ont été présentés pour l'enquête relative aux marais de Bordeaux et de Bruges, nous avons vu avec peine que les ingénieurs, c'est à dire les hommes les plus capables de juger des travaux hydrauliques, parussent n'être, en quelque sorte, que les subordonnés des commissions syndicales. Il est bien vrai que cette position secondaire est presque dans l'esprit du décret impérial de 1812 ; aux termes de ce décret, c'est le directeur de la commission syndicale qui est chargé de la surveillance générale des intérêts de la société, et qui reste dépositaire des plans, registres et autres pièces relatives à l'administration des marais. De cette position élevée à un empiétement sur la direction des travaux, il n'y a pas loin ; mais les ingénieurs, à notre avis, se sont laissé trop facilement éclipser.

Il n'entre nullement dans notre pensée de chercher à provoquer un conflit entre les deux autorités ; il nous semble seulement qu'il serait facile aux ingénieurs de rentrer dans la plénitude de leurs droits en demandant qu'aucun paiement ne puisse être fait sans qu'au préalable les syndics ne se soient conformés aux dispositions des articles 12, 13 et 16 du décret de 1812.

Le régime constitutionnel introduit dans les marais par ce décret est-il susceptible de hâter le desséchement, le colmatage et l'irrigation des 50,000 hectares de terrains infertiles et insalubres de notre littoral ? Nous ne le pensons pas. Il est presque impossible que l'on arrive par ce moyen à exécuter de grands plans d'ensemble qui relient tous les propriétaires entre eux par la solidarité des intérêts. Vingt générations d'ingénieurs passeront avant de faire accepter leurs projets, si bons qu'ils soient, par les commissions syndicales, attendu que ces commissions dépendent d'une foule de propriétaires tous divisés, tous jaloux les uns des autres. C'est à qui travaillera à se soustraire à l'autorité du syndicat et surtout au paiement d'une cotisation.

Ce sont presque toujours les plus riches propriétaires qui font le plus d'efforts pour s'isoler des autres et garder, qui ses BAUGES, qui ses cressonnières, qui ses vimières, qui ses sangsues, etc. Nous avons vu de près ces tiraillements et ces récriminations ; ce que nous en disons n'est malheureusement pas exagéré.

Si les syndicats pouvaient exercer quelque part une action efficace, ce serait assurément dans les marais de la Gironde. Les directeurs qui sont à leur tête sont presque tous des hommes du plus haut mérite; mais leur bonne volonté vient se briser contre les mille complications de leur mécanisme social.

Il semble que le rôle des commissions syndicales doive se borner à faire des économies, c'est à dire à éviter toute espèce de dépenses, de telle sorte qu'au lieu d'être des auxiliaires de toutes les améliorations, elles ne sont très souvent qu'un embarras de plus. Leur autorité, si brillante qu'elle soit en apparence, ne va même pas jusqu'à faire respecter les réglements de police ; comment pourraient-elles d'ailleurs avoir de l'autorité quand elles n'ont aucune responsabilité ?

Elles sont condamnées à l'impuissance et à l'inertie par leur nature. Tiraillées dans tous les sens, subissant les influences des uns et les récriminations des autres, elles n'ont souvent pas la force d'ordonner des répartitions de contributions. Il ne peut leur être permis d'établir des contributions égales, puisque les bénéfices des travaux à exécuter ne seront jamais égaux pour les différents propriétaires. Ainsi, pas d'initiative, pas de responsabilité, pas d'autorité ; inertie, mesquineries et impuissance, voilà les principaux caractères que présentent la plupart des commissions syndicales.

L'excuse la plus victorieuse qu'on puisse faire valoir en faveur de ces associations, c'est que leur organisation est trop restreinte ; mais, nous le demandons, seraient-elles assurées d'un meilleur succès si, au lieu de n'embrasser que six ou sept cents hectares, elles comprenaient un périmètre de deux ou trois mille ? Supposons que tous les propriétaires d'un même bassin, ceux des terrains supérieurs, comme ceux des terrains inférieurs, soient soumis à l'autorité d'un même syndicat, les divisions, les complications ne se produiraient-elles pas avec une nouvelle intensité ? Le bon accord ne deviendrait-il pas d'autant plus difficile que le nombre des intéressés serait plus considérable ?

Il y aurait un moyen peut-être de donner plus de cohésion, plus d'esprit de suite, plus d'indépendance et d'autorité aux syndicats : ce serait de centraliser les pouvoirs des différents directeurs entre les mains d'une commission spéciale composée des propriétaires et des ingénieurs les plus capables, et présidée par le Préfet du département. Les rivalités d'amour-propre et les mesquines considérations de personnes s'éteindraient sans doute au sein de cette espèce de conseil général de l'agriculture. La science et la propriété y seraient également représentées, et les votes, émis sous l'œil et avec la participation du Préfet ou de son délégué, acquerraient une plus grande force d'autorité. Mais cette fusion de toutes les commissions syndicales, cette concentration de pouvoirs, cette direction unique suffiraient-elles à trancher les difficultés relatives au périmètre des syndicats et aux divisions résultant de la répartition inégale des contributions ? Nous voudrions pouvoir l'espérer ; mais notre conviction est que les bénéfices n'étant jamais proportionnels, l'inégalité des charges engendrera toujours des contestations.

Les commissions syndicales pourront bien ne plus être désarmées ou affaiblies par l'égoïsme et l'eparpillement de leurs pouvoirs ; mais auront-elles, pour cela, plus de capitaux disponibles et seront-elles moins animées du désir d'économiser quelques écus ! Poser la question, c'est condamner irrévocablement le principe des commissions syndicales. Toujours elles resteront pauvres, toujours elles seront incapables de diriger de grandes entreprises dans les marais.

A quelle combinaison faudrait-il donc s'arrêter pour mener à bien la triple opération du desséchement, du colmatage et de l'irrigation des marais de la Gironde ? Invoquera-t-on l'application de la loi de 16 septembre 1807 ? Il y aurait là assurément un progrès, parce que l'intérêt particulier serait directement en cause, et c'est le meilleur stimulant de toutes les grandes améliorations. Malheureusement, il est difficile de trouver des bailleurs de fonds qui se contentent des garanties de cette loi, garanties le plus souvent illusoires.

Il faut beaucoup de patriotisme et de courage pour s'exposer aux mille procès qui peuvent surgir de toute entreprise basée sur la loi de 1807. Tout le bénéfice que peuvent en attendre les bailleurs de fonds, c'est une part dans la plus-value des terrains desséchés ; mais cette plus-value comment l'estimer ? L'expertise qui sera faite avant et après le desséchement sera-t-elle exempte d'erreurs ? Combien de temps faudra-t-il attendre pour que les travaux exécutés aient fait sentir toute leur action ? Quels gages présenteront les propriétaires pour le paiement de la plus-value ? Que de formalités ne devront pas remplir les dessécheurs avant de rentrer dans leurs avances, si toutefois ils y rentrent jamais ! Et si les travaux durent dix ans, quels seront l'intérêt et le dividende des actions ?

Sous Henri IV, il pouvait encore y avoir avantage à dessécher ; l'édit de 1599 accordait aux entrepreneurs la moitié des marais desséchés, des exemptions de taille et des priviléges si considérables, qu'ils mettaient à la discrétion des dessécheurs les propriétés du clergé et des grands seigneurs eux-mêmes. Tout cela n'a pas suffi, et quelques marais seulement ont pu tenter les capitalistes de l'époque.

Aujourd'hui, qu'on n'accorde aux entrepreneurs de desséchement pour tout paiement qu'une part dans la plus-value présumée des terrains desséchés, peut-on espérer de trouver beaucoup de spéculateurs qui consentiront à courir les risques de mille procès pour des bénéfices illusoires ou éloignés ?

Encore une fois, il faut beaucoup de courage et de patriotisme pour s'exposer aux coups de la loi de 1807, et nous ne saurions trop féliciter ceux qui osent les affronter.

En 1845, un propriétaire, témoin des magnifiques résultats qu'avait donné un essai de colmatage et d'irrigation dans quelques parties du marais de Reysson, proposa à la commission syndicale d'entreprendre, à ses risques et périls, l'amélioration de toute la surface du marais. Il alla même jusqu'à offrir de payer pendant quatre ans un fermage calculé à raison de 5 p. 100 sur la valeur des terrains, déterminée par les ventes notariées les plus récentes ; le montant total du fermage devait être déposé entre les mains du receveur général des finances à Bordeaux. Au bout des quatre ans, les propriétaires auraient été admis à profiter des ouvrages exécutés par le fermier et seraient rentrés en possession de leurs terres, à la charge par eux de payer à celui-ci la plus-value, après une expertise consciencieuse.

Sa proposition fut rejetée, quoiqu'il offrît de payer un fermage de 184,000 fr., de faire de nouveaux pertuis et de doubler la valeur des propriétés.

Nous serions tentés de croire qu'il dut s'estimer très heureux de son insuccès, parce qu'il dépend toujours des propriétaires de retarder à leur gré l'époque de la plus-value. Il est facile, en effet, de comprendre que les grands canaux de dessèchement, de colmatage et d'irrigation ne donneront tout leur effet utile qu'autant que les propriétaires auront eu soin d'exécuter, à l'intérieur de leurs marais, de petites rigoles, de petits travaux qui sont le complément indispensable des canaux généraux ; pour peu que les propriétaires négligent de faire ces opérations de détail jusqu'à l'époque fixée pour l'expertise, il est bien évident que la plus-value ne sera pas ce qu'elle aurait dû être. Une fois la sentence d'expertise rendue, ils s'empresseront de multiplier leurs petites rigoles et de tirer tout le parti possible du système appliqué à grands frais par l'entrepreneur de desséchement ; celui-ci sera frustré, de cette manière, des bénéfices qui lui reviennent légitimement, et il n'aura travaillé qu'à dessécher sa bourse. C'est le cas le plus ordinaire des spéculateurs qui se sont appuyés sur la loi du 16 septembre 1807.

On le voit donc, cette loi ne vaut guère mieux que le décret organique des syndicats pour hâter l'amélioration des marais. C'est ailleurs qu'il faut chercher le remède.

Il est tout entier dans l'application des édits de nos rois, il est dans la loi du 5 janvier 1791, il est enfin dans le décret du 14 décembre 1810. Il ne faut qu'oser en prescrire l'application, et c'est ce que nous demanderons hardiment.

Est coupable envers la société tout homme qui, possédant une terre, ne travaille pas à l'améliorer; tout homme qui, d'une lande ou d'un marais infertile et improductif, ne cherche pas à en faire un agent de production ou de salubrité. Les générations présentes ont mission de préparer la nourriture et le bien être des générations futures; le progrès de la civilisation est à ce prix. Cette activité incessante de la production, cette continuité de sacrifices, cette chaîne du travail et de la solidarité, qui relie entre eux le passé, le présent et l'avenir de l'humanité, ne font peur qu'aux paresseux et aux égoïstes. Il n'y a, sachons-le bien, qu'un moyen d'échapper aux conséquences du redoutable principe posé par Malthus : c'est de tourmenter la terre pour en arracher les mines inépuisables d'aliments qu'elle renferme.

La première garantie de la sécurité sociale, avons-nous dit bien souvent, c'est le développement du travail, et surtout du travail agricole; c'est la productivité indéfinie de la terre. On n'est digne d'être propriétaire qu'à la condition de fertiliser tout ce qui est stérile, d'assainir tout ce qui est insalubre. Il est donc du devoir du Gouvernement de veiller à ce qu'aucune terre ne reste en friche, à ce qu'aucun marais ne devienne une source d'insalubrité ; dût-il substituer momentanément son action à celle du propriétaire et faire payer à celui-ci la dette de sa paresse ou de son incurie, il ne doit pas hésiter.

C'était là l'opinion du plus populaire de nos rois, de Henri IV.

En ordonnant le desséchement des marais, ce grand prince avait en vue, non seulement les intérêts de la salubrité publique, mais encore les progrès de l'agriculture et ceux de la production nationale. Le préambule de son édit de 1599 est si touchant, que nos lecteurs nous sauront gré de le placer sous leurs yeux :

« La force et la richesse des roys et princes souverains, dit-il, consiste en l'opulence et nombre de leurs subjects. Et le plus grand et légitime gaing et revenu des peuples, mesme des nostres, procède principalement du labour et culture de la terre, qui leur rend, selon qu'il plaist à Dieu, à usure, le fruict de leur travail, en produisant grande quantité de bleds, vins, grains, légumes, et pasturage ; de quoi non seulement ils vivent à leur aise, mais en peuvent entretenir le traficq et commerce avec nos voisins et pays loingtains, et tirer d'eux or, argent et tout ce qu'ils ont en plus grande abondance que nous, propres et communs à l'usage de l'homme.

» Ce que nous considérant, et que Dieu par sa saincte bonté nous a donné la paix dedans et dehors nostre royaume, nous avons estimé nécessaire de donner moyen à nos dits subjets de pouvoir augmenter ces thrésors ; joinct que soubs ce labour, infinis pauvres gens destruits par le malheur des guerres, dont la plupart sont contraincts mendier, peuvent travailler et gagner leur vie et peu à peu se remettre et relever de misère. »

Dévoré de ce désir ardent d'améliorer l'agriculture, Henri IV fit venir de Hollande les plus habiles dessécheurs de marais, et il força tous les propriétaires, grands et petits, à se soumettre aux plans de Bradley et de ses associés. Que les marais appartinssent à la couronne ou à la noblesse, au clergé ou au tiers-état, tous devaient être desséchés et fertilisés dans un bref délai ; il fallait que le droit de propriété fléchît devant les intérêts de l'agriculture, ainsi le voulait le roi.

Après sa mort, l'égoïsme des grands propriétaires de marais reprit bien vite le dessus ; les travaux furent abandonnés, des milliers d'hectares furent inondés de nouveau, et le mal était devenu si grand, que, dès le 26 décembre 1790, le Corps législatif se vit forcé d'adopter une loi dont les considérants méritent d'être rapportés :

« L'Assemblée nationale, considérant qu'un de ses premiers devoirs est de veiller à la conservation des citoyens, à l'accroissement de la population et à tout ce qui peut contribuer à l'augmentation des subsistances, qu'on ne peut attendre que de la prospérité de l'agriculture, du commerce et des arts utiles, soutiens des empires ;

» Considérant que le seul moyen de donner à la force publique tout le développement qu'elle peut acquérir est de mettre en culture toute l'étendue du territoire ;

» Considérant qu'il est de la nature du pacte social que le droit sacré de propriété particulière, protégé par les lois, soit subordonné à l'intérêt général ;

« L'Assemblée nationale, considérant enfin qu'il résulte de ces principes éternels que les marais, soit comme nuisibles, soit comme INCULTES, doivent fixer toute l'attention du Corps législatif, décrète ce qui suit :

« Lorsque le Directoire de département aura déterminé, pour le bien général, de faire exécuter le desséchement d'un marais, le propriétaire de ce marais sera requis de déclarer, dans l'espace de six mois, s'il veut le faire dessécher lui-même...

» Si les propriétaires (art. 5) renoncent à faire eux-mêmes le desséchement de leurs marais, ou s'ils ne remplissent pas l'engagement qu'ils auront contracté de les faire dessécher au terme convenu, le Directoire du département FERA EXÉCUTER LE DESSÈCHEMENT EN PAYANT AUX PROPRIÉTAIRES LA VALEUR ACTUELLE DU SOL DU MARAIS, à leur choix, soit en argent, soit en partie de terrain, qui sera desséché, le tout à dire d'experts.

» Dans tous les cas, il est défendu aux propriétaires, à qui que ce soit, de mettre obstacle au desséchement des marais et d'en troubler les entreprises, sous les peines infligées aux auteurs des délits commis sur les ateliers nationaux et sur les propriétés publiques. »

Comme on le voit, les principes posés par l'Assemblée nationale de 1790 ne sont autres que ceux de l'édit de 1599 : c'est le desséchement forcé. L'expropriation admise par la loi de 1790 fut considérée plus tard comme une mesure trop rigoureuse. De là, ces mille complications, ces mille détails qui ont rendu si difficile et si dangereuse l'application de la loi de 1807.

Quoique l'expropriation préalable rencontre de nombreux opposants, nous ne devrions cependant pas oublier que sans elle on n'aurait jamais pu entreprendre ces magnifiques desséchements qui, aujourd'hui, font la fortune de la Hollande, de la Toscane et du Lincolnshire en Angleterre. L'assainissement et la fertilisation de plusieurs millions d'hectares de marais sont-ils donc moins importants, pour la richesse de la France, que l'exécution d'une route, d'un canal ou d'un chemin de fer ? Pourquoi craindre alors de faire, pour les améliorations agricoles, ce qu'on fait avec tant de facilité pour une foule d'autres intérêts moins impérieux que ceux des voies d'assainissement et de circulation ?

Certes, nous n'aimons guère les abus qu'entraîne quelquefois avec elle l'expropriation forcée; mais nous pensons aussi qu'on a grand tort de ne pas recourir à l'application du principe, quand il est reconnu qu'il n'y a pas d'autre moyen de réaliser une amélioration d'utilité publique. « Quelque respectable, quelque sacré que soit le droit de propriété, on doit avoir celui de l'enfreindre, dit Brémontier, lorsqu'un bien général démontré est le motif de l'infraction. »

Est-il possible de concilier notre profond respect pour le droit de propriété avec nos sympathies pour le desséchement des marais? Le décret du 14 décembre 1810 nous offre une combinaison que nous avons déjà recommandée pour les landes, et qui pourrait être appliquée avec non moins d'avantages dans nos marais. Des termes de l'art. 5 de ce décret, qui, comme on le sait, est relatif aux dunes, il résulte que : « dans le cas où les propriétaires se trouveraient hors d'état d'exécuter les travaux recommandés, ou s'y refuseraient, l'administration aura le droit de faire des plantations, de cultiver les terrains et de recueillir les fruits des coupes jusqu'à l'entier recouvrement des dépenses qu'elle aura été dans le cas de faire, et de l'intérêt; après quoi, lesdites dunes doivent retourner aux propriétaires, à charge par eux d'entretenir convenablement les plantations. »

Nous demanderons donc hardiment qu'on étende aux marais ces dispositions si tutélaires du double droit des propriétaires et de l'Etat. C'est l'expropriation, sans doute, mais l'expropriation TEMPORAIRE. Voyons comment il serait possible de l'appliquer dans les marais de la Gironde :

Depuis plus de trente ans, tous nos marais ont été étudiés avec le plus grand soin par les ingénieurs des ponts et chaussées ; d'immenses calculs de nivellement ont été opérés sur tous les points, des monceaux de plans, de devis, de rapports, etc., ont été préparés. Il ne reste plus qu'à exécuter ce vaste travail d'ensemble ; mais la division des propriétaires, les tiraillements des syndicats et le manque de capitaux ne permettront jamais de mettre sérieusement la main à l'œuvre ; ainsi que nous le disions plus haut, vingt générations d'ingénieurs passeront avant qu'on ait avancé d'un pas dans la voie des améliorations projetées.

Que faire en pareille occurence ? Mettre tous les propriétaires, tous les syndicats en demeure de procéder immédiatement, par eux-mêmes, au desséchement, au colmatage et à l'irrigation de leurs marais. A leur défaut, former une grande compagnie dont ces propriétaires de marais pourraient être les premiers actionnaires ; armer cette compagnie du droit temporaire d'expropriation et l'autoriser à se rembourser de ses avances sur les produits des marais. Il est bien entendu que l'intérêt de son capital devrait aussi être largement couvert.

Nous n'entrerons pas ici dans les détails des différentes combinaisons qui pourraient être adoptées pour faciliter aux propriétaires les moyens d'aliéner leurs terrains, quand bon leur semblerait, et de se libérer progressivement envers la compagnie; la loi sur le drainage contient d'ailleurs plusieurs dispositions qui seraient parfaitement applicables au desséchement des marais, desséchement qui n'est autre chose qu'un véritable drainage.

Le système que nous mettons en avant aurait, selon nous, le triple avantage d'améliorer les marais d'autant plus économiquement qu'on travaillerait sur une plus vaste échelle, de concilier les intérêts particuliers avec les intérêts généraux, et d'opérer, en quelques années, une transformation que nous attendons en vain depuis des siècles.

La fusion libre, spontanée de tous les propriétaires de marais dans un vaste syndicat de desséchement, d'irrigation et de colmatage, fusion dont nous avons tant de fois démontré les avantages, existe et donne de merveilleux résultats à Bischwiller, dans le Bas-Rhin. « L'irrigation, lisons-nous dans le rapport de la commission du Comice cantonal de Bischwiller, n'est praticable qu'après l'opération préliminaire de l'assèchement. Cette vaste opération prélable a été confiée au syndicat de Bischwiller, institué en vertu d'un décret du 22 mars 1852. L'association dont ce syndicat est l'organe embrasse dans son périmètre 35,000 hectares, dans la plaine du Rhin, sur le territoire de six communes. Le nombre des propriétaires compris dans l'association est d'environ 3,000, et le nombre des parcelles, prés et terres d'environ 14,000. Après avoir ouvert, en 1853, un canal de desséchement commun à tout le bassin, le syndicat s'est mis en devoir, dans les campagnes de 1854, 1855 et 1856, de procéder au curage à fond de tous les ruisseaux et fossés d'assèchement dont le nouveau canal forme le confluent. La longueur riveraine du curage actuellement effectué est de 75,000 mètres, soit la moitié environ des curages à exécuter pour terminer l'opération.

» L'ensemble de ces travaux, y compris la reconstruction des ponceaux et aqueducs, les endiguements, l'amélioration des chemins d'exploitation, et la vérification des cours d'eau principaux de la Moder et de la Gorse, se fait aux frais des propriétaires intéressés. La dépense totale sera d'environ 150,000 fr., soit donc une dépense moyenne de près de 43 fr. par hectare. La plus-value à réaliser par les travaux du syndicat sera en moyenne de CINQ CENTS francs par hectare de terrain assaini. »

Voilà un exemple encourageant, s'il en fut jamais ; mais aussi les Allemands ne sont pas dévorés comme nous par le feu de l'égoïsme et de la jalousie ; ils savent voir leur intérêt particulier dans les satisfactions données à l'intérêt général. Les riches ne se servent pas de leur influence pour lutter entre eux de mesquineries et d'amour-propre ; ils associent leurs efforts à ceux des pauvres, et, tous ensemble, ils concourent généreusement à l'exécution des grands travaux d'amélioration. Chez eux, il n'est pas besoin de recourir à la loi de 1807 et encore moins au décret de 1810 ; chez nous, au contraire, les bienfaits de la collectivité ne se produiront jamais qu'à la condition d'être imposés ; il est donc d'une indispensable nécessité que le Gouvernement mette les propriétaires de marais en demeure de faire tous les travaux d'assainissement et de colmatage, et, sur leur refus, substitue son action à la leur, dans un délai fixé à l'avance.

Comme le premier effet de toutes ces améliorations serait d'augmenter directement ou indirectement les revenus de l'Etat, celui-ci devrait accorder quelques subsides pour les tracés des artères principales d'évacuation et d'introduction des eaux ; ses ingénieurs s'occuperaient gratuitement du soin de dresser tous les plans et d'en surveiller l'exécution. Que si, malgré sa généreuse initiative, les propriétaires s'obstinaient à maintenir leurs marais dans l'état d'insalubrité et d'infertilité où nous les voyons aujourd'hui, alors il n'y aurait plus à hésiter. S'armant du droit que lui donne la tutelle des intérêts généraux, le Gouvernement devrait tenir à tous les récalcitrants le langage suivant :
« Vous possédez des marais dont l'insalubrité et l'infertilité sont un véritable danger social ; j'ai or-

donné à mes ingénieurs de dresser des plans d'ensemble pour l'assainissement et la fertilisation de ces terrains malsains et improductifs ; les projets sont prêts, et je suis disposé à vous accorder une subvention si vous mettez immédiatement la main à l'œuvre. Vous refusez d'associer vos efforts aux miens ? Alors vous ne trouverez pas mauvais que je me charge de tous les travaux et que je détienne vos propriétés jusqu'à l'époque où je serai rentré dans mes avances par la vente des produits. »

Est-il un homme de bon sens qui puisse blâmer cette manière d'agir du Gouvernement ? Nous ne le pensons pas. Au système de l'expropriation ou de la vente forcée, l'Etat substitue l'assainissement et la culture forcés ; il prête ses ingénieurs et ses capitaux à l'agriculture et à la salubrité publique ; il ne néglige rien pour être à même de rendre le plus tôt possible les marais qu'il détient temporairement à leurs légitimes propriétaires ; et ceux-ci conservent toujours le droit de vendre ces marais à qui bon leur semble, avant, pendant et après l'exécution des travaux. Où donc l'injustice, où donc la violation du droit de propriété ?

Il est bien vrai de dire que l'application de ces principes, qui ont un certain air de parenté avec ceux du décret de 1810, gênerait considérablement les manœuvres de quelques spéculateurs qui s'accommoderaient beaucoup mieux de la vente forcée, parce qu'elle leur permettrait d'acheter des terrains à bon marché, et de les revendre à chers deniers, soit en gros, soit en détail, après qu'ils les auraient revêtus d'un léger vernis cultural. Nous ne prêterons jamais les mains à de pareils calculs ; nous aimons beaucoup mieux dire nettement aux propriétaires qui refusent d'améliorer leurs marais : assainissez et cultivez, sinon j'assainis et je cultive pour vous et à vos frais. Si le Gouvernement parlait avec cette franchise et cette fermeté à tous ceux qui se servent de leur prétendue influence politique ou de leur position de fortune pour éterniser les scandaleux abus de leurs bauges, de leurs grenouillères, de leurs sangsues et de leurs cressonnières, il aurait bien vite raison de leur mauvaise volonté.

Il faut comprendre le décret de 1810 dans son esprit et non dans sa lettre, pour apprécier toute la valeur des applications qu'il est possible d'en tirer ; le communisme et le socialisme n'ont rien à y voir, car le respect de la propriété en est la première base. L'expropriation temporaire, qu'il consacre dans le but unique de précipiter le mouvement du progrès cultural, n'est pas à proprement parler une expropriation, puisque les propriétaires légitimes restent toujours libres de vendre leurs terres ; on pourrait, tout au plus, lui reprocher d'être une suspension de la jouissance de la propriété ; mais quand cette jouissance se résume en impôts, en fièvres, en épidémies et en famine, les améliorations imposées ou exécutées par le Gouvernement, sont-elles autre chose que le fait d'un bon père de famille ? Il ne faut pas oublier, d'ailleurs, que le jour où le Gouvernement serait bien déterminé à exécuter tous les travaux dont l'urgence aurait été préalablement constatée, les propriétaires de marais s'empresseraient très probablement de prévenir ses rigueurs passagères et de former un vaste syndicat à l'exemple de celui de Bischwiller ; s'il en arrivait autrement, nous engagerions vivement le Gouvernement à user de son droit d'initiative, et nous applaudirions à ses efforts, parce qu'ils auraient infailliblement pour résultat de centupler, en quelques années, la valeur des marais qui bordent les deux rives de nos fleuves.

Cinq cent mille têtes de gros bétail, cinquante mille travailleurs trouveraient, dans dix ans, à se nourrir sur des terrains où l'entêtement et l'inintelligence des communes et des particuliers perpétuent l'insalubrité et l'infertilité. La plus-value produite par les fossés d'assainissement, d'irrigation et de colmatage s'élèverait à plus de trois milliards, et l'on hésiterait ?

Les heureuses conséquences du principe contenu dans le décret de 1810, nous paraissent si évidentes, que nous en préconiserons hardiment l'application aux landes de Gascogne ; ce que nous avons dit à ce sujet, l'année dernière, nous le répéterons aujourd'hui : Dans ce vaste désert de plus de cinq cent mille hectares, se trouvent aussi de violents adversaires des améliorations annoncées par le Gouvernement. De l'ensemble des observations que nous avons tant de fois ressassées, il résulte qu'une dépense de 30 fr. suffirait pour décupler, en quelques années, la valeur des landes ; malheureusement, les propriétaires, communes ou particuliers, préfèrent généralement maintenir les abus de la vaine pâture et s'endormir dans la misère, plutôt que de s'enrichir par des travaux économiques d'assainissement et de culture. Eh bien ! aujourd'hui que la science a parlé, et que ses principes ont reçu de l'expérience la plus éclatante consécration, c'est un droit et un devoir pour le Gouvernement de mettre les communes et les particuliers en demeure d'assainir et de cultiver leurs landes.

Mais avant de recourir aux mesures extrêmes, il devra commencer par exécuter les routes agricoles et les fossés de desséchement, conformément aux promesses solennelles qui ont été faites en son nom dans le sein du Conseil général. Ces grandes artères de circulation et d'assainissement une fois terminées, il pourra dire aux communes : « Je n'ai rien épargné pour vous donner tous les moyens de vous enrichir et de contribuer à l'augmentation de la richesse nationale par votre travail et votre production ; je vous invite donc, non seulement à travailler et à produire, mais encore à faciliter, de votre côté, l'activité individuelle de vos habitants, en leur fournissant des chemins vicinaux pour la circulation de leurs produits et des fossés pour l'écoulement des eaux de leurs propriétés. Si vos ressources actuelles ne vous permettent pas d'exécuter la part de travaux d'utilité publique qui doit vous incomber, vendez quelques parcelles de vos landes, et vous vous créerez un capital immédiatement disponible, que vous emploierez à améliorer les autres parcelles et à provoquer l'amélioration générale des propriétés particulières. Pour que le progrès soit moins lent, vous obligerez les acquéreurs de vos landes à creuser des fossés de desséchement autour de leurs propriétés respectives et à les ensemencer. »

Après s'être adressé, en termes si sages et si paternels, aux Conseils municipaux, l'administration serait bien en droit d'espérer que son appel fût entendu par la majeure partie d'entre eux. Dans le cas où ses légitimes espérances seraient trompées, et où, PAR EXCEPTION, les Conseils municipaux refuseraient obstinément d'assainir et de cultiver leurs landes eux-mêmes, parce qu'étant composés de riches propriétaires ils auraient par conséquent plus d'intérêt que la majorité des habitants à la conservation des abus de l'inculture et du parcours, alors le Gouvernement serait certes bien en droit de les pousser dans la voie qu'ils n'auraient pas voulu suivre librement. La commune est mineure, et l'Etat est son premier tuteur.

S'inspirant beaucoup plus de l'esprit que de la lettre du décret de 1810, il tiendra aux communes un langage qui, pour être plus sévère, ne cessera pas d'être paternel : « Il faut, leur dira-t-il, que vos landes soient assainies et cultivées ; et puisque vous n'obtempérez pas à mes conseils, je vais substituer mon action à la vôtre. Je ne priverai pas vos bestiaux du parcours nécessaire à leur nourriture, mais chaque année je cultiverai un quatorzième, un vingtième de votre propriété, de manière à leur ménager des cantonnements de dépaissance. Quand je me serai remboursé de mes avances sur le produit des landes que j'aurai cultivées, je vous rendrai toute l'étendue dont j'aurai disposé TEMPORAIREMENT. »

Dans le cas où, contrairement à notre opinion, le Gouvernement chargerait des compagnies d'exécuter les travaux d'assainissement et de culture, il leur poserait pour condition :

« 1º De coloniser avec et par les gens du pays ;

» 2º D'assainir la lande où serait établie la colonisation ;

» 3º D'ouvrir des chemins vicinaux et ruraux pour communiquer, soit avec le chemin de fer, soit avec les grandes routes agricoles ;

» 4º De faire des constructions pour les colons ; de bâtir une chapelle et une boulangerie ; d'installer un charron et un forgeron ; de creuser un puits, etc. ;

» 5º De livrer à chaque colon une certaine étendue de terrain pour cultiver des céréales, des plantes potagères, etc., terrain et jardin dont les locataires pourraient devenir propriétaires au moyen d'annuités sagement échelonnées. »

Dans vingt-cinq ans, l'État aurait créé ainsi un nombre assez considérable de nouvelles communes et accru la richesse de celles qui existent aujourd'hui. Tous les travaux de routes, de fossés, d'ensemencement, de culture, seraient placés sous la direction unique d'un ingénieur expérimenté et revêtu de pleins pouvoirs; rien ne serait négligé, en un mot, pour qu'au moyen des subsides gouvernementaux, la lande devînt une des parties les plus riches de l'Empire.

On le voit, cette législation n'a rien de bien effrayant, et il n'est pas un homme de progrès qui ne préfère cette généreuse initiative du Gouvernement à l'inertie égoïste des Conseils municipaux. Quant à nous, nous ne voyons dans l'application du principe posé par le décret de 1810 qu'un moyen d'arriver plus promptement à la réalisation de nos vœux en faveur des landes.

Il est bien entendu d'ailleurs que les communes ne seraient jamais expropriées, et qu'elles resteraient toujours libres de rentrer dans leur propriété à quelque époque que ce fût de l'exploitation par l'État, libres aussi d'aliéner n'importe quelle partie améliorée de leurs landes. Elles retireraient donc naturellement, de la vente, un prix d'autant plus élevé que l'amélioration serait plus marquée, et qu'elles pourraient mieux choisir leur moment pour aliéner les parties dont elles trouveraient à se défaire avantageusement.

La vente FORCÉE leur procurerait-elle les mêmes

bénéfices ? Assurément non ; car, en pareil cas, elles auraient à subir la loi des acheteurs, et si minimes que fussent les lots, il y aurait bien encore des compagnies prêtes à les prendre pour les détailler plus tard.

La détention provisoire des terrains, ordonnée en vue des améliorations culturales, est la concession la plus heureuse qu'il soit possible de ménager entre les exigences du droit de propriété et celles de la salubrité et de l'utilité publiques; aussi, voudrions-nous étendre ce système à toutes les terres malsaines et infertiles, qu'elles appartinssent à des communes ou à des particuliers. Henri IV et notre première Assemblée législative avaient posé en principe que toute terre abandonnée par son propriétaire à l'insalubrité et à l'infertilité, devait être améliorée, bon gré, mal gré. C'est là une grande loi sociale dont l'application mériterait bien d'être énergiquement poursuivie, et dans nos landes, et dans nos marais.

Ces idées n'ont pas toujours été accueillies avec sympathie ; mais nous ne nous serions jamais attendu à les voir combattues par les partisans de la vente forcée.

« Véritable rage de faire le salut des gens en les terrifiant ! » se sont écriés ceux qui s'indignaient de nos préférences pour la détention PROVISOIRE des terrains insalubres. Eh mon Dieu ! oui, nous avons cette passion du progrès, cette ardeur de sauver les gens malgré eux, s'ils sont trop paresseux ou trop égoïstes pour travailler à augmenter le bien-être de leur famille et les richesses de la société.

En résumé, nous avons réclamé l'exécution préalable, aux frais de l'État et du département, des grandes artères d'assainissement et de circulation ; nous persistons. Nous avons encouragé, par tous les moyens en notre pouvoir, les ventes parcellaires opérées de gré à gré par les communes ; nous persistons. Nous avons condamné hautement l'égoïsme de certains Conseils municipaux qui, au bonheur d'enrichir leur commune, d'améliorer le sort de ses habitants, préfèrent la triste satisfaction d'éterniser, à leur profit, la pauvreté de l'une et la misère des autres ; nous persistons. Nous avons appelé la sévérité des lois sur les calculs des exploiteurs du parcours et de la vaine pâture, et nous nous sommes reposé sur le Gouvernement du soin de leur appliquer les dispositions des lois existantes ou de les atteindre par une loi nouvelle qui en fût le corollaire et le complément ; nous persistons. Nous avons démandé que tous les propriétaires de terrains insalubres et infertiles fussent mis en demeure d'exécuter des travaux d'assainissement et de culture, et que, sur leur refus, le Gouvernement se mît hardiment à leur lieu et place et se remboursât de ses avances par les produits des améliorations ; nous persistons.

Notre système n'a rien de commun avec le communisme et le socialisme ; il donne tout simplement une garantie de plus à la sécurité sociale, et au lieu d'ébranler l'édifice de la propriété, il en affermit les assises. N'avons-nous pas d'ailleurs une foule de lois et de réglements qui s'appuient sur le principe que nous développons? Quand, par exemple, une église, un presbytère ou une école communale tombent en ruine, le Préfet peut bien ordonnait les travaux de réparation et imposer la commune de ce chef ; nous ne voyons pas pourquoi le Gouvernement n'agirait pas avec la même autorité pour la régénération des landes et des marais, alors qu'il s'agit des plus légitimes exigences de la salubrité et de la production générales.

L'analogie de traitement légal, que nous avons établie entre les landes et les marais, est justifiée non seulement par la similitude de leurs besoins, mais encore par la relation directe qui existe entre leur assainissement respectif. On sait, en effet, que les eaux stagnantes des marais viennent en partie des terrains supérieurs et notamment des landes ; il est donc nécessaire de combiner les fossés d'égouttement pratiqués à la surface de celles-ci avec les fossés de ceinture de ceux-là ! On a dit, non sans raison, que plus on assainirait les landes, plus les eaux connues sous le nom de « Doucin » afflueraient dans les marais ; mais il est facile de remédier à cet inconvénient, en opérant un desséchement simultané des deux natures de terrains. Quel est le premier effet des travaux de drainage et de desséchement exécutés dans les landes? Évidemment de réunir toutes les eaux dispersées à la surface du sol, dans des fossés ou collecteurs qui les portent au point où l'on veut les diriger. Or, du moment qu'on ouvre autour des marais un vaste canal destiné à recevoir les eaux des terrains supérieurs, ce canal deviendra en quelque sorte la continuation des fossés dans lesquels les eaux des landes auront été préalablement ramassées.

Lorsqu'on voudra dessécher tous les marais qui s'étendent de Bordeaux à la mer, le long des deux rives de la Garonne et de la Gironde, les fossés d'assainissement exécutés dans les landes, loin de nuire à ces marais, conduiront au contraire, d'une manière plus directe et plus prompte, toutes les eaux dans les grands canaux de ceinture. On peut donc conclure hardiment que les travaux d'égouttement des landes supérieures au sol des marais favoriseront admirablement le desséchement de ces marais, et que les canaux de ceinture les soustrairont à l'influence pernicieuse du « Doucin. »

Une fois les canaux de ceinture ouverts, les difficultés de desséchement sont déjà bien réduites; car on n'a plus à écouler hors des marais que les eaux pluviales qui y tombent, ce qui ne peut constituer, en définitive, qu'une faible quantité d'eau, si on la compare à celle qui arrive des terrains supérieurs. Il ne faudrait cependant pas négliger l'évacuation de ces eaux intérieures, parce que la stagnation en serait dangereuse pour la végétation et la salubrité publique. Le desséchement ne donnerait pas tout l'effet utile qu'on est en droit d'en attendre, s'il n'était pas combiné avec le colmatage et l'irrigation.

Longés par un fleuve qui porte dans ses eaux un vase argileuse dont la fécondité peut être comparée à celle du Nil, la plupart de nos marais sont destinés à devenir les plus riches terrains de la France, à la simple condition que le fleuve soit forcé de travailler à leur profit. Tous les propriétaires reconnaissent aujourd'hui l'immense utilité du colmatage, c'est à dire de l'élévation graduelle des terres inférieures des marais par le dépôt des vases de notre magnifique fleuve. Mille mètres cubes d'eau tiennent en suspension deux mètres cubes de limon, et, en moins de quinze ans, le colmatage aurait transformé la plupart de nos marais en palus d'une fécondité presque inépuisable.

Si, aux heures où la marée élève les eaux du fleuve au-dessus de celles du marais, on arrête le jeu du clapet ou de la porte de flot des canaux d'introduction, à l'aide d'un simple crochet qui l'empêche de se fermer, les eaux limoneuses du fleuve pénétreront dans le marais et en couvriront toutes les parties inférieures. Si, maintenant, au moyen d'une autre porte dont le jeu sera disposé en sens inverse de celui de la première, on ferme l'entrée du marais quand la marée y aura pénétré, les eaux vaseuses pourront séjourner sur les terres pendant un temps plus ou moins long ; quand elles auront couvert le sol de leur limon bienfaisant, on les rendra au fleuve et on recommencera ensuite l'opération aussi souvent qu'on le jugera nécessaire.

Si l'on voulait colmater à la fois tout un marais, il suffirait de laisser entrer les eaux de la marée dans le canal par le jeu des portes de flot ; mais ordinairement les colmatages ne se font que partiellement. Pour pouvoir étendre ainsi à volonté les eaux de la rivière sur telle ou telle parcelle du marais, on établit, le long du canal, des digues élevées au-dessus des marais ; on entoure aussi chacune des parcelles à colmater de petites digues, et l'on fait communiquer en même temps chacune de ces parcelles avec le canal au moyen d'une vanne pratiquée dans la digue de ce canal.

Ces dispositions prises, quand on veut colmater une ou plusieurs parcelles, on introduit l'eau dans le canal ; elle y reste maintenue entre les digues, et en ouvrant les vannes des parcelles à colmater, celles-ci se trouvent couvertes d'eau. On y confine l'eau aussi longtemps qu'on le veut par la fermeture de la vanne, et quand elle a suffisamment déposé son limon, on l'évacue en ouvrant de nouveau la vanne.

Cette combinaison, qui permet ainsi de colmater séparément telle ou telle parcelle, présente de grands avantages, car il y a des moments où il est utile de colmater certaines parties du marais et d'en laisser d'autres, au contraire, complétement libres de toute inondation.

Voilà, réduit à sa plus simple expression, le système général de colmatage qu'il serait facile de pratiquer dans la plupart des marais de la Gironde.

Nous n'entrerons pas ici dans le détail des calculs scientifiques présentés par les ingénieurs sur les seuils de prise d'eau dans le fleuve, seuils dont la hauteur doit varier suivant celles des terrains arrosables, et aussi suivant la longueur des canaux d'introduction. La pente et la largeur de ces canaux d'introduction doivent être réglées de telle sorte que les eaux du flot conservent toute leur vitesse et portent une grande quantité d'eau vaseuse dans le moins de temps possible. Plus grande est la hauteur des seuils de prise d'eau, plus court est le temps pendant lequel on pourra utiliser la marée.

Tous les ingénieurs qui se sont occupés de l'amélioration de nos marais s'accordent à recommander l'adoption des trois principes suivants :

1º Rendre les marais inaccessibles, dans tous les temps, aux eaux extérieures qui peuvent y affluer ou les inonder ;

2º Evacuer les eaux intérieures par des canaux suffisamment multipliés, ouverts en déblai, dans le marais, à la largeur et à la pente nécessaires pour les plus bas terrains, jusqu'au fleuve où ils seront fermés par des portes et des vannes pour empêcher l'introduction des eaux de crue ou de marée ;

3º Introduire les eaux limoneuses du fleuve par des canaux particuliers, parfaitement distincts des canaux d'évacuation des eaux intérieures, et les répandre ensuite successivement par des prises d'eau régulièrement établies dans tous les terrains du marais, qui seraient préalablement disposés à les recevoir au moyen d'une petite digue en remblai, munie d'un réservoir à poutrelle, afin de faire sortir les eaux par la superficie lorsqu'elles auraient entièrement déposé leur limon. — Il faut que les canaux d'introduction aient une pente suffisante, pour que les vases tenues en suspension ne tendent pas à se déposer dans le trajet.

Ces principes peuvent être modifiés dans leur application, suivant une foule de circonstances locales qu'il serait fastidieux d'énumérer ici. Nous ne ferons qu'un reproche à nos ingénieurs hydrauliques, c'est de ne pas avoir établi assez clairement, à notre avis, dans leur rapport sur les améliorations des marais, la différence qui existe entre le colmatage et l'irrigation. Il est évident que, pour faire du colmatage, il faut procéder par irrigation; mais il arrivera un jour où les canaux de colmatage devront être transformés en simples canaux d'arrosement. La hauteur de tous les ouvrages nécessités par le colmatage devra donc être modifiée sensiblement, ainsi que la pente du lit du canal extérieur.

Les rapports que nous avons consultés, à l'occasion de l'enquête sur les marais de Bordeaux et de Bruges, établissent parfaitement les relations qui devront exister entre les différents travaux d'assainissement et de colmatage; mais n'aurait-il pas été aussi à désirer qu'ils eussent indiqué avec le même bonheur les moyens les plus propres à l'irrigation des terrains qui, quoique placés dans le périmètre des marais, ne pourront pas profiter des bénéfices de la marée? Ne serait-il pas possible de former, à une certaine distance, des réservoirs dans lesquels serait reçue l'eau du fleuve pour être déversée ensuite sur les terrains environnants, au moyen de NORIAS ou d'autres petites machines hydrauliques qui rendraient les plus grands services à l'agriculture?

Encore une fois, le desséchement des marais ne signifierait rien sans le colmatage et l'irrigation; en se bornant à les priver d'eau, on n'aboutirait qu'à les durcir et à les rendre aussi détestables pour la nourriture des animaux que pour la production agricole.

Quand on pense qu'une fois le colmatage achevé, ces vastes étendues de marais formeront les plus riches prairies et les plus inépuisables potagers de la France, on se demande comment les propriétaires n'ont pas mis plus d'empressement à coaliser tous leurs efforts pour mettre à profit les eaux si fertilisantes de notre beau fleuve, de ce fleuve qu'on peut appeler à bon droit le Nil de nos contrées!

Toutes les opérations qui ont pour but l'amélioration de nos marais et de nos landes, ne seront menées à bonne fin qu'autant que les propriétaires feront preuve de dévoûment et de sacrifices, et qu'une loi inspirée par l'esprit du décret de 1810 fera bonne et prompte justice de l'égoïsme des uns et de la mauvaise volonté des autres. Dans les landes comme dans les marais, ce sont presque toujours ceux qu'on appelle les personnages riches de l'endroit qui se montrent les plus récalcitrants ; tels d'entre eux répugnent aux desséchements et aux colmatages, parce qu'ils pensent trouver plus d'avantages dans le maintien de l'état de choses actuel. Ils ne s'inquiètent pas plus des intérêts de la salubrité publique que de ceux de la production nationale ; ils ne voient que leur présent sans penser à l'avenir de leurs terrains. C'est à ces préoccupations égoïstes que nous sommes redevables de la perpétuité des abus de la vaine pâture et des empiètements dont nos marais ont été souvent l'objet.

Au lieu de travailler à transformer des milliers d'hectares de marais insalubres en riches prairies, en cultures alimentaires ou en fertiles potagers, les uns continuent à les dévaster pour y jeter des millions de sangsues, et les autres à les submerger pour y entretenir ce qu'ils appelent de la BAUGE. C'est en vertu des mêmes préoccupations égoïstes que les gros bourgeois de nos communes éternisent le règne des ajoncs et des bruyères dans ces vastes déserts de landes, qu'il serait si facile de transformer en forêts et en terres fertiles ; ils aiment mieux monopoliser l'espace pour le parcours de leurs bestiaux, et abuser ainsi de l'impuissance où se trouve le pauvre de partager avec eux les bénéfices de la propriété commune. Ce n'est pas là du patriotisme, répéterons-nous ; ce n'est pas là un bon exemple. Nous ne pouvons mieux les rappeler au sentiment de leur devoir et de leurs véritables intérêts qu'en plaçant sous les yeux de ces propriétaires égoïstes les éloquentes paroles prononcées par M. le Ministre de l'agriculture et des travaux publics le 13 novembre 1850, à la séance d'ouverture de la Société centrale d'agriculture de Paris :

« L'agriculture, disait le Ministre, fait la force du pays, elle en prépare la richesse, elle en conserve la moralité à travers les âges.

» Que dans tous ses degrés, en bas comme en haut, l'agriculture demeure, en effet, bien convaincue qu'elle occupe le premier rang dans la pensée du Gouvernement ; longtemps négligés, que les intérêts agricoles sentent désormais une main protectrice étendue sur eux ; longtemps dédaignée, que la profession d'agriculteur reprenne, avec confiance, son rang dans le pays.

» Et quand le Gouvernement désire que les travaux d'irrigation s'accélèrent et se multiplient, n'est-ce pas pour accroître nos ressources en pâturages et notre production en viande, aliment si rare encore sur la table de l'ouvrier des campagnes ? — Quand il cherche à propager les procédés d'assainissement des terres et l'emploi du drainage, n'est-ce pas parce qu'ils sont favorables à l'accroissement des récoltes et à la santé des cultivateurs ?

» Il faut que le laboureur sache aussi qu'en haut il y a un écho sympathique pour toutes ses douleurs, des récompenses pour tous les services qu'on lui rend, et la ferme intention de marcher sans relâche à l'amélioration de sa destinée.

» Vous le lui direz, Messieurs, vous ferez mieux, vous le lui prouverez en appliquant plus que jamais vos forces et vos intelligences à venir en aide au Gouvernement du pays, dans l'accomplissement d'une tâche à laquelle il se dévoue tout entier, avec fermeté, résolution et persévérance ! »

Ces paroles éloquentes n'auront-elles pas de l'écho auprès de nos propriétaires de landes et de marais ?

Elles n'ont guère touché leurs cœurs depuis sept ans, et nous désespérons bien de leur bonne volonté. Et pourtant, que de richesses agricoles à recueillir dans ces terrains que dévorent les eaux croupissantes. D'un côté, notre fleuve met à notre disposition des milliards de mètres cubes d'eau du plus riche limon pour nos marais ; de l'autre, les eaux des Pyrénées, ces eaux qui nous causent périodiquement tant de pertes et de catastrophes, pourraient colmater aussi nos landes, et sous l'influence de leurs eaux alcalines, faire surgir d'immenses et magnifiques prairies, sur les sables qu'un bon système de canaux d'égouttement aurait préalablement débarrassés de leurs acides délétères.

Sous l'ardent soleil du Midi, le plus puissant engrais c'est l'eau ; combinée avec les heureuses influences de notre climat, l'irrigation centuplerait la valeur de nos terrains et garantirait du fléau des inondations toutes les propriétés riveraines de la Garonne et de l'Adour.

Où irons-nous prendre nos eaux ? Dans les Pyrénées. Comment préviendrons-nous le retour des terribles inondations qui arrachent à nos malheureuses populations tant de cris de désespoir ? En exécutant de grands canaux d'irrigation, flanqués d'immenses réservoirs dans lesquels seraient emmagasinées les eaux pyrénéennes. C'est ainsi que d'un élément de dévastation nous ferions un agent puissant de fertilisation.

« Dans les flancs d'un vaste plateau qui, sous le nom de Lannemézan, occcupe le sommet d'un contrefort allongé des Pyrénées, se trouvent, écrivions-nous l'année dernière, les sources d'une multitude de rivières qui se dirigent ensuite en éventail dans tous les sens. Elles sont au nombre de douze ou treize, dit M. l'ingénieur Montet, et des fleuves puissants, comme la Garonne et l'Adour, passent à une petite distance de ce plateau.

» En même temps qu'il domine tous ces cours d'eau, le plateau est dominé lui-même par la partie inférieure du cours de la Neste, belle rivière dont on peut rassembler les eaux dans des réservoirs artificiels creusés sur le plateau ou dans des bassins qu'on peut agrandir en barrant, par des digues, plusieurs lacs épars au-dessus du plateau lui-même. Du Lannemézan peuvent descendre des canaux qui rattacheraient les réservoirs aux principaux cours d'eau de la contrée sous-pyrénéenne à la Garonne, à la Baïse, au Gers et à l'Adour. »

Le beau projet de M. Montet a déjà été exécuté en partie pour le petit canal de Saint-Martory, à

Toulouse ; mais que de magnifiques corolaires restent encore à tirer du principe posé par M. Montet ! L'immense plateau des landes, par exemple, ne serait-il pas susceptible de recueillir les eaux fertilisantes des Pyrénées, dans une série de vastes réservoirs qui garantiraient, en partie, la vallée de la Garonne contre les inondations, en même temps qu'ils fourniraient de l'eau en abondance à des milliers d'hectares improductifs ?

N'existe-t-il pas dans les Pyrénées une multitude de CIRQUES, d'entonnoirs profonds qui ont souvent plusieurs kilomètres de tour, et dont les eaux s'échappent en général au dehors par un étroit défilé ? Quoi de plus facile que de transformer ces cirques en réservoirs transversaux ou longitudinaux, et d'en tirer des eaux au fur et à mesure des besoins ?

Il y a dans nos montagnes des sources inépuisables de richesses pour l'agriculture, et de forces motrices pour l'industrie. Cette brillante perspective ne tentera-t-elle pas enfin l'ambition de nos capitalistes ? Les travailleurs ne manqueraient pas à ces grandes entreprises d'utilité publique.

Que le Gouvernement, en présence de la grandeur de l'œuvre à accomplir, se charge de ces travaux ou garantisse un minimun d'intérêt aux capitalistes, qui ne reculeront pas devant l'exploitation des eaux de nos montagnes et de nos plateaux. Ce minimum d'intérêt ne serait destiné qu'à enhardir les plus timides, et il est très probable qu'il n'y aurait même aucun déboursé à faire.

Nous avons la conviction profonde que, bien dirigées, bien aménagées, les eaux des Pyrénées et de nos autres montagnes, donneraient un bénéfice considérable à ceux qui tenteraient l'entreprise.

Le revenu serait énorme ; l'irrigation d'un seul hectare de terrain ne serait pas payé moins de 30 fr., et les propriétés irriguées décupleraient de valeur. Il y aurait donc bénéfice, et pour les entrepreneurs d'irrigations et pour les propriétaires, et pour l'Etat lui-même.

Par cette combinaison, on éviterait ces tiraillements, ces lenteurs, ces mesquineries et cette impuissance qui sont le cortége infaillible des syndicats de nos marais et des exploiteurs de nos landes.

C'est donc un vaste plan d'ensemble que nous mettons en avant pour l'exploitation des immenses terrains insalubres ou incultes qui s'étendent des Pyrénées à l'embouchure de la Gironde ; tous les travaux se compléteraient les uns par les autres. Ainsi, desséchement des landes et écoulement de leurs eaux infertiles dans les canaux de ceinture qui protégeraient nos marais contre elles et les porteraient à la mer ; irrigation d'une partie des landes par un canal à pente avec réservoirs, qui auraient pour double résultat de prévenir les ravages des inondations et de déverser sur les versants de la lande ces eaux alcalines si nécessaires à la végétation ; colmatage et irrigation des marais qui bordent les deux rives de la Garonne et de la Gironde, telles sont les améliorations agricoles que nous voudrions introduire dans nos contrées. Les forêts des dunes et d'une partie des landes protégeraient nos cultures contre les vents de la mer ; derrière ces abris naturels et si utiles, que des imprudents voudraient détruire pour les remplacer par de maigres cultures de millets, se développeraient, dans toute l'exubérance de la puissance végétative qu'ils emprunteraient à un sol assaini et irrigué, des millions de produits aujourd'hui chétifs et rabougris. La conservation de nos forêts landaises, l'irrigation des terres qui se prêteraient le plus facilement à cette opération, la fertilisation générale de tout le bassin bordelais, l'augmentation presque indéfinie de nos produits en vins, en fruits, en bestiaux, telles devraient être les bases de nos exportations et de nos belles industries des conserves, des salaisons, qui prendraient rapidement d'immenses développements.

A propos de ces projets d'assainissement, d'irrigation et de fertilisation, un homme d'une haute intelligence, écrivait dernièrement à un de ses amis une lettre dans laquelle nous avons remarqué les passages suivants :

» Je ne sais dans quelle traduction d'un ancien ouvrage indien, j'ai lu que la terre fut d'abord toute plate, sans vallées et sans fleuves; que ses premiers habitants trouvèrent avec peine une place sans eaux stagnantes et putrides, à l'ombre de quelques bois les protégeant des miasmes mortifères des vastes et nus déserts à l'entour ; *que tel fut leur Eden ;* que les premières eaux courantes sillonnèrent, creusèrent cette croûte; découvrirent les trésors de ces couches aux hommes qui s'abritèrent avec leurs matériaux, se firent porter par les eaux, et mirent à contribution toute la nature pour la satisfaction de leurs besoins ; mais que la division s'étant mise parmi eux, chacun ne songeant plus qu'à soi et à un très petit nombre des siens, de clients et de partisans, les grands travaux sociaux d'utilité générale, d'intérêt public, ne furent plus entretenus ; qu'on perdit le souvenir de leurs services, les moyens de s'en servir, de les créer de nouveaux ; que, dans peu de siècles, les eaux qui avaient creusé les vallées les inondèrent, y déposèrent des sables, et reformèrent les étangs et marais primitifs qui chassèrent les hommes sur les hauteurs, où les émanations des eaux stagnantes les décimèrent. Alors, parce qu'ils étaient sans abri, les bois, sur les faîtes et les pentes rapides, ayant disparu par leur incurie, ils finirent par s'entretuer pour vivre un peu plus longtemps, et enfin par mourir tous d'homicides, de brutalités, de fièvres et de misères de toutes sortes. Que telle fut l'histoire de la première génération humaine.

» Changez le mot de génération en celui de civilisation, et vous aurez un apologue vrai. — Où sont, en effet, les riantes et vertes plaines de la Mésopotamie, cette terre promise de Chanaan, ces bords enchantés de Babylone, où Jérémie pleurait l'exil sur les eaux de ses fleuves ; ces mille et un canaux entre l'Euphrate et le Tigre qui protégèrent la retraite des Dix mille par de continuelles défenses et une perpétuelle abondance ? Qu'est aujourd'hui la vallée du Nil relativement à ses moissons du temps des Mœris et des Pharaon ; et postérieurement encore, avons-nous retrouvé sur cette terre d'Afrique ces riches cultures carthaginoises et romaines ? Est-ce en Sicile que nous allons chercher nos blés dans nos disettes ? Et toutes ces belles contrées de Lydie, de Carie, de Phrygie, d'Ionie que nous avons appris à aimer dans notre jeunesse, ne sont-elles pas devenues les déserts de l'Asie mineure, où campent quelques milliers de Turs ?

» Hélas ! une seule maladie morale a détruit sociétés et pays ; l'amour de l'humanité a diminué, l'amour individuel a augmenté. »

Oui, c'est vrai, l'égoïsme est la grande plaie des sociétés modernes, et pourtant l'union de toutes les intelligences et la collectivité de tous les efforts transformeraient rapidement nos trop nombreux éléments de destruction et de mort en agents puissants de production et de prospérité. Mais pour obtenir ce magnifique résultat, il faudrait que l'intervention du Gouvernement fût provoquée, fécondée par l'action énergique de tous les hommes qui voient dans la richesse agricole la source intarissable de notre fortune industrielle et commerciale. Notre société d'agriculture, nos comices d'arrondissement font assurément beaucoup d'efforts en faveur des idées de progrès ; mais le plus souvent le concours des propriétaires les plus riches et les plus intelligents leur fait complétement défaut ; comme les Harpies de l'antiquité, les rivalités d'amour-propre gâtent tout dans ce monde, et l'agriculture est la première à souffrir de leurs immondices. Que de belles choses, que d'améliorations il serait facile de multiplier à l'infini, si les intelligences et les cœurs se coalisaient pour vaincre la routine !

Un peu de bonne entente ferait tant de bien, opérerait tant de réformes ! Formons donc à Bordeaux une société libre d'agriculture à laquelle appartiendraient, moyennant une légère cotisation, tous les cultivateurs, tous les hommes de progrès de la Gironde et des départements environnants. Ce serait une des grandes sections de cette Académie libre du Sud-Ouest dont nous avons déjà parlé ; le suffrage de tous les sociétaires ferait toujours loi dans l'assemblée, et on préviendrait peut-être ainsi les explosions des mesquineries qui ébranlent les murs de nos petits sanctuaires intellectuels d'aujourd'hui.

Si l'Empereur était assuré de la bonne volonté des populations et du concours de tous les hommes éclairés, il n'hésiterait pas à prendre l'initiative des grands travaux d'améliorations dont nous venons d'esquisser les détails. Il sait que le développement de la production, du travail sous toutes ses formes, est le plus sûr moyen de gouvernement ; il sait encore qu'en augmentant les revenus des particuliers il augmente ceux de l'Etat. Toutes les avances pécuniaires faites à l'agriculture sont essentiellement productives, et nous ne connaissons pas de département plus capable que le nôtre de payer un intérêt élevé des capitaux qui lui seraient prêtés par l'Etat. Aussi, réclamerons-nous une large part dans les cent millions destinés au drainage ; nos landes et nos marais ne doivent leur insalubrité et leur infertilité qu'à la stagnation des eaux, et les artères de desséchement dont ils ont un si grand besoin peuvent parfaitement être assimilées à ce que l'on est convenu d'appeler des drains.

Indépendamment de l'allocation prise sur les fonds du drainage, nous réclamerons l'intervention de la société du Crédit foncier qui, secondée par les ingénieurs de l'Etat, tracerait un vaste plan d'ensemble pour l'assainissement, la mise en culture et l'irrigation combinés de nos landes et de nos marais. Lorsque ce plan aurait reçu la sanction du Gouvernement, il serait exécuté progressivement par de petites associations de travailleurs auxquelles le Crédit foncier ferait des avances de capitaux. Les grandes compagnies d'exploitation seraient le fléau de nos landes et de nos marais, ainsi que l'a prouvé l'expérience de plusieurs siècles ; les landes ont failli devenir les victimes, l'année dernière, d'une société de ce genre dite de canalisation, et il serait vraiment déplorable qu'elle reparût, sous un autre masque, avec ses prétentions de monopole et d'accaparement.

L'Etat doit commencer par construire, à ses frais, la charpente des améliorations de nos landes et de nos marais, en exécutant les grandes voies de circulation et de desséchement ; il a promis solennellement, à plusieurs reprises et en plein Conseil général, de prendre à sa charge les dépenses des routes agricoles et des fossés d'assainissement dans les landes. Sa parole est sacrée. Nous demanderons qu'il déploie la même libéralité intelligente en faveur des marais qui bordent les deux rives de la Gironde et de la Garonne. Lorsqu'il aura exécuté ces améliorations préliminaires, il mettra les communes et les particuliers, en un mot tous les propriétaires des terrains insalubres et infertiles, en demeure d'avoir à assainir et à cultiver leurs landes et leurs marais dans un délai déterminé ; cet avertissement sera un ordre, et il suffira généralement pour triompher de la mauvaise volonté ou de l'incurie des propriétaires. S'il y a des récalcitrants, le Gouvernement, en s'inspirant de l'esprit du décret de 1810, prendra possession de leurs terrains, au nom de la nouvelle loi, et il chargera la société du Crédit foncier de faire les avances d'assainissement et de culture aux petites compagnies qui se présenteront pour entreprendre les travaux.

Cette intervention, tant critiquée, du Gouvernement se traduirait donc tout simplement par une avance de capitaux, que la plupart de nos landes et de nos marais ne tarderaient pas à rembourser. C'est ainsi qu'en sauvegardant les droits des propriétaires et ceux de l'Etat, on éviterait l'influence pernicieuse de cette compagnie colossale d'exploitation ou plutôt d'accaparement qui, dit-on, nous menace de sa résurrection.

Quant au grand canal d'irrigation qui amènerait dans nos landes les eaux alcalines du plateau du Lanemézan, il pourrait être confié à une association de capitalistes sérieux, et son exécution compléterait admirablement le desséchement général et la mise en culture des autres parties de la lande ; ce serait un immense bienfait pour notre agriculture et le plus sûr des remèdes contre les inondations de la Garonne.

Quels que fussent les avantages du vaste plan d'ensemble que nous préconisons pour arriver rapidement à l'assainissement et à la fertilisation de nos landes et de nos marais, le Gouvernement, la société du Crédit foncier et les petites associations de capitalistes ne réaliseraient que des progrès très lents si la rareté de la main-d'œuvre venait paralyser leurs efforts. Or, ce qui manque surtout aux landes, c'est précisément une main-d'œuvre nombreuse, intelligente, disciplinée et à bon marché. Décimée par les fièvres et par les privations de toutes sortes, mal payée, mal nourrie, la population landaise suit aussi le torrent de l'émigration. Nous avons souvent posé en principe que le seul moyen d'empêcher les ouvriers de la campagne d'abandonner leurs villages c'était de leur accorder les mêmes faveurs qu'aux ouvriers des villes. « Règle générale, avons nous déjà dit à ce sujet, on ne fait quelque chose des hommes, et surtout des paysans, qu'en s'adressant à leur intérêt ; c'est peu philosophique sans doute, mais c'est vrai. Tant que le travailleur des champs ne gagnera pas autant que celui de la ville, il aspirera à sortir de son village ; son intérêt lui en fait une loi. » Notre opinion est restée la même, et franchement nous pardonnons bien volontiers au cultivateur de la lande de se soustraire, par l'émigration, aux rudes épreuves qui l'attendent au milieu de ses sables stériles et insalubres. Le seul moyen de rappeler et de fixer la population dans les landes serait de lui venir sérieusement en aide et de commencer par lui donner ces grandes artères de circulation et de dessèchement dont nous avons tant parlé.

Les bonnes dispositions du Gouvernement, en faveur des améliorations préliminaires que réclament les landes et les marais, devraient être aidées tant par la compagnie du chemin de fer du Midi, pour les landes, que par celles des chemins de fer de l'Océan et d'Orléans pour les marais des deux rives de notre fleuve. Il est du devoir de toutes les compagnies de nos grandes voies ferrées de favoriser, par tous les moyens en leur pouvoir, l'amélioration du sol des populations qu'elles desservent. « Ne sommes-nous pas les premiers qui devions gagner à la richesse de ces populations, disait dernièrement un administrateur de la compagnie d'Orléans, puisque cette richesse même augmentera la masse des échanges dont le chemin de fer est l'intermédiaire naturel. Aussi, n'avons-nous pas hésité à faire, en leur faveur, de larges sacrifices, laissant à l'avenir le soin de nous rémunérer. » Toutes les compagnies devraient parler et agir de la même manière ; que ne pourrait pas, que ne devrait pas faire pour les routes de nos landes le chemin de fer de Bayonne ?

En second lieu, il faudrait que l'armée devînt l'auxiliaire du Gouvernement dans l'exécution de tous les grands travaux d'utilité publique. Cette opinion, qui a toujours été la nôtre, a rencontré de vives oppositions ; mais nous avons aujourd'hui la douce satisfaction de voir que l'Empereur lui-même vient de la prendre sous son patronage ; un décret du 8 avril courant a ordonné l'emploi des travailleurs militaires à l'exécution des chemins de fer algériens. Nous pouvons donc réclamer avec plus de confiance aujourd'hui l'application de ce beau principe à la France et surtout à nos landes. Le moyen le plus économique et le plus infaillible de préluder à l'exécution des grandes artères auxquelles viendraient se souder les milles veines et veinules de l'activité individuelle dans les contrées abandonnées jusqu'à présent, serait l'etablissement de camps permanents. En même temps qu'ils entretiennent dans l'armée le respect de la discipline, l'austérité des mœurs, l'habitude de la fatigue et l'émulation du courage, les camps permanents répandent autour d'eux la fertilité et le bien-être par le mouvement qu'ils impriment à la production agricole, à l'industrie et au commerce. C'est avec un établissement de ce genre que le roi Léopold est parvenu à créer une véritable oasis au milieu des landes de la Campine belge. La ville de Beverloo lui doit sa naissance et sa prospérité ; les villages environnants sont dans le même cas.

Quelle merveilleuse transformation ne subiraient pas nos landes, si, à proximité de notre ville, aux bords de la Leyre, par exemple, sur un terrain préalablement assaini par de simples rigoles d'égouttement, l'Empereur Napoléon ordonnait la formation d'un camp permanent ! Placés dans le voisinage du chemin de fer, nos soldats recevraient, avec autant d'économie que de rapidité, les provisions qu'il leur serait impossible de trouver dans la lande. L'Etat pourrait acheter à des prix très minimes une vaste étendue de terrains que le travail et l'intelligence des troupes du camp féconderaient bien vite. Que de forêts, que de prairies, que de jardins, que de vergers ne serait-il pas facile d'improviser ainsi dans cette lande si riche de soleil et de sucs nourriciers ! Ne serait-ce pas aussi l'occasion d'y créer ce domaine impérial et ce palais que nous avons demandés, l'année dernière, pour l'Enfant de France, pour l'héritier des deux Napoléon, des deux bienfaiteurs de nos landes ? Si la municipalité de Bordeaux nous avait compris alors, l'Empereur ne serait pas allé acheter des landes dans un département voisin ; c'est chez nous, c'est sur les landes de la Gironde que serait tombé son choix. Puisse-t-elle réparer bientôt son oubli !

Il est impossible de calculer la prodigieuse impulsion que l'amélioration des landes recevrait de la création, au milieu de ce désert, d'un domaine impérial et de l'établissement d'un camp de vingt ou vingt-cinq mille hommes. Aussi, formons-nous des vœux bien ardents pour que l'Empereur daigne accorder à notre malheureuse lande la même faveur qu'à la Sologne et à d'autres contrées infertiles.

En travaillant à augmenter la production nationale, notre brave armée travaillerait encore pour l'honneur de la France : les landes sont une honte pour nous, et elles seront la plus glorieuse des conquêtes pour ceux qui auront triomphé de la stagnation des eaux, de l'alios, des bruyères et des ajoncs. C'est par l'établissement de camps permanents que les soldats romains préludaient à la fertilisation des champs et à la fondation de ces belles cités qui ont éternisé leur nom ; canaux d'irrigation, aqueducs, assainissement de marais, percement de montagnes, ils entreprenaient tout. Une foule de travaux gigantesques, dont les vestiges subsistent encore aujourd'hui, attestent toute la puissance et la vitalité de cette vieille civilisation romaine. Pourquoi les héritiers directs des soldats romains, pourquoi les soldats français ne continueraient-ils pas les traditions de cette grande politique agricole et militaire ?

« En France, a dit M. de Gasparin, cinq cent mille hommes armés, l'élite de la nation, pourraient produire près d'un million de travaux par jour. L'intérêt général ennoblirait cet exemple de l'armée. »

L'empereur Napoléon rendra un immense service au pays en conduisant à la conquête des progrès de l'agriculture et de l'industrie cette phalange de travailleurs jeunes, robustes, disciplinés, qu'énervent trop souvent les loisirs et les ennuis de la vie de garnison. Nous réclamons hardiment pour nos landes et nos marais une part des magnifiques bénéfices de la belle innovation dont va profiter l'Algérie.

Au moment où le Corps législatif va être appelé à voter la loi promise par l'Empereur sur l'assainissement et la culture des landes, nous désirerions vivement qu'il consacrât solennellement la résurrection des grands principes proclamés par nos rois et par la première Assemblée constituante. Pour répondre dignement à l'attente de tous les hommes de progrès et donner de plus larges satisfactions aux besoins de notre époque, ce projet de loi pourrait être ainsi conçu :

Art. 1er. Toute terre reconnue insalubre et inculte sera assainie et cultivée.

Art. 2. Les grandes artères de desséchement général seront exécutées par l'Etat.

Art. 3. Tout propriétaire, commune ou particulier, de marais, de landes et de friches sera tenu de faire et d'entretenir, sur sa propriété, tous les travaux d'assainissement et de culture.

Art. 4. A défaut, par les communes ou les particuliers, d'assainir ou de cultiver leurs terrains, l'Etat détiendra, provisoirement, lesdits terrains, sans enlever, à leurs propriétaires légitimes, le droit de les aliéner en tout ou partie ; il fera exécuter tous les travaux au moyen des avances fournies par la société du Crédit foncier, qui conservera hypothèques sur les propriétés détenues, jusqu'à ce qu'elle soit complétement remboursée du capital avancé et de l'intérêt au taux légal.

Art. 5. Les remboursements pourront se faire par petites annuités, conformément au décret constitutif de la société du Crédit foncier.

Art. 6. Les communes, propriétaires de landes et de marais, exécuteront, à leurs frais, sur leurs territoires respectifs, les chemins vicinaux et les fossés d'égouttement qui auront été reconnus nécessaires, aux termes de la loi de 1837, et elles seront libres d'aliéner tout ou partie de leurs communaux pour se créer des ressources pécuniaires.

Dieu nous garde de l'ambition de vouloir nous ériger en législateur ! Mais il nous semble que l'adoption d'un projet de loi analogue à celui que nous proposons, aurait pour résultat infaillible d'opérer rapidement et sur une grande échelle la transformation de nos landes et de nos marais. La vaine pâture s'éteindrait alors d'elle-même sans la moindre pression administrative ; l'initiative du Gouvernement, qui prendrait à sa charge les frais des principales artères de desséchement et de circulations, provoquerait naturellement le concours des communes et des particuliers, propriétaires de landes et de marais ; on n'aurait plus aucune raison spécieuse de calomnier le Gouvernement, en prétendant qu'il veut intervenir dans la culture et dans l'administration de la propriété, lorsqu'il se borne tout simplement à vouloir mettre le propriétaire en demeure d'assainir et de cultiver, quel que soit, d'ailleurs, le mode de mise en valeur ; on ne serait pas admis davantage à récriminer contre ceux qu'on appelle des cultivateurs fonctionnaires, et qui ne seraient, en réalité, que des entrepreneurs d'assainissement et de culture ; on n'enlèverait nullement à la génération actuelle tout espoir de jouir du revenu de ses landes, puisque les travaux entrepris sous le patronage de l'État et avec le concours financier de la société du Crédit foncier, auraient pour résultat d'accélérer l'assainissement et la fertilisation de terrains insalubres et complétement improductifs ; on ne prêcherait plus le principe de la vente forcée, qui, s'il était admis, n'aurait d'autre effet que de ménager à des compagnies les occasions d'acheter des communaux à bon marché; le respect de la propriété recevrait une consécration nouvelle, puisque le principe de la vente forcée, appliqué aux communaux, serait repoussé comme étant plus attentatoire à la propriété que l'expropriation forcée, qui, elle, du moins, est entourée de puissantes garanties légales ; un grand nombre de chemins vicinaux et ruraux viendraient se souder, avec leurs fossés d'égouttement, aux routes et aux canaux créés par l'État ; les récalcitrants n'auraient plus de prétexte à opposer, attendu que la société du Crédit foncier irait, par ses avances pécuniaires, au-devant de leur mauvaise volonté ou de leur pauvreté ; la société du Crédit foncier, elle-même, serait investie par la nouvelle loi du mandat de travailler plus directement pour l'agriculture, et elle deviendrait, en quelque sorte, le crédit mobilier du progrès agricole ; un vaste ensemble d'améliorations sortirait enfin d'une pareille concentration d'efforts intelligents et de mesures législatives ou administratives.

L'Empereur, qui a si glorieusement organisé les victoires de nos soldats, compléterait ses triomphes par les conquêtes de l'agriculture et de la salubrité publique ; il apprendrait au monde politique et financier que si, jusqu'à présent, les gouvernements ont eu l'habitude de chercher leur force et leurs ressources dans les emprunts, ils peuvent désormais trouver dans les prêts intelligents qu'ils feraient au pays une garantie bien plus solide de leur stabilité et de leur fortune.

Bordeaux recueillerait les premiers bienfaits de l'application de cette politique nouvelle et de l'exécution de tous ces travaux d'assainissement, de culture et d'irrigation si nécessaires à ses landes et à ses marais ; ces améliorations doivent former la base de sa fortune industrielle et commerciale, la garantie de son avenir. Nos lecteurs nous pardonneront donc notre insistance sur ces longs détails, en faveur du but élevé et patriotique que nous poursuivons.

CHAPITRE VII.

BORDEAUX CAPITALE DE TRANSIT ET D'EXPORTATION.

Après l'augmentation de sa production agricole, le premier besoin de la France c'est le développement de ses exportations. Pour entretenir la vie dans ses vastes centres industriels et manufacturiers, il est nécessaire que la consommation y fasse constamment équilibre à la production : multiplier les débouchés d'une manière incessante, telle est la loi fatale, inflexible, à laquelle est condamnée toute société qui veut vivre. Il faut que chaque jour apporte un énorme contingent d'aliments à ces millions de bras, qui ne demandent qu'à produire ; puisque la production ne veut pas de limites, la consommation ne doit pas en connaître non plus : Ainsi l'ordonne le grand maître du jour, le travail. Il s'agit donc, tant dans l'intérêt de notre sécurité que dans celui de notre fortune, de créer, au fur et à mesure du développement de nos industries, des consommateurs de nos produits; il s'agit de faire naître, chez les peuples les plus éloignés, des besoins moraux et matériels que nous puissions exploiter à notre profit ; il s'agit d'échanger la plus grande masse possible de nos produits fabriqués contre leurs produits naturels, pour donner satisfaction à cet immense besoin de travail et de bien-être qui dévore la société moderne.

L'exportation organisée sur une large échelle, voilà notre principal moyen d'action pour conjurer tous les dangers sociaux ; plus rapide et plus profond sera le courant de l'exportation, plus riche deviendra la production et plus sûrement les ouvriers seront délivrés des fléaux du chômage. Deux grandes catégories d'associations, les compagnies de chemins de fer et les compagnies financières, semblaient avoir pour mission de développer l'exportation sur une immense échelle ; mais, au lieu de favoriser les efforts de l'activité individuelle des producteurs, elles n'ont guère travaillé qu'à s'assurer les deux plus effroyables monopoles qui puissent peser sur l'humanité : celui des voies de circulation et celui des capitaux.

En principe, nous sommes partisan de l'association ; c'est le plus puissant levier qui soit à la disposition des gouvernements, des municipalités et des particuliers, lorsqu'il s'agit de mener à bien ces vastes entreprises qui réclament le concours d'un nombre considérable de bras et d'intelligences. Le morcellement de la propriété territoriale et la division incessante de la fortune industrielle et commerciale rendent plus nécessaire que jamais l'association des forces éparses pour les faire converger vers un centre commun d'action. Quoique placés dans des conditions plus favorables que nous pour agir isolément, les Anglais et les Américains sont habitués depuis longtemps à réunir en faisceau leurs individualités agricoles, industrielles et commerciales. On voit chez eux des particuliers qui possèdent des fortunes colossales, et qui cependant recherchent avec empressement des alliances étrangères; aussi, les projets les plus gigantesques y sont-ils exécutés avec une incroyable rapidité. S'ils savent tirer un si grand parti du principe de l'association, ne devons-nous pas craindre qu'en nous isolant, nous tombions un jour dans les mailles de leurs réseaux? La concurrence dont ils nous menacent n'est-elle pas d'autant plus redoutable, qu'elle est servie par une ligue plus compacte d'intelligences, de capitaux et de bras? L'association est une nécessité nationale pour la France depuis qu'elle est devenue le plus terrible des instruments de domination chez les Anglais et les Américains. L'Empereur, qui connaît bien le génie de ces deux peuples, n'a rien tant à cœur que de nous mettre en état de lutter avec eux en aidant l'essor de notre génie d'entreprise et en provoquant l'association de toutes les forces vitales du pays. Bien que les fortunes particulières soient moins considérables chez nous qu'en Angleterre et aux Etats-Unis, elles sont plus nombreuses, et la résultante de leurs sommes ferait facilement équilibre aux richesses de nos voisins. La coalition des petits capitaux peut défier celle des grands; les premiers auront toujours sur les seconds l'incontestable supériorité du nombre.

Pour que l'association produise en France tout son effet utile, elle doit être appropriée au génie et aux besoins de la nation. Nous voudrions voir se former, d'un côté, de petites associations de travailleurs intéressés à produire et à consommer au meilleur marché possible ; de l'autre, de grandes associations de capitalistes ayant pour mission d'aider les premières par des avances intelligentes. Malheureusement, les choses se sont passées autrement ; les petites associations ont été rendues impossibles par le développement exagéré des grandes, et celles-ci, bien loin de favoriser le travail et l'activité de celles-là, ont tout accaparé, travail, commerce, industrie, capitaux.

Les meilleures institutions périssent toujours par l'exagération de leur principe : cette sentence sera éternellement vraie, qu'elle s'applique à la religion, à la politique ou à tout autre sujet. Nous trouvons une nouvelle preuve de notre assertion dans le danger que l'association fait courir aujourd'hui à notre organisation financière, industrielle et commerciale. Personne plus que nous ne s'est réjoui des progrès merveilleux accomplis par l'association des capitaux. Cette association, nous l'avons sans cesse préconisée, sans cesse appelée de tous nos vœux, parce que c'est le levier le plus puissant de la fortune publique ; mais aussi, en présence des excès commis en son nom, nous n'avons pas hésité à en demander la répression.

Comme la liberté, l'association peut-elle aboutir

à la tyrannie ? Oui ; nous l'avons déjà prouvé, nous le prouverons encore. Au moment où la France cherchait dans la concentration des capitaux les moyens de lutter contre la concurrence étrangère, surgirent tout à coup des milliers de sociétés agricoles, industrielles et commerciales. Les richesses de la France se révélèrent alors avec une incroyable rapidité ; on put croire un instant qu'il suffisait de frapper du pied la terre pour en faire jaillir des capitaux. Malheureusement, le délire succéda bien vite à la fièvre, et les projets les plus gigantesques, les plus extravagants furent mis à l'ordre du jour. Le Gouvernement s'en émut, et à propos des règles relatives aux sociétés anonymes, il fit entendre de sages conseils.

« Les grandes entreprises commerciales, disait-il, il y a quelques années, ne sont avantageuses au commerce que lorsqu'elles ajoutent à ses ressources de nouveaux moyens de circulation et de crédit, lorsqu'elles ont pour objet un commerce nouveau ou éloigné et hors de la portée des commerçants ; elles sont dangereuses, si elles établissent un commerce sur un objet que tous les commerçants peuvent atteindre, en ce qu'elles favorisent un monopole funeste au commerce et à la société. » Combien de fois, depuis cette époque, le Gouvernement n'a-t-il pas été forcé de modérer, d'arrêter l'élan de la spéculation ? Combien de fois n'a-t-il pas dû ordonner l'ajournement d'une fourmilière d'associations qui tendaient à un monopole quelconque ?

— 194 —

La Chambre de commerce de Bordeaux eut l'honneur aussi de protester dans le même sens contre divers projets de sociétés anonymes : « Certes, écrivait-elle il y a deux ans, après avoir si souvent appelé, à l'aide de grandes entreprises, l'esprit d'association, il en coûte d'avoir à le critiquer ; mais, surexcité outre mesure, s'il se livre à des écarts dangereux, il devient indispensable de le ramener dans de sages limites, au-delà desquelles, au lieu de rendre des services, il déplace les intérêts au détriment de tous pour porter partout le trouble et le désordre. »

Suit-il de ces plaintes qu'il faille courir sus à toutes les sociétés anonymes, à toutes les grandes entreprises ? Ce serait ridicule, et le remède paraît pire que le mal. Formées pour arracher les petits capitaux au monopole des gros financiers, les associations ont pour mission d'augmenter la richesse publique en l'équilibrant, de rendre l'accaparement impossible en donnant des armes égales à la concurrence. Mais comment maintenir cet équilibre des forces productives du pays ? Comment rallier sous le drapeau national toutes les associations industrielles et commerciales, pour mieux les fortifier contre les attaques de l'étranger ? Comment faire naître et contenir dans de justes limites les associations les plus profitables pour le pays ? En créant une grande société qui n'aurait d'autre rôle que d'être la protectrice des différentes associations, d'aider, à leur début, les entreprises les plus utiles, de soutenir aussi celles qui péricliteraient, et surtout de protéger les faibles contre l'absorption des puissantes. Cette société tutélaire de tous les intérêts généraux et particuliers n'interviendrait dans les affaires des associations que par ses capitaux ; elle serait une banque purement mobilière, un auxiliaire de la Banque de France et des comptoirs nationaux d'escompte. Elle ne spéculerait pas, elle aiderait ; elle ne jouerait pas à la hausse ou à la baisse, elle resterait un nouvel agent de crédit, un modérateur efficace entre les témérités du spéculateur et les calculs astucieux de l'agioteur. Elle ne pousserait pas aux aventures, elle moraliserait la spéculation et elle la garantirait contre ses propres excès. Sous aucun prétexte, il ne lui serait permis de mettre la main dans les affaires présentes et futures, de monopoliser aucune entreprise, ni de favoriser telle association au détriment de telle autre. Comme celle de la Banque de France, sa protection serait acquise à tout le monde ; elle prêterait, elle escompterait à certaines conditions bien nettement définies et connues du public ; elle se garderait surtout de faire payer ses services par ces actions libérées dont l'agiotage sait tirer un si bon parti.

Ce programme, pourtant déjà si large, a paru trop modeste à certains faiseurs. Une Banque mobilière ne gagnerait rien, suivant eux, au rôle de protectrice des associations agricoles, industrielles et commerciales. Ils ont voulu qu'elle embrasse dans ses opérations les chemins de fer, les immeubles, les mines, les omnibus, les salines, les armements maritimes, les paquebots transatlantiques, les annonces de journaux, le gaz, les eaux, les docks, les comptoirs et sous-comptoirs d'escompte, les engrais, les grains, les farines, les importations, les exportations, etc., etc. Puis, non contents de cette exploitation de toutes les affaires de France, nos faiseurs n'ont rêvé rien moins que la mise en coupe réglée des puissances étrangères. La Russie leur plairait assez, l'Italie aussi, la Turquie beaucoup, et l'Espagne donc! Les châteaux fascinent les grands comme les petits enfants. S'arrêteront-ils à l'Europe? Allons donc! L'Asie n'est-elle pas là? et l'Afrique? et l'Amérique? et l'Océanie?

Tous les pays du monde, tous les produits les plus bizarres ont été l'objet des calculs les plus excentriques de la part de quelques grands faiseurs de notre époque.

Tristes aberrations de l'ambition humaine!

La voilà pourtant, la voilà dans toutes ses effrayantes proportions cette compagnie colossale; le voilà dans toute sa gloutonnerie, ce monstre de l'association, cet insatiable monopoliseur de tous les capitaux petits et grands. Et dire que nous sommes forcé de discuter des projets aussi insensés! Oui, en plein dix-neuvième siècle, à une époque de liberté et d'association, il est des gens qui pensent sérieusement que la création d'une telle compagnie dominatrice serait utile à la France, au Gouvernement comme aux particuliers. Ils vont même jusqu'à prétendre que, si elle pouvait devenir universelle et émettre un papier universel aussi, elle rendrait d'immenses services à l'humanité. Eh bien ! voyons un peu ces prétendus services, et faisons bonne justice de ces utopies burlesques de la tyrannie de l'association.

D'abord, quels grands services rendrait-elle à la France en échange des libertés qu'on lui laisserait prendre ? On fait valoir la part qu'elle s'adjugerait dans les emprunts nationaux ? Nous reconnaissons bien volontiers que, dans ces circonstances, son intervention ne serait peut-être pas été inutile ; mais, après tout, quels risques courrait-elle ? Exposerait-elle son argent ? Et, à son défaut, un plus grand nombre de souscripteurs ne donneraient-ils pas et au-delà le chiffre dont elle prétendrait avoir tout l'honneur ? Nous ne craignons pas de le dire, une telle compagnie serait bien plus un danger qu'un appui pour le Gouvernement. Pour peu qu'on la laissât faire, elle formerait bientôt un Etat dans l'Etat ; elle contribuerait, pour une large part, à la baisse de la rente par l'effrayante multiplicité de ses actions, et elle ne réussirait qu'à compromettre gravement les intérêts généraux. Nous n'entendons pas d'ailleurs qu'aucune compagnie devienne assez puissante pour oser se flatter de peser dans la balance du Gouvernement. Le Gouvernement de l'Empereur n'a qu'une force, celle du peuple, et avec celle-là il peut se passer de toutes les autres.

Que ferait-elle maintenant pour les petites associations particulières? Elle en accaparerait la majeure partie, et elle finirait par tuer le reste. Chaque jour elle deviendrait de plus en plus menaçante pour l'industrie privée, qui est incapable de soutenir une concurrence aussi formidable. « Le programme de cette société gigantesque, répèterons-nous avec la Chambre de commerce de Bordeaux, contient-il autre chose, si ce n'est des opérations qui sont l'objet habituel du commerce et de l'industrie ? La prétention de créer des débouchés nouveaux ne se justifie nullement. L'aiguillon de l'intérêt privé, le plus puissant de tous, est le stimulant par excellence, et permettre à une compagnie de disposer de moyens d'actions qui, se portant sur tel ou tel article, pourraient faciliter l'accaparement, est un grand danger à éviter ; de plus, laisser faire toutes ces opérations sans que la responsabilité personnelle soit engagée (grâce à la forme anonyme), ce serait supprimer une des garanties les plus précieuses résultant des obligations illimitées du gérant. »

Nous ne portons pas aussi loin que la Chambre de commerce de Bordeaux, l'aversion contre les associations, parce que, seules, elles permettent de faire de grandes choses ; mais nous ne voulons pas qu'une société quelconque les gêne dans leur action et les absorbe, sous le prétexte de les secourir. N'est-ce pas du socialisme de la pire espèce, que celui qui tend à étouffer, au profit de quelques-uns, l'esprit d'initiative et le génie individuel ? D'un côté, en effet, le capitaliste, au lieu d'aider l'industrie particulière et de s'efforcer lui-même de faire de ses capitaux un instrument de travail, trouverait plus commode de venir déposer ses fonds entre les mains d'une compagnie centrale, générale, universelle, sur laquelle il se reposerait aveuglément du soin d'en tirer le meilleur parti. De là cette énorme affluence de capitaux aux parquets et aux diverses opérations de coulisses et d'agiotage. D'un autre côté, le chercheur, l'inventeur songerait-il à autre chose qu'à se faire fusionner, sinon acheter, par la compagnie universelle ? Ne reculerait-il pas devant la satisfaction et la gloire d'être l'artisan, l'organisateur et l'administrateur de son œuvre ? Renonçant à se consacrer aux perfectionnements, qui sont la conséquence de l'ambition individuelle et de la concurrence, il irait de lui-même soumettre son idée à cette compagnie, au risque de la voir méconnue et oubliée. Peut-être serait-elle reprise plus tard en sous-œuvre et à son insu ; mais l'inventeur qui n'aura pu trouver des capitaux ailleurs, puisqu'ils seront absorbés par la compagnie universelle, en tirera-t-il le moindre bénéfice ? Découragé de l'inutilité de ses efforts, ne laissera-t-il pas son intelligence s'atrophier dans la torpeur du désespoir ?

On le voit donc, cette compagnie générale, universelle, tant préconisée, serait tout à la fois dangereuse pour l'Etat, funeste pour l'industrie et le commerce privés, et fatale à la société, au double point de vue des intérêts moraux et matériels. Sous quelque forme que se présente le monopole, nous le combattons ; c'est le premier de nos devoirs. L'association qui tue la concurrence est la pire des tyrannies, et comme toutes les tyrannies industrielles ou commerciales, elle est destinée à périr sous le fardeau de ses ambitieuses conquêtes. En se jetant sur toutes les valeurs industrielles et commerciales, une association méconnaîtrait ses propres intérêts. « Qui trop embrasse mal étreint », dit le proverbe, et c'est vrai aussi pour les opérations financières que cette association colossale joindrait à celles de son commerce et de son industrie. N'arriverait-il pas, en effet, qu'engagée dans une énorme quantité de valeurs, elle les entraînerait dans sa chute ? Ne serait-elle pas exposée à ressentir chaque jour le contre-coup des baisses de chacune des affaires dans lesquelles elle se serait si imprudemment immiscée ?

Nous ne savons rien faire avec mesure en France, et nous avons la triste habitude de toujours exagérer nos principes, quels qu'ils soient, politiques, agricoles, industriels ou commerciaux. Nos associations ne sont nées que d'hier, et déjà il faut que le Gouvernement vienne nous arrêter dans notre fougue. L'année dernière encore, il a dû déclarer qu'il suspendait momentanément les concessions et les émissions de valeurs nouvelles. Nous pouvons à bon droit le remercier de sa sollicitude et de sa prévoyance. En attendant qu'il rappelle résolument à l'ordre toute société de crédit, oublieuse de sa mission primitive et dominatrice des forces productives du pays, nous conseillerons aux plus hardis spéculateurs de mettre enfin un terme à leurs projets gigantesques. Pour venir de province, ce conseil vaut bien qu'on l'écoute.

Nous aimons les grandes idées et les grandes choses ; aussi, rendons-nous volontiers hommage aux conceptions qui ont fait naître le Crédit mobilier et les Sociétés maritimes. Mais nous croyons servir les intérêts de la France en rappelant ces associations au respect de leur décret d'institution. Le Crédit mobilier aurait dû se borner à être la banque réelle des industries trop faibles à leur naissance ; nous n'en dirons pas davantage sur le rôle qui lui avait été attribué. Quant aux Compagnies maritimes, elles n'auraient jamais dû exploiter que les lieux où un armateur livré à ses propres forces, où un simple citoyen ne pourraient guère aller qu'à l'aventure, en tentant des essais fort coûteux et peut-être infructueux. Sont-elles restées fidèles à leur mandat ? Ont-elles ouvert de nouvelles colonies à notre activité nationale ? Ont-elles pensé à l'exploitation de Madagascar, de la Nouvelle-Calédonie, du royaume de Siam, de la baie de la Touram, de toutes ces immenses contrées où ne peuvent aborder nos armateurs et nos négociants à cause de l'insuffisance de leurs moyens d'action ? Ont-elles fourni des capitaux aux travailleurs d'intelligence et de bonne volonté ? Nullement, elles se sont bornées à faire concurrence au commerce des particuliers en fréquentant les mêmes parages et n'ont aidé de leurs capitaux que des succursales plus ou moins déguisées de la maison-mère ; elles ont cumulé les rôles de négociants, d'armateurs, de capitalistes, d'escompteurs, etc. Le commerce individuel peut, à bon droit, s'effrayer d'un pareil cumul.

Envoyer au loin des colons, cultiver des terres vierges, habituer de nouveaux peuples à la consommation de nos produits, agrandir ainsi la France, expédier nos produits par des navires appartenant au commerce, faire des affrétements à Bordeaux, au Havre, à Marseille, à Nantes, partout où nos armateurs auraient des bâtiments disponibles ; associer tous les négociants à leur œuvre, aider les uns, encourager les autres, provoquer le concours de tous, voilà comment les grandes compagnies contribueraient au développement de l'industrie maritime et rallieraient à elles toutes les sympathies des véritables travailleurs. Jusqu'à présent, elles ne se sont guère adressé qu'aux joueurs ; elles ont préféré des bénéfices de piraterie coulissière à la gloire de fonder de solides établissements maritimes. Cette triste politique, commune à toutes nos grandes associations du jour, aurait dû être proscrite à jamais par un droit de mutation sur les valeurs de bourse; mais au lieu d'une loi de prévention morale, on a préféré faire une loi de fiscalité, et il arrivera malheureusement que toutes les aberrations industrielles continueront à vivre à l'ombre du droit fixe qui légalisera, en quelque sorte, la dépréciation de la rente, c'est à dire du crédit de tout le monde.

Rassurées sur leur existence, les grandes compagnies financières et maritimes s'apprêtent à fusionner leurs intérêts avec les compagnies des chemins de fer ; cette alliance, dont nous avons si souvent signalé les dangers sociaux, s'effectuera certainement, si le Gouvernement de l'Empereur ne se hâte pas de couper le mal dans sa racine. Ce n'est pas assez pour ces associations colossales d'écrémer les affaires maritimes et de tuer l'industrie et le commerce individuels par une concurrence redoutable, il faut qu'elles règnent partout en souveraines ; la combinaison des compagnies de chemins de fer, des docks et des comptoirs d'escompte leur en offrent les moyens.

Nous avons toujours porté un vif intérêt à nos réseaux de chemins de fer ; partout où il nous a été possible d'élever la voix, soit pour en défendre l'utilité, soit pour en provoquer le développement, nous l'avons fait avec toute la spontanéité de nos convictions. Les faveurs dont les compagnies ont été l'objet de la part du Gouvernement, ont reçu notre approbation la plus entière ; mais, du moment où nous avons compris que leur puissance menaçait de dégénérer en tyrannie, et où il ne nous a plus été possible de nous méprendre sur leur esprit envahissant, nous n'avons pas hésité un seul instant à signaler les abus, à protester contre le monopole. Nous avons demandé, et nous le demandons encore aujourd'hui, que nos grandes compagnies de chemins de fer se bornassent à effectuer des transports de voyageurs et de marchandises, et se montrassent également libérales envers tout le monde. Nos réclamations n'ont pas encore été entendues, et aujourd'hui les compagnies ne se contentent plus de distribuer directement ou indirectement les faveurs de leurs tarifs différentiels à qui bon leur semble ; après avoir établi la plus choquante des inégalités entre le petit fabricant et le gros industriel, après avoir constitué au profit du riche des priviléges dont elles auraient dû faire jouir le pauvre, elles jettent maintenant leur dévolu sur les affaires de l'industrie et du commerce. C'est au grand jour qu'elles achètent des mines, des hauts fourneaux et des houillères ; c'est au grand jour qu'elles affichent la prétention de se transformer en compagnies financières, maritimes et commerciales.

Une semblable métamorphose est un véritable danger public ; le monopole de plus en plus effrayant qu'elles exercent sur les transports des voyageurs et des marchandises pèse déjà d'un poids assez lourd sur le pays sans qu'elles s'arrogent encore le droit de concentrer, entre leurs mains, les autres sources de la fortune publique. Disposant d'un capital énorme, dominant par leur influence celle des plus grands industriels et des plus habiles négociants, exerçant sur tous les centres de production et de consommation un ascendant tyrannique, les compagnies de chemins de fer, disions-nous au commencement de ce travail, seraient, à leur gré, maîtresses de tous les marchés nationaux ou étrangers, si l'on ne s'opposait pas à leur ambition dévorante. On connait leurs combinaisons : contracter une alliance morganatique avec les docks et les comptoirs d'escompte de Paris, telle est leur vieille idée ; le chemin de fer de ceinture vient de la rajeunir. Compagnies des chemins de fer, compagnie du comptoir d'escompte, compagnie des docks, voilà la trinité qui fera de Paris le tyran industriel et commercial de la France. C'est plus que Paris port de mer ; c'est Paris-Marseille, Paris-Bordeaux, Paris-le-Havre, etc., etc. Il n'est pas difficile de découvrir le secret du mécanisme que ferait jouer la trinité dont nous parlons : les docks de Paris, devenus si tristement célèbres, ne tarderont plus à être réorganisés, aux abords des gares ; le comptoir d'escompte est en pleine voie de prospérité, et les compagnies de chemins de fer serviront de liens à ces deux institutions colossales, auxquelles se relieront naturellement le crédit mobilier et les Sociétés maritimes. Voici alors ce qui arrivera :

1º La compagnie des docks d'exportation, alimentée par les chemins de fer, emmagasinera toutes les marchandises qui arriveront, par exemple, à Bordeaux pour être exportées ;

2º Elle se mettra aux lieu et place des courtiers,

des négociants et des autres intermédiaires de Bordeaux, qui font le commerce avec l'étranger ;

3° Elle effectuera elle-même le chargement complet des navires, pour exporter les marchandises nationales ;

4° Elle prendra, en retour, des marchandises étrangères qu'on ne pourrait l'empêcher de recevoir dans ses magasins, transformés en entrepôts d'importations momentanées ;

5° Enfin, elle expédiera directement lesdites marchandises sur les docks de Paris, sous le plomb de la Douane, en s'affranchissant ainsi de la redevance qui serait légitimement due à la ville de Bordeaux pour ses docks d'importation.

Voilà les cinq résultats inévitables, infaillibles que produirait l'établissement de magasins ou docks dans les gares de nos chemins de fer. Que ce soit les compagnies, que ce soit un prête-nom, la pensée est bien celle que nous indiquons, et tôt ou tard le projet sera exécuté au détriment des plus chers intérêts de nos grands ports de mer.

Les compagnies de chemins de fer recevraient donc indirectement les marchandises de l'étranger, elles les expédieraient, sur Paris, par voie de mouvement d'entrepôt, c'est à dire sous le plomb de la Douane, et elles les livreraient à leur sœur de Paris, la compagnie des docks, qui leur accorderait alors le bénéfice des warrants. Le comptoir d'escompte ne semble-t-il pas là tout exprès pour faire jouer tous les ressorts du mécanisme ? Les compagnies de chemins de fer n'ont besoin que des docks d'exportation, et elles laisseront généreusement les docks d'importation à quelques ports maritimes, qui seront chargés précisément d'acquitter les frais d'administration, de douane et d'octroi, attendu que les docks d'exportation n'ont à supporter aucune dépense de ce chef, puisqu'ils opèrent sur des marchandises nationales, et, par conséquent, exemptes de droits indirects. C'est ainsi qu'il serait très facile à la compagnie d'Orléans, par exemple, si on lui accordait des docks d'exportation, d'être maîtresse de tous les vins de Bordeaux, de ce qui forme la masse la plus importante de notre commerce d'exportation. Elle les aurait sous sa main et elle profiterait de tous les bénéfices d'entrepôt. L'affaire des vins serait l'affaire capitale de ses docks, et nous voyons d'ici les magnifiques profits qu'elle en retirerait. Ne dispose-t-elle pas des voies de transport les plus expéditives et n'aurait-elle pas une foule de moyens d'action pour monopoliser tous les bénéfices du courtier, du négociant et du banquier bordelais? Elle pourrait toujours vendre à meilleur marché que le négociant lui-même, puisque, par le warrant, elle remplacerait le producteur, et vendrait par conséquent en première main. Elle monopoliserait encore les profits du propriétaire, puisqu'elle emmagasinerait elle-même, et en opérant, comme elle ne manquerait pas de le faire, sur une vaste échelle, ses frais généraux seraient évidemment beaucoup plus restreints. Elle gagnerait encore sur les transports, puisqu'elle les multiplierait à son gré. Pas de camionage, pas d'octroi. Au moyen d'un simple acquit à caution, elle enverrait sur Paris la plus grande quantité possible de marchandises, et elle aurait tout intérêt à alimenter les docks et le comptoir d'escompte de Paris. Nous frémissons à la seule pensée du désastre commercial qui frapperait alors notre belle cité.

Nous savons bien que ces coalitions monstrueuses de compagnies de chemins de fer, de crédit mobilier, de crédit maritime, de docks, de comptoir d'escompte finiront par succomber devant la force d'inertie que leur opposeraient le travail et l'intelligence des individus ou des petites associations ; mais en attendant que l'exagération de leurs combinaisons les précipite dans l'abime, elles sèmeraient d'immenses ruines autour d'elles ; aussi, est-ce uniquement afin de prévenir ces épouvantables désastres que nous appelons la vigilance et la sévérité du Gouvernement sur les manœuvres de toutes les compagnies qui sortent de leurs attributions légales. L'Empereur ne leur a accordé d'autre pouvoir que celui de venir en aide aux efforts de l'industrie privée, d'autre privilége que celui d'être les premières protectrices du travail national en lui faisant des avances proportionnelles à ses besoins. Bordeaux a été souvent le point de mire de ces différentes compagnies, dont les débordements nous effraient à bon droit, et plus d'une fois nos plus belles affaires maritimes ont failli être compromises par leurs calculs d'envahissement. Maintenant qu'elles sont fatiguées de leurs opérations de terre et des bascules de la bourse, elles songent à exploiter les mers et à courber sous leur joug le génie de nos armateurs et de nos marins.

Si nous en croyons certains journaux, la compagnie du Midi penserait à organiser la triple coalition des compagnies de chemins de fer, de la société du Crédit mobilier et de la Société maritime. L'ouverture de la voie ferrée de Cette à Bordeaux donnerait le signal des nouvelles opérations : Des navires à voiles et à vapeur, achetés à frais communs, feraient la cueillette de toutes les marchandises du Levant et de l'Italie, et les conduiraient à Cette, d'où le chemin de fer les transporteraient à Bordeaux ; là, ces marchandises seraient emmagasinées dans les entrepôts de chemins de fer, ou bien expédiées sur des navires achetés encore à frais communs, dans les différents ports de l'Océan français, de l'Angleterre et des États du Nord. Les docks et les comptoirs d'escompte viendraient se souder aux chemins de fer, aux magasins et aux navires de cette coalition formidable de compagnies, et pour enlever à l'industrie privée tout moyen de combattre une pareille exploitation, on imaginerait une savante combinaison de tarifs différentiels sur la voie ferrée et sur le canal latéral à la Garonne. Si nous avions moins de confiance dans le patriotisme éclairé de l'habile financier qui tient à la fois entre ses mains un vaste réseau de chemins de fer et les capitaux des plus grandes sociétés financières de l'époque, nous pourrions redouter un accaparement général de toutes les richesses que le chemin de Cette doit livrer bientôt à notre activité industrielle et commerciale ; mais nous avons tout lieu de croire que M. Péreire, loin de songer à un pareil monopole, s'apprête à opérer une importante réduction de tarifs sur le transport des marchandises qui passeront par son chemin de fer, et qu'à la triste satisfaction de féodaliser le transit, il préférera la gloire de l'affranchir.

Donner le transit à bon marché, développer sur une large échelle les progrès de nos exportations et de nos relations inter-océaniques, continuer sur les mers la course de nos locomotives, accorder à nos armateurs et à nos marins toutes les facilités désirables pour qu'ils soient en état de lutter contre l'étranger, telle doit être la première mission de nos compagnies de chemins de fer et de nos riches associations financières. La puissance de la vapeur est aussi grande, aussi productive sur mer que sur terre, et le jour où la France joindra à l'exploitation de son réseau terrestre celle d'un vaste réseau maritime, elle sera délivrée des menaces du chômage et des révolutions sociales. Les compagnies de chemins de fer ont tout intérêt à diminuer leurs tarifs sur les marchandises en transit ; elles augmenteraient ainsi leurs bénéfices par la multiplicité des transports, en même temps qu'elles imprimeraient un immense élan au travail national.

Nous ne connaissons pas de port de mer qui soit mieux placé que le nôtre pour payer largement aux compagnies de chemins de fer l'intérêt des sacrifices qu'elles feraient pour son transit. Les riches vignobles du centre bordelais et ses immenses ressources agricoles lui permettront éternellement de tenir le premier rang sur le tableau des exportations nationales. Maître absolu d'un fonds de chargement qu'on ne saurait trouver nulle part ailleurs, il offre, à tous les industriels de Paris et de l'intérieur de la France, l'inappréciable faveur de ne pas charger sur ses bâtiments des marchandises semblables aux leurs. Au Havre, à Nantes, à Marseille, le même navire emporte des milliers de colis similaires, qui arriveront en même temps sur le même marché; cette concurrence, qui commence au port d'expédition et qui opère des baisses de prix si désastreuses dans le port de consommation, n'est nullement à craindre chez nous; les articles de Paris, par exemple, ne partiront qu'en compagnie de vins, d'alcools et d'une foule d'autres produits dont la nature est essentiellement différente de la leur. Cette simple considération mériterait bien d'être sans cesse présente à l'esprit des industriels et des négociants qui envoient des marchandises dans les contrées transatlantiques par d'autres ports que par le nôtre; nous sommes persuadé que, s'ils en calculaient mûrement toute l'importance, ils n'hésiteraient pas à accorder leur préférence à Bordeaux.

Indépendamment des magnifiques avantages que lui assurent ses produits agricoles, Bordeaux a encore celui d'être le point d'arrivée le plus intermédiaire des principaux marchés de l'Europe avec les colonies d'outre-mer ; voilà ce que ne devraient pas oublier les capitalistes dans leurs calculs sur les opérations maritimes et les paquebots transatlantiques. Sa position est plus centrale pour le commerce général que celle de Paris et du Havre, et tout nous fait espérer que, dans un avenir peu éloigné, la plupart des grandes industries de Lyon, de Saint-Etienne, de Mulhouse, de la Suisse, de l'Allemagne et du nord de l'Italie, deviendront les tributaires de son port ; Paris lui-même lui enverra ses articles d'exportation. Le jour où les compagnies des chemins de fer d'Orléans, de Lyon, du Midi, de Bayonne et du Médoc, favoriseront le transit des marchandises par un abaissement de tarifs, le Havre sera dépouillé du monopole qu'il exerce sur les transports des émigrants de l'Est, des soieries de Lyon et de la Suisse, et des articles de Paris. Sans doute, la concurrence pourra nous disputer plus d'un marché, nous contester plus d'un avantage de distance ; mais elle ne nous enlèvera jamais le précieux privilége dont la nature a doté notre terroir. Nous savons bien que, depuis la ruine de notre colonie favorite, de Saint-Domingue, nous avons perdu, tant par notre indifférence que par les calculs frauduleux de quelques spéculateurs, bon nombre de marchés étrangers ; notre port compte encore, il est vrai, parmi les actifs; mais ses progrès n'ont pas été proportionnels à ceux des autres. Nous avons laissé échapper nos indigos, nos cochenilles, nos gommes, nos guinées, nos vanilles, et une foule d'autres articles dont le monopole nous était presque exclusivement dévolu ; le Havre domine maintenant aux Etats-Unis et à Calcutta, Nantes à la Réunion, Marseille sur la Côte, etc. Comment reconquérir nos vieilles positions ? En donnant à notre navigation le plus large développement possible, en brisant avec les abus de la routine et en allant hardiment au devant de toutes les améliorations indiquées par le génie moderne.

Si les compagnies de chemins de fer ont le bon esprit de nous venir en aide, il n'est pas un seul produit manufacturé de l'intérieur de la France et de l'Europe qui ne vienne à bon marché dans notre port.

La plus riche mine de transit et d'entrepôt que puisse nous fournir un chemin de fer, c'est celle de la Méditerranée à l'Océan. La compagnie du Midi la mettra-t-elle libéralement à la disposition de notre commerce, au lieu de l'exploiter pour son propre compte ? Nous aimons à espérer qu'elle ne sortira pas de son rôle d'agent de transports et qu'elle nous laissera l'exploitation de la Méditerranée et de l'Océan ; mais alors Bordeaux devra songer sérieusement à profiter des facilités nouvelles qui lui seront accordées, en se hâtant d'organiser des flottilles de caboteurs à vapeur. Jamais occasion plus belle ne fut donnée à un grand port de mer et à une compagnie de chemins de fer de prouver la fécondité de l'alliance de la locomotive avec le paquebot à vapeur. La ligne de Bordeaux à Cette est ouverte; c'est là un fait qui doit avoir pour l'avenir de notre ville une portée incalculable. Le chemin de fer de Cette vient compléter admirablement la grande idée de Riquet : la jonction de la Méditerranée à l'Océan; et le jour où la compagnie consentira, en faveur de tout le commerce, un abaissement de tarifs sur le transit des marchandises, le détroit de Gibraltar sera à jamais supprimé ; de même, quand l'isthme de Suez sera percé, la route de l'Inde passera par Bordeaux.

La suppression du détroit de Gibralter au profit de Bordeaux et de la compagnie du Midi, voilà ce que peut amener une simple diminution de tarifs ! On ne peut se défendre d'un sentiment d'enthousiasme et d'orgueil à la seule idée d'un pareil résultat; essayons d'en esquisser de sang-froid tous les avantages :

En voyant les Anglais se précipiter sur l'Orient, après notre victoire de Sébastopol, nous disions qu'ils ne manqueraient pas de chercher de grosses indemnités de guerre dans des concessions de mines, de chemins de fer, de territoires, etc. L'événement a justifié nos prévisions, et leurs capitalistes se sont abattus sur la Turquie pour en retirer tous les bénéfices possibles. Nous pouvons regretter, au point de vue de notre intérêt national, que les Français n'aient pas mis le même empressement à exploiter, à notre profit, une des contrées les plus riches du monde; mais nous ne devons pas trop nous inquiéter des tentatives agricoles et industrielles des Anglais sur la Turquie, parce qu'en définive ils travaillent pour notre marine et pour Bordeaux. Nous désirons très vivement que tous les Etats si incultes, et pourtant si féconds, que baignent la Méditerranée, l'Adriatique et la mer Noire, développent le plus rapidement possible leurs richesses naturelles, parce que nous y voyons autant de tributaires futurs de l'isthme de Bordeaux.

L'Espagne, le Portugal, l'Italie, l'Algérie, le Maroc, l'Egypte, la Turquie, la Russie méridionale, etc., envoient déjà une énorme quantité de produits dans les ports de l'Océan, de la Manche et de la Baltique; bon nombre de ces produits, depuis les oranges jusqu'aux grains, ont besoin de prendre la voie la plus rapide et la plus sûre, tant à cause de leur nature que des besoins qu'ils sont appelés à satisfaire. Jusqu'à présent, ils ont été expédiés par le détroit de Gibraltar, c'est à dire par la voie la plus longue et la plus difficile; la traversée d'Odessa à Hambourg dure souvent plus longtemps qu'un voyage au fond des Indes !

Les avantages que donnent à Bordeaux les calculs de distance suivants, vont modifier profondément cet ancien état de choses :

De Marseille à Dunkerque.......... 1,222 kilom.
— à Calais............... 1,244 »
— à Boulogne........... 1,143 »
— à Dieppe............. 1,077 »
— au Havre............ 1,105 »
— à Nantes.............. 1,292 »
De Marseille à Bordeaux par Paris. 1,444 »
De Marseille à Bordeaux par Cette. 680 »
De Cette à Bordeaux................ 476 »
De Lyon à Bordeaux par Paris.... 1,094 »
De Lyon à Bordeaux par Cette ... 830 »

Marseille et son chemin de fer pourront rester en possession du transport des produits à destination directe de Lyon, de Paris et des villes du Nord-Est ; mais il est évident que les oranges, les fruits confits, les savons, les huiles et une foule d'autres produits du Levant et de l'Italie ne prendront plus la voie ferrée pour aller chercher par Paris les ports du Havre et de Dunkerque. Tout ce qui aura été acheté dans le Levant, dans l'Algérie, dans le Maroc, dans l'Italie pour la consommation de l'Angleterre et des Etats de la Baltique, sera en quelques heures déversé à Cette et transporté, par le chemin de fer, dans les entrepôts ou dans les caboteurs à vapeur de Bordeaux.

Marseille aura beau établir des lignes de remorqueurs dans le détroit de Gibraltar et sur les côtes du Portugal ; les compagnies des chemins de fer de la Méditerranée, de Lyon et du Havre auront beau combiner des abaissements de tarifs, jamais ni Marseille ni ces compagnies ne réussiront à faire une concurrence sérieuse à la compagnie du Midi, pour peu que celle-ci veuille entrer franchement dans la voie des concessions larges et intelligentes. Les compagnies de grands paquebots à vapeur, organisées par les plus riches maisons d'Angleterre, ne parviendront jamais non plus à transporter à aussi bon marché que nos compagnies de cabotage à vapeur appuyées sur le chemin de fer de Cette.

Imaginons donc que les puissantes compagnies financières de France patronent les entreprises particulières qui devront se former à Bordeaux pour l'exploitation du cabotage à vapeur, entre la gare du chemin de fer de Cette et tous les ports de l'Angleterre et de la Baltique; imaginons que des lignes de paquebots méditerranéens viennent en aide aux caboteurs à voiles du Levant et de l'Italie pour réunir à Cette tous les produits destinés à la consommation du Nord; imaginons que l'isthme de Suez soit percé, Bordeaux ne devient-il pas à l'instant le plus vaste entrepôt des deux Mondes, le le plus actif du transit entre la Méditerranée et l'Océan, la grande route de l'Inde?

Si la compagnie du Midi veut chercher ses bénéfices dans la multiplicité des transports, elle n'a donc qu'à abaisser ses tarifs et à faire constamment pour les marchandises ce qu'elle a fait accidentellement, et avec tant de succès, l'année dernière pour les voyageurs : DES TRAINS DE PLAISIR DU COMMERCE. Nous ne pensons pas trop préjuger de l'avenir en disant que, quelle que soit la puissance de leurs concurrents, notre cabotage à vapeur et la compagnie du Midi seront toujours en état d'offrir au commerce de transit une économie d'environ 20 à 25 p. 100, sans compter les bénéfices inappréciables de la sécurité et de la rapidité.

Nous en avons dit assez sur ce sujet pour découvrir à nos capitalistes et à nos industriels un coin du magnifique horizon qui s'ouvre à leur activité et à leur esprit d'entreprise. Il s'agit d'enlever aux Anglais le monopole du plus riche et de plus vaste marché du monde ; nous en avons les moyens, ayons-en le courage.

Le moyen le plus sûr de tirer bon parti des faveurs que la compagnie du Midi accorderait à notre transit est la construction immédiate d'une flottille de caboteurs à vapeur.

Nous n'avons cessé d'appeler l'attention de nos capitalistes et de nos négociants sur les bénéfices considérables qu'ils trouveraient dans la substitution du cabotage à vapeur au cabotage à voile. Il y a trois ans, nous démontrions d'une manière aussi explicite que possible, la nécessité de former à Bordeaux une société générale de cabotage à vapeur pour monopoliser au profit de notre port l'énorme quantité de marchandises qui s'échangent entre les ports des côtes de France, d'Angleterre, de Belgique, de Hollande, de Danemarck, de Russie, etc. Les étrangers ont seuls répondu à notre appel.

Nous comptons en ce moment environ quarante caboteurs à vapeur qui desservent régulièrement Bordeaux, et pas un, que nous sachions, n'appartient à Bordeaux ! Voici, au surplus, la liste des lignes qui ont été organisées par des étrangers.

Nous y trouvons : 1° les bateaux à vapeur Barbet et Comp., entre le Havre et Bordeaux ;

2° Les Porteurs-Maritimes, entre Rouen et Bordeaux ;

3° Les bateaux à vapeur de l'Ouest, entre Nantes et Bordeaux ;

4° Les bateaux à vapeur entre Dunkerque et Bordeaux ;

5° Les bateaux à vapeur entre Rotterdam et Bordeaux ;

6° Les bateaux à vapeur entre Londres et Bordeaux ;

7° Les bateaux à vapeur entre Liverpool et Bordeaux.

Voilà pour le transport des marchandises ; nous n'avons pas compris dans ce dénombrement les caboteurs à vapeur qui transportent les houilles entre Bordeaux et Newcastle, Cardiff, Sunderland, etc.

Si le mouvement de la navigation à vapeur a déjà pris tant d'extension depuis deux ou trois ans, que sera-ce dans un an, à l'époque où le chemin de fer de Cette sera en pleine activité ! Les caboteurs du Levant et de l'Italie dirigeront alors vers l'isthme de Bordeaux la majeure partie des immenses approvisionnements destinés à la consommation de l'Angleterre et des Etats de la Baltique; c'est là que, bon gré mal gré, viendront aboutir aussi les bâtiments de la grande société russe de commerce et de navigation qui se propose de desservir la mer Noire, la mer d'Azoff et la Méditerranée. Il s'agit donc de tendre la main à ces innombrables flottilles du Levant et de l'Italie pour les aider à faire passer chez nous la masse énorme des marchandises en destination de la Baltique; il s'agit de seconder la bonne volonté de la compagnie du chemin de fer du Midi en tenant prêts les caboteurs à vapeur qui doivent recevoir les chargements de ses wagons. Le moment est venu de sortir de nos habitudes contemplatives si nous ne voulons pas nous laisser enlever, par de puissantes compagnies étrangères, les bénéfices de la magnifique exploitation de notre port ; il est grand temps que Bordeaux travaille à la transformation de son cabotage, pour peu qu'il tienne à conserver l'incontestable supériorité que lui ont toujours assurée, sur ses concurrents, le nombre de ses caboteurs et la multiplicité de ses échanges. La décadence de son cabotage ne s'arrêterait plus si la vapeur ne venait promptement à son secours.

Il faut donc, de toute nécessité, que Bordeaux devienne le port d'attache d'une grande quantité de caboteurs à vapeur. « Les villes maritimes qui ne sont pas industrielles et qui ont besoin d'une grande provision de marchandises pour parfaire leurs chargements, ne devraient pas oublier, disions-nous, le 16 mars 1855, que le port qui saura développer à son profit le cabotage à vapeur s'assurera, par le fait, une incontestable supériorité dans la navigation du long-cours. » « Bordeaux fera bien d'y songer » ajoutions-nous. Mais Bordeaux ne s'en est guère préoccupé, et aujourd'hui le Havre envoie ses caboteurs prendre chez nous les chargements qui lui manquent ; Nantes en fait autant, et pour peu que les autres ports suivent cet exemple, nos entrepôts et nos produits se trouveront un jour transportés bien loin de Bordeaux sans que nous nous en soyions douté. La chose vaut la peine que nous y pensions.

Dans le but de faire toucher, en quelque sorte, du doigt l'urgence et l'économie de la transformation que nous préconisons, nous reprendrons les principaux arguments que nous avons déjà fait valoir à ce sujet :

La navigation à vapeur peut non seulement remplacer avec avantage la navigation à voiles, mais elle peut encore défier la concurrence des chemins de fer ; les explications suivantes justifieront amplement cette double assertion :

On connaît les graves inconvénients des bâtiments à voiles. Pendant quatre ou cinq mois de l'année, leur service est interrompu par l'hivernage des équipages qui, naviguant presque tous à la part, prétextent du gros temps et des difficultés de la navigation pour aller se reposer au sein de leur famille. C'est ainsi que des marchandises chargées en septembre, à Dunkerque, par exemple, n'arrivent à Bordeaux qu'au mois de mai de l'année suivante. Il en résulte que cette voie de transport est, en définitive, plus chère pour le négociant que celle des chemins de fer, parce qu'en outre des chances d'avaries, il doit payer l'intérêt d'un capital resté longtemps inactif. Cette interruption forcée ou volontaire de la navigation à voiles a une plus grande influence qu'on ne pense sur la cherté des substances alimentaires : un retard prolongé dans leur arrivée provoque la hausse et souvent la disette.

N'est-il pas bien fâcheux pour le commerce que les fluctuations dans le prix des denrées dépendent du caprice des vents ; la régularité des arrivages est préférable à leur rapidité. Quelle spéculation à établir sur les huiles de Dunkerque, les fromages de Hollande, les doublages en cuivre du Havre, les haricots, les fèves, les avoines, les blés, les pommes de Bretagne et de Normandie, etc., si toutes ces denrées ne sont pas livrables sur place à jour fixe ? Ne vaut-il pas mieux asseoir ses calculs sur des données plus certaines, sauf à payer un peu plus cher ? Ainsi s'explique le succès des chemins de fer dans la concurrence qu'ils font au cabotage.

Comment relever ce malheureux cabotage de son infériorité ? En lui donnant aussi rapidité et surtout régularité. L'hiver et les grosses mers de la Manche ou du golfe de Gascogne n'arrêteront plus la marche des caboteurs à vapeur, qui seront beaucoup plus solidement établis que nos frêles et petits caboteurs à voiles. Des communications promptes et régulières seront donc facilement établies entre les différents ports de nos côtes. La substitution de la vapeur à la voile aura cet autre avantage, que le tonnage des navires sera augmenté dans une forte proportion, parce que la dépense de la machine étant une fois faite, les frais seront d'autant moins grands qu'ils seront répartis sur un plus grand nombre de tonneaux.

Mais, dira-t-on, la construction du navire à vapeur coûte beaucoup plus cher que celle du navire à voiles. C'est vrai ; mais qu'importe, si ce navire paie mieux l'intérêt du capital qu'on lui consacre ! Craint-il autant les vents et les chômages, et ne rapportera-t-il pas d'autant plus qu'il circulera d'une manière plus continue ? Il est prouvé par des expériences précises et répétées qu'un navire à hélice exige, en Angleterre, une dépense totale de 5,900 liv. sterl., ou 147,500 fr. pour le transport de 21,600 tonneaux, ce qui revient à 6 fr. 83 c. pour un tonneau. Par bâtiments à voiles, la dépense totale est de 1,164 liv. sterl., ou 29,100 fr. pour 3,600 tonneaux, ce qui revient à 8 fr. 08 c. pour un tonneau. « La différence notable qui existe entre ces deux valeurs, dont le rapport est égal à 1,18, fait bien sentir, dit M. Bourgois, capitaine de frégate, tout l'avantage que le commerce maritime peut tirer d'une large application de la vapeur à la navigation de cabotage. » M. le baron Dupin a plusieurs fois justifié ces calculs, dont les Anglais connaissent si bien toute la portée.

Nous avons invoqué le raisonnement et les chiffres de l'expérience pour prouver que le cabotage à vapeur rapportait, en dernière analyse, beaucoup plus que le cabotage à voiles; il nous reste encore à prouver que le cabotage à vapeur peut défier la concurrence des chemins de fer. Des documents certains établissent que le transport du tonneau sur un bâtiment à hélice ressort à 0 fr. 011 par kilomètre. Or, d'après les études statistiques de plusieurs ingénieurs, les frais de transport sur les chemins de fer varient entre 4 et 5 centimes par kilomètre. La différence en faveur de la marine à vapeur est assez notable pour qu'on en tienne compte.

Nous avons ressassé bien des fois ces raisonnements et ces chiffres ; nous avons bien souvent fait appel aux capitalistes bordelais pour former à Bordeaux une société générale de cabotage à vapeur, et nous n'avons pas réussi à nous faire comprendre. Nous désirons vivement que d'autres plus heureux mettent à profit nos idées sur ce sujet ; l'intérêt de Bordeaux nous touche plus que le bénéfice ou l'honneur d'une initiative quelconque. L'ouverture du chemin de fer de Cette va inévitablement faire affluer dans notre port des masses énormes de marchandises venues de la Méditerranée, de l'Adriatique et de la mer Noire, et nous verrions avec peine que les Anglais exploitassent, seuls, le magnifique intercourse entre Bordeaux et les côtes de l'Océan, de la Manche et de la Baltique.

Le Gabon, le Sénégal offrent aussi à notre cabotage des mines inépuisables de transports ; de petits bâtiments armés d'une faible machine à vapeur chauffée avec le bois du pays, nous permettraient de pénétrer au fond des rivières qui sillonnent ces contrées et d'aller chercher, à bas prix, les produits dont les différentes tribus monopolisent successivement le transport. Une grande maison de Marseille exploite déjà avec beaucoup d'avantage ce système de navigation à vapeur, que nous recommandons depuis longtemps à l'attention de nos armateurs.

Plus près de nous, l'Espagne mériterait bien aussi d'être visitée par nos caboteurs à vapeur ; mais nous n'avons pas encore su nous faire rendre justice par le Gouvernement de nos voisins, qui nous ont retiré les bénéfices du Pacte de Famille, alors que nous les avons toujours reçus chez nous comme des frères. Les côtes d'Espagne n'auraient pas dû cesser d'être des côtes françaises ; il y a là pour nous un intérêt maritime que nos ambassadeurs et nos Gouvernements n'ont pas assez surveillé.

Pourquoi nos principaux capitalistes ne déserteraient-ils pas la Bourse et la coulisse pour se mettre à la tête de nos grandes affaires du cabotage à vapeur ? Pourquoi nos riches sociétés financières, au lieu de viser au monopole des entreprises de tous genres, ne prêteraient-elles pas l'appui de leur crédit aux particuliers et aux petites associations qui se présenteraient pour établir des lignes de cabotage à vapeur ?

Quelle que soit la combinaison à laquelle ils s'arrêtent, les Bordelais ne doivent pas oublier que notre belle cité n'attend plus que leur initiative pour devenir la tête de ligne d'une immense flottille de caboteurs à hélice.

Si le chemin de fer de Cette assure à Bordeaux une incontestable supériorité pour l'exploitation du cabotage à vapeur entre les ports du Nord et ceux du Levant et de l'Italie, les chemins de fer d'Orléans, du Grand-Central, du réseau pyrénéen, de Bayonne et du Médoc doivent lui permettre aussi de prétendre à la meilleure part dans les bénéfices de la navigation au long-cours

Mais, de même que nous ne profiterions pas de tous les avantages du chemin de fer de Cette, si nous ne faisions pas subir des modifications profondes à notre cabotage, de même nous ne répondrions pas aux faveurs de transit que nous accorderaient les compagnies d'Orléans et de Lyon, si nous tardions plus longtemps à améliorer notre système de navigation au long-cours.

On peut dire, en général, que l'un des principaux éléments de succès sur mer comme sur terre, c'est la rapidité des transports ; les chemins de fer et l'électricité ont créé des exigences commerciales auxquelles il est presque impossible de se soustraire en marine, sans s'exposer à des pertes considérables. Ainsi, par exemple, sur l'avis reçu de Valparaiso que tel navire est chargé et prêt à partir, il naît immédiatement des transactions qui réclament impérieusement la présence de ce navire sur la place où l'on a traité de sa cargaison, et il faut au moins que la régularité de l'arrivage supplée au défaut de vitesse. Un mois de retard pour une cargaison représentant un million de francs occasionne une perte d'intérêt d'argent de $1/2$ p. $^0/_0$, et par conséquent de 5,000 fr.; de même pour les assurances, qui se paient ordinairement à raison de 7 et 9 p. $^0/_0$, la perte équivaut à $1/2$ ou $3/4$ p. $^0/_0$, et ainsi du reste. La régularité est l'âme du commerce aussi bien sur mer que sur terre, et il importe que les navires, surtout ceux qui sont chargés d'or, d'argent et de matières précieuses, ne soient pas trop inférieurs aux chemins de fer sous le rapport de la rapidité. Ce principe conduit tout naturellement à l'application de la vapeur aux bâtiments du long-cours; mais les dépenses énormes qu'entraînerait, en ce cas, l'emploi CONTINU de la vapeur ne permettent pas de recourir à un pareil système. Il faut donc prendre un moyen terme et régulariser la navigation purement commerciale, en plaçant sur les bâtiments une machine auxiliaire pour les aider à sortir des calmes ou à résister aux courants et aux vents contraires.

On aurait tort de s'exagérer la dépense; ainsi, dans un navire de mille tonneaux, une machine de cinquante chevaux et un approvisionnement de soixante-dix tonneaux de charbon suffiraient largement, parce qu'on n'aurait probablement besoin de s'en servir que pendant une quinzaine de jours sur une traversée de trois mois. L'emplacement occupé par la machine et le charbon équivaudrait à une perte de cent soixante-dix tonneaux environ, et si l'on réfléchit que le système bois et fer de M. Arman, comparé à la construction en bois, donne une augmentation de port d'un cinquième, soit de deux cents tonneaux, on trouve que le bâtiment pourra avoir une machine auxiliaire sans que son port de mille tonneaux soit diminué. Quelques essais d'installation de machines auxiliaires ont été tentés, déjà, chez nous ; mais, bien qu'ils n'aient pas complétement réussi, ils ne doivent pas être abandonnés, parce que la vapeur, en tant qu'employée accidentellement, est certainement appelée à développer, sur une large échelle, l'organisation des services de navires à voiles ; si elle ne donne pas la vitesse, elle assure du moins la régularité.

Cette opinion, que nous avons souvent défendue dans la presse, vient d'être chaleureusement appuyée par M. Charles Dupin, dans une des dernières séances de l'Institut :

« On construit, en Angleterre, répète ce savant d'après M. Bourgois, un nombre considérable de bâtiments à voiles munis d'appareils à vapeur de force très modérée. On en fait des bâtiments de commerce susceptibles de porter des quantités considérables de marchandises. Ce système nouveau présente des avantages spéciaux de sécurité d'expédition, qui parviennent à compenser la dépense du combustible. Dans les parcours qui ne sont pas très étendus, dans les voyages où l'on peut à bas prix renouveler le combustible, la combinaison nouvelle est préférée, même pour le transport des objets du plus bas prix.

» L'Angleterre arrive à ce but avec des navires mixtes, à coque légère en fer; la France y parvient avec des navires mi-partie de bois et de fer, par là plus légers encore et non moins résistants à la mer. Ces derniers conviendront mieux aux navigations des mers tropicales. L'Exposition universelle de 1855 a décerné sa récompense du premier ordre à ces deux genres de constructions, perfectionnées par MM. Ch. Napier, de Glasgow, et L. Arman, de Bordeaux.

» Voulons-nous montrer comment le nouveau genre de constructions peut obtenir la préférence sur le pur navire à voiles, quand on n'a pas d'énormes distances à parcourir sans renouveler le combustible? Il nous suffira d'un exemple :

» Entre les ports de Newcastle et de Londres, pour le transport de la houille, on préfère, à tous égards, aux anciens bâtiments charbonniers mus par la seule force du vent, des navires mixtes où la vapeur vient en aide à la voile.

» Une semblable combinaison présentera de très grands avantages quand on pourra naviguer sur le canal maritime égyptien, avec des navires mixtes du système anglais ou du système français. Tandis que, pour aller dans l'Inde, les navires purement à voiles auront à parcourir de 20,000 à 30,000 kilomètres, en passant par le cap de Bonne-Espérance; les navires mixtes n'en auront, eux, à parcourir que 10,000 à 14,000. Au lieu d'un voyage de trois mois, durée moyenne des traversées par le tour de l'Afrique, ceux-ci, par la voie la plus courte, n'emploieront qu'un mois et demi, tout au plus deux mois, pour les traversées de moindre vitesse.

» Comme les navires passant par le canal maritime feront dans une année plus de voyages, leur capital rapportera davantage ; et comme ils auront moins de dangers à courir, ils paieront de moindres assurances pour les chargements et les navires.

» Avec des machines à détente, ayant peu de volume et d'encombrement, mais capables d'agir au besoin sous des pressions de 4 et 5 atmosphères, on dispose d'une force qu'on peut faire varier pour répondre à tous les besoins de la navigation la plus inégale et la plus diverse, depuis le calme plat jusqu'au vent contraire le plus impétueux.

» Dans un travail approuvé par l'Académie, sur un rapport rédigé par l'un de nous, M. le commandant Bourgois a fait voir le progrès de la navigation mixte à vapeur, et les succès de cette navigation dans les transports du commerce.

» La statistique des constructions navales de la

Grande-Bretagne, publiée par le ministère du Commerce, *Board of Trade*, nous fournit la mesure mathématique de ce progrès.

» Nous choisissons la dernière année (1854) pour laquelle le Gouvernement ait publié ses tables officielles :

Tonnage total de la marine marchande britannique en 1854.

Navires.	Existants enregistrés.	Construits dans l'année.
A voiles..	3,945,076 tonneaux.	132,587 tonneaux.
A vapeur.	305,255 —	64,255 —

» La simple vue de ce tableau nous révèle un fait important. Pour remplacer les pertes annuelles de toute nature et concourir au développement de la flotte commerçante, la Grande-Bretagne ajoute dans une année, par ses constructions neuves :

» Un tonneau de navires à voiles, pour 30 tonneaux existants.

» Un tonneau de navires à vapeur, pour 5 tonneaux existants.

» Telle est la rapidité merveilleuse avec laquelle la vapeur prend sa place dans la marine commerçante britannique. »

Les faits consignés dans le rapport de M. le baron Charles Dupin à l'Institut, parlent assez haut en faveur de l'alliance de la voile à la vapeur. Le savant académicien semble partager l'opinion de ceux qui pensent que cette alliance ne serait pas aussi avantageuse aux bâtiments du long-cours qu'à ceux du cabotage ; nous ne sommes pas de son avis, et l'expérience prouvera que l'intervention éventuelle de la vapeur est devenue une nécessité de la navigation moderne.

Le besoin d'aller vite, et l'impossibilité d'employer le secours de la vapeur pendant toute la durée des voyages du long-cours, ont provoqué, comme on sait, la création des clippers, bâtiments dont les formes longues et étroites facilitent singulièrement l'action du vent, qui est, avec l'eau, la plus économique de toutes les forces motrices. Le clipper a certainement une marche plus rapide que le navire de charge, mais il porte moins que ce dernier, et cette considération a suffi pour le faire rejeter par un grand nombre de nos armateurs. Il est, en outre, à remarquer que malgré la prodigieuse vitesse qu'ils réalisent dans certains moments, les clippers n'ont guère, en définitive, qu'une vitesse moyenne très minime à cause des calmes et des courants qui leur font perdre tout le bénéfice de leurs avances.

Le tableau suivant des traversées effectuées par les navires qui font l'intercourse entre New-York et San-Francisco (Californie), vient à l'appui de notre assertion :

Flying Cloud............. 89 jours.
Romance of the sea..... 96 —
David Brown............. 99 —
Samuel Russel........... 105 —
Pampow.................. 104 —
Souverain des mers..... 105 —
Achevain................. 106 —

La durée de la traversée, pour les navires qui l'ont effectuée en 90 jours, donne une moyenne de marche de 6 nœuds $^{88}/_{100}$ à l'heure, bien que dans les beaux temps ces navires aient eu un sillage de 15, 16 et 17 nœuds.

L'addition d'une machine auxiliaire remédierait admirablement à ce grave inconvénient, et au lieu d'une moyenne de 6 nœuds on en obtiendrait facilement une de 9 ou 10. Malheureusement, ce serait un surcroît de dépenses, et les grands clippers américains coûtent déjà tellement cher, que nos armateurs français n'osent pas en faire construire de semblables. Aux Etats-Unis, il existe de puissantes associations qui permettent de consacrer de gros capitaux à des constructions de ce genre ; chez nous, les fortunes particulières sont généralement assez restreintes, et on ne sait pas suppléer par l'association à l'insuffisance des capitaux isolés.

C'est dans le but de parer à ce double inconvénient qu'un des plus habiles constructeurs de France, M. Arman, de Bordeaux, a imaginé de faire un clipper commercial qui réunit les avantages de la vitesse à ceux du port. Le changement qu'il a opéré dans la position du maître-couple, joint à l'allongement des formes de l'avant et à l'emploi du système bois et fer, permet à ses navires de s'élever sur la lame, de diviser le fluide, de diminuer la pesanteur des coques et d'offrir une plus grande capacité. La haute appprobation que lui ont value ses clippers, de la part de feu M. Ducos et des hommes les plus distingués dans la science et la pratique, nous dispense d'entrer dans de plus longs détails à ce sujet. Il est certain que M. Arman aurait pu transformer en clipper le *Louis-Napoléon*, par exemple, du port de 2,000 tonneaux, tout en lui laissant un port au moins égal à celui de la *Pomone*, qui est un navire de 1,600 tonneaux, à formes pleines.

Les qualités nautiques de ses clippers sont tout à fait remarquables. Leur calaison est toujours beaucoup moins considérable que celle des bâtiments en bois, et la solidité ne laisse rien à désirer. Il y a quelques mois, le *Bec-d'Ambès*, fuyant devant le temps, cherchait à se mettre à l'abri dans les Perthuis ; mais son brave capitaine ayant reconnu *les dangers de Rocheborne*, est venu aboutir dans les brisants de la Baleine, sur la côte ; en se voyant en perdition, il a été forcé de virer de bord contre le vent, et de s'élever de la côte ; le navire a exécuté ce mouvement avec tant de facilité, qu'il n'a cassé aucune de ses manœuvres. Quel est le bâtiment qui ne se serait pas perdu dans une circonstance aussi critique ?

En négligeant les moyens d'obtenir de la vitesse, avec les clippers et les machines auxiliaires, nous nous condamnerions à une infériorité d'autant plus dangereuse que ces moyens sont devenus d'un usage plus général à l'étranger. Il est bien clair, en effet, que les navires arrivant sur un marché plus vite que d'autres bâtiments chargés des mêmes marchandises, recueilleraient à peu près tous les bénéfices de la vente, et à ce point de vue, on ne saurait trop recommander de sacrifier un peu du port à la rapidité. Il faudrait bien se garder cependant d'exagérer le principe. C'est pour avoir voulu trop sacrifier à la vitesse que la plupart des grandes sociétés maritimes du Havre ont éprouvé tant de mécomptes. Quand, à force de vouloir donner de la finesse, on réduit de 50 p. 100 la capacité intérieure d'un clipper au point qu'il ne puisse plus porter que 800 tonneaux, par exemple, nul doute, alors, que ce clipper ne réalise beaucoup moins de bénéfices que les porteurs de 1,600 tonneaux. Ceux-ci pourront, à la rigueur, partir sur lest, aller en Amérique chercher un fret de retour et donner encore un beau bénéfice; *le Chili*, *la Cérès*, *le Louis-Napoléon*, *la Pomone*, et tous les grands navires de MM. Montané et Le Quellec et Bordes sont dans ce cas. Par cette même raison qu'ils se couvrent de toutes leurs dépenses et réalisent même un bénéfice au moyen du seul fret de retour, ils auront encore une supériorité marquée sur les clippers de 800 tonneaux, quelque réduit d'ailleurs que soit le fret à la sortie. Ainsi, en supposant le fret de retour à 100 fr., les premiers gagneront 160,000 fr. et les autres 80,000 fr. seulement; la différence sera énorme en faveur des bâtiments de 1,600 tonneaux, si l'on calcule que les dépenses des seconds sont à peu près égales à celles des premiers.

Pour que l'adoption des clippers devienne plus

avantageuse, et par conséquent plus générale, il est donc indispensable qu'ils aient une plus grande capacité intérieure et que le prix de construction soit sensiblement diminué. Bordeaux est le port le plus favorisé à cet égard, puisqu'il possède dans son sein l'inventeur même du système le plus économique.

Les compagnies du Havre n'ont sorti de leurs chantiers que des clippers d'un faible port relativement à leurs dimensions, et d'un prix de construction très élevé; ils sont, par suite, incapables de lutter avec nos grands bâtiments; aussi, est-ce probablement dans le but d'harmoniser le tonneau de mer avec la capacité réduite de leur cale que ces compagnies font annoncer dans les journaux et dans les bureaux des courtiers la mise en charge de leurs navires, à dix piastres de fret et 10 p. 100 par MÈTRE CUBE. Les négociants, qui ne sont pas versés dans les expéditions maritimes, et qui ne savent pas établir de parallèle entre le tonneau du Havre (soit le mètre cube) et le tonneau de mer, en usage dans le monde entier, peuvent se laisser prendre à une pareille annonce. Nous ne saurions donc trop répéter, trop publier, qu'à Bordeaux, comme à Londres, à Calcutta ou à Valparaiso, le tonneau est de un mètre quarante-quatre centimètres cubes, et qu'il offre, par conséquent, un avantage de QUARANTE-QUATRE p. 100 sur les annonces havraises. Une telle différence vaut bien la peine que les expéditeurs y regardent à deux fois avant d'envoyer leurs marchandises au Havre, à raison de dix piastres et de 10 p. 100 par mètre cube, ce qui fait bien, en fin de compte, quatorze piastres et demie par tonneau.

La certitude de trouver à Bordeaux des navires d'un fort tonnage, un fond de chargement et des avantages non équivoques sur le volume du tonneau, engagera les négociants étrangers à diriger leurs expéditions vers notre port, surtout si les compagnies de chemins de fer généralisent l'abaissement de leurs tarifs sur les colis en transit. Quoique Bordeaux ait perdu quelques-uns de ses débouchés, il domine encore à peu près exclusivement au Sénégal, à la Plata, au Mexique et dans les mers du Sud; c'est là un magnifique débouché, bien fait pour tenter les capitalistes de Paris et de l'Amérique. Nous verrions donc avec bonheur qu'il se formât, pour l'exploitation de nos grands clippers et de nos gros bâtiments de charge, quelques-unes de ces compagnies que nous avons si souvent réclamées pour l'exploitation du cabotage à vapeur.

Quoi qu'en aient dit certains épilogueurs, le temps est bien certainement le plus grand capital des sociétés modernes, parce que, sous l'empire de la paix et du travail, il est le premier et le plus sûr agent des victoires industrielles et commerciales d'une nation. On ne triomphe de la concurrence qu'à la condition de la gagner de vitesse sur les différents marchés ; ainsi, Bordeaux perdrait tout le bénéfice de sa magnifique position, si la rapidité et la régularité de ses voies ferrées étaient paralysées par la lenteur et les incertitudes de ses communications maritimes.

Il est de toute nécessité que notre port possède sur mer des services de grande, de moyenne et de petite vitesse, qui continuent ceux de notre réseau terrestre. Le chemin de fer de Cette et le cabotage à vapeur nous permettent bien de disputer à Marseille la meilleure partie de son commerce avec l'Italie, la Méditerranée et la mer Noire; mais, si considérable qu'il soit, qu'est le transit des côtes de l'Océan français et de la Baltique, comparé avec les immenses opérations qui nous attendent dans les contrées transatlantiques ? Le Brésil, le Mexique, le Pérou, toute l'Amérique du Sud, toute l'Amérique centrale, l'Inde, la Californie, la Chine, le Japon, l'Australie, et des milliers de ports où flottait autrefois notre pavillon, ne demandent qu'à échanger leurs produits contre les nôtres ; le joug des Anglais et des Américains leur devient chaque jour plus antipathique, et nous régnerions depuis longtemps dans ces parages lointains, si nous avions mieux compris la nécessité de leur rendre des visites plus fréquentes et plus régulières.

La France n'a pas encore su organiser sa marine marchande, et ses navires sont restés inférieurs à ceux de l'Angleterre ou des Etats-Unis, sous le triple rapport de la charge, de la vitesse et de la régularité du service.

Le port de Bordeaux est mieux placé que ses

concurrents de l'intérieur et de l'extérieur pour satisfaire à toutes les nouvelles exigences du progrès maritime et prolonger sur l'immensité des mers les voies ferrées de son magnifique réseau terrestre. On ne saurait organiser nulle part ailleurs que dans sa rade des services plus avantageux et plus économiques de grande, de moyenne et de petite vitesse. Qu'il s'agisse de paquebots transatlantiques, de clippers ou de porteurs, Bordeaux peut hardiment défier la concurrence. Au nombre de ses plus riches éléments de succès nous placerons en première ligne la réputation justement méritée de ses chantiers de construction.

Ainsi que nous l'avons dit et répété plusieurs fois, l'instrument de navigation, le navire, a reçu chez nous des perfectionnements tels, qu'on ne saurait le trouver nulle part ni meilleur, ni à meilleur marché. Cette assertion est vraie surtout du système bois et fer, pour l'invention duquel notre compatriote, M. Arman, a reçu la grande médaille d'honneur à l'Exposition universelle de Paris.

L'expérience continue à justifier chaque jour la bonne opinion que les hommes les plus compétents ont toujours eue de ce système. A la date du 8 janvier dernier, on comptait quarante-quatre navires bois et fer sortis des chantiers de M. Arman, et représentant 38,900 tonneaux. Le Gouvernement français et le Gouvernement russe ont commandé plusieurs bâtiments à notre habile constructeur; on voit en ce moment même dans ses chantiers une frégate et une corvette russes, ainsi que deux avisos à vapeur français de cent cinquante chevaux de force. Deux autres avisos sont en construction à Rochefort, sous la direction des ingénieurs de l'Etat, qui appliquent le système mixte. La prochaine visite du grand-duc Constantin à Bordeaux donnera le signal de nouvelles commandes de la Russie, et le Gouvernement français ne s'en tiendra pas non plus aux six bâtiments du système Arman.

Le principal mérite de la construction bois et fer est de s'appliquer avec un égal avantage aux paquebots à vapeur, aux clippers ou porteurs, et de coûter d'autant moins cher que les dimensions doivent être plus grandes.

On sait que les exigences du commerce ont provoqué une augmentation considérable dans la force et le tonnage des paquebots à vapeur ; or, il est impossible d'installer une machine à vapeur dans les navires en bois de grandes dimensions, tant à cause de ses trépidations que de la difficulté de trouver des pièces de bois convenables. La nature des arbres n'a pas changé depuis le déluge, et leur longueur a des limites ; en remplaçant le bois par le fer, on obtient plus de solidité, plus de rigidité, et le travail du laminoir est moins long, moins coûteux que celui de la nature.

Plus une pièce de bois atteint des dimensions élevées, plus la valeur de son cube augmente ; ainsi, un mètre cube de petit bois ne coûte souvent pas le quart d'un mètre cube de bois pris dans les pièces de grandes et belles dimensions. Sa valeur croît dans une progression considérable. Il n'en est pas de même du fer ; son prix reste, à peu près, toujours proportionnel à son poids.

Ce sont ces considérations qui ont engagé les Anglais et les Américains à construire des navires en fer ; malheureusement, des sinistres plus épouvantables les uns que les autres sont venus démontrer les graves dangers des constructions en fer. Elles nécessitent des réparations fréquentes, surtout dans les longues traversées des mers du Sud, et elles ne résistent pas à un abordage. On a vu dernièrement une simple goëlette Brêmoise de 150 tonneaux couler bas un gros steamer. Ces événements se répètent si souvent, que la nomenclature en serait trop longue.

Faire du bois l'enveloppe, le bouclier des navires en fer, tel est, sans contredit, le plus précieux avantage du système mixte de M. Arman.

Ses bâtiments n'auront rien à redouter des trépidations d'une machine à vapeur, parce que cette machine reposera sur un réseau de pièces de fer qui la suspendent et la soutiennent à l'intérieur. Ainsi, dans la *Dordogne*, vapeur commandé par le Gouvernement français, l'arc, mesuré après un an de service, n'a été que de deux centimètres sur une longueur de quatre-vingts mètres. Il n'est pas un seul navire en bois, de cette longueur, qui ne prenne, à sa mise à l'eau, un arc de vingt à vingt-cinq centimètres, et qui, après un an de navigation, n'offre un accroissement de cet arc de dix à quinze centimètres ; nous en connaissons plusieurs dont l'arc est tombé à près d'un mètre.

Un autre avantage des navires bois et fer c'est leur faible calaison. On se rappelle, en effet, que les premiers paquebots de la compagnie Cunard calaient de six à sept mètres pour une force de QUATRE CENT CINQUANTE chevaux ; avec le système Arman, on peut faire des paquebots qui ne caleront pas plus de cinq à cinq mètres cinquante centimètres pour une force de HUIT CENTS chevaux. On arriverait bien aux mêmes résultats avec les bâtiments en fer ; mais nous prévoyons qu'on sera forcé de renoncer à ce genre de construction à cause des fatals inconvénients qu'il présente, surtout dans les mers du Sud. Bien longue et bien triste est depuis quelques années la nécrologie des paquebots en fer !

Le système mixte n'est pas seulement la combinaison la plus heureuse qu'il soit possible d'imaginer, dans l'état actuel de la science nautique, pour les paquebots à vapeur de grande vitesse, il est encore d'une utilité incontestable tout à la fois pour les bâtiments de moyenne vitesse, pour les clippers et pour les navires de charge. Dans tous les cas, il donne une augmentation de tonnage d'un cinquième au moins sur les bâtiments en bois ; il facilite l'adjonction d'une machine auxiliaire, et il permet, par conséquent, de régulariser la vitesse des clippers sans en diminuer sensiblement la capacité intérieure. Le système bois et fer est une véritable bonne fortune pour la marine marchande de France et surtout pour celle de Bordeaux. Il augmente la profondeur de notre fleuve puisqu'il diminue la calaison des bâtiments ; il aide les plus gros navires à remonter jusqu'à Bordeaux ; il se prête à l'emploi des machines à vapeur les plus puissantes ; il consacre les droits de notre port à une bonne part dans les paquebots transatlantiques ; il augmente la vitesse et la sécurité des clippers en les forçant à s'élever sur la lame sans la traverser ; il donne plus de légèreté et plus de capacité aux bâtiments de charge, et il complète sur mer les services de terre pour les transports de grande, de moyenne et de petite vitesse. Il répond donc à tous les besoins de la marine marchande.

Plusieurs faits d'une haute importance sont acquis au port de Bordeaux et nous les récapitulerons ainsi qu'il suit : 1º Tous les navires du plus fort tonnage peuvent entrer dans notre fleuve et en sortir à toutes les époques, à toute heure du jour ou de la nuit sans avoir à craindre ni les échouages, ni les exigences de la marée, ni les caprices du vent, ni les encombrements, ni les obstacles d'aucune espèce ; 2º la nature de nos constructions navales est parfaitement adaptée à celle de notre rade qui, étant entretenue comme nous l'avons demandé, sera toujours assez profonde pour les navires de deux mille tonneaux ; 3º l'invention du système mixte de M. Arman a eu pour résultat de diminuer la calaison des navires, d'en augmenter sensiblement la capacité, et de permettre l'emploi si économique des machines auxiliaires ; 4° notre ville est, après Paris, celle qui compte le plus de chemins de fer, de routes et de voies navigables ; 5° vingt départements nous apportent leurs produits en vins et en alcools, et nous fournissent le plus précieux de tous les fonds de chargement ; 6° nous pouvons remplir nos bâtiments, aux deux tiers, de spiritueux, et réserver le tiers restant aux produits de l'industrie manufacturière, ce qui donne aux fabricants expéditeurs la double faveur de diminuer leurs risques en divisant leurs cargaisons et de ne pas arriver en même temps que leurs concurrents avec des produits similaires sur les mêmes marchés ; 7° un chemin de fer va être exécuté dans un bref délai sur les bords du fleuve et placera Bordeaux à l'entrée de l'Océan.

Nous pourrions étendre encore cette nomenclature, déjà si nombreuse, des avantages dont la nature et l'industrie ont doté Bordeaux. Qui croirait cependant que, malgré les immenses ressources qu'il possède en ce moment, et que l'avenir ne manquera pas de centupler, des publicistes et des hommes d'Etat aient osé contester à notre beau port le droit d'entrer en partage des paquebots transatlantiques ? Cette grande question s'est rarement agitée dans la presse ou dans les hautes régions du Pouvoir sans que le Havre, par exemple, ait élevé la voix pour revendiquer, en sa faveur, l'exploitation de toutes les lignes ; il était plus modeste en 1851, quand une loi le soumit au régime de la portion congrue, et bienheureux fut-il d'obtenir ce que, du reste, on ne pouvait lui refuser. Mais, depuis cette époque, ses prétentions ont singulièrement grandies, et pour un peu, il supprimerait Marseille, Bordeaux, Nantes, Lorient, Dieppe, Dunkerque, en un mot, tous les ports qui, de près ou de loin, portent ombrage à son ambition. Ainsi, Nantes n'a pas trouvé grâce devant lui à cause du fameux bassin à flot de Saint-Nazaire ; il n'a pas pardonné à Bordeaux son fleuve ni sa rade ; les cotons de l'Algérie et le percement de l'isthme de Suez provoqueront infailliblement les éclats de sa jalousie contre la reine de la Méditerranée. Et puis, que n'a-t-il pas écrit contre Lorient, qui eut, un instant, la velléité de devenir le port d'attache des transatlantiques ! Que n'a-t-il pas dit contre Saint-Malo, Dieppe et Dunkerque, ces vétérans de notre gloire maritime !

Vilaine chose que la jalousie ! elle est toujours un signe de faiblesse. Le Havre ne serait-il donc pas aussi fort, aussi puissant qu'on se plaît à le représenter ? Plût à Dieu qu'il pût défier la comparaison avec tous les ports du monde, et que sa suprématie fût aussi incontestable que le désirerait notre patriotisme ! Malheureusement pour notre orgueil maritime, le Havre est encore bien loin de la réalisation de ses beaux rêves, et il lui faudra de longues années avant qu'il l'emporte sur ses rivaux des côtes d'Angleterre. Nous avons cité avec tristesse, en son temps, quelques passages d'une lettre dans laquelle des armateurs du Havre se plaignaient amèrement du mauvais état de ce port. « La passe en est étroite, disaient, l'année dernière, MM. Gauthier et C⁰, l'entrée périlleuse par le mauvais temps, la superficie insuffisante. Nos bâtiments doivent aller en Angleterre se faire remettre en état après quelques mois de traversée ; or, quel retard n'en résulte-t-il pas, lorsque nos steamers doivent attendre leur tour à Southampton où à Londres, aller même jusqu'à Liverpool pour faire réparer la moindre avarie !

« On commence donc à élargir et à creuser le chenal entre les jetées. » « Mais, a dit à son tour le Conseil général de la Seine-Inférieure, avec le développement toujours croissant du mouvement maritime au Havre, on doit s'attendre à voir augmenter les difficultés ; elles s'accroîtront encore par l'emploi qui tend à se généraliser, dans la marine commerciale, de bâtiments de grandes longueurs et d'un fort tirant d'eau. Tous les hommes pratiques savent combien ces grands navires, obligés d'ailleurs d'amortir leur vitesse dès qu'ils sont engagés dans les passes, deviennent peu sensibles à leur gouvernail, et combien il est difficile alors de les tenir en bonne direction. Il suffit qu'un tel bâtiment touche, par le travers, dans le chenal pour entraver aussitôt l'entrée et la sortie des autres navires pendant toute une marée. Ce sont là de graves inconvénients. »

Conclusion de toutes ces doléances officielles : augmentation des subsides du Gouvernement pour l'établissement d'une seconde entrée au port du Havre. Eh bien ! soyons généreux, accordons un nouveau port au Havre ; accordons-lui des cales sèches et tous les moyens de réparation possibles, parviendra-t-il jamais à permettre l'entrée et la sortie des navires, à toute heure du jour et de la nuit ? Empêchera-t-il les tempêtes si fréquentes de la Manche d'emporter ses bâtiments sur les côtes d'Angleterre, ou de les faire échouer sur celles de France ? Les paquebots transatlantiques qui auront le Havre pour port d'attache en seront-ils moins dispensés de déposer à Cherbourg leurs correspondances et leurs voyageurs ? Et combien de fois ne seront-ils pas forcés aussi d'aller se réfugier en Angleterre avant de pouvoir entrer dans les passes du Havre ? Combien de fois ne faudra-t-il pas les alléger et diminuer leur calaison, pour qu'ils puissent profiter de la marée ? Combien de fois encore seront-ils dans l'impossibilité d'évoluer ?

Le plus grand argument que le Havre puisse invoquer en sa faveur, c'est sa proximité de Paris. Nous ne contestons nullement l'importance d'un pareil voisinage, et c'est pour cela que nous ne voudrions pas déshériter le Havre de la part qui lui revient légitimement dans la concession des paquebots transatlantiques. Nous avons pour maxime, on le sait, qu'il vaut mieux favoriser les intérêts que de les déplacer violemment. Mais ce grand courant d'affaires, dont notre port de la Manche est si fier, ne perdra-t-il aucun de ses affluents et ne subira-t-il pas bientôt un déplacement naturel, malgré les efforts combinés des capitalistes du Havre et de Paris ? Le Havre profite à merveille du vaste mouvement industriel dont Paris est le centre ; tant mieux. Mais pense-t-on que, sous l'influence des chemins de fer, l'industrie ne finira pas par se décentraliser, en se fixant dans les campagnes ou dans le voisinage des ports de mer ? Depuis quelques années, les voies ferrées du Nord et de l'Est ont travaillé presque exclusivement pour Paris et le Havre ; elles ont joui d'une sorte de monopole et elles l'ont exploité habilement. Fort heureusement qu'aujourd'hui, ce monopole leur échappe ; le réseau s'étend de plus en plus, la concurrence surgit, et nous ne doutons pas qu'elle détourne bientôt une grande partie du transit actuel de Paris et du Havre. Lyon, qui a fourni au port du Havre ses premiers paquebots transatlantiques, nous donnera ses soieries ; la Suisse et une partie de l'Allemagne, qui lui envoient des milliers d'émigrants et des millions de colis, finiront bien aussi par prendre la route de Bordeaux. Et si, comme nous l'avons demandé souvent, la compagnie d'Orléans nivelle ses prix de transport avec ceux du Havre ; si elle organise d'une manière permanente les trains de plaisir du commerce, en d'autres termes, si elle accorde des faveurs exceptionnelles aux marchandises destinées à l'exportation et à l'importation, les industriels de Paris eux-mêmes ne préféreront-ils pas notre port ? A égalité de prix, n'y trouveront-ils pas l'énorme avantage de n'avoir pas à craindre la concurrence pour leurs produits, qui seront chargés sur des bâtiments remplis, aux deux tiers, de vins et d'alcools ?

Quoi qu'il arrive, la décentralisation industrielle s'opérera, et elle s'opérera au détriment du Havre ; la production est plus chère à Paris qu'en province, et l'agglomération des ouvriers plus dangereuse au double point de vue de l'ordre et de la fortune publique. Restera donc, pour l'alimentation du Havre, une partie des articles dits de Paris ; c'est beaucoup sans doute, mais ce n'est pas assez pour justifier ses prétentions au monopole des paquebots transatlantiques.

Nous ne sommes pas jaloux des avantages du Havre, mais nous désirons qu'il ne calomnie pas ceux de Bordeaux ; nous n'aimons l'égoïsme nulle part. Puisque les paquebots transatlantiques ont pour mission de favoriser les intérêts, au lieu de les déplacer, nous demanderons qu'on laisse au Havre la ligne de New-York et qu'on donne à Bordeaux celle qui lui revient naturellement de par son courant d'affaires et d'émigration. Nous ne contestons les droits de personne, nous voulons seulement qu'on respecte les nôtres. Aussi bien repousserons-nous énergiquement l'ingénieuse combinaison fraîchement éclose du cerveau des avocats du Havre. Battus sur le terrain de la justice distributive, ces Messieurs ont imaginé de demander que les compagnies concessionnaires restassent libres de choisir leur port d'attache en France, à la condition, bien entendu, que ce port fût le Havre. Cette adresse à la liberté industrielle et commerciale ne nous plaît que médiocrement. Nous aussi nous aimons la liberté, mais pas au point d'en être les dupes. Nous connaissons les sympathies avouées ou secrètes des candidats aux paquebots transatlantiques, et nous savons que leurs représentants parisiens, étrangers pour la plupart aux affaires maritimes, trouveraient fort commode d'expédier de leurs fauteuils leurs ordres sur le Havre; puis, il leur serait très agréable de se donner, de temps à autre, la distraction d'une excursion de cinq ou six heures au Havre, pour inspecter les travaux et rendre ainsi une visite à leurs paquebots. Nous avons, quant à nous, fort peu de respect, en général, pour les petites convenances personnelles, surtout quand c'est le budget qui en fait les frais. Nous comprendrions qu'on revendiquât les faveurs de la liberté pour les compagnies concessionnaires qui ne toucheraient aucune subvention de l'Etat; mais il en est de la subvention comme de la noblesse : elle oblige. Or, l'obligation que nous désirons voir imposer aux concessionnaires des paquebots transatlantiques est celle de traiter Bordeaux aussi favorablement que le

Havre ; Marseille, sur le même pied que Nantes ; celle encore de donner du travail aux ouvriers de nos ports de mer, et de construire les bâtiments subventionnés dans des chantiers français.

Qui dit subvention dit monopole, et par conséquent exclusion de toute liberté. Il faut savoir supporter les charges du régime dont on invoque les faveurs. Aussi, demanderons-nous instamment que, dans le cas très probable où le décret du 17 octobre serait prorogé, les compagnies des transatlantiques ne puissent pas acheter des bâtiments à l'étranger, et ne jouissent que des avantages de la franchise sur les matières premières. C'est à nos yeux le seul moyen d'imprimer à nos constructions maritimes l'immense essor dont elles sont susceptibles. Le Havre et Bordeaux y gagneront du moins d'apprendre à faire des bâtiments de grande vitesse et de grande dimension à bon marché. Que si les gros capitalistes de Paris se refusent à subir les conditions qui leur seront imposées, on trouvera toujours des actionnaires sérieux pour cette grande entreprise du patriotisme français. On n'aura qu'à s'adresser aux grands centres industriels et commerciaux, qui ont tous intérêt à l'établissement de relations plus directes et plus promptes avec l'étranger. Lyon a déjà donné l'exemple ; suivront St-Etienne, Mulhouse, Rheims et d'autres villes importantes. On pourrait, au besoin, recourir au système des souscriptions nationales, les seules qui nous délivreront un jour de la tyrannie de tous les faiseurs, en même temps qu'elles provoqueront des prodiges de valeur dans la guerre industrielle et commerciale.

En résumé, justice distributive ! Tel doit être le cri de ralliement des ports de mer dont le Havre voudrait monopoliser les droits.

Depuis quatre ans, nous soutenons ces principes contre les journaux du Havre, de Paris et des autres villes rivales, et nous sommes convaincu qu'ils seront consacrés bientôt par le Gouvernement de l'Empereur. Bien que nous ne connaissions pas, d'une manière officielle, le projet de loi qui doit régler la répartition des paquebots transatlantiques entre les divers ports de mer, nous savons néanmoins qu'il est grandement question d'attribuer à Bordeaux la ligne du Brésil et de la Plata. La nouvelle officieuse qui s'est répandue à ce sujet dans la ville n'a pas été accueillie, selon nous, avec toute la faveur qu'elle méritait, et c'est bien à tort, ainsi que nous allons le démontrer. La loi de 1841 avait donné à notre port la ligne des Antilles, et l'opinion publique s'était passionnée naturellement pour cette idée. Aussi, quand l'Empereur, dans son audience du 1er octobre dernier, annonça à nos délégués qu'il avait résolu d'attribuer la ligne des Etats-Unis au Havre, celle des Antilles à Nantes et celle du Brésil à Bordeaux, personne ne comprit la logique de cette répartition ; et cependant Napoléon III justifiait pleinement la phrase de son célèbre discours, où il disait, quatre ans auparavant, à toute la po-

pulation bordelaise qui se pressait autour de lui :
« Nous avons tous nos grands ports de l'Ouest à rapprocher du continent Américain par la rapidité de ces communications qui nous manquent encore. »
Au Havre, port du Nord, la ligne du Nord ; à Nantes, port du Centre, la ligne du Centre ; à Bordeaux, port du Sud et de l'Ouest, la ligne du Sud ; voilà la division la plus naturelle et la plus conforme au principe posé dans cette phrase du discours de Bordeaux.

Assurément, il eût été préférable pour nous d'obtenir la ligne des Antilles, en sus de celle du Brésil et de la Plata ; mais, du moment où, pour rester fidèle à ses grandes idées de justice distributive, l'Empereur devait donner à chaque port une part de la concession générale, nous aurait-il bien convenu de nous plaindre du choix qu'il a fait, et n'avait-il pas mieux compris les véritables intérêts de Bordeaux que les Bordelais eux-mêmes ? En admettant que nous ayons des droits acquis sur la ligne des Antilles, examinons avec attention ce qu'en vaudrait l'exploitation : d'abord, qu'elle est évidemment la plus difficile à organiser, attendu qu'elle se compose de la grande ligne de France à Panama, de l'embranchement de la Martinique à Cayenne et de celui de la Havane au Mexique ; ensuite, elle est la plus coûteuse, parce que le point de jonction des services annexes étant la Martinique, son éloignement de France deviendra une cause de dépenses et de difficultés considérables pour l'exploitation. Les produits seront, en outre, peu nombreux, car la France n'ayant pas de paquebot, pas de service dans l'Océan Pacifique, il s'en suivra que la ligne principale de Panama ne pourra prendre qu'une très petite part dans le transport des passagers et des correspondances qui arriveront, d'un côté, du Chili et du Pérou, et de l'autre, de la Californie ; cette section absorbera par conséquent et presque en pure perte la plus grosse part des subventions et des bénéfices des autres sections réunies de la ligne.

Commercialement parlant, un port doit toujours préférer être le point de départ d'une ligne qui prospère que d'une ligne onéreuse à ceux qui l'exploitent ; or, le Brésil est évidemment de toutes les lignes qui seront concédées celle dont l'avenir est le plus riche, et Bordeaux a un intérêt énorme à augmenter ses affaires dans cette direction. Sans parler du Sénégal, sur lequel nous exerçons un monopole qui ne fera que se fortifier de jour en jour si nous savons y organiser nos industries, nous avons avec Montevideo et Buenos-Ayres un service doublement actif ; c'est là que se porte l'émigration des provinces Basques, qui, comme on le sait, passe à peu près exclusivement par notre port ; c'est aussi le point de départ d'une partie de nos armements des mers de l'Inde pour la direction de Calcutta ou pour celle de l'Australie. Bordeaux est, en un mot, le port de France qui fait le commerce le plus actif avec les rives de la Plata ; si nous ajoutons que la ligne des paquebots à voiles du Havre à Rio-Janeiro est composée de navires dans lesquels plusieurs armateurs de Bordeaux ont les plus forts intérêts, on comprendra toute la portée de la concession qui serait accordée à notre port. Il ne s'agirait plus que de la question du transport des articles de Paris qui s'expédient aujourd'hui pour le Brésil, par le chemin de fer de Rouen ; du jour où nous serions en possession des paquebots du Brésil et de la Plata, la compagnie d'Orléans s'empresserait de réduire ses tarifs de transit au taux de ceux de la compagnie de Rouen. Ainsi s'opèrerait, à notre profit, la décentralisation havraise et parisienne dont nous parlions plus haut. Favorisée par les compagnies de chemins de fer pour l'exportation des articles de nos manufactures intérieures, notre place le serait aussi pour l'importation des sucres, des cafés et des autres produits coloniaux, qui trouveraient chez elle un accès tout aussi facile que dans les autres ports de France.

La Plata et le Brésil ! c'est là qu'est l'avenir pour Bordeaux, et nous serions mal venus à nous plaindre de la part qui nous est attribuée. L'Empereur a compris mieux que nous tout le parti qu'il serait facile de tirer de cet immense empire qui, à peine né à la vie nationale, compte déjà dans son sein plus de huit millions d'âmes. Rien ne nous empêcherait, d'ailleurs, une fois que nous serions en possession de la ligne du Brésil, d'étendre nos ramifications transatlantiques vers le Sud, jusqu'à

Valparaiso ; c'est même en se portant de Rio-Janeiro à Valparaiso qu'une compagnie qui comprendrait bien ses intérêts pourrait organiser la concurrence la plus sérieuse contre le monopole que les Anglais exercent dans le Pacifique. La ligne des Antilles peut, en outre, être desservie secondairement jusqu'à Lisbonne, en attendant qu'un chemin de fer conduise directement de cette ville en France, et dans les autres parties de l'Europe, les voyageurs et les marchandises de plusieurs compagnies transatlantiques. Tôt ou tard, notre ligne du Brésil dominera toutes les autres, sans en excepter celle des Etats-Unis, qui sera entraînée dans notre sphère d'action le jour où la science aura reconnu que l'Amazone est navigable dans toute l'étendue de son parcours. Montrons-nous donc satisfaits de notre lot, et ne fournissons pas à Marseille le prétexte d'en revendiquer sa part. Le monopole des services du Levant, de l'Algérie, de l'Italie et du transit de l'Inde ne suffit plus à l'ambition de la reine de la Méditerranée ; depuis l'ouverture du chemin de fer de Cette, elle n'est plus qu'à quinze heures de Bordeaux, et cette distance a beau être moins grande que celle de Marseille à Gibraltar, n'importe, elle veut avoir aussi ses paquebots transatlantiques. Fort heureusement pour nous, que l'Empereur n'a pas l'habitude d'oublier ses promesses ; il se rappellera, dans tous les cas, l'arrêt si juste qu'il a rendu à Bordeaux le 9 octobre 1852, à savoir que les lignes des paquebots transatlantiques doivent appartenir « aux grands ports de l'Ouest ».

Si, grâce à la haute capacité de tous ses constructeurs et aux progrès d'une invention qui a pris naissance dans son sein, Bordeaux est en possession des meilleurs instruments de travail pour tout ce qui est relatif aux expéditions du long-cours à grande, à moyenne et à petite vitesse, son infériorité n'est que trop évidente dans la construction des bâtiments en fer et des caboteurs à vapeur. Cette infériorité si désespérante ne résulte nullement de l'incapacité de nos constructeurs, mais bien de la timidité de nos capitaux. Nous avons eu occasion d'appeler l'attention publique sur plusieurs steamers qui sont sortis des chantiers de M. Arman pour aller prendre rang dans la magnifique flottille des Messageries Impériales de la Méditerranée ; nous avons pu juger, par plus d'un spécimen de ce genre, qu'il serait facile à nos habiles constructeurs d'enlever à l'Angleterre une bonne partie de son monopole sur les constructions en fer du long-cours et du cabotage à vapeur.

L'abaissement des droits qui frappaient, à l'entrée, les matières premières de l'étranger, permettrait maintenant à nos constructeurs d'opérer à bon marché des mélanges de fontes anglaises avec nos excellentes fontes du Périgord et des Landes ; la proximité et la qualité de nos minerais de fer leur fourniraient, en outre, les moyens de rivaliser avec les meilleurs constructeurs étrangers. Il ne leur manque que le charbon et l'outillage. Si les détenteurs des charbons de Newcastle, de Cardiff et de Sunderland leur font des conditions trop dures, les houillères qui avoisinent nos chemins de fer et nos cours d'eau leur viendront bien vite en aide. Quant à l'outillage, c'est une affaire de capitaux, et il sera d'autant plus économique qu'il sera monté sur une plus grande échelle ; or, notre ville est riche, et on trouverait difficilement ailleurs des capitaux plus abondants.

Bordeaux possède donc autant d'éléments de succès pour le développement de ses constructions en fer et de ses caboteurs à vapeur que pour celui de ses constructions du long-cours en fer et bois ou en bois. Nous sommes étonné qu'une grande compagnie de maîtres de forges et de capitalistes ne se soit pas déjà formée, dans notre port, pour l'exploitation du magnifique avenir que l'ouverture du chemin de fer de Cette prépare à notre cabotage à vapeur ; en supposant qu'il ne fût pas possible de construire chez nous le caboteur de trois à quatre cents tonneaux à aussi bas prix qu'en Angleterre, nous ne devrions pas oublier que la navigation cotière est une navigation réservée ; elle n'a pas à redouter, comme la navigation du long-cours, les effets de la concurrence étrangère, et les priviléges dont elle jouit, sur les côtes de France, lui permettraient de faire des sacrifices pour la construction des bâtiments qui lui seraient affectés. Nous sommes étonné aussi que des compagnies sérieuses n'aient pas entrepris, sur une grande échelle, la construction des bâtiments en fer, avec machine auxiliaire, pour la navigation des parages dont la route est bien connue, et où les eaux ne compromettent pas la durée de ce genre de construction.

Il résulte, dans tous les cas, de nos observations sur les moyens dont nous disposons pour reconquérir notre antique supériorité maritime, que, dans quelques années, nous pourrions, si nous le voulions bien, attacher à notre port une flotte commerciale de paquebots transatlantiques, de clippers, de porteurs et de caboteurs à vapeur égale, sinon supérieure, à celle de Marseille. Mais, à côté de la question des constructions de navires se présentent immédiatement celles des réparations des navires, des chargements et des déchargements de cargaisons. Nous espérons bien que le jour où le Gouvernement stimulera l'esprit d'entreprise de nos armateurs et de nos capitalistes par la concession des lignes transatlantiques, il les forcera de s'occuper un peu plus des moyens d'offrir de nouvelles facilités à la navigation et à la marchandise. Bordeaux est pauvre, très pauvre, en ateliers de réparations, et malgré le légitime orgueil avec lequel nous contemplons notre quai vertical, il faut bien reconnaître que ce quai sera bientôt insuffisant, pour les chargements et les déchargements, quand même il serait prolongé de huit à neuf cents mètres. Nous n'avons que peu ou pas d'ateliers de réparations ; ceux que nous possédons consistent dans le bassin flottant de la Garonne et dans deux bassins fixes dont l'un est situé aux Queyries, et l'autre est en cours d'exécution à Bacalan. Sans nous prononcer sur leur valeur respective, nous dirons qu'ils laissent à désirer sous le rapport de la longueur. Un navire qui aurait plus de cinquante-deux mètres entrerait bien difficilement dans un de ces bassins ; ainsi le *Chili*, qui mesure soixante-cinq mètres de tête en tête, serait forcé d'aller à Rochefort pour se faire radouber. Bordeaux n'a pas non plus de cale sèche pour le service de la réparation de ses navires ; on sait de quelle utilité seraient, pour le commerce et pour les constructeurs, des cales sèches dont les dimensions se trouveraient en harmonie avec les dimensions toujours croissantes des navires. Marseille et le Havre n'ont eu garde d'oublier cette partie si importante de l'outillage d'un grand port de mer.

Des cales sèches et des bassins de réparations aux bassins à flot il n'y a qu'un pas. Ces bassins à flot sont connus en marine sous le nom de Docks, nom qui a tellement effrayé Bordeaux, que nous craignons de le prononcer ; et cependant les docks, ou mieux les bassins à flot, seront bientôt le salut de Bordeaux.

Pour nous faire pardonner notre insistance sur cette question, nous n'aurions qu'à dire un mot : Tous les ports de mer ont ou veulent avoir des docks, et ce fait à lui seul plaiderait plus haut que tous nos raisonnements en faveur de l'établissement des docks à Bordeaux. Gênes, Marseille, Nantes, le Havre, Ostende, Anvers et une foule d'autres ports proclament la nécessité des docks, et Bordeaux seul les repousserait ! Pourquoi ? Parce que, dit-on, son quai vertical est le meilleur des docks. A merveille ; mais a-t-on bien réfléchi, à Bordeaux, au développement immense que prend, chaque jour, la navigation à vapeur ?

Les quarante ou cinquante bâtiments à vapeur qui fréquentent notre port ne trouvent plus déjà qu'à grand peine l'emplacement nécessaire pour opérer leurs chargements et leurs déchargements ; que sera-ce dans un an, dans deux ans, quand il y aura dans notre rade cent cinquante ou deux cents grands bâtiments ou caboteurs à vapeur ? Cette simple considération suffit pour justifier le bon sens de tous ceux qui demandent avec nous, depuis quatre ans, la création de bassins-docks à Bordeaux.

A la vue des magnifiques transformations industrielles et commerciales qui s'opéraient autour de Bordeaux, nous disions, il y a quatre ans, que notre belle cité perdrait tout le bénéfice de ses chemins de fer, de ses voies navigables et de ses merveilleuses ressources territoriales, si elle ne se tenait pas prête pour l'heure solennelle de l'exploitation. Parmi les améliorations dont nous signalions l'urgence, à cette époque, figuraient en première ligne les docks-bassins et les docks-entrepôts ; les premiers furent repoussés sous le vain prétexte que la rade suffisait à tous les besoins de la navigation, et les autres furent impitoyablement sacrifiés aux rancunes de quelques intérêts égoïstes. D'un côté, excès d'orgueil local ; de l'autre, émeutes et calomnies de magasins. Voilà les causes de l'ajournement des docks. Nous dirons, à l'honneur de toute la presse bordelaise, qu'elle n'hésita pas à protester énergiquement contre l'impopularité dont étaient si injustement frappés les docks ; elle ne tardera pas à avoir raison des égarements de l'opinion publique. Déjà, la Chambre de commerce s'est prononcée hautement en faveur de l'établissement des docks ; elle a proclamé qu'ils étaient UTILES, INDISPENSABLES ET PRÉFÉRABLES A TOUTE AUTRE SOLUTION ; elle a même ajouté que si cette création était ajournée, elle se verrait FORCÉE de recourir à d'autres moyens pour satisfaire AUX NÉCESSITÉS COMMERCIALES. Cette adhésion si explicite, si énergique, donnée par la Chambre de commerce à l'opinion de la presse et du Conseil général de la Gironde, n'a pu néanmoins triompher des résistances que les docks ont rencontrées dans le sein du Conseil municipal ; mais si la majorité des représentants de nos intérêts n'a pas été favorable aux docks, la minorité s'est montrée, du moins, à la hauteur du progrès moderne.

Le premier élément de l'activité et de la prospérité d'un port, c'est le développement de ses quais abordables, c'est la facilité qu'il offre au mouvement de va-et-vient de la marchandise au navire : partout la valeur d'un port est mesurée sur l'importance de ses quais. Or, quelle est à Bordeaux la longueur des quais abordables ? Elle est de 700 mètres environ. En supposant que le prolongement du quai vertical devant les Chartrons pût procurer une longueur nouvelle de 800 mètres, nos quais n'en seront pas moins sujets à l'oscillation considérable et quotidienne du niveau des marées ; ils ne permettront donc qu'un travail intermittent, et par suite ils ne produiront que la moitié des résultats que l'on doit retirer, dans un port, des quais abordables à niveau constant. Outre les inconvénients de cette intermittence, de ces difficultés du travail de chargement et de déchargement, les quais ne donneront jamais cette précision, cette sécurité, cette promptitude, ce bon marché, résultats ordinaires d'un système de manutention et de stationnement de la marchandise « qui, dit M. Berteaut, de Marseille, a pour base la concentration intelligente, et pour moyen la simplification de la circulation entre la rive et la mer. » Supprimer la distance du navire au magasin, simplifier le mouvement des marchandises, réduire les droits de stationnement et de manutention, tels sont les principaux arguments que nous avons fait valoir, depuis quatre ans, en faveur de la double combinaison des bassins-docks et des docks-entrepôts. Quelque développement que l'on donne aux quais de notre rade, les navires n'y trouveront jamais autant de facilités que dans un port à niveau constant, que dans des docks-bassins dont l'agrandissement peut se faire à volonté. — Quelques arguments que l'on invente en faveur des grues, des tentes, des voitures et des magasins actuels, jamais ce mode de chargement, de déchargement et d'emmagasinage ne vaudra le système des docks-entrepôts placés à quai des docks-bassins. Développons brièvement cette double assertion :

Les dimensions de plus en plus grandes des navires au long-cours, l'augmentation incessante de leur nombre, la transformation progressive du grand cabotage à voiles, le développement prodigieux que va recevoir le cabotage à vapeur pour le transit entre la Méditerranée et l'Océan, la nécessité de faire remonter, à une époque plus rapprochée qu'on ne le pense, les paquebots transatlantiques jusqu'au devant de Bordeaux, toutes ces causes réunies doivent modifier profondément les conditions actuelles du stationnement, du chargement et du déchargement des navires. Voilà les principales considérations que nous avons fait valoir souvent en faveur des docks-bassins ; et, à ce propos, nous rappellerons avec bonheur (car nous aimons avant tout la justice) qu'aucun Bordelais n'a travaillé avec plus d'ardeur et d'intelligence que M. Chiché à populariser cette grande idée des docks. Nous avons encore présents à la mémoire les sacrifices qu'il s'est imposés pour faire passer ses généreuses convictions dans les esprits les plus rebelles, et nous dirons à son honneur que s'il n'a pas complétement réussi, il a du moins ébranlé bien des résistances. Le Conseil général et la Chambre de commerce ont fini par donner une éclatante sanction aux principes qu'il a soutenus, avec le concours de M. l'ingénieur Alphand. M. Arman a rajeuni dernièrement d'une manière admirable, dans le sein du Conseil municipal, tous les motifs qui commandent le prompt établissement des docks à Bordeaux. La haute expérience de notre habile constructeur lui a fourni un argument pratique tellement concluant, qu'il nous paraît impossible de ne pas se ranger à son avis. Après être entré dans les détails dont nous venons de donner l'analyse, l'honorable rapporteur s'est exprimé ainsi :

« Au Havre, les bassins anciens présentaient, après l'exécution de la loi de 1839, une longueur totale de quais abordables de 592 mètres ; la loi de 1844 a prescrit de nouveaux travaux d'agrandissement, et les bassins de l'Eure et ceux des docks complètent un périmètre de quais de 7,990 mètres, soit environ l'étendue de HUIT kilomètres.

» A Marseille, l'ancien port présentait une longueur de quais de 3,100 mètres ; l'exécution du nouveau port de la Joliette a porté leur développement à 5,400 mètres, et les bassins des docks Talabot, joints au nouveau port d'Arrenc, qui s'exétent rapidement, vont doubler encore la longueur des quais abordables de ce grand port.

» A Bordeaux, le quai vertical a 700 mètres de longueur. Aussi la Chambre de commerce, non pas par prévoyance, mais poussée par la nécessité, déclare-t-elle l'urgence d'un developpement nouveau de 15 à 1,800 mètres. Les conditions topographiques de notre rade rendent le bassin à flot d'autant plus nécessaire, que l'exécution des quais des Chartrons sera immédiate. Notre port se compose d'abord du long chenal compris entre La Bastide et Bordeaux, limité d'un côté par le pont, et de l'autre par la pointe de Queyries. — Dans cet espace, les navires stationnent d'un bord à l'autre ; il est divisé en lignes pour le mouillage des navires, distantes entre elles de la longueur autrefois nécessaire pour l'évitage des navires à chaque renversement de marée. Les deux premières lignes sont consacrées au stationnement des grands navires ; une troisième reçoit les navires d'un peu moindres dimensions, et enfin les caboteurs stationnent à des distances variables, comme leur tonnage, entre cette dernière ligne et le quai de La Bastide. En face des Chartrons, depuis l'Entrepôt jusqu'à l'avant-garde, le chenal, soit navigable, soit de stationnement, est réduit de moitié en largeur par le banc de sable de Queyries, et il ne comporte que deux lignes de navires qui ne peuvent même trouver leur évolution que par un mouillage croisé en échiquier. — La première ligne est consacrée au stationnement des grands bâtiments français et étrangers, et les premières places aux bâtiments de l'Etat. Or, dans l'état actuel des choses, les grands bâtiments mouillés sur la première ligne des Chartrons ont tout juste entre leur axe de stationnement et le pied des plans inclinés que forment les cales des Chartrons, l'espace nécessaire à leur évitage, et souvent, par les vents de la partie de l'Est, il arrive que leur évitage est momentanément ralenti, parce qu'il vient jusqu'à talonner sur l'extrémité des cales. Or, un quai vertical aux Chartrons se dressera précisément au pied des cales inclinées actuelles ; l'accostage d'un navire, souvent peut-être de deux, réduira probablement de moitié l'espace libre réservé aujourd'hui à l'évitage, et la première ligne, forcément reculée, supprimera alors entièrement la seconde.

» Il ne faut pas une grande habitude de notre port pour reconnaître l'exactitude de cette appréciation ; il en résulte que l'établissement d'un quai aux Chartrons aura pour première conséquence de réduire le nombre des navires qui peuvent stationner au large devant cette partie de Bordeaux. Or, le quai vertical, comme celui des Chartrons, devra progressivement être envahi par l'accostage de plus en plus actif des navires à vapeur ; la rapidité et la ponctualité de leurs mouvements exige la facilité d'un quai d'abordage, et aussi un large chenal qui devienne la grande route qui leur sera réservée dans le port.

» Ce sont ces nécessités qui font dire à la Chambre de commerce que «LE MOUVEMENT ACTUEL DU PORT DE BORDEAUX EXIGE DÉJA QUE LES MOYENS D'ACCOSTAGE DES NAVIRES SOIENT AUGMENTÉS.» La création d'un bassin à flot, comme agrandissement du port de Bordeaux, est donc le seul moyen qui se présente aussi bien aux yeux de la Chambre qu'aux nôtres pour donner à la fois satisfaction aux nécessités du présent et à celles de l'avenir.

Ces considérations, si éminemment pratiques de l'honorable rapporteur, nous dispensent d'insister plus longtemps sur la nécessité de construire immédiatement des bassins-docks. Voyons maintenant si la création des docks-entrepôts n'en est pas le complément obligé :

Il nous serait facile d'appliquer aux docks-entrepôts la démonstration mathématique que nous avons fait valoir en faveur des docks-bassins; mais il n'est pas nécessaire de recourir à de grands arguments technologiques pour expliquer les avantages si palpables, si évidents, de la combinaison des deux genres de docks. Tout le monde, en effet, comprendra que si, sur les bords mêmes d'un bassin à niveau constant, et à l'extrémité de nos voies ferrées, se trouvent des magasins qui, à l'aide de puissantes machines, reçoivent directement les colis des navires ou des wagons et les reversent, soit dans les cales, soit dans les wagons, aussi facilement qu'ils les en tirent, le commerce réalisera une grande économie de temps et d'argent. Cette soudure intime n'existera jamais avec notre système actuel de quais et de magasins. Qui ne voit aussi les avantages de nos docks pour les livraisons? Aujourd'hui, les spéculateurs qui sont forcés de prendre livraison des marchandises placées dans les entrepôts fictifs ou dans les magasins particuliers, subissent souvent des frais énormes de chargement, de voiturage, de déchargement et de réemmagasinage; ces frais sont quelquefois de 200 p. 100 plus élevés que pour les marchandises de l'entrepôt réel. Et quand il s'agit du conditionnement des colis, c'est bien autre chose; alors ce ne sont plus seulement les spéculateurs qui sont gênés dans leurs opérations, mais tous les habitants de la ville qui ont à souffrir des embarras entassés sur la voie publique. C'est en pleine rue que se fait le conditionnement des marchandises, et la circulation se trouve interrompue, à chaque pas, sur les trottoirs. Puis, vienne la pluie, et il sera impossible à l'acheteur de prendre livraison sans avoir à redouter des avaries pour sa marchandise.

Nous pourrions citer mille petits frais, mille petits désagréments dont il n'est guère possible de délivrer le commerce qu'à l'aide de la double combinaison des bassins-docks et des docks-entrepôts. Là, du moins, la transmission des marchandises se fait économiquement, et la garantie d'un tiers détenteur, qui est l'Etat, vient augmenter singulièrement la confiance des acheteurs, sans compter les facilités que les négociants, les industriels et les cultivateurs de tous les pays y trouveraient pour la mobilisation instantanée de leurs denrées. La circulation des warrants n'aurait-elle pas pour effet de centupler la valeur des capitaux, en renouvelant sans cesse la transformation monétaire des produits agricoles et industriels? Les adversaires des docks ont eu la malheureuse idée de subordonner la question à des considérations de personnes et de quartiers ; en la circonscrivant ainsi, ils se sont étrangement trompés sur les véritables intérêts qu'ils prétendaient servir. Au lieu de nuire au commerce, les docks en sont les premiers auxiliaires. Puisqu'il est bien constaté que les quais abordables, malgré leurs prolongements, ne peuvent satisfaire aux légitimes exigences de la navigation ; puisque Bordeaux possède seulement sept cents mètres de quais, quand Marseille et le Havre en ont HUIT MILLE, n'est-il pas naturel de penser à compléter la rade de Bordeaux par l'annexion d'un nouveau port ?.

Créer un nouveau port à Bordeaux, en créer deux, en créer trois, s'il le faut, voilà le but que nous voulons atteindre, avec les docks-bassins. La dépense doit-elle être un obstacle? Non, sans doute, puisqu'il s'agit de l'intérêt général du commerce ; et dans tous les cas, c'est un argument que ne devraient jamais invoquer des Bordelais. Si grandes, en effet, que puissent être les dépenses de la création des docks-bassins, l'Etat devra les prendre à sa charge en tout ou en partie, et il sera heureux d'accorder de pareilles subventions, attendu qu'elles accusent une augmentation de prospérité commerciale. S'il est nécessaire de construire un nouveau port à Bordeaux, c'est probablement parce que l'ancien ne suffit plus aux besoins actuels, et s'il ne suffit plus, c'est parce que le mouvement de de la navigation a augmenté.

En supposant que ce raisonnement ne fût pas complétement juste, il n'appartiendrait évidemment pas à des Bordelais d'en faire ressortir la fausseté. Nous maintenons, nous, et nous maintenons avec chiffres à l'appui, que les quais, même prolongés, doivent être complétés par l'addition des docks-bassins ; aussi bien demandons-nous que l'Etat construise nos docks-bassins à ses frais, de la même manière qu'il l'a déjà fait à Bordeaux pour le quai vertical, à Saint-Nazaire pour le bassin à flot, au Havre pour le bassin de l'Eure, à Marseille pour le port d'Arrenc. Nous soutenons que c'est là un travail d'utilité publique, et nos premiers contradicteurs seraient des Bordelais ! La logique du véritable patriotisme local est ordinairement mieux inspirée ; témoin le zèle et l'intelligence qu'ont déployée pour cette cause malheureuse des docks, MM. Alphand et Chiché.

A quelle cause attribuer de pareilles erreurs ? A des frayeurs imaginaires, habilement exploitées par les opposants. Une petite revue rétrospective nous en convaincra. La Chambre de commerce, qui a si hautement proclamé l'indispensable nécessité des docks, avait poussé la sincérité de ses sympathies jusqu'à faire appel aux lumières d'un de nos plus habiles ingénieurs pour pouvoir opposer ses chiffres et ses raisonnements aux objections des uns et aux récriminations des autres. Il arriva malheusement que, malgré tout son talent d'ingénieur, M. Flachat ne connaissait pas notre localité. Entaché d'un pareil vice originel, son projet avait, en outre, le tort de porter les dépenses au chiffre énorme de 32 millions, et encore présentait-il des inconvénients, des impossibilités très graves. « Où trouver, se disait-on avec raison, où trouver des produits en assez grande quantité pour servir l'intérêt et l'amortissement de cet énorme capital de 32 millions ? Il faudra donc payer des droits d'entrepôt très élevés, ou bien forcer tous les vins, tous les produits agricoles et industriels qui passent à Bordeaux, d'entrer dans les docks. » C'est, en effet, ce que voulait M. Flachat, et franchement ses contradicteurs n'avaient pas tort de s'insurger contre le monopole qu'il prétendait organiser au profit de pareils docks ; s'ils s'étaient bornés à repousser ses dépenses gigantesques et surtout son monopole, nous n'aurions pu que les approuver, car partout où la liberté commerciale est menacée nous n'hésitons jamais à la défendre. Mais, dans l'ivresse de leur triomphe, les adversaires du projet de M. Flachat se retournèrent plus vivement que jamais contre le principe même des docks et contre le projet plus modeste d'un ingénieur fort capable, M. Alphand. Nous protestâmes contre les insinuations peu bienveillantes dont fut victime la compagnie des docks de la Gironde ; nous soutînmes que jamais elle n'avait pu avoir l'intention de monopoliser dans ses magasins tous les produits du pays, et qu'elle bornerait toute son ambition à recevoir ceux qui lui seraient envoyés librement par les propriétaires, les négociants et les industriels. La presse de Bordeaux ne lui aurait pas accordé son patronage avec tant de franchise et de spontanéité, si elle avait pu soupçonner un seul instant, dans le projet des docks, une atteinte quelconque à la liberté commerciale. Quant à nous, les préoccupations de noms et de personnes nous ont toujours fort peu touché, toutes les fois qu'il a été question des grandes entreprises d'utilité publique. Nous persistons à demander la création des docks-bassins comme complément nécessaire de nos quais ; nous persistons à demander l'établissement des docks-entrepôts comme complément des docks-bassins, et nous disons que si les premiers doivent être exécutés par l'Etat, les autres doivent être confiés à une compagnie placée sous la suzeraineté de la ville de Bordeaux. Mais, dans un cas comme dans l'autre, nous voulons que la liberté du commerce n'ait rien à redouter des atteintes du monopole d'une compagnie quelconque. On a objecté que les docks enlèveront une bonne partie de la clientèle des magasins particuliers ; mais, répondrons-nous, est-ce que les chemins de fer n'ont pas détruit les diligences et le roulage ? Est-ce que la vapeur ne menace pas la voile ? Est-ce que les navires de trois à quatre cents tonneaux ne disparaîtront pas bientôt devant les leviathan modernes ? Il ne faut pas, du reste, s'exagérer les effets de la concurrence des docks ; les magasins particuliers pourraient même gagner à leur voisinage, parce que les quantités de marchandises qui afflueront à Bordeaux seront plus considérables, précisément à cause de l'institution des docks.

Nous vivons, au surplus, à une époque de transformation générale, et nous ne devons pas nous en plaindre, attendu que si quelques intérêts particuliers sont froissés dans ce mouvement de régénération, la masse y trouve son profit ; ainsi arrivera-t-il des docks. Tôt ou tard, ils prendront possession de Bordeaux, et ils prospèreront, et tout le monde s'en applaudira avec d'autant plus de raison qu'ils ne demanderont leurs succès qu'à la liberté, qu'à l'irrésistible attrait de leurs avantages économiques.

Le quartier des Chartrons, ou celui de Bacalan, nous paraît désigné naturellement pour recevoir, dans les vastes prairies qui bordent ses rues de derrière, le double établissement des docks-bassins et des docks-entrepôts ; ce sera pour l'un ou pour l'autre un magnifique aliment de richesse et d'activité. Les docks seraient, pour les parties les plus malsaines de ces quartiers, ce que seraient les gares de chemins de fer pour celles des quartiers Sainte-Croix, Saint-Michel et Sainte-Eulalie.

Quelques personnes ont proposé, à plusieurs reprises, d'établir les docks à La Bastide ; nous n'avons jamais cessé de combattre cette idée, parce que ce n'est pas sur la rive droite de la Garonne que se trouvent les intérêts du commerce d'importation et d'exportation. L'annexion de la commune de La Bastide à celle de Bordeaux, l'affranchissement du pont Deschamps et la construction d'un nouveau pont à l'extrémité de Paludate, justifieraient d'autant moins la translantion des docks sur la rive droite, que la gare de La Bastide sera forcément transportée elle-même sur la rive gauche ; c'est là que se trouvent toutes les forces commerciales de Bordeaux, et nous ne comprendrions pas qu'on voulût les déplacer pour satisfaire à quelques convenances personnelles. Nous avons longuement démontré les dangers que présenterait l'exploitation des docks par les compagnies des chemins de fer ; nous savons que toutes les grandes sociétés financières et industrielles ne se feraient aucun scrupule de sortir du rôle qui leur a été tracé par leur décret d'institution, pour s'adjuger les bénéfices du transport et de l'emmagasinage des marchandises, ainsi que ceux des warrants et des différentes combinaisons d'importation et d'exportation. Que les Bordelais se tiennent pour bien avertis, s'ils ne veulent pas laisser monopoliser tous leurs éléments de fortune ; qu'ils se gardent surtout d'aggraver la faute qu'ils ont commise, le jour où ils ont oublié de protester énergiquement contre l'établissement de la gare d'Orléans sur la rive droite. Si jamais les docks et les gares des chemins de fer étaient réunis à La Bastide, Bordeaux serait condamné. Ce ne sont pas là des craintes chimériques, et pour peu qu'on veuille bien réfléchir aux tendances envahissantes des grandes associations de notre époque, on se rendra facilement compte des dangers qui menacent le commerce de Bordeaux.

Le plus sûr moyen de fixer les docks sur la rive gauche de notre fleuve, c'est de les relier par une double voie ferrée à toutes les gares de Paludate. Le Conseil municipal a déjà réalisé une partie de notre programme, en votant la création d'un railway sur toute l'étendue des quais ; il ne lui reste plus qu'à provoquer l'établissement d'un chemin de fer de ceinture qui longerait les boulevards extérieurs et ouvrirait une nouvelle communication rapide entre les gares et les docks. Il ne faut pas oublier, d'ailleurs, que le chemin de fer de l'Océan ne tardera pas à être exécuté, et qu'il est destiné à souder les paquebots transatlantiques à notre port et à nos docks ; la combinaison la plus propre à précipiter l'émigration des docks de Bordeaux vers Pauillac ou vers Richard serait donc de les porter sur la rive droite de la Garonne, à La Bastide. Quand le canal latéral à la Garonne sera prolongé jusqu'à Portets, et permettra aux petits caboteurs du Midi d'arriver, sans le secours des allèges, jusqu'à Bordeaux, ne reconnaîtra-t-on pas l'utilité de mettre à exécution le projet de M. Dupré de Saint-Maur ? Ne s'empressera-t-on pas de creuser un canal de ceinture pour conduire tous ces bâtiments au milieu même des docks ? Les docks ne s'étendront-ils pas dans toute la longueur des rives de ce canal, sur lesquelles s'élèveront des milliers de magasins ? Qui peut prévoir l'énorme accroissement d'affaires qu'amènera dans notre ville le chemin de fer de Cette? Qui sait si un jour la nation la plus entreprenante du monde après les Etats-Unis, l'Angleterre, reconnaissant que Bordeaux est bien la station la plus avantageuse de la route de l'Inde, ne joindra pas ses capitaux à ceux de la France pour compléter le percement de l'isthme de Suez par le percement de l'isthme de Bordeaux ? Les Américains ont bien fait le canal de Chicago, et ils se préparent même à exécuter celui de Tehuantepec ou du Nicaragua ; les Suédois ont bien fait le canal de Gothie, nous ne voyons pas pourquoi les Anglais et les Français n'exécuteraient pas le canal maritime de la Méditerranée à l'Océan, par Bordeaux.

Les intérêts du présent et ceux de l'avenir se réunissent donc pour commander l'établissement des docks sur la rive gauche de la Garonne ; quant à la rive droite, ses destinées sont-elles moins belles parce qu'elle n'aura pas les docks du commerce? Nous ne le pensons pas. Si, conformément à nos vœux, la gare du chemin de fer d'Orléans est portée en Paludate, les immenses bâtiments qu'elle occupe seront transformés en ateliers de construction et de réparation pour les besoins des grandes compagnies fusionnées de chemins de fer ; à droite et à gauche de ces vastes ateliers s'élèveront d'autres usines, et il arrivera un jour où tout le territoire de La Bastide sera envahi par l'industrie. Bordeaux aura là, comme nous le disions il y a trois ans, son faubourg Saint-Sever, sa grande colonie d'industriels et d'ouvriers.

Pour compléter la métamorphose et donner de nouvelles facilités à ces milliers d'industries, nous voudrions qu'un canal de ceinture, partant du chenal de Captau, par exemple, fût ouvert à travers toutes les usines et sillonné de caboteurs qui, du fleuve, viendraient déposer sans frais, dans les différents ateliers, les charbons de terre et toutes les matières premières nécessaires aux diverses fabrications. Ce canal qui pourrait être relié au canal de ceinture de Bordeaux, serait le véritable dock-bassin de l'industrie, et il économiserait des frais considérables de chargement et de déchargement.

Ainsi, d'un côté, des bassins-docks et des docks-entrepôts pour les marchandises d'importation et d'exportation ; de l'autre, un canal-dock pour les matières premières de nos usines et de nos manufactures ; soudure de toutes les gares aux docks par une triple ceinture de chemins de fer, de routes et de canaux ; assainissement et entretien des canaux au moyen des ruisseaux qui se trouvent sur les deux versants de la ville ; réunion des communes de Bordeaux et de La Bastide, voilà ce que nous demandons et nous aimons à penser que cette combinaison donnerait pleine satisfaction à tous les intérêts.

La ville de Bordeaux trouverait sur la rive gauche de grands avantages dans la création des docks-entrepôts. Investie, aux termes de la loi, du pouvoir de construire et de posséder des entrepôts publics, elle céderait ses droits à une compagnie, qui l'admettrait en partage de ses revenus, et ce ne serait par des revenus illusoires. L'énorme affluence des marchandises qui seraient envoyées de tous côtés dans les docks permettrait, en effet, d'abaisser encore les frais d'entrepôt et de réaliser des bénéfices tout en faisant des conditions moins onéreuses au commerce. N'oublions pas que Bordeaux est placé entre la Méditerranée et l'Océan, sur la route même de l'Inde, et que cette magnifique position lui assure dans l'avenir non seulement un immense transit, mais encore un monopole presque exclusif d'entrepôt ; n'oublions pas que le commerce en est à peine à l'aurore de la grande révolution qu'il doit subir, avec l'agriculture et l'industrie, sous l'influence des docks et des warrants.

Nous ne rappellerons pas les combinaisons de weigth-notes, de petits bills et de mobilisation de marchandises que nous avons développées en 1853 et en 1854 ; nous redirons seulement que les docks sont une révolution et que cette révolution grandira les villes de commerce qui auront su en préparer les avantages. Il est donc facile de comprendre les bénéfices qui résulteront de la construction des docks pour Bordeaux et pour la compagnie cessionnaire de ses droits ; en revendiquant une part au profit de la caisse communale, nous restons fidèle aux idées que nous avons souvent émises sur l'intervention des municipalités dans les grandes entreprises d'utilité publique. Dernièrement encore, nous disions, à propos de la concession des rails-ways de nos quais, que, si la ville de Bordeaux ne devait pas se charger des travaux, elle pouvait, du moins, percevoir un droit, une part sur les revenus de l'exploitation; nous appliquerons le même raisonnement aux docks, et nous dirons que ces sortes de perceptions de droits valent mieux pour les habitants d'une ville que toutes les combinaisons d'octrois possibles.

En résumé, nous répéterons avec la Chambre de commerce que les docks sont utiles, nécessaires, indispensables et préférables à toute autre solution. L'insistance que nous mettons à les préconiser s'explique par l'urgence de pourvoir aux nouveaux besoins du commerce; et en agissant ainsi, nous avons la conscience de ne pas mériter le reproche d'avoir raison trop tôt.

CHAPITRE VIII.

BORDEAUX CAPITALE INDUSTRIELLE.

En démontrant l'impérieuse nécessité de faire converger toutes les forces vives du port de Bordeaux vers le développement de son commerce, nous ne devons pas nous lasser non plus de répéter que son fleuve, ses chemins de fer, ses docks et ses quais ne le sauveraient pas de la décadence, s'il persistait à dédaigner les ressources de l'industrie. Il possède bien, à la vérité, la plus riche de toutes les industries, celle des vins et des alcools ; mais si la concurrence est impuissante à lui ravir les merveilleuses qualités de son terroir et de son soleil, elle peut, du moins, lui en enlever les produits. Nous avons dit souvent que le port de Bordeaux ne savait pas profiter du précieux fond de chargement dont la nature l'avait exclusivement doté. « Le jour où ses concurrents, écrivions-nous, s'apercevront qu'il n'a ni docks, ni caboteurs à vapeur, ni industries propres à alimenter ses exportations, ils viendront chercher chez lui ses vins et ses alcools, c'est à dire ses fonds de chargement, pour les porter dans leurs entrepôts et les tenir à la disposition des bâtiments étrangers. »

Des faits trop concluants sont venus malheureusement confirmer nos prévisions. Rouen, le Havre, Nantes, Marseille, Anvers, etc., se trouvant en possession d'industries nombreuses, ont imaginé une combinaison fort simple pour retenir les navires étrangers dans leurs ports : au moyen de caboteurs à vapeur, les négociants de ces différents ports transportent nos vins et nos alcools à côté de leurs usines, qui ne peuvent fournir le fond de chargement; de telle sorte que les cargaisons se complétent ainsi sur la même place rivale, au grand détriment de la nôtre. Que serait-il arrivé, au contraire, si, comme nous l'avons maintes fois demandé, Bordeaux avait montré plus d'empressement à construire des usines dans le voisinage de son port ? Les bâtiments étrangers, certains de trouver à la fois chez nous le fond et le complément de leurs chargements, auraient délaissé les autres ports pour le nôtre ; ils n'auraient fait en cela qu'obéir à la logique d'un calcul de bon sens et d'économie. On a fait retomber sur l'oïdium et sur notre beau fleuve la responsabilité de la désertion des navires étrangers; il est évident que la disette du vin a été pour beaucoup dans la diminution relative de notre navigation du long-cours; mais la Gironde n'y est pour rien, attendu qu'elle est assez profonde pour permettre à des bâtiments de plus de DEUX MILLE tonneaux de remonter jusqu'à Bordeaux. La véritable cause, selon nous, de la diminution de notre intercourse maritime tient moins à l'oïdium at aux prétendus embarras de notre fleuve qu'à l'absence des industries qui devraient alimenter nos exportations. Nous ne connaissons pas de pays où les usines et les manufactures réussiraient mieux qu'à Bordeaux, appuyées qu'elles seraient sur le monopole naturel des plus riches vignobles du monde ; en attendant que la Providence nous rende cette source si féconde de notre fortune maritime, travaillons donc à établir sur nos rives le plus grand nombre possible d'industries de toutes sortes.

Jusqu'à présent, nous avons eu le tort bien grave de compter exclusivement sur nos produits vinicoles, sans penser qu'une bonne partie de nos récoltes pourrait nous être enlevée par la maladie, et que le reste émigrerait dans les entrepôts de nos concurrents. Non seulement nos capitalistes ont refusé de prendre la moindre initiative industrielle, mais ils ont même repoussé les capitalistes étrangers qui venaient leur offrir leur concours. Nous lisions dernièrement à la quatrième page des journaux de Marseille l'annonce suivante : « MM. Zangronitz, Ranscelot et Comp., gérants des raffineries franco-belges, ont l'honneur d'informer leurs souscripteurs que la société formée au capital de DEUX MILLIONS CINQ CENT MILLE FRANCS est constituée. » Il y a un an environ, pareille annonce était insérée dans les journaux du Havre. Voilà donc Marseille et le Havre en possession d'une industrie dont le développement sera d'autant plus colossal, que le procédé Ranscelot réalise une économie plus considérable dans la raffinerie des sucres ; cette économie ne s'élève pas à moins de 14 à 15 p. 100. Eh bien ! il y a tout un enseignement dans ces deux faits. Les mêmes capitalistes qui ont monté les deux puissantes raffineries du Havre et de Marseille avaient voulu établir leur première usine à Bordeaux. MM. Zangronitz sont Bordelais ; ils avaient eu la généreuse pensée d'accorder les prémices de leurs capitaux à la ville de Bordeaux, et ils ont été repoussés par leurs compatriotes ! Pendant qu'ils allaient porter ailleurs les bénéfices de leur magnifique industrie, qu'est-il arrivé ? Bordeaux est tombé sous le joug d'une raffinerie de Nantes qui, non contente de monopoliser le Languedoc, le Périgord, le Limousin, les Marches, la Provence, tout l'ancien marché de Bordeaux, est venu primer nos raffineries au beau milieu de Bordeaux, en pleine rue de la Rousselle.

Nous pourrions citer bien d'autres faits non moins significatifs que ceux-là ; tout le monde en comprendra les conséquences. Les conditions nouvelles faites au commerce maritime par la vapeur et l'électricité forceront sans doute nos capitalistes à provoquer, par tous les moyens en leur pouvoir, la création de nombreuses industries sur les deux rives de notre fleuve ; mais pendant qu'ils calculent et qu'ils hésitent, les autres ports de mer prennent les devants et détournent vers eux notre courant d'affaires. Craignons donc d'arriver tard et pensons à organiser au plus vite notre défense industrielle ;

nous pouvons encore conquérir une position d'autant plus inexpugnable que nous aurons toujours notre industrie vinicole pour soutenir nos usines et nos manufactures. Maîtres du fond de chargement, qu'aurons-nous à redouter de la concurrence si nous produisons en même temps toutes les marchandises propres à compléter nos cargaisons ? L'aversion traditionnelle de Bordeaux pour l'industrie tombera d'elle-même le jour où notre ville comprendra que la prospérité de son commerce est intimement liée à celle de ses industries. Nous avons dit souvent, à propos de toutes les discussions des protectionistes et des libres-échangistes, que les exigences de l'exportation devaient mettre tout le monde d'accord, en conciliant les intérêts du travail national avec ceux de la liberté ; l'établissement, dans le port de Bordeaux, d'usines et de manufactures travaillant pour l'exportation, nous paraît merveilleusement propre à assurer les avantages de ce système progressif et libéral.

Aucune ville n'a plus fait que Bordeaux pour le triomphe des saines idées du libre-échange. Mais dans les longues luttes qu'elle a eues à soutenir, elle a presque toujours laissé de côté la question industrielle, pour ne penser qu'à la question commerciale ; c'est, du moins, le reproche que nous paraissent avoir mérité les organes les plus actifs et les plus éloquents de ses intérêts.

Enfermés dans leurs bastions de l'intérieur, les protectionistes ont pu défier pendant long-temps les libres-échangistes des ports de mer, en lançant contre eux, sous forme de projectiles, les grands mots de salaires et de travail national ; maîtres de toutes les industries de la France, ils prétendaient, eux, avec une certaine apparence de raison, que les intérêts des ouvriers étaient exclusivement liés aux leurs, puisque, seuls, ils entretenaient des usines et des manufactures. Aussi, traitaient-ils avec un superbe dédain tous les ports de mer qui, privés alors de toute organisation industrielle ; se trouvaient complétement à la discrétion des potentats du fer, du coton, de la laine, de la soie, etc.; c'est à cette époque qu'un de leurs orateurs jeta du haut de la tribune parlementaire cette malheureuse sentence : « La France n'est pas et ne doit pas être une puissance maritime. »

Grâce à la vigoureuse initiative de l'association libre-échangiste de Bordeaux, le bon sens public a commencé à faire justice de toutes les prétentions de la féodalité industrielle. On sait, aujourd'hui, que l'activité productive d'une nation est paralysée bien vite quand elle est limitée par la seule consommation de l'intérieur ; on sait que le travail national trouve, dans l'exportation, la garantie la plus sûre contre les tristes éventualités du chômage ; on sait enfin que le régime de la prohibition et de la protection exagérée n'a jamais profité sérieusement à la main-d'œuvre.

Nous n'entreprendrons pas de refaire tous les articles que nous avons dirigés contre les adversaires de nos idées économiques; mais, force nous est bien de reprendre quelques-uns de nos arguments, pour mieux démontrer la nécessité de créer des industries dans les ports de mer : « Le travail national, écrivions-nous le 23 février 1855, est la résultante des forces combinées de la main-d'œuvre et des capitaux d'une circonscription gouvernementale. Si incomplète qu'elle paraisse dans ses termes, cette définition suffit pour nous expliquer les causes des effets désastreux du système prohibitif. Sacrifier la main-d'œuvre au capital, telle a été la grande faute des conservateurs, qui se glorifiaient d'être comparés à des bornes protectrices. Inutile de rappeler les catastrophes politiques qui en ont été la triste conséquence ; mais, sans vouloir récriminer contre le passé, il est sage d'en tirer un enseignement.

» N'est-il pas vrai qu'à l'époque où, seuls, ils faisaient la loi douanière, gros industriels et grands propriétaires n'étreignaient tout le pays d'une triple ceinture de prohibitions que pour vendre plus chèrement leurs produits ? Sucres, laines, forêts, mines, forges, etc., etc., tout fut mis par eux et pour eux en coupe réglée. Leurs bénéfices s'alimentaient ainsi à la double source de la tyrannie douanière et de la diminution des salaires, puisque les produits ne s'adressaient qu'à la consommation intérieure.

» Pendant que le monopole du capital régnait en haut dans toute la plénitude des droits qu'il s'était arrogés, la main d'œuvre s'agitait en bas, parce qu'elle supportait à peu près seule tout le poids de la concurrence. De là, ces terribles commotions du chômage dont nous avons eu si souvent, pendant quarante ans, l'affligeant spectacle. Puisqu'on assurait si bien le monopole du capital, que ne donnait-on aussi des garanties sérieuses à la main-d'œuvre? Il n'en fut rien. En même temps que l'encombrement des produits protégés provoquait la diminution des salaires, l'ouvrier ne trouvait aucune compensation à ses souffrances dans l'abaissement du prix des substances alimentaires. L'interdit frappait le sucre, le café et la plupart des denrées coloniales. Est-ce ainsi qu'on procure au peuple les bienfaits de la vie à bon marché? Edifier le trône du capital sur l'asservissement de la main-d'œuvre, n'est-ce pas le plus déplorable des systèmes?

» Il n'a fallu rien moins qu'une révolution et l'avènement au trône d'un héritier de Napoléon pour faire disparaître une à une les innombrables barrières que le temps, l'égoïsme et de ridicules préjugés avaient placées à toutes les issues du travailleur. Rendre à une grande nation la conscience de sa force productive, l'exciter à cette lutte héroïque de l'intelligence et du travail, devenue le besoin et la gloire du siècle, telle est l'œuvre nouvelle de l'homme qui a su imprimer un si prodigieux essor au crédit public, à cette grandeur nationale jusqu'ici inconnue, à cette vaste association des intérêts de tous, que nous avons vu surgir à l'étonnement et à l'admiration du monde. Voilà ce qu'il a fait, au début même de la guerre la plus gigantesque que se soient jamais déclarée la civilisation et la barbarie. »

La grandeur et la vitalité du travail national résident dans l'union intime du capital et de la main-d'œuvre ; c'est à favoriser l'expansion de ces deux forces combinées que tend le Gouvernement de Napoléon III. Dédaignant de s'inféoder à aucun système d'économie politique, il ne voit et il ne veut voir que l'intérêt de la masse des travailleurs et des consommateurs. Malheureusement, ses efforts en faveur de l'affranchissement immédiat de la main-d'œuvre n'ont pas été compris partout, et il a dû ajourner à 1861 sa victoire sur les prohibitions ; nous pensons, néanmoins, qu'il lui serait facile de devancer cette époque et de faire jouir dès maintenant les ports de mer du bénéfice de la liberté industrielle. Pour éviter de froisser les intérêts des industries de l'intérieur, il est, dit-on, nécessaire de ne pas décréter trop brusquement l'entrée, en franchise, des matières premières de l'étranger ? Eh bien ! soit ; mais on nous accordera bien que les industries travaillant spécialement pour l'exportation, les industries qui, par conséquent, ont le plus d'intérêt à s'établir dans les ports de mer, doivent être traitées avec la plus large libéralité possible.

Leur but est de fournir une source intarissable de travail aux ouvriers indigènes, en fabriquant les matières premières de l'étranger et en les renvoyant, sous les mille formes de la consommation, dans les pays de production. La marine et la main-d'œuvre nationales retireraient d'immenses bénéfices de la création des usines et des manufactures qui s'élèveraient dans nos ports de mer pour travailler exclusivement en vue de l'exportation. On comprend donc que le Gouvernement, sans porter atteinte à ce que les fabricants de l'intérieur appellent leurs droits, pourrait accorder toutes les facilités possibles d'entrée et de sortie aux matières premières fabriquées en France et destinées à alimenter l'exportation. Il serait facile de combiner les faveurs fiscales dont elles jouiraient avec la création de comptoirs dans les principaux ports étrangers.

Cette double combinaison de la liberté commerciale et de la liberté industrielle, habilement exploitée par nos capitalistes, serait d'une grande ressource pour nos ville maritimes ; en se prêtant un mutuel appui, le commerce extérieur et l'industrie intérieure centupleraient leurs forces, et le Gouvernement serait le premier à s'en applaudir, parce qu'il trouverait dans une pareille union une mine inépuisable de travail pour les bras inoccupés, et partant une soupape de sûreté pour le repos public. Nous voudrions qu'en attendant le retrait général des prohibitions et l'abaissement des droits protecteurs toutes les industries des ports de mer eussent comme les constructions maritimes, leur décret, du 10 octobre ; la production industrielle à bon marché est indispensable aujourd'hui à la prospérité d'un port de mer, et on ne saurait trop se hâter de faire tomber toutes les sévérités fiscales devant les exigences de l'exportation.

En réclamant des priviléges pour toutes les usines et les manufactures dont les produits seraient enlevés par l'exportation, nous n'avons pas seulement en vue l'intérêt des ports de mer, mais celui de la nation tout entière. Répétons-le, « le travail est le grand dominateur de notre époque, et il faut que chaque jour apporte un énorme contingent d'aliments à ces millions de bras qui ne demandent qu'à produire. Pour entretenir la vie de nos ouvriers, il est nécessaire que la consommation fasse équilibre à la production; augmenter les débouchés d'une manière incessante, telle est la loi fatale, inflexible, à laquelle est condamnée la société moderne. Puisque la production ne veut pas de limites, la consommation ne doit pas en connaître non plus ; il s'agit donc d'organiser sur la plus vaste échelle l'industrie et l'exportation, parce que plus rapide et plus profond serait le courant de l'exportation, plus riche deviendrait la production, et plus sûrement les ouvriers seraient délivrés des fléaux du chômage. C'est aux ports de mer à prendre l'initiative de ce double mouvement industriel et commercial; c'est chez eux surtout que le Gouvernement peut en développer les bénéfices, sans danger pour la production des usines et des manufactures de l'intérieur.

Le port de mer qui, aux produits naturels du sol, ne sait pas joindre les produits de l'industrie, est voué à la décadence. Nous avons dit et répété cent fois que Bordeaux verrait tomber sa fortune et sa gloire, s'il négligeait plus longtemps de fonder des usines et des manufactures à côté de ces illustres vignobles qui lui valent les tributs du monde entier. Chaque jour fortifie tristement notre conviction ; aussi, ne cesserons-nous de protester contre la déplorable indifférence de nos capitalistes que quand nous verrons s'élever, sur les deux rives de la Garonne, ces milliers de cheminées qui font la richesse et l'orgueil de Liverpool, de Birmingham, de Manchester, etc. Alors, mais seulement alors, nous serons satisfait ; les cheminées de l'industrie sont les plus sûrs paratonnerres du commerce et de la tranquillité publique. Il est des gens qui prétendent que les affaires n'ont pas diminué à Bordeaux et qui se félicitent de la situation actuelle; oui, sans doute, il est vrai que les affaires n'ont pas diminué quant au chiffre; mais la réalité proportionnelle, mais l'importance, oseraient-ils soutenir qu'elles ont marché, qu'elles ont progressé avec autant de rapidité que dans les ports rivaux ? Quand les côtes de Malabar et de Coromandel, quand Calcutta et les détroits de la Sonde faisaient dix ou douze millions d'affaires avec la France, les trois quarts étaient pour Bordeaux. Aujourd'hui, ces mêmes contrées expédient en France pour près de quatre-vingts millions de produits; combien en reçoit Bordeaux ? Toujours une dizaine de millions. Le chiffre est bien le même que par le passé, mais la proportion n'est-elle pas désolante ?

Ce sont les Bordelais qui ont créé les premières relations marquées de la France avec les mers du Sud et les Détroits, avec la Chine, avec la Nouvelle-Hollande, avec la Californie, etc. ; eh bien ! Marseille, le Havre et Nantes leur ont arraché, depuis quelques années, le monopole qu'ils avaient si laborieusemet constitué en faveur de notre port. Il y a vingt-cinq ans, aucun port français n'aurait osé disputer au nôtre les affaires de Bourbon, des Antilles, de la Havane, de Batavia, etc. La situation est bien changée ! Nantes reçoit cinq cent mille balles de sucre de Bourbon, et Bordeaux à peine une centaine de mille. La Havane envoie trente mille barriques de sucre au Havre et à Nantes, contre huit ou dix mille à Bordeaux. Il en est de même des autres contrées et des autres produits. Voilà ce que nous avons écrit bien souvent.

Quelle est donc la cause de cette défaveur ? L'absence d'industries propres à fabriquer les provenances étrangères, d'industries dont les produits puissent parfaire les chargements de nos navires. Marseille, Nantes et le Havre n'ont pas hésité à créer, à côté de leurs ports, de vastes raffineries, de vastes huileries, de vastes fabriques de toutes sortes ; c'est là qu'est le secret de leur prospérité. Que n'imitons-nous, enfin, leur exemple ? Nous avons bien déjà fait quelques tentatives, mais elles n'ont pas donné tous les résultats que nous en attendions, parce que ces tentatives étaient basées sur des calculs erronés. Avant de procéder à l'installation d'une industrie quelconque, il faut commencer par se rendre un compte bien exact des ressources de la concurrence contre laquelle on se prépare à lutter. Pour donner un aperçu du travail préliminaire auquel on doit se livrer, nous allons présenter quelques considérations, par exemple, sur les huileries.

Les bénéfices réalisés par les huileries de Marseille ont engagé quelques-uns de nos capitalistes à créer des établissements semblables à Bordeaux. Nous ne pouvons que les féliciter de leur initiative ; mais tout en nous applaudissant de voir s'augmenter le nombre de nos usines, nous ne devons cependant pas encourager des illusions susceptibles de compromettre notre avenir industriel. Le résultat inévitable de toute tentative infructueuse, c'est l'ajournement indéfini des meilleures entreprises ; aussi, quoique nous ayons confiance dans le succès des huileries bordelaises, croyons-nous prudent de le discuter à l'avance par des calculs comparés, pour mieux faire ressortir l'indispensable nécessité du concours de l'agriculture et du commerce dans l'œuvre de notre régénération industrielle.

La production des graines oléagineuses du pays n'est pas encore assez abondante dans nos contrées pour alimenter une fabrication régulière ; nous sommes donc forcés d'aller chercher nos matières premières à l'étranger. Bordeaux se trouve, sous ce rapport, dans les mêmes conditions que Marseille; mais avec cette différence que Marseille est depuis longtemps en possession des principaux marchés de sésame et d'arachide, et que ses prix font loi partout. Etudions d'abord ses opérations sur le sésame :

Deux contrées lui fournissent la graine de sésame : le Levant et l'Inde. Le voisinage de l'Egypte et celui de toutes les échelles du Levant lui permettent d'avoir toujours de la graine à l'état frais, et de corriger, par des mélanges habiles, la rancidité des graines de l'Inde. Le prix d'achat des 100 kilog. peut être évalué à 57 fr., en prenant la moyenne des deux provenances.

Voyons maintenant comment procèdent les fabricants marseillais : La fraîcheur de leurs graines d'Egypte et du Levant leur assure d'abord l'inappréciable avantage d'obtenir, à la première pression, de l'huile comestible, qu'ils vendent à raison de 155 fr. les 100 kilog.; puis, des deux autres pressions, ils tirent de l'huile pour l'éclairage ou la savonnerie, au prix de 118 à 122 fr. les 100 kilog. Les proportions des deux qualités sont à peu près de moitié pour moitié. Les rendements d'huile sont de 50 à 52 p. 100 pour les graines d'Egypte, de 48 à 50 p. 100 pour celles des autres provenances du Levant, de 45 à 46 p. 100 pour celles de Pondichéry ; la moyenne est donc de 48 p. 100. Les frais de fabrication sont de 3 fr. 50 c. environ.

Ces chiffres établis, calculons les produits de 100 kilog. de sésame ; ils se décomposent de la manière suivante :

1° 24 p. 100 huile comestible, à 155 fr., soit.........................F. 37 20
2° 24 p. 100 huile d'éclairage ou de savonnerie, à 120 fr., soit........................ 28 80
3° 47 p. 100 tourteaux, à 12 fr., soit........................ 5 64
5 p. 100 déchet................ » »

Les 100 kilog. donnent donc.......F. 71 64

En déduisant les 3 fr. 50 c. de frais de fabrication, on trouve un bénéfice d'environ 20 p. 100 pour les usines marseillaises, qui peuvent ainsi payer aux importateurs de graines un prix suffisamment rémunérateur.

Examinons maintenant les conditions économiques de la fabrication bordelaise. Nos huileries ne peuvent opérer que sur les sésames de l'Inde, qui leur arrivent presque toujours très rances à cause de la fermentation qu'ils ont subie dans les cales des navires pendant une longue traversée. Il est impossible de faire des huiles comestibles avec ces graines, parce que leur rancidité n'est pas corrigée, comme à Marseille, par la fraîcheur des graines de l'Egypte et du Levant ; le rendement en est, en outre, considérablement diminué, et ne peut guère être porté qu'à 40 p. 100. Ajoutons que les tourteaux trouvent difficilement à s'écouler chez nous au prix de 8 fr. les 100 kilog., malgré leurs incontestables qualités nutritives ou fertilisantes. Le prix de revient de la fabrication de la graine de sésame doit donc être établi comme suit :

1° 40 p. 100 huile pour l'éclairage ou la savonnerie, à 120 fr. (prix de Marseille), soit..............F. 48 »
2° 55 p. 100 tourteaux, soit........ 4 40
3° 5 p. 100 déchet................. » »

Les 100 kilog. produisent donc.....F. 52 40

Déduction faite des frais de fabrication, évalués à 3 fr. 50 c., et des 3 p. 100 d'escompte, en vendant à soixante jours, suivant les usages de la place de Bordeaux, il restera 47 fr. 34 c. Même en payant ce dernier prix à l'importation, le fabricant bordelais n'aura donc réalisé aucun bénéfice. Pour gagner seulement 10 p. 100 sur l'achat de la graine, il ne devrait payer que 42 fr. 61 c. les 100 kilog. de sésame, tandis que cette graine se vend actuellement 52 fr. les 100 kilog. à Marsellle, pour les provenances de l'Inde, et 63 fr. pour celles d'Egypte.

Passons maintenant à l'analyse de la fabrication de l'huile d'arachide à Bordeaux.

Les 100 kilog. de graine produisent, savoir :

1° 15 p. 100 huile n° 1, à 132 fr. 50 c. les 100 kilog., soit............F. 19 20

2° 15 p. 100 huile n° 2, à 124 fr. les 100 kilog., soit......... 18 60

3° 65 p. 100 tourteaux, à 8 fr. les 100 kilog., soit............. 5 20

5 p. 100 déchet.................. » »

Les 100 kilog. donneront donc......F. 43 »

En retranchant les 3 p. 100 d'escompte, suivant l'usage de la place, il restera 41 fr. 71 c., et comme les frais de fabrication sont de 3 fr. 50 c. en moyenne, la somme totale ne sera plus que de 38 fr. 21 c., quand à Marseille les 100 kilog. de graine d'arachide sont actuellement cotés de 40 à 41 fr. — Perte sèche, 2 fr. 29 c. pour les fabricants bordelais.

Faut-il donc désespérer du succès de la fabrication de l'huile à Bordeaux? Non, sans doute. Nous en avons préconisé souvent les avantages, et malgré la brutalité des chiffres que nous venons de citer, notre conviction n'en est pas ébranlée. Ces chiffres ne font, d'ailleurs, que justifier ce que nous écrivions, à la date du 4 novembre 1855 : « Le monopole de Marseille est principalement entretenu par le haut prix qu'atteignent les tourteaux de ses huileries. Pendant que les cultivateurs du Nord et de la Provence considèrent les tourteaux comme une de leurs ressources les plus précieuses pour la nourriture de leurs bestiaux et de leurs terres, nos contrées du Sud-Ouest n'en soupçonnent même pas la valeur. »

Employés seuls ou mélangés avec la farine de riz, les tourteaux entretiennent le bétail dans les meilleures conditions de santé et de production. Répandus sur les céréales, ils en augmentent considérablement le rendement. Il n'est pas jusqu'à la vigne qui ne s'en trouve très bien quand on a soin de les appliquer au collet et non sur les racines. Ils exercent, en outre, une action destructive très puissante sur les insectes qui dévorent les récoltes. Dans les terrains sablonneux, les engrais gras de tourteaux donnent des résultats beaucoup plus satisfaisants que le guano, qui, à l'inconvénient d'être très cher, joint encore celui de ne pas convenir à toutes les natures de sables. Les Colonies connaissent tout ce que valent les tourteaux ; aussi, en font-elles venir des chargements très importants d'Angleterre, de Belgique et de Hollande. Les Marseillais en expédient, de leur côté, des cargaisons tout entières aux Antilles françaises. Les armateurs de Bordeaux auraient donc facilement aussi dans cet article un nouvel élément de fret pour leurs navires, en même temps que nos agriculteurs y trouveraient une précieuse ressource pour leurs exploitations. L'engraissement des bestiaux, l'amélioration du sol et le développement de nos relations commerciales, tels seraient les résultats infaillibles de la consommation des tourteaux, et par conséquent du développement de nos huileries.

Quand nous connaîtrons mieux la valeur de ce produit, nous ne le laisserons plus dans les magasins des fabricants, et nous trouverons un bénéfice à le payer aussi cher qu'à Marseille ; le prix de 7 fr. et de 8 fr. auquel nous consentons à peine à le prendre, n'est pas suffisamment rémunérateur et constitue en perte les huileries bordelaises, pendant que leurs concurrentes de Marseille réalisent des bénéfices. Ces dernières trouvent même à vendre, au prix de 3 fr. les 100 kilog., la poussière provenant du blutage de leurs graines ; les cultivateurs des environs s'en servent avec avantage pour la mélanger avec leurs engrais.

La vente des tourteaux importe tellement au succès de nos huileries, que nous demanderons pour eux la suppression du droit de sortie qui est de 100 p. 100 plus élevé que celui dont sont frappées les graines à l'entrée ; les tourteaux de graines de coton sont complétement affranchis et ceux de sésame et d'arachide paient 2 fr. 40 c., décime compris, par 100 kilog. ! C'est là une anomalie qui ne s'explique bien qu'à Marseille, où l'huile de graine de coton se prête admirablement aux coupages.

La mévente des tourteaux n'est pas la seule cause d'infériorité des huileries bordelaises. L'impuissance de nos fabricants à faire de l'huile de sésame comestible les a privés jusqu'à présent du plus beau bénéfice réalisé par les Marseillais ; il faut donc aviser promptement aux moyens d'introduire sur notre place des sésames à l'état frais, susceptibles d'être mélangés avec les sésames de l'Inde. Eh bien ! le Sénégal et la côte d'Afrique sont aussi propres à la production du sésame qu'à celle de l'arachide, et les nombreux comptoirs que nous possédons dans ces parages nous permettent de provoquer, dès maintenant, l'extension de cette culture dans les immenses terrains occupés par les naturels. L'ouverture du chemin de fer de Cette nous fournit, dans tous les cas, une excellente occasion d'aller chercher, aussi, des sésames en Egypte et dans les autres échelles du Levant, pourvu que nous songions enfin à établir des comptoirs sur tous les points de la Méditerranée, et à prendre notre part de ce riche marché exclusivement exploité par les Anglais et les Marseillais.

Le chemin de fer de Cette est destiné à augmenter notre fortune dans des proportions inouïes, ainsi que nous l'avons dit bien souvent, et il peut être aussi utile à nos industries naissantes qu'à notre commerce ; le moment est venu d'en organiser l'exploitation au profit de Bordeaux. La culture du sésame au Sénégal et sur la côte d'Afrique nous assurera évidemment une supériorité notable sur Marseille pour la fabrication des huiles de cette graine ; mais, en attendant que nos correspondants réussissent à développer cette culture, il serait bon, répéterons-nous, de faire concurrence à Marseille sur les marchés du Levant, si nous voulons lutter immédiatement avec ses huileries.

Notre outillage est certainement bien loin encore d'être aussi complet que celui de Marseille, mais nous possédons des éléments de succès assez puissants pour racheter bien vite notre infériorité momentanée. Notre commerce peut venir aussi utilement que notre agriculture au secours de notre industrie; c'est ce que nous allons expliquer.

Après avoir démontré l'efficacité du concours que prêterait notre agriculture à nos huileries par une plus grande consommation de tourteaux, prouvons que le commerce ne gagnerait pas moins que l'agriculture au développement d'une industrie qui a déjà valu tant de bénéfices à Marseille :

Quand une ville comme Bordeaux a la légitime prétention de rester la capitale de quinze à vingt départements, et de devenir l'entrepôt général du commerce de la Méditerranée et de l'Océan, elle doit avoir des comptoirs partout ; or, elle n'en a pas encore, que nous sachions, dans les échelles du Levant, c'est à dire sur un des plus riches marchés du monde. C'est là une lacune qu'elle doit combler le plus tôt possible, ainsi que nous l'avons dit, si elle veut exploiter à son profit les chemins de fer, les banques, les mines et les cultures dont les Anglais recherchent si ardemment la concession dans ces contrées. Au lieu d'attendre le moment de saisir, à leur passage sur son isthme, les bénéfices des opérations industrielles ou agricoles de l'Angleterre en Turquie, elle ferait mieux d'aller les recueillir sur les lieux mêmes. Mais si elle manque de comptoirs en Orient, elle en possède un assez grand nombre au Sénégal, sur la côte d'Afrique et dans l'Inde. Ces comptoirs doivent-ils se borner à des opérations commerciales et négliger les aliments de l'industrie de la mère-patrie ? Tel n'est pas notre avis. L'industrie est le plus puissant auxiliaire du commerce : elle favorise l'activité des échanges en alimentant les chargements de retour et ceux d'aller. Nous ne connaissons pas de fortune plus solidement assise que celle du port de mer qui fabrique les matières premières d'une contrée, à laquelle il les renvoie sous les mille formes de l'industrie, et qui, en outre, a toujours des produits naturels pour servir d'escorte à ses produits fabriqués. En sa qualité de premier marché du monde pour les vins et les alcools, Bordeaux est ordinairement assuré de trouver un fret d'aller en faveur de ceux de ses bâtiments qui fréquentent les pays producteurs de graines oléagineuses ; ses chargements de liquides se marient d'ailleurs admirablement avec les articles de Paris et de nos autres centres industriels. Il est très rare, par exemple, que ses navires en destination du Sénégal soient forcés de partir sur lest. Il n'en est pas de même de ceux de Marseille, qui non seulement s'en vont très souvent sur lest, mais qui encore se trouvent beaucoup moins favorisés que les nôtres au retour. Et cela se comprend, ils ne peuvent avoir à l'aller ni vins, ni alcools, ni articles de Paris, ni bimbeloteries à aussi bon marché que nous, et s'ils ont réussi à nous enlever une partie de nos guinées, au retour, ils n'ont cependant pu monopoliser nos importations de gomme. Il s'ensuit donc que, favorisés, à l'aller, par la nature de leurs chargements, nos navires ne le sont pas moins, à leur retour.

Nous avions dernièrement à Bordeaux près de TROIS MILLIONS CINQ CENT MILLE kilogrammes de gomme du Sénégal; or, on sait que c'est là un fond de chargement qui s'allie parfaitement avec la légèreté des arachides. De même dans l'Inde, pays du sésame, nos bâtiments prennent, à l'aller, des vins, des alcools et des articles industriels; à leur retour ils rapportent de l'indigo; et c'est précisément une matière qui s'allie presque aussi bien avec le sésame que l'arachide avec la gomme. Les Marseillais n'ont guère plus d'indigo que de gomme, et Bordeaux reçoit encore près de dix mille caisses d'indigo par an. Nous avons un nombre considérable de navires dans l'Inde; aussi les courriers de cette contrée nous apprennent-ils fréquemment que plusieurs de nos bâtiments bordelais sont affrétés par des négociants de Marseille pour des importations de sésame.

Ces considérations valent bien des chiffres pour démontrer les priviléges des huileries de Bordeaux sur les retours du Sénégal et de l'Inde; mais indépendamment des facilités que trouvent nos navires à l'aller et au retour, les calculs de distance, de commission, d'assurance, sont encore en leur faveur. Ainsi, en admettant que l'abondance de la marchandise et la multiplicité des navires réduisent le prix d'achat des graines à 45 fr., par exemple, nous arriverons à des chiffres qui sont complétement à l'avantage de Bordeaux. Supposons qu'un bâtiment chargé de graines oléagineuses exotiques, au lieu de venir dans notre port, se dirige vers celui de Marseille, il devra infailliblement payer un excédant de frais qui peut se traduire de la manière suivante :

1º Assurances maritimes, $1/2$ p. 100 sur la marchandise estimée en moyenne 45 fr. les 100 kilog., soit..................................F. » 22 $1/2$

2º Commission de vente et de consignation du navire à raison de 3 p. 100 sur 45 fr. les 100 kilog.............. 1 35

3º Fret pour Marseille, 10 fr. plus cher par tonneau que pour Bordeaux, soit par 100 kilog..................... 1 »

4º Courtage $1/8$ p. 100 sur 45 fr., soit................................. » 15

Total des dépenses sur 45 fr......... 2 72 $1/2$

Voilà donc une dépense en plus de 6 p. 100 environ au détriment de Marseille. L'avantage est encore plus considérable pour les armateurs de Bordeaux quand les importations de graines oléagineuses se font par leurs propres navires, puisqu'ils auraient à payer une augmentation de prime sur l'assurance maritime du corps du navire allant à Marseille au lieu de venir à Bordeaux.

Il résulte de tout ceci que les armateurs ont un intérêt notable à opérer le retour de leurs navires à leur port d'armement, c'est à dire à Bordeaux. Cet intérêt se chiffre par environ 6 p. 100 ; de telle sorte, qu'ils pourront toujours vendre leurs graines oléagineuses au moins 6 p. 100 au-dessous des cours de Marseille.

Empêcher que Marseille continue à conserver le monopole exclusif des graines oléagineuses, dédoubler, en quelque sorte, le marché régulateur, voilà ce que doivent tenter nos capitalistes. Pour mieux assurer le succès de cette grande entreprise du patriotisme local, nous voudrions que tous les fabricants d'huiles fussent en même temps armateurs des navires importateurs, et eussent des comptoirs dans tous les pays producteurs de graines oléagineuses exotiques. Assurément, tous ces armateurs fabricants ne feraient pas une brillante affaire si, pour vendre les graines moins cher à leurs huileries, ils perdaient comme importateurs ce qu'ils gagneraient comme fabricants ; mais, en supposant même qu'ils parvinssent à provoquer la baisse des graines oléagineuses, ils auraient toujours l'inappréciable avantage d'entretenir constamment leur intercourse maritime et de réaliser un bénéfice marqué, par le seul effet de l'augmentation du nombre de leurs allées et de leurs retours, assurés qu'ils seraient d'ailleurs d'avoir toujours du fret pour leurs voyages. Envisagée à ce dernier point de vue, l'industrie des huileries, comme toutes les fabrications possibles de matières importées de l'étranger, est appelée à rendre des services inappréciables au commerce maritime ainsi qu'à toute la masse des travailleurs et des consommateurs nationaux. Les affaires alimentent les affaires, l'industrie vit par le commerce, et réciproprement ; ce sont là de vieilles maximes, mais elles n'ont jamais trouvé une plus belle actualité d'application.

On traduirait bien mal notre pensée si l'on nous supposait le moindre sentiment d'hostilité contre Marseille ; nous sommes fier de la prospérité de notre belle reine de la Méditerranée ; mais n'est-il pas naturel que le spectacle de ses grandeurs provoque chez nous l'ambition de les faire partager à Bordeaux, cette autre reine, un peu déchue, de l'Océan ? Nous prétendons seulement que le succès des huileries marseillaises tient beaucoup moins à la position de Marseille qu'à la généreuse émulation de ses habitants. C'est là un enseignement dont nous désirons vivement faire profiter nos concitoyens. Nous ne connaissons pas de négociants qui possèdent l'intelligence commerciale à un plus haut degré que ceux de Bordeaux ; malheureusement, ils ne se sont pas encore rendu bien compte de l'immense influence que peut exercer le développement des industries locales sur celui de leurs relations commerciales. De même nos industriels n'ont guère mieux deviné le secret de leur véritable intérêt ; ceux-là « ont la mauvaise habitude, écrivions-nous le 29 octobre 1855, de voir avec défiance l'établissement de fabriques nouvelles ; ils craignent la concurrence. » Mais, comme nous l'avons dit souvent, ce n'est pas la concurrence entre voisins et parents qu'il faut redouter, c'est la concurrence des autres centres industriels de la France et surtout de l'étranger. Bien heureuses sont les villes où il existe un grand nombre d'huileries, un grand nombre de raffineries et d'autres fabriques ; elles sont connues bien vite pour leurs spécialités respectives, les marchandises et les commandes affluent, la fortune s'ouvre pour tous. C'est ce qui est arrivé pour les huileries de Marseille.

Isolées et mesquines, les industries locales périssent faute d'aliments ; elles n'offrent pas assez de débouchés aux importateurs de matières premières, et elles sont délaissées par tout le monde.

C'est ce qui est arrivé pour les petites huileries de Bordeaux. Nous avons vu plusieurs fois déjà des cargaisons entières de sésame et d'arachide forcées de relever de Bordeaux pour le port de Marseille.

Loin d'être jaloux les uns des autres, capitalistes, industriels et commerçants, nous ferions bien mieux de nous associer dans un même élan patriotique, de nous protéger mutuellement, de nous enrichir tous ensemble. Il est grand temps que nous mettions en commun toutes les forces vives de la cité, si nous voulons prévenir les terribles effets de la concurrence ; il est grand temps surtout que nous montions de nombreuses et importantes fabriques, si nous voulons que les navires étrangers continuent à nous visiter, et que notre commerce ne tombe pas faute d'aliments industriels. Ce ne sont pas là des craintes chimériques ; plusieurs faits malheureux ont déjà confirmé nos tristes prévisions, et nos vins eux-mêmes, nos vins, redeviendraient demain plus riches et plus abondants qu'ils ne suffiraient plus à soutenir notre indolence. C'est par l'industrie, et par l'industrie seule, c'est par des combats de tous les jours, que nous vaincrons la concurrence ; c'est par cette vie toute militante que nous restaurerons la fortune et la gloire de notre belle cité. Le port de Marseille a profité de notre inaction pour s'assurer le monopole des huileries et des savonneries ; il fait la loi sur le marché, loi bien dure, si nous en jugeons par les chiffres irrécusables que nous avons rélatés et discutés ; mais il n'est pas tellement maître de la position que nous ne puissions le forcer de compter un jour avec nous. Supposons que nos armateurs établissent des comptoirs dans tous les pays producteurs de graines oléagineuses, et propagent aussi, par tous les moyens possibles, la culture des sésames dans le Sénégal ; supposons qu'importateurs presque privilégiés de gommes et d'indigos, ils chargent en même temps sur leurs navires des sésames et des arachides, qu'ils fabriqueront eux-mêmes dans de vastes usines dont ils seront les commanditaires et les propriétaires ; supposons qu'ils produisent de l'huile de sésame propre à l'alimentation des hommes ; supposons enfin que nos agriculteurs, comprenant mieux leurs intérêts, emploient les tourteaux de nos graines oléagineuses pour la nourriture de leurs terres et de leurs bestiaux, alors nous verrons prospérer nos huileries bordelaises, et la France, au lieu de posséder un seul marché d'huiles et de graines oléagineuses exotiques, en aura deux. Tout le monde y gagnera.

Notre agriculture et notre commerce d'exportation ont plus d'importance qu'à Marseille. N'est-il pas naturel que notre industrie profite de cette double ressource ? Sans doute, les frais d'installation sont considérables ; sans doute, il faut déployer plus d'activité dans la direction d'une usine que dans celle d'un comptoir de vins ; mais si le bénéfice et l'avenir du comptoir sont intimement liés à ceux de l'usine, est-il permis d'hésiter ? Marseille nous a donné l'exemple, suivons-le. Il faut dépenser 4,500 fr. pour une presse hydraulique ? 200,000 fr. pour l'installation d'une usine ? Dépensons-les hardiment ; nos navires paieront l'intérêt. Il faut proscrire l'escompte de 3 p. 100 dans les ventes d'huiles ? proscrivons-le. Il faut adopter toutes les améliorations, tous les usages consacrés à Marseille pour la fabrication des huiles ? Adoptons-les. En un mot, ne négligeons aucun élément de succès. Les Marseillais commencent à fabriquer de l'huile de graine de coton; c'est une excellente huile, qui serait très précieuse à Bordeaux surtout, pour corriger l'extrême impressionnabilité de l'huile d'arachide, qui se fige à huit degrés au-dessus de zéro. Pourquoi ne fabriquerions-nous pas de l'huile de graine de coton ? L'amande de coco, dépouillée de son enveloppe ligneuse, donne une huile de bonne qualité pour les savonneries ; importons cette amande, dont les riches propriétés nous ont été révélées à l'Exposition universelle de Paris. Elle se transporte facilement en vrac, elle se conserve longtemps, et les Anglais en chargent des centaines de navires; c'est un aliment de plus pour les savonneries, qui sont le complément indispensable des huileries. Mettons-nous à l'œuvre dès maintenant. Répétons-le, notre agriculture et notre commerce ont le plus grand intérêt au développement de notre fabrication de graines oléagineuses ; armateurs et négociants, faisons-nous hardiment fabricants d'huiles de graines d'arachide, de sésame, de coton, de coco, de toutes les graines oléagineuses exotiques. Le commerce et l'agriculture s'enrichissent toujours de tous les bénéfices des industries libres, telles que celles dont nous préconisons l'installation dans nos ports de mer.

Les industries des ports maritimes doivent être alimentées principalement par les importations de matières premières tirées des pays d'outre-mer. En concentrant le triple bénéfice de succursales établies à l'étranger, d'armements multipliés et de vastes usines, les maisons de Bordeaux reprendront infailliblement leur antique splendeur. Ainsi que nous le disions précédemment, les huileries leur offrent déjà des éléments de succès d'autant plus assurés, qu'elles se prêtent mieux à cette combinaison de forces maritimes, industrielles et commerciales. La multiplicité de toutes les substances oléagineuses que nous énumérions plus haut, telles que l'amande concassée et desséchée du coco, les graines d'arachide, de sésame, de coton, etc., leur garantit d'abord une mine inépuisable de matières premières; puis, à une succession continue de frets d'aller et de retour, se joindra le travail continu aussi des hommes et des machines employés à la fabrication; il n'y aura donc pas d'interruption de bénéfices. Les avantages de l'association du navire, du comptoir et de l'usine ne sont pas circonscrits aux huileries seules; ils ressortent avec une égale puissance dans les fabrications d'une foule de matières premières importées de l'étranger; les sucres, les riz, les peaux, les minerais de cuivre, etc., etc., pourraient fournir à Bordeaux des sources non moins fécondes de fret et de travail. Nous ne nous occuperons plus ici des raffineries bordelaises, nous en avons assez souvent démontré la triste infériorité pour n'avoir pas besoin d'y revenir. Disons un mot de l'avenir que les importations de riz réservent à nos industries :

Par suite de la diminution persistante de nos récoltes de céréales, le riz est entré, depuis quelques années, plus avant dans les habitudes de la consommation européenne, et, quoique sa valeur nutritive soit bien loin d'égaler celle du froment, il commence à être employé dans les ménages de nos travailleurs de la campagne. Sa farine s'allie assez bien, en outre, à celle de nos céréales, pour servir à la fabrication du pain, et c'est peut-être à cette qualité si appréciée des boulangers qu'il faut attribuer en partie l'augmentation croissante des importations de riz. Avant d'être livré à la consommation, le riz doit subir quelques préparations, celles du décorticage et du blanchissage, qui donnent lieu à une industrie assez productive. Bordeaux possède déjà quatre usines, dont deux très importantes, pour décortiquer et blanchir les riz. Nous n'avons pas une très grande confiance dans le développement de cette industrie, attendu qu'il est complétement subordonné au plus ou au moins d'abondance des récoltes de froment. Mais si le blanchissage du riz n'est pas susceptible d'alimenter un nombre illimité d'usines, il n'en est pas de même de la transformation de ce grain en alcool. On sait que le riz contient des proportions très notables de matières saccharifiables, et qu'à la distillation, il ne produit pas moins de 32 à 42 p. 100 d'alcool d'excellente qualité; le son lui-même, qui n'est autre chose que le résidu du blanchissage, c'est à dire de l'usure du grain sous les meules, donne aussi, à l'analyse, des quantités d'alcool qui varient de 18 à 25 p. 100. Les grains les plus jaunes sont ceux qui contiennent le plus de principes alcoolisables, probablement parce qu'ils sont plus mûrs; il en est du riz comme des raisins de nos vignes. Les grains blancs ne sont pas aussi riches en alcool, mais ils sont préférés pour l'alimentation des ménages. Les Mooghy, les Coringhy, les Carical, les Balam sont jaunes et ne sont cueillis qu'autant qu'ils ont atteint une parfaite maturité; les Java, les Pégu, etc., sont généralement blancs, parce qu'ils sont coupés avant d'être complétement mûrs. Les premiers rendent plus d'alcool, mais les seconds sont plus recherchés pour la consommation de table. On a remarqué que les riz non décortiqués donnent un rendement en alcool au moins égal à celui des riz décortiqués. Il résulte donc de ces divers renseignements que les différentes provenances de riz peuvent trouver chez nous un emploi avantageux, suivant qu'elles sont propres à la distillation ou à la consommation de table.

La distillation du riz a pris une très grande extension en Angleterre, et c'est grâce au mélange des excellents alcools de ce grain que les trois-six anglais ont acquis, dans ces derniers temps, une si grande supériorité sur la plupart de nos places de commerce. Pendant que la distillation du riz était interdite en France, nos industrieux voisins mettaient à profit nos fautes économiques, et ils venaient avec leurs trois-six de grains et de riz faire une concurrence redoutable à nos trois-six de vins et de betteraves. Le décret du 11 février dernier est venu lever, quant aux riz, l'interdiction prononcée par le décret du 26 octobre 1854, relativement à la distillation des céréales et de toutes autres substances farineuses servant à l'alimentation.

Ce nouveau décret, qui est exécutoire sans délai, concerne les riz de toute origine, et M. le Directeur général des douanes et des contributions indirectes a déjà pris les mesures nécessaires dans le but d'accorder toutes les facilités possibles à ceux qui vont tenter cette nouvelle industrie. Nous espérons bien que les capitalistes de Bordeaux s'empresseront de profiter des bénéfices de ce décret réparateur, et que de nombreuses usines de distillation s'adjoindront bientôt à celles que nous possédons déjà pour le décorticage et le blanchissage des riz.

Dans le but d'accorder un encouragement à l'alcoolisation du riz, le Gouvernement a autorisé le mélange de l'orge au riz dans la proportion de 20 à 25 p. 100. Il en résulte donc que l'importance des riz destinés à la fabrication de l'alcool favorise non seulement le commerce et l'industrie, mais encore l'agriculture nationale par une grande consommation d'orge et aussi par une production abondante de résidus propres à l'alimentation des bestiaux.

Bordeaux est connu du monde entier comme le plus grand marché de vins et de spiritueux. Lors même que les vignobles du Languedoc et des autres contrées productives d'alcools de vins viendraient à retrouver leur ancienne fécondité, la distillation des riz n'en continuerait pas moins à être très avantageuse, en ce qu'elle permettrait d'utiliser, d'améliorer et de vendre comme vins des produits qui, jusqu'à présent, ont dû être convertis en alcools. La disette dont nous souffrons depuis tantôt six ans nous a appris à connaître la valeur de ces vins que nous avons toujours négligés. Les propriétaires du Languedoc s'occupent d'ailleurs très sérieusement de la transformation de leurs vignobles, et il est probable que l'ouverture des chemins de fer de Cette, de Graissessac à Béziers et des autres localités permettra bientôt de centraliser à Bordeaux le commerce des vins améliorés du Sud-Ouest et du Midi. Nous pourrons donc augmenter la masse de nos exportations de vins, et renvoyer en même temps à l'Inde, sous forme d'alcools, les cargaisons de riz que nous serons allés lui demander. La fabrication des trois-six de riz nous offre une magnifique occasion de nous venger des trois-six de betteraves et de céréales du Nord; une fois qu'elle sera implantée chez nous, elle n'aura plus à craindre de tomber, parce qu'elle se prête merveilleusement à toutes les combinaisons de notre marché. D'un côté, la consommation de l'alcool ira toujours en augmentant, à cause des besoins indéfinis de l'alimentation et de l'industrie; de l'autre, Bordeaux défiera constamment la concurrence, parce que la qualité exceptionnelle de ses vins lui assure un vaste marché dont pourront profiter la plupart des vins qui, depuis des siècles, ont dû être convertis en alcools faute d'améliorations intelligentes. Il sera toujours facile, en outre, à Bordeaux de relever ses alcools de riz ou d'autres substances par des mélanges d'alcools provenant des vins qui ne pourront pas être livrés à la consommation.

Ces quelques considérations suffiront pour justifier l'importance que nous attachons à la production des alcools de riz. Encore une fois, l'existence des usines consacrées à cette industrie ne dépendra pas, comme celle du décorticage et du blanchissage, des variations de nos récoltes en céréales; quoi qu'il arrive, les alcools de riz seront toujours assurés de débouchés avantageux. Aussi ne saurions-nous recommander trop vivement une fabrication qui nous offre tant d'aliments de fret à l'aller et au retour, une source si abondante d'importations et d'exportations.

En s'obstinant à repousser l'alliance si féconde du commerce et de l'industrie, la ville de Bordeaux s'est privée de tous les progrès, de tous les bénéfices auxquels elle pouvait le plus légitimement prétendre; son inertie industrielle lui a fait perdre non seulement la grande situation commerciale qu'il lui était facile de conquérir dans l'avenir, mais encore celle dont elle était en possession dans le passé. Parmi les mille faits que nous pourrions invoquer à l'appui de notre assertion, nous citerons seulement la triste émigration de nos chargements de cuivre :

De tous les ports de mer français, Bordeaux est incontestablement celui qui a obtenu la plus brillante position dans les mers du Sud, à cause des magnifiques éléments de fret que trouvaient ses bâtiments à l'aller et au retour. Les minerais de cuivre entraient notamment pour une grande part dans les retours, et la plupart des chargements étaient exclusivement à destination de Bordeaux. Il n'en est plus de même aujourd'hui, et, à part celles de quelques rares navires, toutes les cargaisons sont dirigées maintenant sur l'Angleterre ou sur le Havre. D'où vient cette désertion ? Tout simplement du manque d'usines appropriées à la fabrication des minerais de cuivre. Bordeaux ne possède dans tout le rayon de son fleuve qu'un laminoir de cuivre à Léognan, une affinerie et un laminoir à Toulouse. Tous les grands ateliers d'affinage et de laminage se trouvent maintenant dans le Nord, à Givet, à Imphy, au Havre, à Saint-Denis, à Dangu, etc. Il n'est donc pas étonnant que les minerais de Valparaiso soient expédiés au Havre par les plus puissantes maisons de Bordeaux elles-mêmes.

Il résulte de ce fait que Bordeaux perd un précieux élément de fret et paie les cuivres travaillés dans les usines du Nord beaucoup plus cher, attendu qu'ils lui reviennent grevés de frais de transport énormes. Nous n'avons jamais compris que les capitalistes de Bordeaux aient pu hésiter un seul instant à construire sur les bords mêmes de la Garonne, de vastes ateliers d'affinage et des laminoirs pour le travail des minerais de cuivre ; nous défions qu'on puisse trouver ailleurs une position plus avantageuse. Les matières premières sont pour la plupart à la consignation des plus importantes maisons de la ville ; il y a des contrats, des relations établies qui garantissent la continuité des arrivages ; les bâtiments, à leur arrivée des mers du Sud, peuvent verser leurs cargaisons directement dans l'usine. L'économie de fabrication serait telle, qu'il serait impossible aux établissements de Givet, d'Imphy, du Havre, de Saint-Denis ou de Dangu, de pouvoir lutter contre les nôtres ; et si nous nous étonnons d'une chose, c'est qu'en présence de l'inertie locale, les compagnies de Givet, par exemple, ne soient pas encore venues s'installer chez nous. C'est un oubli qu'elles répareront tôt où tard, parce que les avantages de leur position actuelle, relativement au bas prix du charbon de terre et de la main-d'œuvre, seraient largement compensés par l'économie de l'installation d'une usine sur notre beau fleuve et par l'étendue du rayon de consommation dont Bordeaux est le centre.

Il y a trois ans que nous appelons l'attention des capitalistes sur cette affaire, l'une des plus belles que présente en ce moment Bordeaux ; à force de répéter la même chose, nous parviendrons peut-être à nous faire entendre. Un établissement d'affinage et de laminage pour le cuivre serait, à notre avis, plus assuré du succès qu'un haut-fourneau pour la fonte de fer. Transporter dans une ville où la main-d'œuvre et les matières premières sont beaucoup plus chères que dans les forêts du Périgord et du Limousin, des hauts-fourneaux au charbon de bois, au coke ou à l'anthracite, c'est une faute industrielle et économique. Mieux vaudraient à Bordeaux des fonderies pour la seconde fusion des fontes du pays mélangées avec celles de l'Angleterre, des forges de toute espèce, des constructions de machines à vapeur, etc.

Une industrie qui est encore susceptible de fournir des éléments de fret considérables à nos bâtiments, c'est celle des conserves alimentaires. Nos conserves de fruits, par exemple, jouissent d'une grande faveur dans les mers du Sud, et notre agriculture trouverait autant d'avantages que notre commerce dans l'amélioration de notre production arboricole. Nous avions bien souvent demandé que la science vînt éclairer les travaux de nos horticulteurs et multiplier les ressources de nos fabricants de conserves, quand, à notre grande satisfaction, une chaire de taille d'arbres a été enfin instituée à Bordeaux. Nous fondons de grandes espérances sur un bon enseignement de la taille des arbres, parce qu'il aura pour effet d'augmenter, et surtout de régulariser, la production fruitière. La taille, on le sait, concentre la sève au profit de la charpente de l'arbre et de ses branches à fruit ; toutes les forces de la végétation sont utilisées et dirigées avec une précision mathématique. Les intempéries des saisons sont moins à redouter pour les arbres taillés que pour ceux qui sont abandonnés à eux-mêmes, tant à cause d'une plus grande quantité de sève concentrée à l'intérieur, que de la disposition des branches à fruit qui sont, depuis l'insertion des branches mères jusqu'à leur extrémité, maintenues dans l'intérieur de l'arbre, et, par conséquent, moins exposées aux gelées et aux autres accidents météorologiques. Dans les péchers non taillés, les arbres s'emportent, les branches à fruit de l'intérieur disparaissent et il n'y en a plus qu'à l'extrémité des branches mères, c'est à dire à l'endroit où rien ne les protége; c'est le cas de tous nos pêchers en plein vent, et on s'explique alors que la production des fruits dépende entièrement de toutes les intempéries des saisons. La démonstration pratique de ces faits physiologiques a été développée avec beaucoup d'intelligence par M. Georges, et nous ne saurions trop engager les propriétaires, les horticulteurs, patrons et ouvriers, à suivre les excellents cours de taille de cet habile professeur. La production horticole peut devenir chez nous une des plus riches industries de la France.

La science est assez sûre d'elle-même aujourd'hui pour prédire le rendement d'un arbre bien conduit; ainsi, un pêcher taillé donnera :

A deux ans............ 10 pêches.
A trois ans......... 30 —
A quatre ans........ 100 —
A cinq ans.......... 150 —
A six ans............ 300 à 350.

Depuis six ans jusqu'à vingt ans, il continuera à produire régulièrement la même quantité ; les fruits seront plus gros, plus savoureux et plus abondants. Ce que nous disons du pêcher s'applique également à la plupart des autres arbres fruitiers, de telle sorte que nos fabricants de conserves seront assurés d'avoir toujours à leur disposition une grande quantité de matière première, de payer leurs fruits moins cher et d'en expédier aussi de plus forts chargements à l'étranger.

Nous citons au hasard les industries qui nous paraissent susceptibles d'exercer une heureuse influence sur le développement de nos affaires maritimes. En 1854, à l'époque de l'exposition de Bordeaux, nous avons consacré une longue série d'articles à l'étude des industries qui avaient le plus de chance de réussir dans notre ville ; si nos appréciations n'ont pas toujours été du goût des exposants, nous avons du moins la satisfaction de voir que le mouvement industriel se développe de plus en plus dans notre ville, et nous espérons bien que dans quelques années Bordeaux deviendra le centre d'une foule d'industries qui, jusqu'à présent, ont été reléguées dans l'intérieur de la France.

Le grand tort de nos industriels est de morceler leurs fabrications et de s'éloigner des bords du fleuve. Que ne gagneraient pas nos raffineries, nos huileries, nos distilleries, nos verreries, nos tanneries, nos scieries, etc., à concentrer leurs forces et à se rapprocher de la Garonne ! Montées sur une plus grande échelle, elles économiseraient des milliers de faux frais ; placées sur les rives du fleuve, elles recevraient directement les matières premières et elles expédieraient directement aussi leurs produits fabriqués, sans avoir à payer une multitude de petits transports, de chargements et de déchargements.

Unir l'usine au navire, c'est là qu'est l'économie, c'est là qu'est le secret de la grandeur industrielle et commerciale de Bordeaux.

CHAPITRE IX.

BORDEAUX CAPITALE COMMERCIALE.

L'activité qu'imprimeraient à nos transactions commerciales les importations libres des matières premières de l'étranger, et l'établissement libre aussi de fabriques industrielles travaillant pour l'exportation, est paralysée par une foule de causes qu'il serait beaucoup trop long de discuter ici. Indépendamment de celles que nous avons déjà énumérées, nous en citerons encore quelques-unes, qui exercent la plus fâcheuse influence sur notre commerce ; ce sont : la cherté de notre navigation, le maintien des prohibitions, les jeux de la bourse, les abus du courtage et l'absence d'institutions financières appropriées à nos besoins. Nous allons passer successivement en revue chacune de ces causes :

Pourquoi nos industriels et nos armateurs se plaignent-ils avec tant de raison de la cherté de la navigation française ? Pourquoi la marine étrangère fait-elle, jusque dans nos ports, une si rude concurrence à la nôtre, malgré les droits dont elle est frappée ? Faut-il s'en prendre au prix élevé de nos navires et de notre main-d'œuvre maritime ?. Nullement. On aura beau décréter la libre entrée des matières premières, oser la francisation des navires étrangers, augmenter le nombre de nos bâtiments et de notre personnel maritime, nous ne naviguerons pas encore à aussi bon marché que l'étranger. Imaginons que nos rades et nos ports regorgent de navires sortis de nos chantiers; pourquoi ne s'élancent-ils pas dans toutes les directions, pour aller porter nos produits aux extrémités du monde ? Quel obstacle les retient enchaînés sur le rivage ? « Un boulet, a dit un jour M. Gréterin, directeur général des douanes, un boulet que la France traîne au pied depuis quarante ans, et qui, sous le nom de sucre indigène, paralyse l'essor de nos exportations. »

Si les Américains ont leurs cotons, et les Anglais leurs houilles, nous avons, nous, nos vins et nos milliers d'articles de goût à échanger contre les produits étrangers. Même au point de vue industriel et manufacturier, nous pouvons lutter avec les Anglais pour plus d'une fabrication : nos mousselines de laine, nos mérinos, nos toiles peintes d'Alsace, défient la concurrence, parce que le cachet des dessins et du goût français défie la contrefaçon. Nous filons mieux la laine que les Anglais. MM. Paturle et Lupin, et le baron de Fourmont expédient chaque année des quantités considérables de fils de laine en Angleterre. Il n'est pas de nation qui possède une aussi prodigieuse variété de produits naturels ou manufacturés, et qui, par conséquent, soit mieux placée que la France pour s'alimenter de la consommation de l'univers ; mais, par contre, aucune nation n'est forcé de vendre ses marchandises aussi cher que la nôtre. Elle a les plus magnifiques éléments de fret d'aller, et elle s'est privée elle-même d'un fret de retour par les droits dont elle a frappé les sucres étrangers ; les produits qu'elle expédie au loin sont donc grevés des frais d'un double voyage. Est-il étonnant après cela que nos manufactures répugnent aux expéditions maritimes ? Est-il étonnant que nos armateurs se plaignent de la cherté de la navigation ? Nos navires iront bien transporter nos marchandises au fond de l'Inde et de la Chine ; nos articles seront bien enlevés à des prix exorbitants par les naturels de ces contrées; mais que rapporterons-nous en échange ? Nos bâtiments sont forcés souvent de revenir sur lest ou avec des chargements insignifiants.

Nous nous plaignons, et ce n'est pas sans raison, du prix élevé des transports par chemins de fer. Que serait-ce si la compagnie d'Orléans, par exemple, nous apportait de Paris des hommes et des marchandises, sans en remporter de Bordeaux ? Evidemment, elle devrait doubler ses tarifs. Il en est de même des transports par voies maritimes. Si, au lieu de rapporter du sable de Cuba, de Maurice, de Porto-Rico, du Brésil, etc., nous avions pu charger, dans ces pays, du sucre ou du café, nos frais de transport ne seraient-ils pas ainsi dédoublés au profit de notre production intérieure et de notre classe ouvrière ? Il fallait un exutoire au trop plein de nos usines et de nos manufactures ; les ports de mer seuls pouvaient guérir notre pléthore industrielle ; eh bien ! on n'a pas encore osé toucher aux tarifs inexorables qui repoussent les sucres étrangers. Il fallait du sucre, il fallait du café à bon marché pour l'alimentation de nos ouvriers; ce sont des matières de première nécessité qui auraient suppléé avec grand avantage à la pénurie de nos approvisionnements alimentaires. « Assaisonnez votre pain avec de l'ail, buvez de l'eau en guise de café », telle est la sentence qui leur est signifiée, depuis quarante ans, par quatre ou cinq départements du Nord ! Un jour quelques grands propriétaires anglais s'avisèrent aussi de vouloir naturaliser sur leurs terres la fabrication du sucre de betterave. Le Parlement y mit promptement bon ordre, et aujourd'hui, l'Angleterre est l'entrepôt des sucres du monde entier. C'est que dans ce pays si aristocratique on a compris que la puissance de la fabrication nationale résidait tout entière dans la démocratisation des moyens d'échange.

Quels que soient les calculs des économistes et des hommes d'Etat, il faudra toujours qu'ils fléchissent devant ce principe fatal : « C'est l'importation qui commande l'exportation. » Si nos ports restent fermés aux sucres étrangers, préparons-nous à fermer nos usines et nos manufactures, ou à supporter périodiquement le choc effroyable de ces chômages qui nous ont déjà coûté tant de sang et d'argent. La question des sucres est le cœur des intérêts commerciaux, et, disons-le, des intérêts politiques, parce qu'aucune autre ne peut influer au même degré sur le travail national et sur la puissance navale de la France. « Celui qui la résoudra, écrivait, il y a quelques années, un des hommes dont Bordeaux s'honore le plus, M. Wustenberg, rendra au pays un immense service au quadruple point de vue du développement de notre marine commerciale et militaire, de l'extension de nos exportations en produits agricoles ou manufacturés, de l'accroissement des revenus du Trésor et du bien-être de nos pauvres colonies. L'importation commande l'exportation ! Voilà le point de départ de la saine économie politique. Il faut donc embrasser d'un coup-d'œil les mille variétés de produits qui peuvent provoquer entre la France et les différents peuples d'outre-mer une succession non interrompue d'échanges fructueux.

C'est toujours une faute que d'encourager dans un pays une production exotique qui n'est pas de première nécessité ; il n'y a que les exigences de la guerre ou de la politique nationale qui puissent excuser les faveurs dont on entoure la naturalisation de ces sortes d'industries exotiques. La fabrication du sucre est de ce nombre. Alors que le blocus continental élevait à 12 fr. le prix du kilogramme de sucre, la betterave rendit d'immenses services ; mais le premier acte du héros qui la protégea de son sceptre aurait été certainement de la faire disparaître du sol de la France, après la conclusion de la paix. Il aurait splendidement indemnisé les propriétaires des sacrifices qu'il avait été forcé de demander à leur patriotisme; puis il aurait ouvert, par la fabrication des sucres étrangers, l'immensité des mers à l'activité du commerce de la grande nation. Il avait assez de génie pour planer sur l'avenir, et il connaissait les dangers que l'industrie betteravière ferait courir un jour au travail national. Laissons produire aux autres peuples ce que la nature leur accorde presque sans efforts ; abandonnons le sucre et le café aux colonies, abandonnons le coton aux Etats-Unis d'Amérique. Nous nous ménagerons ainsi de précieux moyens d'échange pour nos industries agricoles et manufacturières. Il nous souvient qu'un jour, un grand propriétaire des environs de Montpellier accourut tout fier au ministère de l'agriculture, pour montrer de magnifiques échantillons de coton qu'il avait récoltés sur ses terres. Déjà il pensait obtenir un beau décret de protection pour son industrie naissante, quand, à la vue de ces cotons, l'excellent M. Cunin-Gridaine, alors ministre de l'agriculture, bondit sur son siége et ne se calma qu'après avoir convaincu le propriétaire en question que, favoriser ses essais de culture cotonnière, ce serait porter le dernier coup à nos ports de mer et à nos industries de l'intérieur.

M. Cunin-Gridaine avait bien raison. Le midi de la France peut produire du coton, mais à quel prix ? Au prix du sacrifice de nos vignobles et de nos exportations industrielles. L'Algérie aussi est susceptible de produire des quantités énormes de bon coton. Faut-il se hâter d'y remplacer les cultures des céréales par celles du cotonnier ? Nous ne le pensons pas. Le Gouvernement de l'Empereur a sagement fait d'encourager la culture du coton par ses récompenses ; mais les essais tentés n'ont sans doute d'autre but que de prouver qu'à un moment donné, en temps de guerre, par exemple, la France trouverait, au besoin, à s'alimenter de coton dans sa belle colonie africaine. Il est bon de se ménager des ressources, mais ce serait, à notre avis, dépasser les bornes que de négliger la culture des céréales en Algérie pour celle du coton et des produits tropicaux. N'oublions pas que notre Afrique était autrefois le grenier d'abondance des Romains, et que la France n'aura jamais trop de blé.

Le sucre, le coton et le café, voilà donc les principaux articles d'encombrement que nous devons nous réserver dans les contrées d'outre-mer pour assurer à nos navires un fret de retour. Nous lisions, il y a deux ans, dans le *Moniteur,* un très beau rapport de M. Heurtier, sur l'immense débouché que la Chine offre à nos exportations. Assurément, nous partageons l'enthousiasme de cet explorateur intelligent sur les avantages que notre commerce trouverait dans l'exploitation des trois cents millions de consommateurs chinois ; mais ce n'est pas assez que de porter des marchandises au loin, il faut pouvoir en rapporter. Or, que nous est-il permis d'importer de Chine en France ? Pas même de la porcelaine et des crêpes. Seront-ce quelques caisses de thé qui feront le fond de notre chargement de retour ? Le thé chinois est une boisson anglaise ; la France préfère le sucre, le café, et puis elle a ses vins. C'est donc du sucre et du café qu'il faut pouvoir rapporter des vastes contrées de l'Indo-Chine, ou bien nos navires, au lieu d'y faire plusieurs voyages, en feront à peine un seul, tant ils ont de chances de ne rien gagner. Une maison du Havre, invitée en 1848 par le Gouvernement provisoire à multiplier ses armements pour la Chine dans le but d'épargner à la France la terreur du chômage industriel, se contenta de montrer ses livres au délégué du ministre et de faire constater : 1° qu'un de ses navires envoyés par elle en Chine, deux ans auparavant, avec un chargement complet de nos produits manufacturés qui avaient été fort goûtés par les Chinois, était revenu chargé seulement de quelques caisses de curiosités et d'une quantité assez notable de thé ; 2° que la presque totalité de cette cargaison de thé était restée invendue ; 3° que ne sachant quel produit rapporter, elle avait été obligée de suspendre ses opérations sur ce point du globe, si avantageusement exploité par les Anglais et les Américains. N'est-il pas évident que si le navire expédié par cette maison avait chargé du sucre, à son retour, aux îles Philippines, il serait reparti trois mois après son arrivée au Havre ? D'autres l'auraient suivi dans ces mers, qui nous sont pour ainsi dire fermées par notre faute. Nos industries et notre commerce auraient-ils tremblé devant les révolutionnaires de 1848 ? Nos meilleurs matelots auraient-ils émigré pour aller gagner leur vie au service de l'Angleterre et des Etats-Unis, si la loi sur les sucres n'avait pas privé nos armateurs des bénéfices d'un chargement de retour ? Que parlons-nous d'armateurs ? En avons-nous encore aujourd'hui ? A part quelques grandes maisons d'armements éparses dans les ports de Bordeaux, de Marseille, du Havre et de Nantes, nous n'avons plus guère que des quarts ou des cinquièmes de propriétaires de navires, obligés de spéculer timidement sur la location de leur immeuble maritime. On aurait tort de faire retomber sur eux la faute de l'infériorité de nos exportations ; il ne faut en accuser que les parasites de la betterave.

La francisation des sucres rapporterait plus à la France maritime et manufacturière que la francisation des navires étrangers.

L'affaiblissement de nos armements maritimes et de nos colonies, l'engorgement de notre production intérieure et les effroyables périodes du chômage, telles ont été et telles sont encore les conséquences fatales de notre législation douanière sur les sucres. Puisque, de l'aveu même de tous les hommes d'Etat qui se sont succédé au pouvoir, la betterave était un obstacle à la prospérité générale, il fallait oser la faire disparaître du sol de la France. C'est toujours chose fâcheuse, assurément, que l'interdiction d'une industrie quelconque ; mais l'intérêt de l'Etat l'emporte, à nos yeux, sur la rigueur des théories. Faut-il attendre que la ruine d'une nation soit consommée avant de prendre une de ces résolutions énergiques qui sauvent les peuples en dépit des principes ?

L'arme légale de l'expropriation forcée, pour cause d'utilité publique, doit servir à autre chose, selon nous, qu'à faciliter l'alignement d'une rue ou l'établissement d'un trottoir. Le Gouvernement de Juillet eut la bonne pensée de l'employer contre le sucre indigène, et, sous le ministère de M. Cunin-Gridaine, le rachat des fabriques de sucre de betterave fut fixé au prix de 40 millions. La loi allait être votée par la Chambre des députés, quand un malentendu, à jamais regrettable, fit avorter cette grande mesure réparatrice pour nos ports de mer. Après la révolution de Février, la suppression était devenue plus que jamais une nécessité de la raison d'Etat; toutes les expéditions maritimes étaient suspendues, nos colonies agonisaient dans les horreurs de l'affranchissement des nègres, les magasins nationaux étaient combles, et nos matelots, obligés de se mettre au service de la marine étrangère, émigraient par milliers. Le Havre en perdit plus de deux mille dans un mois ! Que fallait-il faire pour galvaniser d'un seul coup l'industrie et le commerce ? Ouvrir l'immensité des mers à l'activité des travailleurs, en décrétant la suppression du sucre de betterave, et en dégrevant, dans une très large proportion, les sucres coloniaux et étrangers. Jamais occasion ne fut plus belle pour délivrer la France du boulet qu'elle traînait au pied depuis trente-cinq ans. Les principaux intéressés, les plus grands fabricants de sucre indigène, n'avaient jamais été si bien disposés à accepter toutes les combinaisons équitables mises en avant par quelques esprits supérieurs. Le Gouvernement de la République n'osa même pas affronter la responsabilité de la mesure que la monarchie de Juillet n'avait pas craint de soutenir !

C'est ainsi que s'est perpétuée, jusqu'à nos jours, la féodalité betteravière, féodalité capable d'arrêter le magnifique essor imprimé au commerce et à l'industrie par le bras de Napoléon III. Maintenant qu'elle a grandi par la protection et par les progrès de la science au point de menacer gravement notre avenir, serait-il politique de la maintenir dans ses hautes positions ? La dernière évolution qu'elle vient d'accomplir ne permet plus qu'on garde des ménagements avec elle. Qu'on en juge :

Un terrible fléau frappe nos vignobles ; nos propriétaires du Midi ne peuvent trouver une compensation aux désastres de l'*oïdium* que dans l'élévation du prix de leurs alcools. Les fabricants de sucre n'imaginent rien de mieux alors que de leur porter le dernier coup en transformant toutes leurs usines en distilleries. On pouvait, jusqu'à un certain point, excuser la protection accordée au sucre de betterave par les améliorations agricoles qui en résulteraient et par la diminution du prix des sucres qui devait suivre. Ces magnifiques promesses de nos betteraviers, que sont-elles devenues ? La culture de la betterave, qu'on représentait comme devant étendre ses bienfaits sur tous les points de la France, a été circonscrite à quatre ou cinq départements ; les espérances d'améliorations qu'elle avait fait naître se sont évanouies.

Quant à l'abaissement du prix du sucre, on sait ce qu'il en est advenu. Pendant que nos navires auraient pu prendre des chargements énormes de sucres à Cuba, à Porto-Rico ou ailleurs, au prix de 5 centimes le demi-kilogramme, la législation douanière nous le faisait payer 80 centimes en moyenne ! Les propriétaires de sucreries indigènes se préoccupent-ils beaucoup, en ce moment même, du soin de fabriquer une grande quantité de sucre et d'en favoriser la consommation par un abaissement notable dans leurs prix ? Tant que l'oïdium continuera ses ravages, ils fabriqueront de l'alcool et non du sucre.

Que conclure de là, sinon que les fabricants de sucre abandonnent eux-mêmes, quand bon leur semble, la fabrication qui a si gravement compromis notre puissance industrielle et commerciale ? Seraient-ils bien venus à se plaindre maintenant, si l'État les forçait d'achever l'œuvre qu'ils ont si bien commencée ? Puisqu'ils paient, aujourd'hui, la dette de la longue protection accordée à leurs sucres, en tournant tous leurs capitaux et leurs efforts vers la production de l'alcool, c'est bien le moins que nous ne nous abusions plus sur leur reconnaissance. Ils ne consultent que leurs intérêts du moment, pensons aussi aux nôtres. Qu'ils fabriquent donc de l'alcool tout à leur aise, nous y consentons volontiers, nous, habitants d'un pays vignoble; mais à la condition que la liberté accordée aux distilleries sera aussi la liberté pour les importations de sucres coloniaux et étrangers. Malgré les terribles ravages d'un fléau qui nous ruine depuis trois ans, nous acceptons la lutte de la vigne avec la betterave ; nos alcools nous vengeront bien un jour, à eux seuls, de trente-cinq ans de souffrances.

Finisse donc le règne de la protection accordée avec tant de longanimité au sucre indigène, et commence enfin l'ère de la liberté commerciale ! Nous bénirions, en vérité, les distilleries betteravières; nous bénirions l'*oïdium* lui-même, si nous devions aboutir promptement à un aussi magnifique résultat. Les sucreries indigènes se fermeraient toutes d'elles-mêmes, sans secousses, sans interruption de travail, sans frais pour le Trésor, puisqu'elles trouveraient avantage à se transformer en distilleries; le peuple pourrait alors se procurer du bon sucre à moins de 40 c. le demi-kilogramme. Cette révolution économique, loin d'affaiblir les ressources du Trésor, les augmenterait infailliblement, parce que la consommation serait centuplée en quelques années ; de 150 millions de kilogrammes, elle s'élèverait instantanément à plus de cinq cents millions par an.

La disparition des sucreries indigènes ne nuirait en rien, quoi qu'on en ait dit, à la prospérité de l'agriculture nationale. Ce qu'il faut à nos cultivateurs, ce sont moins des lois protectrices que des consommateurs riches qui puissent payer les produits de nos terres. L'agriculture ne gagne que quand les travailleurs de l'industrie et du commerce voient augmenter leurs bénéfices. Que représente le sucre indigène ? L'intérêt privé de 208 manufacturiers qui se livrent à cette fabrication, et une plus-value plus ou moins contestée des terres qui produisent la betterave. Que représente le sucre exotique ? La conservation et l'accroissement de notre marine marchande, auxiliaire indispensable de notre marine militaire ; l'objet d'échange le plus important que les pays d'outre-mer puissent nous offrir en retour de nos mille variétés de produits agricoles ou manufacturés ; la défense de notre territoire, le développement de nos relations internationales, la grandeur et la prospérité de notre commerce extérieur qui féconde nos industries et qui, seul, devrait suffire à alimenter le Trésor.

« L'importation, répéterons-nous encore, commande l'exportation. » Or, que répondre aux réclamations unanimes de nos armateurs, qui demandent, pour le retour de leurs navires, l'aliment étranger qui leur manque ? Il en est des navires comme des capitaux : plus ils circulent, plus ils rapportent d'intérêt. Cette loi économique est bien connue des Anglais et surtout des Américains ; c'est la navigation continue qui permet à ces derniers de faire une concurrence si redoutable à la marine des autres pays, et tout en opérant des transports à meilleur marché que leurs concurrents, ils s'enrichissent, parce qu'ils ne s'arrêtent jamais. « *Go ahead !* » tel devrait être aussi notre cri national. Tant que nous n'aurons pas affranchi les sucres étrangers, notre navigation sera condamnée à être plus chère que celle des autres nations, et nous tournerons toujours dans le même cercle d'infériorité industrielle et commerciale. Il n'est pas une bourgade en France, pas une usine, pas un atelier, pas un métier, qui n'ait un intérêt immédiat à la création d'une marine plus puissante que par le passé. Plus seront diminués les frais de transport par les voies maritimes, plus grande sera l'activité de la production nationale ; plus nombreux seront les échanges, plus riches tous les travailleurs.

Des graves enseignements du passé, notre génie commercial et politique doit faire surgir la fortune de l'avenir. Ouvrons donc la mer à toutes ces intelligences qui bouillonnent ; favorisons largement, sans restrictions, sans demi-mesures, les grandes entreprises maritimes ; là seulement est le salut, là est la grandeur de la France.

Le Gouvernement de l'Empereur a beaucoup fait, sans doute, en faveur du dégrèvement des sucres, des substances alimentaires et d'une foule de matières premières nécessaires à l'industrie ; mais, malgré ses efforts, il n'a pu encore triompher de la mauvaise volonté des industriels qui vivent des priviléges de la protection, et il s'est vu forcé, l'année dernière, d'ajourner l'exécution du projet de loi relatif au retrait des prohibitions.

« Certains représentants des principales industries intéressées dans la réforme proposée ont élevé des réclamations, lisons-nous dans le rapport de M. Rouher à l'Empereur, et ont combattu les appréciations, faites par votre Gouvernement, de l'enquête permanente ouverte et centralisée par l'administration sur toutes ces questions de douanes. Ils ont demandé qu'il fût procédé à une enquête nouvelle et spéciale sur leurs industries et sur le degré de protection dont elles ont besoin pour se défendre contre la concurrence étrangère. » Dans le but de donner une dernière satisfaction à ces intérêts trop alarmés, M. le Ministre a chargé le conseil supérieur de procéder à une nouvelle enquête.

Nous avons vu s'agiter, en cette occasion, plus ardentes et plus acharnées que jamais, ces associations des grands industriels du Nord qui ont pesé pendant si longtemps sur la fortune du pays, en provoquant par leurs excès prohibitionistes ces crises et ces chômages, causes premières de tant de révolutions. Fasse le ciel que la triste satisfaction qu'elles ont obtenue ne soit pas fatale à l'Empire ! Elles ne perdront pas de temps et elles sauront trop bien mettre à profit le délai qui leur a été accordé. Déjà elles sont à l'œuvre, déjà elles rangent en bataille leurs chiffres et leurs doléances protectionistes, déjà elles circonviennent toutes les avenues de la vérité. Pendant qu'elles s'évertuent ainsi à concentrer leurs forces et à immobiliser le progrès industriel et commercial à leur profit, que faisons-nous dans nos ports de mer et dans tous les centres agricoles et industriels les plus intéressés au triomphe des principes libéraux posés par le Gouvernement de l'Empereur ? Que sont devenues ces grandes associations libérales de Bordeaux, de Marseille et du Havre ? Songent-elles à se réorganiser ? Préparent-elles aussi leurs moyens de défense et s'apprêtent-elles à combattre le monopole avec autant de vigueur que leurs rivales en mettent à repousser la liberté ? Il faut qu'elles soient bien indifférentes ou bien sûres de leur victoire pour garder le silence dans des conjonctures aussi graves. Si nous avions une foi moins robuste dans l'indépendance et l'énergie du Gouvernement de l'Empereur, nous pourrions craindre que les intérêts du Midi fussent de nouveau sacrifiés à ceux du Nord ; mais nous sommes intimement convaincu que la nouvelle enquête justifiera pleinement toutes les appréciations déjà recueillies par l'administration, et que les conclusions de la nouvelle commission seront en tout conformes à celles de sa devancière.

Il y a, du reste, trois faits contre lesquels viendront se briser tous les efforts des ultrà-protectionistes : le premier, c'est la sympathie marquée de l'opinion publique pour le retrait des prohibitions ; il n'y a qu'une voix pour proscrire cette vieille barbarie douanière, et quoi qu'on fasse, on ne réussira plus ni à la justifier, ni à la restaurer ; le second fait, c'est l'interprétation donnée par la voix publique à la célèbre formule du « travail national. » Tout le monde comprend aujourd'hui que le premier intérêt du travail national c'est l'affranchissement des INSTRUMENTS de travail ; le troisième fait, c'est la nécessité de plus en plus impérieuse de chercher dans l'exportation une soupape de sûreté pour la tranquillité publique, une nouvelle source de travail et par conséquent de fortune pour nos usines et nos manufactures. Ainsi, il est bien reconnu par tous ceux que n'aveugle pas la passion d'un système, qu'il faut substituer à la prohibition, des droits compatibles avec le bon marché des instruments de travail et les besoins de l'exportation ; tout l'avenir de notre industrie et de notre commerce est dans la réalisation de cette réforme économique. D'un côté, il faut que nos instruments de travail ne soient pas plus chers que ceux de nos voisins, si nous voulons produire à meilleur marché et vaincre la concurrence. C'est pour cela qu'au lieu de perdre leur temps en lamentations, les prohibitionistes feraient bien mieux d'aller au devant des réformes réclamées par l'opinion publique, en associant leurs capitaux et en perfectionnant leur outillage ; l'économie de fabrication les préserverait beaucoup mieux des atteintes de la concurrence que la meilleure protection douanière. D'un autre côté, si les droits protecteurs sont trop élevés, la navigation devient ou très couteuse ou impossible; l'exportation, par contre-coup, est tarie dans sa source. Il arrive alors que, pour satisfaire aux exigences de quelques fabricants, on s'expose à perdre pour jamais l'empire des mers et du monde commercial. A quoi bon des paquebots transatlantiques, à quoi bon des navires et des ports maritimes si nous ne pouvons introduire chez nous à aussi bon marché que les Anglais, par exemple, le sucre, le café et toutes les provenances étrangères ? A quoi bon le progrès industriel, si nous n'exportons plus qu'à la condition de recevoir des drawbacks et des indemnités de toutes sortes ?

Certes, nous ne sommes pas de ceux qui voudraient ouvrir immédiatement toutes nos barrières devant les produits de l'étranger ; nous ne sommes pas partisan des changements trop brusques, ni des concessions imprudentes. Il est bien, par exemple, qu'à un abaissement de droits sur l'entrée des produits anglais en France, corresponde un abaissement de droits sur l'entrée de nos produits nationaux en Angleterre. La réciprocité est toujours une bonne chose, et nous verrions avec plaisir que nos voisins se montrassent plus conséquents avec eux-mêmes, en déployant moins de rigueurs contre nos excellents vins.

Il nous semble que si la Chambre de commerce de Bordeaux instituait dans sa circonscription plusieurs comités qu'elle chargerait des intérêts d'une seule industrie ou de plusieurs industries similaires, elle recueillerait des documents qui pourraient combattre victorieusement les assertions de certains industriels du Nord. Nous avons, au milieu de nous, bon nombre d'industriels qui comprennent aussi bien que nos négociants les graves inconvénients de la prohibition et les avantages de l'affranchissement progressif des instruments de travail. Leur opinion pourrait donc être d'un grand poids dans les discussions de la commission impériale. En plaçant toutes ces enquêtes partielles des différents comités ou groupes d'industries similaires sous la protection des Chambres de commerce, on assurerait bien vite le triomphe de la vérité sur toutes les petites intrigues et toutes les interprétations mesquines. Corroborée par les réclamations unanimes de tous nos ports de mer et du commerce de la France entière, l'opinion libérale des Chambres de commerce et des industries du Midi serait, certes, assez puissante pour faire au moins équilibre à celle des ultrà-protectionistes du Nord. Le Gouvernement pourrait alors faire pencher la balance du côté de la liberté douanière.

Bordeaux et le Midi ont un plus grand intérêt qu'on ne le pense à organiser partout des comités d'enquêtes, parce que les industriels du Nord ne se gênent pas pour dénaturer les intentions les plus formelles du Gouvernement lui-même. C'est ainsi qu'ils soutiennent, contrairement à l'esprit conciliateur et libéral du rapport de M. Rouher à l'Empereur, que les prohibitions inutiles, seront seules supprimées. « Or, disent-ils, comme il y a des prohibitions utiles, celles-là devront être conservées. » « Il est certaines prohibitions, ajoutent-ils, que nos principales industries considèrent non seulement comme utiles, mais encore comme indispensables; il est donc essentiel que ce point ne soit pas oublié par les personnes qui seront entendues dans l'enquête. » On le voit, nos adversaires ne se contentent pas de réclamer des droits protecteurs qui s'élèvent à plus de 50 p. 100, mais ils en reviennent plus que jamais au maintien des prohibitions qui assurément leur paraîtront toutes également utiles et indispensables.

Si nous ne nous hâtons pas de nous organiser aussi en comités et en associations, nous serons débordés par les industriels du Nord, qui connaissent, eux, toute la puissance des associations. Ils invoqueront au besoin tous les sophismes, toutes les interprétations les plus judaïques, pour combattre la liberté; ils iront même jusqu'à prétendre que l'existence des ouvriers est attachée à la conservation des droits protecteurs, alors que ces droits n'ont jamais contribué à l'élévation des salaires. Nous aimons à penser qu'ils trouveront d'heureux contradicteurs à Bordeaux, dans le Midi et partout où l'application des principes d'une sage liberté industrielle et commerciale est considérée à bon droit comme l'ancre de salut de notre belle France.

Nous serions heureux de voir la Chambre de commerce d'une ville qui fut le berceau du libre-échange patroner, dans le Midi, des associations analogues à celles qui s'agitent en ce moment dans le Nord. Le temps presse, et il serait à désirer que tous les documents recueillis par les différents comités fussent centralisés rapidement entre les mains des membres éminents de notre Chambre de commerce, pour être transmis à la commission d'enquête sous la forme d'un grand travail d'ensemble.

La francisation des sucres étrangers, des cafés, des cotons, etc.; la levée des prohibitions et la diminution de tous les droits, telle est, en dernière analyse, la mesure énergique qui, seule, peut sauver notre commerce et diminuer la cherté de notre navigation; Bordeaux est bien plus intéressé qu'aucun autre port de mer au prompt affranchissement de toutes les matières d'importation. Combinées avec l'amélioration de notre régime colonial, ces grandes réformes douanières élèveraient rapidement le chiffre et l'importance de notre navigation. Nos colonies, protégées momentanément par un droit modéré, verraient revenir les beaux jours de leur productivité, et elles seraient bientôt en état de lutter avantageusement par elles-mêmes avec les autres contrées d'outre-mer. « Notre but, répèterons-nous à ce sujet avec l'illustre Fonfrède, n'est point et ne peut être de stipuler pour elles une protection exclusive comme celle dont elles ont joui précédemment. Elles devraient même être averties que le nouvel état de choses serait transitoire, serait un moyen adouci d'arriver graduellement à une liberté d'importation plus complète. Que si ce délai ne paraissait pas suffisant, alors elles proclameraient à la face du monde la preuve manifeste et irrécusable qu'elles sont et veulent rester une ruine vivante et immuable pour la France. » L'introduction de travailleurs nationaux ou étrangers sauverait nos colonies et les mettrait en état de lutter contre la concurrence de tous les produits tropicaux. La plus petite, la plus modeste de nos colonies, Tahiti, serait susceptible d'alimenter à elle seule plus de cinq cents navires par an; avec une simple avance de trois millions faite à ses terres vierges, elle deviendrait une des plus puissantes stations maritimes de l'Océan Pacifique, à cause de son heureux voisinage des houillères et des forêts de la Nouvelle-Calédonie. De même toutes nos colonies n'auraient rien à redouter de celles de l'étranger, si elles étaient alimentées d'ouvriers, de capitaux et de franchises commerciales. Le jour où nos lignes transatlantiques seront organisées, le port de la Martinique, par exemple, devrait être déclaré port franc. C'est par un vaste ensemble de réformes douanières sagement progressives, que la navigation nationale réussira à conquérir une large part dans l'exploitation des mers, et rendra d'immenses services aux usines et manufactures de la mère-patrie.

Si de ces considérations générales, nous passons à l'étude des causes qui paralysent plus particulièrement à Bordeaux le développement des affaires commerciales, nous trouverons à combattre, en premier lieu, les scandales de la Bourse, et, en second lieu, les abus du courtage.

L'établissement d'un parquet d'agents de change a été, pour notre ville, une véritable source de désastres et de désolations. Les poètes et les dramaturges ne s'étaient pas encore emparé de ce sujet, si riche en péripéties émouvantes, que déjà nous signalions, avec une insistance digne d'un meilleur sort, les dangers de la coulisse et de la Bourse, dangers bien plus graves encore dans nos provinces qu'à Paris. On se ferait difficilement une idée du préjudice qu'ont porté les jeux de la Bourse au commerce et à l'industrie de Bordeaux. Les abus dont nous avons énergiquement, trop énergiquement, peut-être, poursuivi la répression, subsistent encore aujourd'hui dans toute leur force, et nos arguments d'autrefois ont conservé malheureusement tout leur intérêt d'actualité. Il faut, du reste, que le mal soit bien grand, puisque les représentants les plus élevés de notre commerce ont dû protester publiquement par une pétition vigoureuse contre les jeux du parquet.

Au spectacle de tant de bénéfices pour quelques-uns, de tant de ruines pour le plus grand nombre, qui pourrait contenir son émotion, qui pourrait ne pas trembler pour la France! Les jeux de Bourse sont une insulte permanente à la grande loi du travail, une excitation permanente à la débauche de la paresse. Les bénéfices trop faciles, répéterons-nous, démoralisent les populations et ébranlent les bases de la société. Quand il suffit d'un coup de dé, d'un signe télégraphique, pour briser l'existence de milliers de familles; quand, en moins d'une heure, toutes les positions sociales peuvent être renversées; quand le cultivateur abandonne son champ, l'industriel son atelier, le négociant son comptoir, pour courir les hasards de la coulisse ou de la Bourse; quand, en un mot, le travail et l'honnêteté ne sont plus les premiers titres des citoyens à la fortune, il est bien permis de craindre pour l'avenir d'une nation; et la presse manquerait à son devoir si elle ne signalait pas les dangers du précipice dans lequel vont s'engloutir tant de fortunes et tant d'années de travail. Les ennemis du Gouvernement ne se sont pas gênés pour insinuer qu'il avait besoin des joueurs de la Bourse; c'est là une nouvelle calomnie, à l'aide de laquelle ils seraient heureux de faire remonter jusqu'à lui la responsabilité du honteux entraînement contre lequel le plus auguste représentant du Gouvernement, l'Empereur, s'est élevé souvent avec une si grande puissance de conviction. Non, il n'est pas vrai que le Gouvernement ait besoin du concours des joueurs de la Bourse! Dans les trois emprunts qu'il a successivement contractés pour les besoins de la guerre, c'est le patriotisme des petits travailleurs qui a fourni la grande majorité des souscriptions, et ces petits travailleurs n'ont pas souscrit pour jouer sur leurs titres. La lettre de l'Empereur à M. Ponsard, sur les turpitudes du jeu, a produit une profonde sensation dans nos villes de province; elle nous a encouragé nous-même à poursuivre notre croisade contre les viveurs de l'agiotage, et elle a provoqué à Bordeaux la signature d'une pétition adressée à la Chambre de commerce contre les jeux à terme et à primes.

Le travail a plus de droits que le jeu aux capitaux inactifs. La Bourse n'a de raison d'être qu'autant qu'elle féconde le travail par le capital; c'est là sa mission, et si elle y manque, qu'on la proscrive, car alors elle devient une cause permanente de troubles et de dangers pour la fortune publique.

Il y a deux ans, vivait, aux environs de Bordeaux, dans l'abondance et la joie, un brave cultivateur qui avait acquis, par vingt-cinq ans de travail et de privations, une maison entourée de quelques hectares de terre. Un jour, qu'il portait chez un notaire ses modestes économies, 3,000 fr. pour en opérer le placement en bonne hypothèque, il rencontra, par malheur, un habitué de la Bourse qui se moqua du minime intérêt qu'un pareil placement devait lui rapporter. Qu'est-ce que 5 p. 100, qu'est-ce que 6 p. 100, pour un capital de 3,000 fr.? Allez donc à la Bourse, lui dit son ami, et en quelques mois vous aurez doublé votre mise; vous achèterez la propriété de votre voisin, vous arrondirez la vôtre et vous deviendrez riche sans avoir besoin de travailler. » Fasciné par cette brillante perspective, notre cultivateur n'alla pas chez son notaire ; il rebroussa chemin, fit partager à sa femme ses magnifiques illusions, et courut, haletant d'espérance, jeter ses 3,000 fr. dans la fatale corbeille. Quelques succès, malheureusement, l'enhardirent, puis il perdit capital et bénéfices ; piqué au jeu, il revint à la charge; il emprunta sur sa propriété, il fit argent de tout....... L'année dernière, nous le rencontrâmes dans une de nos promenades, conduisant une charrette chargée de sable; en voyant la tristesse et la désolation peintes sur son visage, nous l'interrogeâmes. « Ah! Monsieur, nous dit-il en sanglotant, je suis complétement ruiné. J'avais une jolie maison, de bonnes terres, deux paires de bœufs, une fortune de 35,000 fr., j'étais heureux ! Mais le démon m'a tenté, j'ai joué à la Bourse et j'ai tout perdu. Je ne suis plus qu'un charretier à gages!!! »

Nous n'entrerons pas dans le détail de toutes les manœuvres qui ont consommé la ruine du malheureux cultivateur ; tout ce que nous pouvons affirmer, c'est que ce récit n'est nullement une histoire inventée à plaisir. Que d'exemples semblables n'aurions-nous pas à enregistrer, si les victimes du jeu avaient le courage de publier la cause de leur ruine et de leur désespoir ! Triste martyrologe, en vérité, que celui de la coulisse et de a

Bourse. Les niais, les imprudents, les ambitieux sont nombreux dans ce monde, et chaque jour ils viennent augmenter la liste des sinistres. Le mal n'a fait qu'empirer depuis que des escouades de raccoleurs parcourent nos villes et nos campagnes pour mettre toutes les fortunes en couple réglée et tendre des appeaux à la niaiserie des uns, à l'ambition des autres. Tous, riches et pauvres, maîtres et valets, grandes dames et femmes de chambre, sacrifieront leurs capitaux et leurs épargnes. Le délire peut-il tarder quand la fièvre est à son paroxisme ? Comme le disait un spirituel journal, ce n'est plus le veau d'or qu'on adore, ce sont les imbéciles ? Quels sont ceux qui adorent les imbéciles ? Les agents de change, parce qu'ils multiplient leurs commissions, et les gros capitalistes, parce qu'ils leur fournissent l'occasion de travailler sur les reports.

Il arrivera un jour où la France sera partagée en deux camps : les joueurs d'un côté, les reporteurs de l'autre. Plus il y aura de joueurs, plus il y aura de reporteurs, et l'intérêt du capital tendra sans cesse à s'élever. Ce sera l'usure en permanence, ce sera la ruine publique. Cette perspective peut être fort réjouissante pour les ennemis du Gouvernement ; quant à nous, nous estimons qu'il est plus patriotique de travailler à prévenir des catastrophes qui ruineraient tout le monde. Deux grands intérêts ont toujours armé notre plume contre les jeux de Bourse : l'intérêt du pays et celui des victimes du jeu. On a prétendu que l'institution des agents de change a favorisé le développement de la richesse nationale, en encourageant les capitalistes à venir en aide aux grandes entreprises. Mais est-ce à dire que ces capitalistes n'auraient pas mieux servi le pays s'ils n'avaient pas favorisé le jeu ? Est-ce que, par hasard, le jeu serait susceptible de soutenir une entreprise quelconque ? Il peut être la base de ces valeurs fictives, de ces affaires industrielles si énergiquement flétries par tous les hommes de cœur; mais la base des affaires sérieuses, jamais. Nous avons affirmé qu'à Bordeaux le parquet engloutissait tous les capitaux qui alimentaient autrefois le commerce, l'agriculture et l'industrie : On s'est vivement récrié contre cette assertion, qui est malheureusement trop justifiée par les faits, et on a dit que « l'argent n'a jamais fait défaut, sur notre place, aux affaires commerciales » ; que, « depuis quelques années surtout, les capitaux de notre département et des départements limitrophes, au lieu de se diriger, comme autrefois, sur Paris, s'étaient arrêtés sur notre place, uniquement parce qu'elle possédait un parquet. » S'il en était ainsi, pourquoi alors les représentants les plus élevés du commerce bordelais se seraient-ils si vivement émus de l'extension prise par les jeux de Bourse? Pourquoi la Chambre de commerce aurait-elle accordé ses sympathies à une pétition qui lui a été adressée contre les jeux à termes et à primes? Pourquoi ce cri de détresse des véritables travailleurs, en présence de la disparition des capitaux et de la multiplicité des scandales de la Bourse ? Pourquoi nos cultivateurs ne trouvent-ils plus de prêteurs, nos industriels de commanditaires ? Pourquoi, enfin, l'intérêt si élevé qui est prélevé par les reporteurs fait-il hausser d'ue manière démesurée toutes les valeurs, même celles des produits alimentaires ? Ce sont là des faits patents, indiscutables, et nous défions tous les artificiers du langage d'en atténuer la portée.

On n'a trouvé rien de mieux, pour défendre le parquet de Bordeaux, que d'invoquer l'absence de la coulisse. Est-il prouvé, oui ou non, que l'on joue d'une manière effrénée à la Bourse de Bordeaux ? Or, s'il est vrai que l'on joue, s'il est vrai qu'il n'y ait pas de coulisse, ce sont donc les agents de change qui favorisent le jeu ? Nous laissons la responsabilité de la conséquence à ceux qui ont posé le principe. Après avoir si clairement insinué que les agents de change favorisent le jeu, leurs défenseurs viennent soutenir qu'ils favorisent les grandes entreprises commerciales et maritimes. N'est-ce pas une dérision ? Comment, les agents de change qui vont offrir aux capitalistes des reports à 20 et 25 p. 100, pourraient-ils proposer à ces mêmes capitalistes du papier de négociant à 6 p. 100 ? Nous opinons mieux de leur habileté et de leur sagacité financières. Est-ce bien sérieusement aussi qu'on assimile les marchés à termes du parquet aux opérations similaires du commerce ? Les marchés à termes de la Bourse sont si peu sérieux, que celui qui les fait est parfaitement libre de ne pas payer les différences. Il n'en est pas de même des opérations sur les marchandises : ces marchés là sont toujours obligatoires. Est-il vrai encore que les jeux du parquet favorisent le crédit ? Pas davantage; et la loi elle-même le reconnaît, puisqu'elle exige une couverture de la part des joueurs. Or, il en est des couvertures comme des manteaux, elles ne servent souvent qu'à cacher des trous. Les agents de change doivent le savoir. L'opinion publique ne s'y trompe pas, du reste ; le joueur de Bourse inspire si peu de confiance, que chaque négociant, chaque industriel, soupçonné de faire des affaires de ce genre, perd à l'instant même tout crédit, même quand il réaliserait de gros bénéfices. Dans toute action cotée à la corbeille, il y a deux valeurs : la valeur réelle et la valeur fictive. Toutes les fois qu'il n'y a plus proportion entre ces deux valeurs, le crédit s'est amoindri, parce qu'il ne repose plus sur des bases certaines ; et comme le jeu a toujours pour effet d'élever la valeur fictive au détriment de l'autre, il s'ensuit naturellement que le jeu de la Bourse est destructeur du crédit public et privé. Il est donc bien établi :

1º Que l'on joue d'une manière effrénée à la Bourse de Bordeaux, contrairement aux prescriptions formelles de la loi ; 2º que le jeu ruine et démoralise nos populations ; 3° que le jeu détourne les capitaux de notre commerce, de notre agriculture et de notre industrie ; 4° que les reports sont une violation flagrante de la loi sur l'usure ; 5° enfin, que la plupart des valeurs industrielles sont gonflées, ballonées par le jeu, au point que, tôt ou tard, si l'on n'y prend garde, elles crèveront entre les mains des détenteurs et provoqueront un effroyable cataclysme.

Il y a des gens qui s'imaginent que ces sinistres prédictions sont dictées par la haine ou la jalousie contre les agents de change ! C'est amoindrir singulièrement la grande question des intérêts du travail et du crédit national que de la ramener à ces petites considérations de personne. Nous mettons, dans tous les cas, au défi ceux qui voudront répondre catégoriquement et loyalement aux cinq faits que nous articulons, de les nier et d'échapper aux conséquences naturelles qui en découlent. En voyant tant de victimes entassées sur le parquet de la Bourse, nous avons pris hardiment leur défense ; nous avons protesté de toute l'énergie de notre âme contre les coupables manœuvres sous lesquelles elles ont succombé. Les ignorants, les faibles, les imprudents ne doivent-ils pas être les premiers clients de la presse ? Dans nos contrées méridionales, où des passions ardentes comme le soleil entraînent tant de malheureux dans le gouffre du jeu, n'est-ce pas un devoir pour tout homme de cœur que de jeter le cri d'alarme et d'oser combattre ceux qui s'enrichissent impunément de la dépouille des autres? Ce devoir, nous l'avons rempli sans haine et sans passion ; nous le remplirons jusqu'à ce que nous ayons obtenu complète satisfaction.

Tout a été dit sur l'influence fatale des jeux de Bourse. On a supprimé les loteries à cause de l'immoralité de ce jeu public, surveillé et dirigé par l'Etat. Mais qu'étaient-ce que les loteries ? Qu'étaient-ce que les pertes éprouvées par quelques portiers et quelques vieilles femmes à la poursuite du fameux quaterne ? Qu'étaient-ce que ces enjeux, comparés aux sommes immenses que dévore la Bourse à chaque liquidation de quinzaine ?

Dans une partie de cartes, il y a du moins chance égale pour les partenaires; mais qui voudrait risquer son enjeu dans une partie où l'un des joueurs pourrait, à son gré, faire tourner les chances ? Autrefois, la hausse et la baisse dépendaient des accidents de la politique ; aujoud'hui, elles dépendent exclusivement des caprices ou des calculs de quelques gros capitalistes. Aussi avons-nous vu se reproduire, de nos jours, les grands scandales financiers dont les deux faits culminants du premier Empire ont été l'objet : La victoire d'Austerlitz fut signalée par une baisse à la Bourse, et la défaite de Waterloo par une hausse. L'Austerlitz du second Empire, Sébastopol, a été accueilli par une baisse. Dieu nous préserve de la hausse de Waterloo.!

Voilà qui est concluant ; voilà qui est indigne, nous ne craignons pas de le répéter pour la centième fois. Qui ne voit que les habiles avaient escompté d'avance l'empressement des niais à spéculer sur ces événements, et qu'ils avaient tendu leurs filets en conséquence ? Qu'est-ce que la patrie, qu'est-ce que l'honneur national pour un agioteur ? Est-ce que cela produit des primes et des dividendes ?

L'un des principaux caractères de notre époque, c'est de vouloir tout mobiliser, tout convertir en actions; la terre elle-même finira par être mise en portefeuille, et Dieu fasse qu'elle ne soit pas emportée aussi dans le tourbillon de l'agiotage ! Nous ne nous plaindrions pas de cette mobilisation générale, si nous avions des garanties sérieuses contre ses excès, parce qu'en définitive, la vie des capitaux c'est la circulation. Mais la locomotive du crédit exige plus de ménagements encore que la locomotive du chemin de fer ; le moindre soubresaut suffit souvent pour la faire éclater ou dérailler. Les agents de change en sont les conducteurs naturels, et pour se protéger contre leurs imprudences, la société a le droit de leur demander des garanties. C'est parce que nous connaissons tous les services qu'ils peuvent rendre que nous voulons faire des agents de change les gardiens de la fortune publique et privée ; à l'époque où ils s'ignoraient eux-mêmes, et où il n'y avait encore ni chemins de fer, ni télégraphes électriques, la négociation des titres de rente et des valeurs industrielles donnait lieu, en province, à des abus véritablement criants; acheteurs et vendeurs étaient également lésés dans leurs intérêts. Aujourd'hui, c'est le même éclair qui porte la cote de la Bourse de Paris dans tous nos départements, et, bien que nos capitalistes paient souvent tribut à la grande ville, ils ont certainement moins à souffrir de sa suzeraineté financière. Les agents de change sont là pour faciliter la transmission des titres, garantir l'authenticité des cours et s'assurer de la sincérité des marchés; c'est dans le seul but d'éviter les fraudes, de prévenir le jeu et de favoriser le crédit, qu'on leur a accordé le privilége d'un parquet. Sont-ils restés fidèles à l'esprit de leur institution? Evidemment non, puisqu'on joue à la Bourse sous leurs yeux et avec leur concours. Prêtent-ils, oui ou non, leur ministère à ces niais, à ces audacieux dont nous parlions plus haut? Enregistrent-ils, oui ou non, des marchés à termes ou à primes? Négocient-ils, oui ou non, des reports usuraires à 20 et 25 p. 100 par an?

Il nous semble, à nous, que le premier devoir d'un agent de change est de préserver la spéculation, le crédit, du contact impur de l'agiotage. Ne devrait-il pas être le premier conseiller des imprudents et des ambitieux qui se précipitent sur la corbeille? N'est-ce pas lui qui devrait arrêter tous ces joueurs sur la pente du précipice? Eh bien! ce qu'il ne fait pas spontanément, nous voulons qu'il le fasse contraint et forcé, parce que le maintien de l'état de choses actuel amènerait infailliblement un effroyable cataclysme. En attendant que le Gouvernement, éclairé par les pétitions des plus hautes notabilités du commerce, de l'agriculture et de l'industrie, présente une loi qui soit en rapport avec l'immense développement de la propriété mobilière et des valeurs de Bourse ; en attendant que les agents de change soient assimilés aux notaires, et qu'un droit de mutation sur les valeurs industrielles donne pleine satisfaction à la propriété territoriale et aux intérêts de la morale ; en attendant que toutes les réformes réclamées énergiquement par la conscience publique soient étudiées et adoptées, nous invoquerons l'application immédiate des lois et réglements qui sont encore en vigueur. La société n'est pas si désarmée qu'on se plait à le dire contre les jeux et les tripotages de la Bourse. Il y a un remède à une situation aussi effrayante, situation qui nous expose sans cesse à une épouvantable crise financière et commerciale. Non, la loi, l'intérêt public et la morale ne sont pas désarmés ! Il dépend des dépositaires de l'autorité de faire cesser tous ces scandales en quelques heures. C'est donc non-seulement à la Chambre de commerce, qui n'a que le droit de faire des vœux et des représentations, mais encore et surtout à la magistrature civile, qu'il convient de s'adresser. Nous donnerons l'exemple, le Code Napoléon à la main :

Nous lisons dans le Code de Commerce, article 75 : « Les agents de change sont nommés par l'Empereur. » Ils sont officiers ministériels ; or, quand il s'agit d'infractions aux réglements constitutifs des officiers ministériels, c'est le ministre de la justice et ses procureurs qui ont le droit d'informer et d'ordonner des poursuites, s'il y a lieu. L'art. 84 du Code de Commerce dit que « les agents de change sont tenus de consigner, sur un livre coté et paraphé, jour par jour et par ordre de dates........., toutes les conditions de ventes, d'achats, de négociations, et en général de toutes les opérations faites par leur ministère. » Donc, le procureur impérial a le droit de s'assurer par des vérifications, par la surveillance du commissaire de police attaché à la Bourse, si cet article est exécuté DANS TOUTES SES PARTIES. L'art. 85 déclare que « l'agent de change ne peut recevoir ni payer, pour le compte de ses commettants. » Donc, le procureur impérial a le droit d'assister à la liquidation de quinzaine, dans la chambre syndicale, pour vérifier si les agents de change NE REÇOIVENT ET NE PAIENT RIEN POUR LE COMPTE DE LEURS COMMETTANTS; il peut faire cette vérification lui-même ou par la délégation d'un des officiers de police judiciaire. L'art. 86 déclare que « l'agent de change ne peut se rendre garant de l'exécution des marchés dans lesquels il s'entremet. » Donc, le procureur impérial a le droit de vérifier par lui-même ou par un de ses officiers de police judiciaire si, aux liquidations de quinzaines, les agents de change NE PAIENT RIEN pour ceux qui ont acheté ou vendu. Simple intermédiaire, l'agent de change ne peut rien payer pour les clients qui l'ont chargé de vendre ou d'acheter ; le notaire ne paie pas les emprunts qui se font par son intermédiaire, le courtier ne paie pas les bordereaux de vente qui se font par son entremise. L'ordonnance qui a autorisé l'établissement d'un parquet à la Bourse de Bordeaux, défend aux agents de change « de faire des opérations à primes ou à termes. Donc, le procureur impérial a le droit de poursuivre tous les agents de change qui font des opérations à primes ou à termes, il a le droit d'interdire la publication et l'affiche à la Bourse de cette nature de cours. Le Code pénal défend « de prêter de l'argent à un taux supérieur à 5 p. 100 en affaires civiles, et à celui de 6 p. 100 en affaires commerciales. » Donc, le procureur impérial a le droit de faire poursuivre, comme usuriers, tous les capitalistes qui, sous le nom de REPORTS, font des prêts supérieurs au taux légal, et comme complices les agents de change qui servent d'intermédiaires à des opérations usuraires au plus haut degré. Enfin, le procureur impérial a le droit de poursuivre, même d'office, tous les agents ministériels qui se livreraient pour eux ou pour compte d'autrui à des opérations de jeu qui, chaque quinzaine, mettent en question la fortune et le crédit de l'officier ministériel. Donc, il a le droit d'interdire aux agents de change toutes opérations autres que les ventes et les achats sérieux, que les marchés fermes, selon l'expression usitée. Est-ce assez clair, assez précis ?

Sous l'entraînement de diverses circonstances, d'habitudes prises de longue date, la loi et les réglements ont pu sommeiller, mais ils n'en existent pas moins dans toute leur force et vigueur. Il suffirait d'appeler sur ce sujet la bienveillante attention du ministre de la justice et de ses représentants pour que les pétitionnaires fussent assurés d'obtenir bonne et prompte satisfaction. Quand le commerce, l'agriculture et l'industrie, menacés dans leur existence et leur développement, font entendre leurs plaintes ; quand leurs mandataires les plus élevés réclament hautement la protection et l'exécution de la loi, peut-on douter un instant que les dépositaires de cette loi n'agissent pas avec toute l'énergie dont ils sont capables ? La magistrature est, Dieu merci, tout à fait en dehors des jeux et tripotages de la Bourse ; jamais elle n'a manqué au devoir de leur témoigner son mépris et ses sévérités. Certes, nous ne sommes pas de ceux qui se font un secret plaisir d'appeler la main de la justice sur n'importe quelle catégorie d'individus ; nous aimons mieux avoir à constater l'obéissance que l'infraction aux lois. Si nous invoquons aujourd'hui l'application des lois et réglements sur la Bourse, c'est que la plaie du jeu va sans cesse en s'élargissant, c'est qu'elle menace d'envahir tout le corps social. Quand la maison brûle, tout le monde a le droit de travailler à éteindre l'incendie. La Bourse nous conduit aux abîmes ; elle tarit les sources les plus légitimes des revenus publics, elle tarit les sources de la richesse nationale; c'est donc pour nous tous un droit et un devoir de fournir notre part à la défense commune. Nous demandons que les agents de change soient au premier rang des combattants, nous demandons qu'ils travaillent à désespérer les calculs et les mauvaises passions des joueurs, nous demandons enfin qu'ils soient élevés à la dignité de notaires des mutations de valeurs mobilières. En leur rappelant les dispositions légales qui peuvent leur être appliquées, nous ne voulons que leur procurer l'occasion de prendre une noble et généreuse initiative. Qu'ils aient toujours devant les yeux le tableau des victimes du jeu; qu'ils n'oublient jamais les larmes et le désespoir de tant de familles réduites à la mendicité par les marchés à termes et à primes ; ils iront alors au-devant des réformes que nous sollicitons au moins autant dans leur intérêt que dans celui de la société tout entière ; alors aussi leur parquet n'aura plus besoin d'être surveillé par le parquet des tribunaux civils.

Dans toutes nos protestations contre les jeux de Bourse et l'usure des reports, nous n'avons jamais consulté d'autre intérêt que celui du travail et du crédit public. Notre franchise et nos convictions nous auraient-elles emporté trop loin? Nos craintes seraient-elles susceptibles d'être taxées d'exagération ? Les journaux de Paris se chargent tous les jours de notre justification. Dans leurs bulletins financiers, tous constatent l'infériorité des cotes de la rente proportionnellement à celles des valeurs industrielles. Le mal existe donc, mal profond, qui ira sans cesse en empirant, tant qu'on ne l'attaquera pas dans son germe. Pouvons-nous admettre comme une compensation à ce triste état de choses la bonne tenue des valeurs industrielles et des actions de chemins de fer ? Non, sans doute ; ce serait, au contraire, un argument de plus en faveur de l'opinion bien arrêtée que nous avons sur les jeux de Bourse et les reports. Il peut convenir à certains journaux de se lancer dans des considérations à perte de vue sur des faits que l'opinion publique a jugés depuis longtemps ; quant à nous, nous préférons signaler hardiment le mal, et hardiment aussi indiquer le remède. S'il est vrai que jamais, à aucune époque de son histoire, la France n'a joui de plus de sécurité à l'intérieur, de plus d'autorité à l'extérieur ; s'il est vrai que jamais le travail national n'a reçu plus d'encouragements et de garanties ; s'il est vrai que jamais chef de Gouvernement n'a déployé plus d'activité, plus de génie que l'Empereur pour féconder toutes les sources de l'agriculture, de l'industrie et du commerce, comment expliquer cette stagnation, cette baisse de la rente signalées par les journaux de Paris ? Est-il possible de voir ailleurs que dans les excès de la coulisse et de la Bourse la cause de la gangrène financière qui s'attaque au corps social tout entier ?

Le jeu est une passion, la plus ingouvernable peut-être de toutes les passions ; mais si pour en prévenir les délires, la police pourchasse les joueurs dans les lieux publics, dans les cercles, dans les réunions particulières, pourquoi n'oserait-elle pas franchir le seuil de la Bourse ? Les armes légales sont les mêmes contre tous les jeux prohibés. Les reports sont une violation ouverte, permanente, de la loi sur l'usure ; pourquoi alors ces prêts avec garantie à 25 p. 100 seraient-ils plus excusables que le prêt à 7 p. 100 fait par un capitaliste ordinaire ? Mais imaginons pour un instant que la loi et la réglementation soient impuissantes contre les Protée du jeu et les Harpagon du report ; faut-il désespérer pour cela d'avoir raison de la fluidité des uns et de l'avidité des autres ? Le droit de mutation que nous avons tant de fois préconisé, n'est-il pas l'auxiliaire naturel des Gouvernements dans leurs mesures de répression ? Le roi de Prusse l'a employé avec un succès véritablement digne d'envie ; il avait déjà frappé d'un impôt assez considérable les titres de chemins de fer, et le succès de cette première mesure l'a porté à soumettre au même impôt les actions émises par les compagnies industrielles.

Les négociants et les industriels qui ne trouvent plus de capitaux pour leurs affaires, les propriétaires qui sont soumis à tant de formalités onéreuses pour mobiliser leurs terres et leurs maisons, tous les contribuables, tous les travailleurs, en un mot, ne verraient-ils pas dans le droit de mutation qui frapperait les valeurs de Bourse une application du grand principe de la justice distributive ?

Vivement ému des plaintes qui lui sont parvenues, de toutes les parties du pays, sur les débordements scandaleux de la Bourse, le Gouvernement de l'Empereur s'est occupé des moyens de les réprimer d'une manière énergique et efficace ; malheureusement, nous craignons bien que le projet de loi proposé au Corps législatif n'aboutisse qu'à éloigner des affaires les capitaux sérieux et à maintenir l'infériorité de la rente. Un droit fixe ou d'abonnement ne vaudra jamais un droit de mutations tel que nous l'entendons pour anéantir l'agiotage et moraliser la spéculation ; il s'agit moins ici d'une affaire de fiscalité que de moralité publique. S'il est vrai que le Gouvernement se propose principalement d'atteindre les opérations fictives de hausse et de baisse, de fin-courant ou de fin-prochain, il n'a qu'à les frapper d'un impôt toutes les fois qu'elles se renouvelleront ; les joueurs et les agents de change pourraient bien ne pas être satisfaits, mais la rente qui représente le crédit de l'Etat n'étant pas soumise à l'impôt deviendrait la valeur régulatrice de la Bourse, et les spéculateurs sérieux ne se plaindraient plus parce qu'ils ont l'habitude de garder leurs titres. Débarrasser la spéculation honorable, celle qui repose sur le travail et sur les améliorations réelles, du voisinage dangereux d'un agiotage éhonté, de fictions et de drôleries décevantes, voilà ce que doit vouloir le

Gouvernement ; quand même il gagnerait moins avec le système du droit de mutations qu'avec celui de l'abonnement fixe, il ne peut hésiter à choisir le premier parce que la société en retirera un plus gros intérêt de moralité et d'honnêteté. Sans doute, il lui sera difficile d'atteindre tous les joueurs, et de couper toutes les ficelles boursicotières ; mais n'a-t-il pas ses agents de police et ne les utiliserait-il pas avec autant d'avantage contre les industriels des jeux publics que contre les habitués des tripots particuliers.

L'intervention préservatrice du Gouvernement peut s'exercer de plusieurs manières au profit de la spéculation sérieuse : déjà en 1832 les affaires aléatoires étaient devenues si fréquentes et si dangereuses, que M. Tarbé, député du Pas-de-Calais, proposait d'exiger des acheteurs à termes, le dépôt, dans la journée de l'opération, du capital acheté, ou à défaut de ce versement, un cautionnement solvable qui en tînt lieu ; l'avis de l'honorable député ne fut pas écouté et le mal a fait des progrès effrayants depuis cette époque. Le retrait imprudent de la plus grande mesure financière de la dernière République, qui avait ordonné le cours forcé des billets de Banque et l'autorisation accordée à cette même Banque de prêter sur dépôt des valeurs autres que la rente, n'ont pas peu contribué à attiser le feu de la coulisse et de la Bourse ; on a fait retomber sur la plus juste des guerres la responsabilité des désastres et des déficits pécuniaires dont la France a tant à souffrir depuis quelques années, et la vérité est que les principales, pour ne pas dire les seules causes du mal, sont la création des assignats industriels et le jeu effréné de tous les capitalistes improvisés qui alimentent leurs différences aux caisses de la Banque. L'Empereur, fort heureusement, mettra bon ordre à ce déplorable abus, et nous avons tout lieu de croire que la Banque réservera désormais toutes ses faveurs pour la rente.

Une réglementation sévère sur toutes les sociétés anonymes, combinée avec une surveillance plus réelle, plus rigoureuse de la part des agents de l'administration supérieure, préviendrait bien des virements de comptabilité, bien des tripotages de coulisse et de Bourse. Il est temps qu'une bonne loi sur les sociétés anonymes vienne compléter la loi qui a été votée, l'année dernière, sur les compagnies en commandite. La multiplication des sociétés anonymes serait, au besoin, l'expédient le plus propre à conjurer les dangers du monopole exercé par quelques-unes d'entre elles et à justifier l'intervention de l'État dans les mouvements de certaines actions privilégiées.

Nous n'entrerons pas dans le détail de toutes les combinaisons qu'il serait possible d'associer contre les jeux de la coulisse et de la Bourse ; nous en présenterons seulement une qui s'allierait parfaitement, selon nous, au principe du droit de mutation : elle consisterait à mettre les agents de change dans l'impossibilité de servir les calculs du jeu en les obligeant à inscrire le numéro des titres sur les bordereaux des ventes et des achats à terme. On sait que ces honorables officiers ministériels ont l'habitude de ne pas faire connaître les noms de leurs vendeurs et de leurs acheteurs et qu'il est par conséquent extrêmement difficile de suivre la trace de leurs opérations ; comme leurs confrères de Paris ne donnent ordinairement que le cours moyen des différentes valeurs, il leur serait donc bien facile, s'ils étaient de mauvaise foi, de livrer à un acheteur un titre à un prix plus élevé que celui auquel le vendeur les aurait chargés de vendre. Ainsi Pierre donne à un agent de change l'ordre de vendre des Midi à 800 fr.; d'un autre côté, Paul écrit au même agent d'acheter des Midi à 825 fr. Que pourrait faire l'agent de change en pareil cas ? Tout simplement délivrer un bordereau de vente à 800 fr. et un bordereau d'achat à 825.

Où serait la différence des deux ordres donnés, où iraient les 25 fr. ? Dans la poche de l'agent ou dans celle de ses compères. On s'explique facilement comment une pareille fraude pourrait influer sur les cours de la province. Supposons encore que les agents de change s'entendent entre eux ; si l'un d'eux, par exemple, a payé des Nord 900 fr. et si cette valeur n'est cotée que 875, il dira à un de ses confrères : « Mes Nord m'ont coûté 900 fr., offrez m'en à 910. » Et il arrive inévitablement qu'à l'aide de cette entente fraternelle, le cours de 875 est porté à 910, cours fictif. Ce sont là les plus innocentes des manœuvres dont sont accusés ces officiers ministériels, ainsi que tous ceux qui sont désignés comme leurs compères par la voix publique. Nous voulons bien n'ajouter aucune créance à ces calomnies, au moyen desquelles on entache leurs prodigieuses fortunes ; nous aimons mieux croire le bien que le mal, mais nous pensons, par contre, qu'il est urgent de placer les agents de change au-dessus des atteintes de tout soupçon injurieux. L'inscription des numéros des titres sur les bordereaux de vente et d'achat serait, à notre avis, un heureux obstacle à toutes les interprétations fâcheuses, si les inspecteurs des finances avaient sur les livres des agents de change les mêmes droits de vérification que sur ceux des notaires. Le négociant qui vend à livrer ne vend qu'une marchandise qu'il est certain de recevoir, à moins de naufrage du navire qui l'apporte ; il fait un marché sérieux. Rien ne prouve, au contraire, que les titres vendus à la Bourse existent réellement ; on joue donc uniquement sur des cours et de là naissent les reports, etc., etc., etc. L'inscription des titres sur les bordereaux et la vérification des inspecteurs de finances offriraient évidemment quelques garanties sérieuses contre le jeu.

Encore une fois, la personnalité des agents de change n'a rien à voir dans cette affaire ; ce serait amoindrir la grande question de la coulisse et de la Bourse que de la ramener à de petites considérations d'intérêts particuliers. Il faut bien savoir d'ailleurs que les agents de change eux-mêmes ne pourraient que gagner à la moralisation des ventes et des achats de valeurs industrielles. Nous ne sommes pas de ceux qui se réjouissent de la ruine d'un agent de change ; nous aimons mieux que sa fortune serve au développement des intérêts moraux et matériels du pays. A nos yeux, l'agent de change devrait être le notaire des valeurs mobilières, et présenter, par conséquent, les mêmes garanties que le notaire des mutations de valeurs immobilières. Pour ce dernier, il y a des receveurs d'enregistrement, des procureurs impériaux, des présidents de tribunaux, des contrôleurs, des inspecteurs de finance ; il y a dix contrôles différents. Est-ce que la valeur mobilière n'a pas aujourd'hui une importance au moins aussi grande que la valeur immobilière ? Pourquoi alors ne lui offrirait-on pas les mêmes garanties de surveillance et de sécurité ? Pourquoi les notaires des mutations mobilières, les agents de change, seraient-ils dispensés d'un contrôle qui offrirait des gages sérieux à la fortune publique et les préserverait eux-mêmes des fatals entraînements qu'on leur reproche à tort ou à raison ? La garantie d'un syndicat n'a pas paru suffisante pour les notaires ; l'est-elle davantage pour les agents de change ? La loi doit être la même pour ces deux catégories de notaires et combler la fâcheuse lacune que nous signalons.

Quelle que soit la loi qui intervienne pour refréner la passion du jeu et les scandales de l'agiotage elle sera toujours la bien-venue dans nos provinces. Plût à Dieu qu'il fût possible de supprimer à Bordeaux et dans tous les centres de commerce et d'industrie cette institution si fatale des parquets, avec son cortége de marchés à termes et à primes! En supposant que la France eût intérêt à ce que Paris restât le plus grand marché de la spéculation et de l'agiotage, ne pourrait-on pas conserver la coulisse et la Bourse dans la capitale financière de l'Europe, et préserver en même temps la province de leurs funestes atteintes? Les mesures législatives seront sans doute impuissantes à réaliser ce projet d'exclusion; mais le Gouvernement ne reste pas désarmé vis-à-vis de ses officiers ministériels; rien ne l'empêcherait, par exemple, de forcer les agents de change à rester dans leur rôle de premiers serviteurs du commerce. Il possède une arme terrible dont il ne se sert pas assez souvent, c'est l'augmentation du nombre de toutes les charges, augmentation qui devrait être constamment proportionnelle à celle de la population et des affaires. Une des grandes fautes de la Restauration a été le rétablissement de la vénalité des charges. Napoléon Ier s'était bien réservé la nomination aux offices des agents de change et des courtiers; mais il n'avait eu garde d'accorder aux titulaires le droit de les vendre! On a peine à croire que, dans le pays qui a aboli les maîtrises et brûlé les priviléges au foyer de 1789, les Gouvernements aient pu conserver aux fonctions d'officiers ministériels les bénéfices de la vénalité et de la transmission héréditaire, en s'interdisant le droit d'y toucher directement.

La loi de 1816 a maintenu au Gouvernement le droit d'augmenter ou de diminuer, selon qu'il le jugerait convenable, le nombre de ces officiers ministériels; mais les titulaires actuels lui dénient le pouvoir d'en user s'il ne leur accorde pas une indemnité préalable. Leurs prétentions ont bien été déjouées quelquefois, mais si rarement qu'elles paraissent en quelque sorte consacrées par le temps. Le Gouvernement de l'Empereur reculera-t-il, lui aussi, devant l'impérieuse nécessité de diminuer les profits exorbitants de la féodalité des officiers ministériels, en les divisant par la création de nouvelles charges? Permettra-t-il plus longtemps que des charges qui n'ont rien coûté, en principe, se vendent aujourd'hui plus de deux millions à Paris, plus de deux cent mille francs à Bordeaux, par le seul fait de la perpétuité de la possession d'état? Nous avons une trop haute opinion de sa justice et de sa fermeté pour croire qu'il continuera à éterniser des abus dont la conscience publique réclame énergiquement la répression. La France a la prétention d'être une nation démocratique, et elle ne réaliserait pas chez elle un progrès dont l'aristocratique Angleterre jouit depuis des siècles! Ce serait humiliant et peu rationnel. Puisqu'il est vrai que nous marchons vers la liberté commerciale, sachons, du moins, en prendre la route; or, la route de la liberté, de l'abolition des priviléges c'est la multiplicité des privilégiés, multiplicité qui doit être telle qu'elle en arrive à tomber, un jour, comme le suffrage électoral, dans le domaine public. Nous ne saurons jamais faire nos affaires nous-mêmes tant que nous n'apprendrons pas à nous passer des agents de change et des courtiers officiels ; le plus sûr moyen d'annihiler les uns et les autres, c'est de les multiplier, sans indemnité préalable, et d'appeler au maniement des affaires le plus grand nombre d'intelligences et de capacités possibles. Pourquoi la corporation des médecins et celle des avocats sont-elles si riches en hommes de science et de talent ? Parce qu'elles admettent dans leur sein quiconque présente des garanties sérieuses au public.

Les modifications profondes qu'ont subies le commerce et l'industrie exigent impérieusement des modifications non moins profondes dans une législation qui date de 1724 et de 1791. La vapeur et l'électricité ont emporté les vieilles habitudes et créé des besoins plus nombreux ; il serait souverainement impolitique de paralyser les forces nouvelles du travail et de la civilisation par l'inertie des anciens priviléges de la vénalité et de la transmission des charges. Partout où a passé le génie de Napoléon Ier, les offices ministériels, même ceux du notariat, sont restés à la disposition des Gouvernements ; en Belgique, en Hollande, en Prusse, en Allemagne, en Italie, les titulaires n'ont le droit ni de vendre ni de transmettre leurs charges, et dans le pays qui vit du génie de l'immortel législateur, en France, tous les citoyens sont forcés de passer sous les fourches-caudines d'une armée d'officiers ministériels ! Les agents de change, par exemple, tiennent entre leurs mains la fortune de plusieurs millions de familles, la fortune de la nation tout entière, et on ne leur demande d'autre garantie de capacité sérieuse qu'un cautionnement de quelques milliers de francs ; il suffira qu'ils représentent un certain nombre de capitalistes assez riches pour commanditer leurs cris de corbeille, et ils seront acceptés ; puis, quand ils auront fait ce qu'ils appellent leur affaire, ils pourront encore revendre leurs charges à de gros bénéfices. Pour peu qu'un pareil état de choses continue, les offices d'agents de change vaudront, à Paris, plus de cinq millions, et, à Bordeaux, plus d'un million. La résurrection des fermiers généraux sera complète !

Certes, nous ne sommes animé d'aucun sentiment d'animosité à l'égard de nos honorables officiers ministériels, mais nous ne pouvons nous empêcher de voir dans le maintien de leurs priviléges un danger social beaucoup plus grave qu'on ne serait tenté de le croire ; leur organisation actuelle est un obstacle à tous les progrès. Personne ne nous contredirait si nous soutenions que la plus populaire, la plus urgente de toutes les réformes, la diminution des frais de justice, a été constamment retardée par les prétentions des avoués, des huissiers, des notaires, des commissaires-priseurs et des autres officiers publics. Toutes les opérations financières de l'Etat, les emprunts, pourraient être entravés par les agents de change s'il plaisait à ces honorables représentants des capitalistes d'avoir quelques velléités d'opposition ; il serait possible aussi aux courtiers d'arrêter, de monopoliser toutes les affaires commerciales, comme cela s'est vu, du reste, à Bordeaux, en 1846, quand les courtiers d'alcools refusèrent de légaliser la hausse de la cote de cette marchandise. Nous n'en finirions pas si nous voulions entrer dans tous les détails que comporte l'examen de cette grande question de la vénalité et de la transmission des offices ministériels ; nous dirons seulement qu'il est grand temps d'en revenir au régime de Napoléon Ier, et d'arriver insensiblement à la suppression de tous les priviléges par la multiplication des charges, et, de là, à cette émancipation complète qui fait la force et la gloire de l'Angleterre. La législation actuelle doit être changée radicalement pour toutes les catégories qu'elle embrasse et spécialement pour celle des courtiers de commerce.

S'il est un principe qui mérite d'être proclamé bien haut, c'est assurément celui de la franchise des transactions commerciales ; il faut que tout négociant patenté ait le droit de traiter ses affaires comme il l'entend, par lui-même ou par les hautes capacités de ceux auxquels il veut donner librement sa confiance, et cela, sans qu'il puisse être gêné par les priviléges directs ou indirects dont jouissent les courtiers. Le privilége d'un office ministériel n'a de raison d'être qu'autant qu'il a pour contrepoids le libre exercice du droit commun ; de même que les actes notariés existent parallèlement aux sous-seings privés, de même les agences commerciales doivent équilibrer le courtage. Le nombre des officiers ministériels serait illimité, que la liberté, l'indépendance de chaque citoyen n'en devrait pas moins subsister tout entière. Voilà le principe, mais la loi et les administrations publiques n'en ont pas suffisamment consacré l'application aux opérations commerciales ; ainsi, à Bordeaux, les abus du courtage ne sont pas moins fatals au commerce que les jeux de Bourse. Créés pour être des intermédiaires officiels mais nullement indispensables entre les négociants d'une même place, les courtiers ont fini par faire de leurs charges le plus triste des instruments de monopole.

D'abord, la limitation du nombre des titulaires, l'augmentation de la population, la multiplication incessante des affaires et le droit absolu de transmission ont élevé si haut le prix des charges, que les gros capitalistes peuvent seuls le payer ; expérience, activité, moralité, génie commercial, qu'est-ce que tout cela pour le meilleur de nos candidats courtiers ? Il serait capable de détruire les abus du passé, de galvaniser notre place, de la sauver de la ruine, qu'il ne réussirait jamais à obtenir le titre de courtier, s'il n'était pas assez riche pour payer ses services et se faire pardonner le concours de son intelligence. Ensuite, nous ne connaissons pas de ville où les courtiers aient organisé plus solidement qu'à Bordeaux l'exploitation des priviléges de la vénalité et de la transmissibilité de leurs offices. Ils ont commencé par se faire les très humbles et très obéissants serviteurs du haut commerce de notre place ; ils ont mis à sa disposition des bataillons de commis toujours prêts à courir au devant de sa volonté, toujours prompts à exécuter ses ordres. Ils n'ont même pas hésité, au début de leur carrière, à lui donner des satisfactions de contrebande ; tout le monde sait, en effet, qu'à l'époque où furent institués les courtiers, ceux-ci furent enchantés de recruter des auxiliaires parmi ces coureurs d'affaires, si alertes et si intelligents, qu'ils désignent aujourd'hui sous le nom de marrons à la vindicte des lois, comme des parias ou des pirates. Après avoir édifié, avec une rare patience, les tourelles de leurs donjons officiels, les courtiers se sont relevés de l'état de soumission et de vassalité dans lequel ils s'étaient tenus depuis si longtemps à l'égard du commerce, et, il y a quelques mois à peine, ils ont fait paraître un véritable manifeste de révoltés.

Ils ont signifié à tous les négociants que, bien loin de mettre à leur disposition des bataillons de commis, ils les forceraient désormais de venir, de leur personne, dans leurs bureaux, chercher et traiter des affaires. Nous ne rééditerons pas ici tous les détails des longues dicussions dont les courtiers et leurs syndics ont occupé le public, soit par la voie de la presse, soit au moyen de brochures. A l'exception de leur honorable doyen, M. Dupeyron, qui a combattu avec autant d'expérience que de fermeté les étranges interprétations du syndicat, ceux qui ont écrit sur ce sujet paraissent n'avoir eu d'autre but que celui de défendre les intérêts du courtage; nous pensons, nous, que la question mérite d'être vue de plus haut, et qu'il s'agit avant tout de rechercher de quel côté se trouvent les véritables intérêts du commerce.

A Bordeaux comme dans les autres ports de France, les courtiers se divisent en plusieurs catégories, suivant qu'ils s'occupent des navires, des marchandises ou des assurances maritimes. La base de notre prospérité commerciale reposant évidemment sur les importations et sur les exportations des marchandises, et, par conséquent, sur les facilités qui peuvent leur être accordées ainsi qu'aux navires à l'entrée et à la sortie de notre port, nous commencerons par étudier l'influence des courtiers maritimes sur le mouvement des bâtiments et des marchandises venant de l'étranger :

Conduire le capitaine au bureau du port pour y faire la déclaration d'entrée; remettre les rapports de mer au greffe du tribunal de commerce et au commissariat général de la marine; assister à la prestation de serment du capitaine et de deux hommes de l'équipage ; faire un manifeste où doit se trouver la copie exacte de toutes les pièces de douane, telles que passavants, permis, acquits ; rédiger un rapport d'entrée qui relate le nom, le tonnage et le port d'attache du navire, le personnel de l'équipage, la date du congé ; établir le compte du désarmement ; adresser au président du tribunal de commerce une demande pour l'envoi d'experts chargés d'assister à l'ouverture des panneaux et de constater l'arrimage du navire pour régler les avaries qui pourraient exister, voilà ce que fait le courtier à l'entrée d'un navire étranger.

Pour la mise en coutume ou l'expédition de ce même navire à l'étranger, le courtier prépare une feuille spéciale qui est accompagnée du rapport d'entrée, du certificat de jauge et de l'état de déchargement d'arrivée ; il la présente 1º à un contrôleur qui lui donne un numéro d'ordre ; 2º à un « receveur aux déclarations » qui ouvre un compte au navire et lui donne un autre numéro. Le courtier procède au chargement par le réglement des connaissements qu'il fait signer aux chargeurs et au capitaine ; il rédige un manifeste, et gardant pour lui l'original il en remet une copie au capitaine et à l'armateur ; il passe les bordereaux, les chartes-parties etc., etc. Quand le chargement est terminé, le courtier retire des bureaux du receveur la feuille précitée et la communique au contrôleur chargé de fixer la consignation qui doit être versée pour l'expédition du navire. Remise de cette feuille est faite ensuite au receveur qui vise le rapport réclamé par le bureau de navigation afin d'expédier. La liquidation provisoire ou caution une fois acceptée, il faut retirer de la recette une quittance qui est représentée au contrôleur; ce dernier délivre un certificat constatant que les droits sont assurés à la sortie et vise le manifeste de concert avec le contrôleur de la navigation.

Lorsqu'un navire a son chargement composé en tout ou en partie de marchandises en réexportation, il faut retirer du bureau de l'inspecteur, dans une boîte spéciale, les permis relatifs à ce chargement; avec ces permis, on fait établir par « le service actif » une feuille d'accompagnement que vise un officier de douane. Après quoi elle doit être revêtue de sept signatures prises dans sept bureaux différents et soumise ensuite à l'approbation de l'inspecteur. Enfin la même feuille est rapportée au bureau du service actif, qui la remet à bord; jusqu'à Pauillac, l'administration a le droit de se la faire représenter quand bon lui semble, et c'est à cet endroit seulement que le navire est allégé du poids de toutes les formalités douanières. Quand un navire est expédié, le courtier remet au contrôleur tous les permis composant la cargaison, et la liquidation dure un mois environ.

Ce vaste ensemble de formalités douanières et commerciales est suivi, dans tous ses détails et ses minuties, par les courtiers qui, comme on le voit, ont sur les affréteurs ou les chargeurs ordinaires l'inappréciable avantage d'avoir un compte ouvert à la douane et de pouvoir attendre un mois, avant de payer tous les droits de sortie; le commun des martyrs est obligé de liquider au fur et à mesure des chargements. On peut donc dire que les courtiers réalisent par le dépôt d'un cautionnement approximatif et par leur travail, une économie notable de temps; mais tout travail suppose un but; or, le but des courtiers qui s'occupent avec tant d'activité des affaires de douane, quel peut-il être? Dieu nous garde de les calomnier ! Mais nous devons bien dire que la voix publique les accuse de circonvenir toutes les avenues de la douane pour joindre plus sûrement aux bénéfices de leurs fonctions officielles ceux des agences et des consignations maritimes. Est-il vrai, oui ou non, qu'ils signent des permis d'embarquement, qu'ils reçoivent le fret du capitaine à l'arrivée du navire, qu'ils lui font des avances, qu'ils servent de caution en douane aux négociants, que dernièrement encore, ils engageaient leur responsabilité dans les réexportations de sucre, de café, de grains, etc.; qu'ils remplissent les fonctions de consignataires et qu'ils privent ainsi le commerce de ses bénéfices légitimes? Est-il vrai, oui ou non, que certains d'entre eux reçoivent directement des marchandises venant, par exemple, de Toulouse, de Limoges, de Cognac, de La Rochelle; paient aux patrons des caboteurs leur lettre de voiture ou leur fret, font réparer les petites avaries survenues aux colis pendant le voyage, et signent des permis d'expédition qu'ils prennent au nom des propriétaires réels de la marchandise qui demeurent dans les différentes villes précitées ? Est-il vrai que, devenus maîtres de la plupart des places de commerce au moyen d'associations savamment combinées, ils inspirent aux négociants une terreur telle que ceux-ci n'osent pas même mettre leurs navires en charge sous leur propre nom ? Est-il vrai enfin qu'ils grèvent la marchandise de frais considérables, paralysent ainsi toutes les affaires de transit et tuent la place de Bordeaux ? Certes, nous sommes bien loin d'accepter comme fondées toutes les accusations que nous avons entendu formuler contre certains courtiers, mais nous considérons comme un devoir de poursuivre les abus qui se sont glissés dans le courtage de notre port ; c'est rendre service tout à la fois au commerce et à ceux de nos honorables officiers ministériels qui ne veulent pas que leur conduite soit suspectée.

Il faut remonter jusqu'à l'administration de la Douane pour trouver l'explication du monopole que les courtiers exercent sur les affaires de Bordeaux. Personne n'ignore qu'à l'inconvénient de faire perdre beaucoup de temps, les opérations de douane joignent celui d'être enveloppées d'une obscurité tellement mystérieuse, que la plupart des négociants s'égarent dans cet inextricable dédale et s'estiment fort heureux de pouvoir se confier aux courtiers qui en tiennent tous les fils. La publication, par voie d'affichage, d'une notice qui expliquerait sommairement toutes les formalités exigées à l'entrée et à la sortie des navires, et indiquerait les numéros et la situation des bureaux du labyrinthe, rendrait un immense service au commerce en ce qu'elle lui permettrait de suivre lui-même ses affaires. Ce ne serait pas assez; le plus difficile n'est pas de pénétrer dans tous les coins et recoins de la douane, il faut encore s'y faire recevoir sur le même pied que les courtiers. Or, il faut bien savoir que, indépendamment de la connaissance parfaite des lieux, les courtiers sont depuis longtemps en possession d'un privilége, qui a été constamment refusé aux négociants-affréteurs et aux agents les plus solvables et les plus justement honorés, celui d'avoir un compte ouvert à la douane et de pouvoir expédier les navires après le dépôt ou la consignation du montant approximatif des droits de sortie. Quoique, contrairement à la logique de son institution, l'administration n'aille pas audevant de la marchandise et du navire, nous rendons volontiers hommage au sentiment qui l'a portée à abréger, en faveur des courtiers, la longue série de ses formalités préventives; il est fâcheux seulement qu'en privant des mêmes facilités les chargeurs ou leurs agents, elle se soit rendue la complice involontaire des violations de la loi dont le public accuse les courtiers.

Le courtage, répèterons-nous, est un privilége, absolument comme le notariat; or, il est de droit commun que tout privilége soit balancé par la liberté ; les notaires exerceraient la plus intolérable de toutes les tyrannies si les citoyens n'étaient pas libres de traiter leurs affaires eux-mêmes, au moyen de sous-seings privés ; de même le courtage serait le plus odieux de tous les instruments d'accaparement, si tous les négociants étaient dans l'impossibilité d'entamer et de conclure, soit en douane, soit ailleurs, et aux mêmes conditions que les courtiers, toutes les différentes catégories d'opérations commerciales.

Il n'y a qu'à Bordeaux où ces principes si justes et si français soient méconnus ; qu'à Bordeaux où les conséquences qui en résultent soient aussi onéreuses. Il est bien évident que tout citoyen a le droit de rédiger, soit pour lui, soit pour d'autres, un nombre illimité de sous-seings privés ; de se porter caution pour tel nombre d'individus que bon lui semble ; il peut exercer ce droit dans toute sa plénitude. A Bordeaux, un commerçant patenté n'est pas libre de rédiger et de réunir les pièces nécessaires aux diverses opérations qu'entreprendraient les négociants qui lui donneraient leur confiance ; il lui sera encore impossible de se porter caution pour tous ceux auxquels il serait disposé à accorder un crédit illimité. Or, est-il croyable que ceux qui s'opposent le plus vivement à l'exercice de ce droit aussi imprescriptible, selon nous, que la liberté des transactions par sous-seings privés, soient précisément les administrateurs de la douane ? Voilà quarante ans que, sous prétexte de se conformer à un vieil usage de place, les directeurs qui se succèdent dans notre ville refusent, paraît-il, aux affréteurs, aux chargeurs ou à leurs représentants-commis, les mêmes priviléges qu'aux courtiers; ainsi, contrairement au principe du droit commun et aux textes les plus précis de la loi, la douane permet à un courtier d'avoir une feuille de chargement, de prendre les permis et de liquider les droits de sortie moyennant un dépôt de fonds avant le départ du navire. Les négociants affréteurs et consignataires, ainsi que leurs commis ou agents, ont été privés, jusqu'à ce jour, de la même faveur ; ils ne peuvent prendre de permis que pour eux-mêmes et en leur nom, et encore sont-ils obligés de liquider immédiatement les droits de sortie et de perdre un temps précieux dans les mille et une formalités exigées par le code des douanes avant d'arriver à faire embarquer leurs marchandises et expédier leur navire.

Pourquoi le commerce et ses agents ne participeraient-ils donc pas aux bénéfices de la même tolérance ? De deux choses l'une, ou les courtiers ne doivent jouir d'aucune espèce de privilége direct ou indirect, quant à l'abréviation des formalités douanières ; ou bien tous les consignataires, affréteurs et agents commerciaux doivent avoir droit aux mêmes avantages. Tout le monde comprendra que si l'administration de la douane pouvait disposer d'une faveur quelconque, elle la devrait bien plutôt aux consignataires ou affréteurs principaux qu'aux courtiers ; les premiers présentent des garanties réelles de responsabilité et de solvabilité ; les seconds n'en offrent aucune, puisque la loi leur interdit formellement, par les art. 85 et 86 du code de commerce, « de se porter garants dans aucune opération commerciale, de recevoir et de payer pour compte de leurs commettants. » Dans le but extrêmement louable d'accélérer le plus possible l'expédition des navires, l'administration de la douane permet d'opérer la vérification en rade; que dirait-on si elle imposait à d'autres navires qu'à ceux qui lui seraient recommandés par les courtiers, la longue série préalable des formalités légales ? Il n'y aurait qu'un cri de réprobation contre une pareille partialité. Eh bien, quand l'administration de la douane permet aux courtiers, moyennant un dépôt, de ne liquider les droits qu'après l'expédition du navire, et force, au contraire, les particuliers chargeurs à liquider au fur et à mesure du chargement, fait-elle autre chose que de la partialité ?

Examinons un peu les conséquences qu'entraîne cette différence de traitement : les chargeurs, obligés de subir une foule de formalités qui doivent se répéter pour chaque colis, s'adressent tout naturellement aux courtiers, puisque ces officiers ministériels sont investis du privilége d'épargner du temps et des ennuis à quiconque réclame leur intervention auprès de l'administration de la douane;

malheureusement, si cette intervention garantit les chargeurs contre les mille détails de la légalité douanière, elle a, par contre, le grave inconvénient de se traduire par des frais tellement élevés, qu'ils compromettent depuis longtemps l'existence même de notre commerce. En effet, la prérogative dont jouissent les courtiers leur facilite des opérations commerciales que la loi n'autorise nullement et pour lesquelles ils ne devraient être ni privilégiés ni rétribués. Le courtier de navire est l'homme du navire, et c'est à ce titre que la loi le reconnait comme conducteur privilégié ; à Bordeaux, il est encore l'homme de la marchandise, il perçoit des tantièmes de tous les côtés ; le navire lui paie 1 fr. 50 c. et les chargeurs lui donnent 2 fr. par tonneau, de sorte que, pour un navire étranger de 1,000 tonneaux, le courtier recevra 3,500 fr.

Les consignataires ou affréteurs principaux des navires devraient jouir, seuls, de la concession faite au courtier, parce que, seuls, ils sont responsables auprès de l'administration de la douane, qui reste toujours nantie du gage ou du navire jusqu'à l'entier paiement des droits; armateurs et consignataires couvrent constamment le courtier ; l'intervention de ce dernier est donc fictive et complétement inutile. A quoi bon alors grever la marchandise de 2 fr. par tonneau au profit de cet agent ? Pourquoi rendre obligatoire l'intervention de cet agent, au moyen d'une tolérance que rien ne justifie et que condamne la loi ? Au Havre, à Nantes, à La Rochelle, à Marseille, la loi est respectée ; les expéditions sont faites par les chargeurs eux-mêmes, qui liquident en même temps les droits de leurs marchandises ; aussi n'y paie-t-on pas 2 fr. par tonneau et les transits alimentent-ils largement ces marchés.

A Marseille seulement, les courtiers ont un commis pour prendre les permis des marchandises expédiées par cabotage, moyennant un salaire qui lui est personnel et débattu avec le chargeur, mais SANS QUE POUR CELA IL SOIT OBLIGATOIRE. On ne s'étonnera donc plus qu'en présence de la prérogative qui leur a été attribuée presque exclusivement par la douane, les courtiers de Bordeaux aient été accusés de remplir l'office de consignataires des navires, de payer les pilotages, d'encaisser le fret, de régler les comptes d'armement et de désarmement, de faire des avances au capitaine et de priver de cette manière les consignataires réels et le commerce en général des commissions d'usage établies à cet effet.

La vérité est que très souvent, chez nous, les cargaisons importées par navires étrangers ont un consignataire, et que le navire en a rarement un ; ils est assez curieux, dans tous les cas, de visiter le bureau d'un courtier de navires de Bordeaux. On voit qu'il ne diffère en rien de celui d'un négociant ; on y trouve caissier, teneur de livres, commis chargé de la correspondance, commis pour les recouvrements et les affaires du dehors, commis pour la douane, sans compter les marrons. Le commis-courtier y forme une espèce à part.

Par la position toute spéciale qu'ils sont parvenus à se faire à Bordeaux ; par les prérogatives qui leur sont accordées ; par les droits qu'ils se sont arrogés, les courtiers en sont arrivés à dominer complétement le commerce, et sont devenus une véritable nécessité. Aussi, par suite de cette position, sont-ils forcés de posséder, soit directement, soit indirectement, de grands capitaux. L'intervention des courtiers, qui devrait toujours avoir pour effet d'amener des simplifications de formalités et des réductions de dépenses se résume à Bordeaux en aggravation de frais. De tous les ports de France, le nôtre est celui où les navires sont soumis aux conditions les plus onéreuses du courtage. Les ports rivaux du nôtre exploitent habilement les antipathies qu'excitent contre nous ces augmentations de frais, en envoyant des caboteurs prendre nos vins et nos spiritueux, pour les entreposer dans leurs magasins et les tenir à la disposition des étrangers que nous avons éloignés par les imprudentes exagérations de nos tarifs. Nous savons bien que le pilotage et le remorquage figurent pour une bonne part dans le tableau des frais de notre navigation ; tous les navires étrangers, heureusement, n'ont pas besoin d'être remorqués, mais tous paient des commissions extrêmement élevées ; or, ces commissions pèsent, non seulement sur les corps de bâtiments, mais encore, et davantage, sur les marchandises.

Les marchandises qui s'expédient de notre port se divisent en six catégories : 1° les marchandises dites produits du sol ; 2° celles provenant des entrepôts ; 3° celles expédiées par transbordements ; 4° celles expédiées en primes ; 5° celles expédiées en transit ou par acquit-à-caution ; 6° celles expédiées par cabotage. Pour la première et la dernière de ces catégories, seules, les courtiers sont employés ; pour les quatre autres, le chargeur fait par lui-même ou par ses employés les opérations de douane, et néanmoins il paie au courtier la même rétribution que pour celles où il a été obligé de recourir au service de cet officier ministériel. Si les courtiers ont le droit d'exiger une rétribution pour leurs peines et soins, ils ne devraient plus être admis aux mêmes prétentions dans les divers cas où leur intervention est inutile. Ils ont imaginé, néanmoins, de justifier leur rétribution par les démarches qu'ils font, disent-ils, pour procurer, dans le navire, la place nécessaire à la marchandise, comme si le chargeur bénéficiait d'une faveur qui est tout entière au profit du navire ou de ses ayants-droit. Le chargeur a le droit de traiter par lui-même avec l'armateur, le capitaine ou le consignataire, droit positif, inaliénable ; pourquoi le forcer, alors, de se servir de l'intermédiaire inutile auquel les usages de la place accordent une rétribution de 2 fr. par tonneau, qu'il prélève en se substituant au chargeur ?

Le chargeur ou l'expéditeur ne doit aucun courtage pour sa marchandise, attendu qu'il facilite, dans l'intérêt de l'armateur ou du capitaine, le chargement d'un navire pour telle ou telle destination ; il vient également en aide au courtier dans la liaison d'une affaire, en lui donnant, par le fait même de la marchandise qu'il lui confie, le moyen d'avoir un navire qui souvent est adressé à l'un de ses confrères ; il lui procure donc en définitive l'occasion de percevoir un courtage, et, dans ce cas, si quelqu'un devait une rémunération, ce ne devrait certes pas être le chargeur.

Il est important que la marchandise ne soit pas grevée de frais, et cela dans l'intérêt du commerce en général. L'expéditeur qui expédie la marchandise ne doit supporter que les dépenses de douane et nullement celles du courtage et de l'arrimage; une fois qu'elle est rendue sous palan, elle tombe sous la responsabilité du capitaine, qui a le droit de choisir tel arrimeur qui lui conviendra, attendu qu'aux termes du connaissement qu'il signe, il est responsable des avaries provenant d'un mauvais arrimage ou de toute autre cause qui ne rentre pas dans la catégorie des cas de force majeure.

Nous ne nous lasserons pas de répéter, que si la plupart des marchandises en transit nous échappent, même celles qui sont les plus voisines de notre port, il ne faut pas en chercher la cause ailleurs que dans le prélèvement des rétributions exagérées qui sont accordées aux courtiers, et à titre purement seigneurial, puisque ces officiers ministériels ne font aucun travail utile à l'expédition de ces marchandises, et n'épousent aucune espèce de garanties. Les eaux-de-vie de La Rochelle et de Cognac, les porcelaines de Limoges, tous les articles de Paris, de Lyon, de Suisse, etc., qui autrefois alimentaient notre commerce de l'Inde et des mers du Sud, prennent aujourd'hui la voie du Havre, uniquement à cause de l'exagération des frais que le port de Bordeaux leur fait supporter. Au Havre, les courtiers ne s'occupent jamais du chargement; ce sont les chargeurs eux-mêmes qui lèvent leurs permis et acquittent les droits de sortie; chaque maison d'expédition a son commis du dehors muni de sa procuration, auquel elle confie spécialement la surveillance de l'embarquement des colis; c'est l'affréteur lui-même qui garde la feuille de chargement d'après laquelle il rédige le manifeste ou freight-liste du navire qu'il expédie. A Nantes, les courtiers ne se mêlent, en aucune manière, des formalités douanières; les négociants prennent leurs permis et font tout par eux-mêmes. A Marseille, le courtier n'intervient pas davantage, ainsi que nous l'avons déjà expliqué. Il est évident que si la marchandise n'était pas plus grevée de frais dans notre port que dans les autres, elle nous arriverait en plus grande quantité, attendu que les armements sont moins chers ici que partout ailleurs, et que sur le tonnage seul les chargeurs gagnent à Bordeaux 44 p. 100 sur ceux du Hâvre, où le tonneau est évalué au mètre cube, au lieu d'avoir 1 mètre 44 cent.; les transits par Bordeaux deviendraient plus abondants et le nombre des navires à expédier augmenterait naturellement, en rapport des marchandises qui nous seraient adressées.

En présence des immenses progrès réalisés sur terre et sur mer pour la circulation des marchandises, pouvons-nous placer une barrière à l'entrée de notre port et tarir nous-mêmes, par des surtaxes inintelligentes, la source de notre prospérité commerciale? Il serait à désirer que le Gouvernement, dans l'intérêt de l'exportation qui est l'intérêt du travail et de la tranquillité publique, réduisît encore tous les droits de sortie sur la marchandise, et les courtiers viendraient la surcharger par leurs taxes féodales! C'est là un usage ridicule, et qu'il est impossible de tolérer plus long temps dans une ville qui a la pretention d'être le berceau du libre-échange. Nous sommes donc bien fondé à demander que la marchandise soit affranhie de toutes ces entraves, et qu'elle soit attirée dans notre port, par toutes les séductions d'un libéralisme éclairé.

Les courtiers doivent rester ce que la loi les a faits, des conducteurs de navires, des interprètes-jurés. Ils n'ont aucun titre à faire valoir pour toucher, soit directement, soit indirectement, à la marchandise; celle-ci ne regarde et ne doit regarder que les armateurs, consignataires, affréteurs, négociants ou leurs agents. Quelques arguments que l'on fasse valoir en faveur des courtiers, on ne parviendra jamais à justifier le monopole qu'ils se sont arrogé.

Dans le but, sans doute, de se rendre plus redoutables aux négociants qui seraient tentés de leur dénier le droit de percevoir les 2 fr. par tonneau sur les marchandises, les courtiers ont imaginé de former entre eux des associations, et de se partager les branches de l'arbre commercial. Au bénéfice de diminuer leurs frais généraux ils ont joint celui d'attirer ainsi vers eux la majeure partie des affaires étrangères, et d'empêcher le véritable négociant de faire directement ses affrétements. Malheur à quiconque tenterait d'échapper à leurs lois; il courrait grand risque de payer de notables différences, s'il était affréteur; d'attendre longtemps l'expédition de sa marchandise, s'il était expéditeur. C'est là, du moins, ce que disent bien des gens, et s'ils se trompent, il faut avouer que les apparences de la vérité sont pour eux, car le fait de l'association des courtiers n'a jamais été démenti. M. Dupeyron qui, depuis 1806, s'occupe de courtage avec tant d'honorabilité, a publié dans les journaux une lettre dans laquelle il a signalé, au grand jour, l'existence illégale des associations de courtiers, et jusqu'à présent il n'a pas encore rencontré de contradicteurs sérieux; s'appuyant sur les textes les plus précis de la loi et sur les commentaires les plus judicieux des légistes, l'honorable doyen des courtiers de Bordeaux a prouvé que ces sortes d'associations devaient être condamnées, tant parce qu'elles étaient illégales que parce qu'elles causaient un grave préjudice au commerce ; nous sommes complétement de son avis.

Armés, depuis quarante ans, par l'administration de la Douane du privilége exclusif d'avoir un compte ouvert pour les navires en charge et de colliger tous les permis, en se substituant aux différents chargeurs et négociants ; maîtres, par leurs brevets, de tous les navires, et par leurs interprétations des usages de la place, de toutes les marchandises ; disposant, par leurs associations, d'une puissance presque invincible, les courtiers maritimes auraient pu éterniser leur souveraineté s'ils avaient eu le bon esprit de continuer à mettre au service du commerce leurs bataillons de commis-adjoints, intéressés, marrons, etc., etc., etc. Mais l'ambition leur a tourné la tête. Leur chambre syndicale s'est avisée, il y a quelques mois, de demander la suppression de ces commis si actifs, si intelligents, et l'administration supérieure lui a fait la gracieuseté d'accueillir favorablement sa demande. Malheureux syndicat! Que d'orages n'avez-vous pas accumulés sur la tête des courtiers en obéissant à cette malencontreuse inspiration ! Ne valait-il pas mieux laisser subsister l'ancien état de choses, au lieu de venir remuer des questions si délicates et si irritantes ! Nous avons un respect profond pour toute espèce d'autorité, en général, mais nous éprouvons un véritable sentiment d'admiration pour notre brave syndicat qui, transporté du saint zèle de la légalité, a frappé ses enfants et leurs commis avec un sans-façon tout romain. Aucune considération ne l'a arrêté, pas même celle de la reconnaissance et de l'intérêt ; jugeons-en plutôt par le tableau suivant : Le commerce se voyant entouré d'une cour de commis-courtiers empressés d'exécuter ses ordres, fermait les yeux sur les petites manœuvres dont ils étaient accusés, et il se déclarait satisfait par la voix de ses représentants officiels ; la grande majorité des courtiers titulaires, confiante dans l'intervention d'employés actifs et intelligents, se laissait aller au courant des profits combinés de ses charges, de ses capitaux et du travail de ceux dont elle couvrait les opérations, quand le syndicat est venu tout à coup troubler un si bel état de choses.

« Le coup qui a frappé les commis devait-il partir des syndics d'une corporation dont ces intelligents employés avaient si laborieusement édifié la fortune et le monopole ? A défaut de celle de la reconnaissance, la logique de l'intérêt ne faisait-elle pas un devoir à ces mêmes syndics de tolérer l'excès de zèle, de générosité des commis qui abandonnaient à leurs patrons une bonne partie des bénéfices de leur travail et de leur marronage. » Voilà ce qu'ont dit, ce qu'ont écrit les organes les plus autorisés du commerce de Bordeaux, après l'exécution des commis par le syndicat ; mais celui-ci est resté inébranlable, et pour un peu il serait allé jusqu'à envelopper dans la proscription générale les plus innocents des commis, les scribes, les porte-notes, les petits commissionnaires. Nous ne partageons nullement l'opinion des adversaires du syndicat; nous le remercions, au contraire, de sa bienheureuse ingratitude envers le commerce et envers ces vieux collaborateurs qu'il traite aujourd'hui de marrons et de pirates; nous admirons le stoïcisme avec lequel il a mis la hache dans cette forêt du marronage, qui alimentait tant de bureaux de courtiers; il a porté un coup terrible au courtage, mais il a sauvé le commerce et la liberté; le syndicat a donc bien mérité de la place de Bordeaux. Prouvons-le :

Depuis soixante ans, les affaires n'ont pas augmenté chez nous dans une proportion aussi élevée qu'ailleurs; mais enfin, elles ont augmenté. Ainsi, en 1801, époque de la création de nos 70 courtiers, il n'y avait que 82 navires expédiés de notre port; en 1856, on en comptait 1,078. En 1801, l'almanach du commerce n'indiquait que 1,360 négociants, armateurs ou marchands; en 1856, il donnait une liste de 11,250. En 1801, les communications régulières entre Bordeaux et Paris se faisaient en 7 ou 8 jours, il fallait au moins 2 jours pour relier les villes des départements voisins à la nôtre. En 1857, Bordeaux n'est plus qu'à 10 heures de Paris, à 3 ou 4 heures des chefs-lieux du bassin de la Garonne, à quelques minutes seulement des points les plus éloignés du monde par les télégraphes électriques ! Les immenses progrès de la science et de l'industrie ont apporté des améliorations inouies dans les rapports de notre ville avec toutes les parties de la France et de l'étranger ; la rapidité des communications a entraîné naturellement la multiplicité des affaires. Eh bien ! c'est ce moment là qu'a choisi le syndicat pour frapper son grand coup et proscrire les commis de toutes les catégories. Bien des personnes ont vu dans sa vigoureuse initiative une pensée de vengeance et d'égoïsme. Les unes ont dit que les courtiers s'étant sentis assez forts du privilége que leur accorde l'administration de la douane et assez puissants par leurs associations avaient voulu forcer le Commerce à venir faire amende honorable, dans leur bureaux, des courses multipliées qu'il leur avait imposées pendant soixante ans ; les autres ont prétendu que ces honorables officiers ministériels, dans la prévision des plaintes qu'arracherait au commerce la suppression des commis, demanderaient eux-mêmes la création de nouvelles charges pour en devenir les concessionnaires et les dispensateurs.

Nous ne savons pas quelle est la plus exacte de ces interprétations de la conduite du syndicat ; nous aimons mieux, dans tous les cas, croire le bien que le mal, et quel que soit le mobile auquel aient obéi MM. les Syndics, nous nous applaudissons de leur décision, parce qu'elle provoquera infailliblement une réaction favorable à notre commerce, et lui ouvrira bien enfin les yeux ; il faudrait, en effet, supposer que nos négociants eussent assez peu le sentiment de leur force et de leur dignité pour se résigner à venir dans les bureaux des courtiers officiels chercher et traiter en même temps des affaires. C'est ce qu'ils ne feront jamais. Privés, et avec raison, d'intermédiaires qui, sous le nom de commis, partageaient avec les courtiers des primes très élevées, les commerçants de Bordeaux demanderont deux choses que le Gouvernement ne pourra leur refuser ; d'abord, la création de nouvelles charges de courtier, sans indemnité préalable pour les titulaires actuels ; ensuite, la suppression de toutes les entraves qui ont empêché, jusqu'à présent, l'établissement des agences maritimes et commerciales. Tous ceux qui ont acheté des offices ministériels, sous le régime de la loi du 28 avril 1816, n'auraient jamais dû oublier que cette loi a formellement réservé au Gouvernement le droit d'augmenter. selon qu'il le jugerait convenable, le nombre de ces offices ; ils n'auraient donc aucun droit de se plaindre, si le Gouvernement de l'Empereur, conformément à la législation de Napoléon Ier, faisait autant de courtiers qu'il fait d'avocats.

En attendant cette réforme radicale, si juste et si rationnelle, puisqu'elle aurait pour effet de donner un brevet au plus capable et non au plus riche, nous maintiendrons le droit imprescriptible que doit avoir tout négociant patenté d'élever des agences susceptibles de faire une concurrence efficace aux courtiers. Puisque le commerce a besoin d'intermédiaires actifs, intelligents, où pourrait-il les choisir plus heureusement que parmi ces commis qui ont vieilli dans la carrière du courtage, et dont l'expérience est égale, sinon supérieure, à celle de la plupart des courtiers titulaires. Nous irons plus loin, et nous dirons 1° que ces agents devraient former la pépinière des courtiers ; 2° qu'ils présenteraient plus de garanties au commerce que bien des courtiers, qui sont des capitalistes exploitant un brevet et rarement des hommes d'affaires ; 3° qu'ils seraient plus aptes à favoriser le développement de nos progrès industriels et commerciaux. Les courtiers officiels ne sont ou ne représentent que des personnalités financières, souvent sans expérience, toujours sans responsabilité; leur intervention pourrait même jusqu'à un certain point être considérée comme inutile, puisque leur signature ne donne aucune valeur à un bordereau qui ne serait pas signé par les deux parties contractantes. Des agents qui présenteraient toutes les garanties désirables de moralité et de capacité seraient plus utiles à une ville de commerce que les courtiers, parce qu'ils ont sur ces derniers l'avantage de pouvoir traiter des affaires d'une place sur une autre, et attirer par là même un plus grand nombre d'affaires sur celle où ils travaillent. Un courtier ne peut affréter un navire en totalité pour le sous-louer, à la cueillette, en courant les chances de perte ou de gain sur le prix de l'affrétement total, attendu qu'il lui est interdit de faire aucune affaire pour son compte ; un agent maritime louera ou sous-louera à ses risques et périls, prendra du fret partout où il en trouvera, n'aura aucun intérêt à mettre les chargeurs en coupe réglée, et sera toujours personnellement garant de ses opérations. Le carnet du courtier n'est pas plus indispensable que son intervention personnelle en cas de perte du titre par l'une des parties ; s'il en était autrement, il faudrait créer un office ministériel pour transcrire les marchés qui sont passés par correspondance télégraphique ou par lettres.

Nous proposons donc résolument le création à Bordeaux d'agences maritimes analogues à celles du Havre. Le commerce y gagnerait de continuer à être servi par des commis-courtiers, qui chercheraient dans ces agences maritimes un dédommagement à la proscription dont ils ont été frappés par le syndicat; le Gouvernement y gagnerait aussi de percevoir des droits de patente que ne payaient pas les anciens commis-adjoints ou intéressés des courtiers.

Nous nous sommes étendu assez longuement sur le courtage maritime, et, spécialement, sur les opérations douanières exigées à l'entrée et à la sortie des navires étrangers, parce que c'est là qu'est la base de toutes nos affaires commerciales ; nous aurions encore beaucoup à dire sur ce sujet, mais nous avons besoin de réserver une petite place aux autres sections du courtage. Il y a aussi de grandes réformes à opérer de ce côté ; nous nous contenterons d'en indiquer quelques-unes. La première, la plus indispensable de toutes, c'est la publication officielle et régulière du cours des marchandises. L'association des courtiers entre eux n'est pas bornée au courtage maritime ; bien qu'elle ne soit pas générale, elle embrasse aussi celui des marchandises, et, dans ce cas, elle peut causer au commerce des préjudices non moins graves que dans le second.

On sait, en effet, que les syndics des courtiers sont chargés de rédiger la cote officielle des marchandises ; or, il est bien évident que, quelle que soit la bonne foi des courtiers, elle pourra toujours être suspectée, par le seul fait qu'il se trouvera dans la Chambre syndicale plusieurs représentants des associations dont nous parlons. Deux usages bien fâcheux viennent, du reste, donner une certaine créance à ces soupçons, que nous ne partageons nullement : D'un côté, tous les courtiers ne se présentent pas à la Chambre syndicale pour faire viser leur carnet et relater le nombre et les prix réels de leurs affaires ; les cours certifiés par leurs syndics ne sont jamais que des cours moyens, et encore n'embrassent-ils pas toutes les catégories de marchandises. D'un autre côté, les courtiers se refusent très souvent à publier leurs ventes et leurs achats, sous prétexte qu'ils sont tenus au secret par les négociants dont ils sont les intermédiaires. Nous comprenons, jusqu'à un certain point, qu'un acheteur, par exemple, garde pendant vingt-quatre heures le secret d'une opération, afin de se soustraire au contrôle malveillant de ses concurrents, qui ne manqueraient pas de l'entraver, en publiant partout qu'ils auraient pu la traiter à de meilleures conditions; nous n'oublions pas qu'à Bordeaux, tout le monde a la prétention de surfaire les prix connus, en provoquant constamment des hausses progressives. Les courtiers eux-mêmes sont intéressés à élever le prix de leur demande, par la crainte que la connaissance de l'affaire ne nuise à sa réalisation, à cause de la concurrence que lui susciteraient les autres courtiers non associés à ses bureaux. Négociants et courtiers ne gardent donc le secret d'une opération, que dans le but de faciliter la conclusion d'autres affaires entamées; c'est là du moins ce que diront les gens bien pensants. Mais, il faut compter aussi avec la malveillance; il faut savoir qu'une fois lancés sur cette pente glissante de la dissimulation, les courtiers s'arrêteront difficilement. Qui ne se rappelle qu'en 1846, les courtiers plus spécialement chargés de la vente des trois-six, opéraient pour leur propre compte et sur une échelle d'autant plus vaste, qu'ils faisaient à leur gré tous les prix? Le privilége qu'ils s'étaient arrogé de lier des marchés à termes, sans faire jamais connaître les noms de leurs acheteurs, leur facilitait les moyens de garder eux-mêmes la marchandise sans emploi pendant un certain temps. Quelques-uns d'entre eux finirent par être très gravement compromis, en jouant sur la baisse, parce qu'ils négligèrent de liquider leurs opérations aux termes ; le prix de l'hectolitre s'éleva successivement de 60 fr. à 118, et les courtiers engagés par leurs spéculations dans des pertes énormes se coalisèrent entre eux, refusèrent de légaliser le cours de la hausse et paralysèrent ainsi toutes les affaires. Des procès s'ensuivirent ; grand nombre de marchés furent annulés, et les transactions s'opérèrent à des prix très onéreux pour les vendeurs réels. Plusieurs courtiers furent ruinés, et durent s'estimer très heureux d'avoir pu conserver leurs charges.

Il est donc facile de se rendre compte des graves inconvénients que peuvent présenter les associations de courtiers combinées avec le secret des opérations ; nous n'excusons d'ailleurs un excès de réserve, même désintéressé, pas plus chez le négociant que chez le courtier. Nous comprenons qu'on évite, dans certains cas, d'afficher immédiatement le secret de ses combinaisons ; mais est-ce une raison pour que courtiers et négociants dissimulent, pendant des semaines entières, ce que tout le monde peut et doit connaître, et ne devons-nous pas voir avec tristesse que, de toutes les places de commerce, celle de Bordeaux soit la seule qui ne publie pas dans les journaux les renseignements que les négociants étrangers ont besoin d'y trouver ? Il est passé dans nos mœurs de traiter les affaires en quelque sorte à huis-clos, et de négliger à peu près complétement toutes les garanties de la publicité. Les courtiers, on le sait, n'ont été institués que pour donner un caractère d'authenticité indiscutable aux contrats commerciaux. Ne trouveraient-ils pas dans les journaux de zélés auxiliaires pour porter à la connaissance du public, les ventes et les prix qu'ils ont à constater.

Pour les seuls prix-courants donnés quotidiennement au commerce, c'est à dire pour ceux des trois-six, il se trouve que l'oubli des désignations de prix, par séries de qualités, comme cela se pratique ailleurs, compromet nos intérêts les plus immédiats; la moindre inadvertance en pareille matière coûte toujours très cher à tout le monde. Nous avons suivi, l'année dernière, avec toute l'attention dont nous sommes susceptible, l'étude des différentes cotes; nous sommes allé, pendant plusieurs mois de suite, à la Bourse du commerce pour recueillir des prix réels de vente et d'achat, et nous n'avons pu obtenir de renseignements précis que chez les deux honorables doyens du courtage, MM. Dupeyron et Bouché; qu'ils reçoivent ici tous nos remercîments. Dans l'état actuel des choses, il est impossible à l'homme le plus actif de recueillir un ensemble de documents officiels susceptible de donner une idée des opérations qui se traitent à Bordeaux. Les journaux qui dépensent le plus de temps et d'argent pour recueillir des notes à la Bourse, ne peuvent obtenir que des lambeaux de cotes plus ou moins erronées, et la publicité qu'ils leur donnent est beaucoup plus nuisible qu'utile à notre place. Quelquefois, il leur est permis de signaler certaines ventes, très rarement les prix, et jamais la cote réelle pour la masse des marchandises. Ce n'est pas leur faute à eux si les expéditeurs étrangers s'éloignent de notre port, et si cette absence de publicité met en suspicion des consignataires fort honorables, du reste. Pour peu que nous persévérions dans cette obstination de la routine et du secret, nous n'aurons plus à Bordeaux que les denrées achetées par les maisons bordelaises qui ont des succursales à l'étranger ou qui opèrent pour leur compte particulier.

On a la mauvaise habitude de ne pas vouloir faire à Bordeaux ce qu'on fait partout, à Calcutta aussi bien qu'à Londres, à Rio-Janeiro aussi bien qu'au Havre. Mauvais calcul, en vérité ! on croit qu'il faut élever le prix de la marchandise pour favoriser la spéculation et se donner la satisfaction de faire, à l'acheteur, des conditions plus douces que celles de la cote. C'est, on en conviendra, un étrange moyen d'attirer la clientèle; et puis, le commerce ne vit pas de fictions, mais de contrôle. Il déserte les places où il ne marche pas à pied sûr; il lui faut des cours bien clairement établis, bien francs et bien publics.

Il ne faut jamais oublier que les expéditeurs

étrangers veulent à tout prix contrôler les opérations de leurs consignataires, et nous avons peine à comprendre qu'on veuille lutter à Bordeaux contre ce désir si naturel. A quoi bon d'ailleurs envelopper ses opérations de mystère, quand on sait que les marchés les plus secrets deviennent si vite des secrets de comédie? Par ce temps de télégraphie électrique, de chemins de fer et de paquebots transatlantiques, la jalousie et la concurrence font des prodiges d'indiscrétion. Mieux vaudrait donc pour nos négociants qu'ils eussent le bon esprit de se donner les bénéfices de la franchise, en allant au-devant de toutes les interprétations, de toutes les insinuations malveillantes. Avec les moyens de publicité dont dispose la société moderne, il n'est plus possible de rien dissimuler, pas même une petite vente d'épices. Les correspondances sont devenues tellement actives, tellement sûres et rapides, qu'il y aurait folie à vouloir cacher la vérité. Il est plus sage d'attirer par la publicité que d'éloigner par ces excès de discrétion qu'on ne manque jamais de qualifier plus sévèrement. Bordeaux est et doit rester un grand marché régulateur; or, il n'y a pas de marché régulateur possible sans franchise et sans publicité. Il est donc du devoir comme de l'intérêt de tous les véritables Bordelais, de donner la plus large publicité à toutes les affaires de première main. L'avenir de notre place est à ce prix. La presse, nous le savons, ne demanderait pas mieux que de venir en aide à tous les hommes de bonne volonté, et nous n'avons pas besoin de dire que, pour notre compte, si, ce que nous ne pensons pas, la minorité des négociants et des courtiers se trouvait du côté de la sincérité des publications, nous tiendrions hardiment pour la minorité; tôt ou tard, elle deviendrait infailliblement la majorité.

Bordeaux est, sans contredit, une des plus importantes places commerciales du monde. On y compte de grandes fortunes, de hautes intelligences, et on trouverait difficilement ailleurs un tribunal et une chambre de commerce composés de membres plus disposés à patroner toutes les améliorations et tous les progrès. Il faut bien dire néanmoins que, depuis une trentaine d'années, les héritiers de nos vaillants négociants d'autrefois se sont endormis dans les bras de l'indifférence et de la routine; mais à quelque chose malheur est bon, et l'effrayante diminution de nos récoltes vinicoles a provoqué chez eux une réaction salutaire en faveur du travail. La majorité paraît décidée aujourd'hui à rompre avec tous les abus qui se sont glissés sur notre place pendant son sommeil; aussi, choisissons-nous avec empressement l'occasion de son heureux réveil pour provoquer toutes les réformes susceptibles de ramener dans notre port les navires et les consignations qui seraient tentés de s'en éloigner davantage. Augmenter le courant des affaires et multiplier le nombre des acheteurs, tel doit être évidemment le but des courtiers et des négociants de Bordeaux. Leur succès dépendra du concours plus ou moins dévoué qu'ils prêteront aux journaux pour les aider à donner la plus large publicité possible à toutes les affaires de première main. L'existence d'un marché régulateur tient plus qu'on ne pense à cette unanimité d'efforts en faveur de la sincérité des cotes.

Ce qui fait la fortune du Havre en ce moment, c'est que tout son commerce est entré franchement dans cette voie de la publicité des prix. La solidarité qui lie les places de commerce les unes aux autres, devrait leur faire une loi, à toutes, de recourir aux mêmes moyens de traiter les affaires; celles qui veulent s'isoler font autant de tort aux autres qu'à elles-mêmes. Il n'y a plus d'hésitation possible; si nous ne voulons pas nous exposer à subir la loi du Havre, il faut faire comme le Havre, et demander aussi à la publicité la garantie de notre avenir. Aussi, estimons-nous que, dans l'intérêt de notre ville, la Chambre de commerce voudra bien provoquer, par tous les moyens en son pouvoir, la réglementation de la publicité des ventes et des prix réels. La haute influence de ses conseils, jointe aux sympathies que rencontre cette réforme dans notre commerce, hâtera, sans nul doute, la réalisation d'un projet qui fera taire les calomnies de nos concurrents.

Pour ne plus laisser aucun prétexte aux interprétations d'une habitude qu'on exploite contre notre marché, nous demanderons, en outre, que l'initiative de la Chambre de commerce s'étende à la publication régulière, et tout au moins hebdomadaire, de l'état de situation de l'Entrepôt réel. Les membres éminents qui la composent connaissent le dommage causé au commerce par l'absence d'une publication de ce genre ; ils n'ignorent pas non plus qu'en cas d'incendie une grave responsabilité pèserait sur la Chambre, si elle n'avait pas dans ses archives un double de toutes les pièces justificatives pour répondre aux prétentions des intéressés. Il y a une grande question d'intérêt pour le commerce et de sécurité pour la responsabilité de la Chambre dans la publication que nous réclamons; ce n'est pas une dépense de quelques centaines de francs par an qui doit en arrêter la solution.

Pour compléter l'ensemble de renseignements que nous croyons nécessaires, nous adresserons à l'administration de la Douane, la même prière qu'à la Chambre de commerce, et nous lui demanderons de porter à la connaissance de tout le monde l'état de situation des entrepôts fictifs. Les journaux anglais et américains publient, trois et quatre fois par semaine, toutes les existences de leurs ports respectifs; les administrations publiques ne refuseront pas non plus, chez nous, de communiquer aux journaux des documents qu'il importe tant au commerce de connaître régulièrement et sans déplacement. La Chambre de commerce, l'administration de la Douane, les courtiers, les négociants ont un égal intérêt à favoriser le mouvement commercial de notre port, en offrant aux expéditeurs de l'intérieur et de l'étranger tous les moyens de contrôle désirables. Nous avons entendu bon nombre de nos concitoyens se plaindre de l'absence de renseignements commerciaux propres à édifier le public sur la véritable situation de notre place; nous ne connaissons pas un consignataire honnête qui ne souffre des interprétations fâcheuses auxquelles donne trop souvent lieu à l'étranger l'espèce de secret qui enveloppe nos opérations. Il n'y a que la publication des cotes réelles et par séries de qualités qui puisse mettre la parfaite honorabilité de nos estimables négociants et courtiers au-dessus de tout soupçon.

Liberté, vérité et publicité, tels sont, de nos jours, les trois agents les plus énergiques et les plus indispensables de la prospérité commerciale d'une ville.

On voudra bien croire qu'en réclamant la réforme radicale des institutions qui régissent les agents de change, les courtiers et tous les officiers ministériels, nous ne sommes mus par aucun sentiment d'hostilité contre des hommes que nous tenons pour très honorables ; nous n'attaquons que le principe du privilége et nous disons que la plupart des abus dont tout le monde se plaint avec raison sont dus bien plutôt aux vices de l'institution elle-même qu'à la personne de ceux qui en profitent. Tout privilége provoque naturellement des abus; ainsi l'agent de change qui paie sa charge deux millions cinq cent mille francs, est poussé, bon gré malgré, à violer la loi et à profiter de la crédulité de uns et de la sottise des autres; le courtier de commerce qui achète un office au prix de deux cent mille francs est obligé aussi d'éluder la loi, de faire des opérations pour son propre compte, ou de s'associer, sous le nom de commis, une foule de marrons et d'intermédiaires qui l'aident à brasser des affaires. Qui solde, en définitive, l'intérêt des sommes exorbitantes employées à l'achat des brevets privilégiés? Tout le monde et principalement le commerce. En effet, l'augmentation incessante de la valeur échangeable des offices ministériels, élève naturellement le prix de l'argent; tous les capitaux employés à l'achat des charges de notaires, d'avoués, d'avocats à la Cour de cassation, d'huissiers, de greffiers, d'agents de change, de courtiers maritimes, de courtiers de commerce, de commissaires-priseurs, etc., tous ces capitaux disons-nous, sont détournés, par là même, du commerce, de l'agriculture et de l'industrie.

Il y aurait un bien gros volume à faire sur les abus patents ou secrets auxquels donnent lieu la vénalité et la transmission héréditaire des offices ministériels; nous en avons signalé quelques-uns seulement, et notre avis est que la responsabilité doit en retomber bien plus sur le principe que sur ceux qui l'exploitent. Soutiendra-t-on que c'est là un mal nécessaire et que les opérations commerciales, par exemple, seraient entravées si les courtiers maritimes étaient supprimés ? Dira-t-on que les négociants ne s'entendraient jamais entre eux si un courtier n'intervenait pas pour voiler leurs inimitiés et concilier leurs prétentions réciproques ? Deux mots résumeront notre réponse à ces éternelles objections : d'abord, des agents libres, responsables de tous leurs actes, seraient aussi aptes que les courtiers à éviter aux négociants ennemis le désagrément de se trouver en présence les uns des autres, et à les mettre d'accord sur leurs différentes opérations ; ensuite, le grand nombre de ces agents, et, par conséquent, leur concurrence, feraient baisser les prix de leurs services ; ils se contenteraient d'un moindre profit, et le commerce bénéficierait d'autant. En supposant d'ailleurs que l'intervention des courtiers fût d'une indispensable nécessité, ne serait-ce pas une raison de plus pour augmenter le nombre de ces officiers ministériels, et amener la baisse du prix des charges par une division des profits ? Ceux qui crieraient à la spoliation ne pourraient accuser qu'eux-mêmes, puisqu'en achetant leurs charges à des prix qui les placent constamment entre leur conscience et leur intérêt, ils auraient oublié cette fameuse loi de 1816, aux termes de laquelle le Gouvernement reste toujours libre d'augmenter le nombre des officiers ministériels.

Nous savons bien que si des agences maritimes ou commerciales, servies par de bons interprètes jurés et par des experts consciencieux, peuvent fonctionner concurremment avec le courtage privilégié, l'augmentation du nombre des courtiers ne sera plus aussi indispensable qu'elle l'est aujourd'hui ; mais pour peu que l'on connaisse l'esprit routinier et défiant de la population française, on comprendra facilement que la clientèle des offiers ministériels ne chômera pas autant qu'on serait tenté de le croire. Chez nous, tout privilége est une enseigne, et une enseigne bien meilleure que celle de la capacité ; le courtier le moins intelligent aura sur l'agent libre et responsable l'immense supériorité du titre, de même que le légiste le plus savant, le plus habile, ne parviendra pas à trouver autant de clients pour ses sous-seings privés que le notaire pour ses actes. Faudra-t-il encore une révolution pour donner à l'intelligence les mêmes priviléges qu'au capital ? Nous n'aimons pas les réformes amenées par la violence ; aussi, est-ce pour cela que nous voulons assimiler tous les officiers ministériels aux avocats et aux médecins, quant à la liberté du nombre et de la capacité ; ce sera du moins un acheminement vers cette grande époque de lumières et de libertés générales où tout citoyen n'aura besoin de présenter d'autres diplômes, d'autres titres que ceux de son intelligence et de ses succès pour avoir droit aux bénéfices de la confiance publique. La France est encore loin, bien loin, sous ce rapport, de l'Angleterre et des États-Unis.

C'est par les offices ministériels du commerce que doit commencer, chez nous, la grande évolution libérale, si l'on ne veut pas aboutir à une nouvelle révolution. « Comme celui qui a l'argent est le maître de l'autre, a dit Montesquieu, le traitant se rend despotique sur le prince même ; il n'est pas législateur, mais il le force à donner des lois. » Par ce temps de gros financiers et d'agents de change, c'est là un principe qu'il n'est pas inutile de placer sous les yeux de ceux qui veulent que les Gouvernements restent toujours libres et indépendants. « Une loi qui ordonne une réforme nécessaire, écrivait Diderot, ne sera jamais approuvée par celui dont cette réforme dérangerait le bien-être. » Cette autre sentence politique explique le maintien de tous les priviléges des offices ministériels ; on a laissé grandir l'importance des titulaires, et ils sont bien vite devenus assez puissants pour prévenir les coups d'une réforme menaçante pour leurs intérêts. Réussiront-ils à éterniser sous l'empire de Napoléon III les bénéfices dont les a gratifiés la Restauration ? Nous ne le pensons pas. La vénalité et la transmission héréditaire des charges publiques ne conviennent pas à nos institutions démocratiques, et l'auguste héritier de Napoléon Ier n'oubliera pas les grandes idées de son immortel prédécesseur en matière de brevets et d'offices ministériels. La puissance dont il a été investi par les acclamations du peuple lui permet de frapper impitoyablement tous les abus, sans avoir à redouter les récriminations des bénéficiaires; la nation entière applaudira aux mesures que lui suggérera son génie en faveur de l'abolition des priviléges qui pèsent sur la liberté commerciale.

La réforme radicale de la loi actuelle sur les agents de change et les courtiers ; l'assimilation de ces officiers ministériels aux médecins et aux avocats pour la garantie de leurs connaissances spéciales, de telle sorte qu'ils puissent être les véritables juges de paix des différentes catégories de commerce; l'existence possible de diverses agences libres, seraient autant de bienfaits pour une place qui, comme celle de Bordeaux, s'est, en quelque sorte, immobilisée dans l'inertie des hommes et des choses. Si nos courtiers de navires, de marchandises et d'assurances maritimes se recrutaient parmi ces commis qu'ils ont, en quelque sorte, renvoyés de leurs bureaux après avoir bénéficié de leur travail et de leur expérience; si des garanties sérieuses d'examens théoriques et pratiques venaient s'ajouter aux capitaux versés dans les offices ministériels ; si des agents tels que les Stock-Broker, les Ship-Broker, les General-Broker, des Anglais, étaient mis à même de faire concurrence aux courtiers par les facilités que leur accorderait l'administration, et par la confiance qu'ils inspireraient aux négociants, nous ne verrions pas dépérir les branches de notre arbre commercial. Donnons libre carrière à ces intelligences ardentes, qui se consument dans l'oisiveté, alors qu'elles pourraient rendre de si grands services au commerce et à l'industrie; ouvrons-leur, à deux battants, la porte du courtage et passons outre aux doléances des titulaires qui réclameraient une indemnité préalable; débarrassons la place de cette multitude de frais qui, sous le nom de courtage, d'arrimage, de gabarrage, de droits de grue, de commissions de transit, etc., etc., paralysent toutes nos forces et éloignent de notre port les meilleures maisons de l'étranger.

Bordeaux n'a même pas encore su prendre le monopole du transit ou de l'entrepôt des cotons des Etats-Unis en destination de Toulouse, du midi de la France, de Barcelonne et de Mataro; ils arrivent par le détroit de Gibraltar et dépensent au moins quatre mois pour un voyage qu'ils exécuteraient en deux mois par la voie de Bordeaux et de ses chemins de fer. De même pour les bouchons qui sont expédiés de Barcelonne et de Mataro aux Etats-Unis; les frais de courtage, d'arrimage, etc., sont si élevés chez nous, qu'ils suivent une autre route. Ce que nous disons des produits de l'Espagne s'applique, avec autant de vérité, à ceux des autres contrées. Diminuons donc les frais obligatoires de la marchandise et du navire, et les frais de transit diminueront par là même, à cause de la concurrence que se feront les agences libres, les commissionnaires; n'oublions pas surtout les docks, ces destructeurs les plus infaillibles des monopoles directs ou indirects de courtage, d'usure, etc. Il faut que nous brisions avec tous les abus, si nous voulons profiter des grands avantages dont nous avons été si libéralement dotés par la nature et par l'industrie moderne; c'est par la liberté la plus large accordée à nos diverses affaires commerciales que nous parviendrons sûrement à triompher de tous les obstacles, et, sous ce rapport, la Chambre de commerce peut nous prêter un puissant appui. Examinons un peu quelle est et quelle doit être la nature de son rôle.

Quoiqu'aux termes de la loi, les Chambres de commerce doivent se borner à émettre des vœux et à donner des avis, elles peuvent néanmoins exercer une action très puissante sur le développement industriel et commercial de leurs circonscriptions respectives ; composées des négociants et des industriels les plus notables, elles sont moralement responsables de la décadence des mille variétés de commerce ou d'industrie qui faisaient la prospérité du pays. Leur rôle de sentinelles avancées des intérêts de leurs concitoyens, les oblige à être sans cesse aux aguets pour signaler les découvertes ou les progrès dont profite la concurrence étrangère. Les membres qui les composent sont appelés, par la nature même de leurs différentes professions, à éclairer toutes les tentatives nouvelles, à diriger toutes les améliorations ; adversaires nés de tous les abus, ils doivent prêter leur concours le plus sincère et le plus actif à la répression des habitudes ou des manœuvres susceptibles de compromettre l'avenir de l'association industrielle et commerciale qui les a placés à sa tête. Ainsi, tel usage de place, tel tarif de courtage, tel calcul d'accaparement, tel agiotage de parquet, menace-t-il de diminuer l'importance, la liberté ou la moralité des transactions commerciales, qu'à l'instant les membres d'une Chambre de commerce sont tenus de signaler le danger, et dussent-ils froisser les susceptibilités, déjouer les combinaisons de quelques hautes personnalités, qu'il ne leur est pas permis d'hésiter.

Les premiers auxiliaires des Chambre de commerce sont les journaux ; c'est, en effet, par la publicité et par la publicité seule qu'il est possible d'arriver à la destruction des abus, à la propagation des bons conseils, des renseignements utiles au commerce et à l'industrie. Nous vivons à une époque où tous les faits veulent être éclairés de la lumière la plus éclatante ; la dissimulation des cotes, les subterfuges de coulisses, les béatitudes de l'immobilisme ne vont plus avec la vapeur et l'électricité. Si l'on ne veut pas qu'un marché soit déserté, il faut que tout s'y fasse au grand jour, il faut que tout y soit passé au contrôle de la vérité et de la moralité. Plus est brillant le soleil de la publicité sur une place de commerce, plus il attire de clients et d'affaires.

Bordeaux possède une Chambre de commerce dont les membres sont animés des meilleures intentions ; mais sa bonne volonté n'est pas toujours servie comme elle mériterait de l'être. Ainsi, notre Chambre de commerce n'a pu réussir encore à obtenir de nos courtiers et de nos négociants la publication quotidienne des prix réels de leurs transactions ; elle n'a pas été plus heureuse dans les réclamations qu'elle a souvent fait entendre contre une foule d'abus qui se sont glissés peu à peu dans nos usages locaux.

Quelles que soient l'expérience et l'habileté des membres d'une assemblée, elles ne suffisent pas toujours à la recherche de la vérité et au triomphe du progrès ; la meilleure volonté du monde ne tombe-t-elle pas devant les aspérités de l'amour-propre, les combinaisons des intérêts personnels, les ménagements de la crainte ou de l'amitié, etc. ? Il est bien rare que les hommes publics ne soient pas soupçonnés d'un calcul ou d'une arrière-pensée quelconque ; aussi, bon nombre d'entre eux se réfugient-ils dans l'indifférence pour mieux échapper aux reproches d'égoïsme et d'ambition. La nature humaine est ainsi faite, d'ailleurs, que celui qui veut déployer du zèle et faire acte d'initiative, n'obtient presque jamais de ses semblables qu'ils lui pardonnent la supériorité de son intelligence et de son patriotisme ; quand ses bonnes intentions ne sont pas paralysées, elles sont calomniées. Il est donc très difficile aux idées de progrès de se faire jour à travers les bataillons de jalousies, de défiances, de calculs, d'amours-propres, qui montent la garde aux portes des assemblées délibérantes de nos villes ; c'est pour cela, sans doute, que la plupart d'entre elles ont imaginé de couvrir du beau nom de conservateur l'immobilisme de leur incapacité. Nous connaissons deux moyens d'aviver dans nos corps constitués le feu de l'émulation et l'amour du progrès, ce sont : la publicité des journaux et l'adoption d'un bon système d'enquêtes.

Pour éviter de donner une prime trop forte aux ambitieux du bavardage, la Constitution a sagement fait de supprimer la publication officielle des discours de nos députés ; mais tout en élaguant les gourmands, les branches nuisibles ou inutiles de l'arbre parlementaire, l'Empereur n'a eu garde d'enlever les stimulants de la sève, et il a voulu non seulement que les comptes-rendus des séances du Corps législatif fussent publiées par le journal officiel, mais encore que les noms des députés fussent inscrits en regard de leurs opinions respectives. Dans toutes les questions importantes, le dépouillement des votes se fait à la fois par la récapitulation du nombre des votants et par la désignation des noms de ceux qui ont voté pour ou contre telle ou telle proposition. L'ensemble de ces dispositions réglementaires permet donc à chaque circonscription électorale de connaître la part de son député dans les discussions ou tout au moins la nature de son vote. Il en résulte que les électeurs peuvent toujours être parfaitement édifiés sur la valeur de leur représentant, et qu'à défaut de ses qualités oratoires, ils connaissent la portée de son patriotisme ou de son bon sens. Le député qui trouverait le compte-rendu des séances insuffisant, jouit encore de la faveur d'adresser à ses commettants ceux de ses discours dont la feuille officielle lui paraît avoir donné une analyse trop courte, de telle sorte que personne n'ait à se méprendre sur ses qualités politiques ou ses opinions administratives. Le député trouve ainsi dans les comptes-rendus des séances du Corps législatif toutes les garanties qu'il peut aimer à donner à ses électeurs, et ceux-ci, à leur tour, sont constamment mis à même de juger du degré de confiance qu'il mérite.

Est-il impossible d'appliquer aux délibérations des corps constitués de nos communes le système si sage et si moral des comptes-rendus du Corps législatif? Non, sans doute. L'esprit de nos institutions constitutionnelles exige que les électeurs et leurs représentants soient toujours en communauté d'idées et d'intérêts ; les premiers sont investis du droit moral de connaître les votes des seconds, et ceux-ci doivent avoir à cœur de ne pas faire peser sur leurs collègues la responsabilité d'une opinion erronée et impopulaire. L'indépendance du mandataire n'est nullement menacée par la surveillance du mandant ; et quand nous demandons que les séances de toutes nos assemblées délibérantes soient soumises au régime de la publicité,

nous n'avons d'autre but que d'entretenir l'émulation, d'encourager les efforts de l'initiative et
de provoquer le triomphe des idées de progrès ;
nous voulons élucider toutes les questions en les
passant au crible de la discussion publique, et, tout
en laissant de côté les récriminations de personnalités, rendre à chacun la justice qui lui est due.
Avec le système du silence ou des publications pos-
thumes, l'homme de travail et d'initiative est
presque toujours sacrifié; il peut être accusé de
traiter les affaires publiques avec indifférence et
incapacité, quand son intelligence et son activité
sauvent de la déconsidération le corps dont il fait
partie ; la jalousie et la calomnie n'auront plus au
cune prise sur lui le jour où ses opinions seront
nettement formulées devant le public, son juge
souverain comme celui de ses détracteurs. La publicité que nous réclamons aurait, du reste, pour
effet d'entretenir la confiance réciproque des électeurs et de leurs représentants, et d'offrir à l'administration supérieure un excellent moyen pour
s'éclairer sur la valeur des hommes qu'elle recom-
mande, dans les élections, à la confiance de l'Empereur. A Bordeaux, on dédaigne généralement
de s'occuper des intérêts de la cité, et les travaux
de ceux qui acceptent des fonctions publiques ne
sont guère récompensés que par l'indifférence de
leurs concitoyens. La mission de la presse est de réveiller l'esprit local et d'intéresser tout le monde à
la discussion des affaires d'utilité publique ; elle ne

demande pas mieux que de prêter son appui à tous les hommes dévoués, membres de la Chambre de commerce ou du Conseil municipal, qui aspirent à la gloire de régénérer leur ville natale.

Nous avons démontré maintes fois les avantages du système des enquêtes et des publications complètes de tous les comptes-rendus des séances, appliqué au Conseil municipal ; en 1854, nous avons demandé que la Chambre de commerce voulût bien envoyer aux journaux le sommaire de chacune de ses délibérations ; nous avons même réclamé de sa bienveillance la communication préalable des ordres du jour de ses séances, pour que le public fût saisi de toutes les questions intéressant le marché avant qu'elle eût donné la solution qui lui paraîtrait la plus satisfaisante. Elaborées, discutées dans les journaux, toutes ces questions seraient revenues à son tribunal, et ses décisions n'auraient pu qu'y gagner en clarté et en autorité. Nous renouvelons notre double proposition, persuadé que nous sommes des excellents résultats du concours de la presse dans la discussion des intérêts du commerce et de l'industrie d'une grande ville. Que la Chambre de commerce fasse l'inventaire de ses anciennes délibérations et réunisse en volume ses vieux documents comme autant de titres de gloire, rien de mieux, et nous applaudissons même de grand cœur à cette sollicitude qu'elle montre pour les travaux de ses anciens membres. Mais il n'en est pas moins vrai que tous ces documents seraient beaucoup plus utiles aux personnes qui ont besoin de les consulter, s'ils étaient publiés au moment même où se ils produisent ; leur principal mérite est dans leur actualité. Nous ne comprendrions donc pas que notre Chambre de commerce hésitât plus longtemps à suivre l'exemple du Corps législatif et de plusieurs Conseils municipaux, en faisant connaître préalablement l'ordre du jour de ses séances, et en envoyant immédiatement aux journaux, après chacune de ses réunions, le compte-rendu de celles de ses délibérations qui pourraient être publiées sans inconvénient ; elle rendrait un grand service à toute la population, qui profiterait ainsi, en temps opportun, des excellents travaux des représentants de notre commerce et de notre industrie. Son but est évidemment de porter la lumière dans toutes les questions, et de venir en aide à toutes nos spécialités de commerce et d'industrie ; il serait donc tout naturel que, non contente d'insérer dans les journaux les opinions de ses membres et le texte de ses délibérations, elle provoquât des enquêtes auxquelles participeraient tous les négociants, tous les industriels, notables ou non, qui désireraient émettre leur avis. Au moyen de registres déposés à la Bourse, quiconque aurait une bonne idée sur telle ou telle question soumise à l'examen de la Chambre de commerce, la ferait connaître, et de l'ensemble des opinions individuelles exprimées sur ces registres surgirait une opinion plus large, plus juste, formulée par les membres de la Chambre avec toute l'indépendance de leur mandat.

Nous savons que le système des enquêtes n'est pas très populaire à Bordeaux, parce qu'il force au travail ceux qui sont naturellement portés à l'indifférence et à l'apathie ; mais il finirait bien par passer, comme en Angleterre, dans nos habitudes, s'il produisait chez nous les mêmes résultats de puissance et de richesse. Le suffrage universel est, depuis longtemps, pratiqué, en matière commerciale, par les hommes du Nord ; chez eux, les négociants, les industriels ne s'occupent pas seulement de leurs affaires personnelles, ils donnent aussi aux affaires de la commune une bonne part de leurs travaux de la semaine, et ils ne se reposent que le dimanche ; ils comprennent la solidarité communale. Peut-on s'étonner qu'avec ces habitudes d'un travail opiniâtre, consacré à la surveillance de leurs intérêts privés et publics, ils aient acquis une si grande supériorité sur les hommes si indifférents et si apathiques du Midi ? Bordeaux est riche en intelligences de premier ordre ; les capacités commerciales et industrielles ne manquent pas, mais ce qui manque, c'est l'activité, c'est l'esprit d'initiative. On n'ose pas, on ne veut pas oser. Il appartient à la Chambre de commerce de rallier à elle toutes ces intelligences, toutes ces capacités hors ligne, en provoquant le concours de leurs lumières et de leur expérience. En organisant des enquêtes sur toutes les grandes questions qui seraient portées à son ordre du jour, elle fortifierait son autorité de toute la puissance de cette coalition de citoyens également intéressés à la grandeur et à la prospérité de Bordeaux. Appuyée sur les suffrages et la volonté de tant d'hommes honnêtes et distingués, peut-être réussirait-elle enfin à faire disparaître ces abus, ces fraudes, ces tristes spéculations dont quelques faiseurs font peser la responsabilité sur les représentants les plus honorables de notre commerce et de notre industrie. Les enquêtes ne donnassent-elles que ce résultat, qu'il faudrait en féliciter notre Chambre de commerce, par que, comme nous l'avons dit souvent, l'étranger est malheureusement disposé à attribuer à la majorité des négociants d'une place les abus qui sont le fait d'une infime minorité. Ainsi, publicité des ordres du jour et des comptes-rendus de ses séances, organisation d'enquêtes permanentes, tel est le double système que nous recommandons à la bienveillante attention de notre Chambre de commerce ; elle y trouvera des garanties sérieuses tant pour les travaux de ses membres que pour le concours des hommes les plus habiles et les plus honorables de la place.

C'est uniquement dans le but de grandir l'ascendant moral de la Chambre de commerce que nous lui avons conseillé de s'appuyer à la fois sur la presse et sur le système des enquêtes; plus fréquentes, en effet, seront ses communications avec le public, plus vive sera la confiance qu'elle inspirera et plus écoutés seront ses conseils. Une fois en possession de l'autorité qu'elle doit exercer sur les esprits, elle réussira bien plus sûrement à vaincre la routine et à faire accepter toutes les améliorations. Bordeaux ne possède plus malheureusement ces puissantes individualités commerciales qui, sous le nom de Balguerie-Stuttemberg et de J.-B. Bosc, deux grands négociants qui n'ont pas encore de statues, imposaient, en quelque sorte, tous les genres de progrès par le seul prestige de leur parole et de leur exemple ; il est donc tout naturel que la Chambre de commerce se charge de faire revivre leurs belles traditions et cherche dans les efforts collectifs de ses membres une compensation à la perte de nos plus illustres négociants. Nous serions injuste envers elle si nous ne reconnaissions pas que dans la plupart de ses rapports au Gouvernement, elle s'est montrée à la hauteur de sa mission par la libéralité de ses vues et la franchise de ses appréciations ; mais elle a autre chose à faire qu'à écrire des pages éloquentes en faveur du libre-échange et à briller dans ses communications officielles. Les abaissements de tarifs douaniers, les rectifications de tracés de chemins de fer, les concessions de paquebots transatlantiques, les dangers des grandes compagnies financières ou maritimes, et bien d'autres sujets non moins importants ont été traités par elle avec courage et talent ; mais son initiative s'est-elle exercée avec la même persévérance et la même énergie sur les questions intérieures ? Nous croyons bien que, sous ce dernier rapport, la haute capacité de ses membres a eu un peu à souffrir du voisinage des influences, pour ne pas dire des coteries de localité. C'est ainsi qu'après avoir tour à tour combattu et soutenu les docks-bassins et les docks-entrepôts, elle avait fini par les prendre hautement sous son patronage. Nous ne mettons pas en doute la sincérité de ses nouvelles convictions, mais elle aurait dû, selon nous, ne rien négliger pour en hâter le triomphe ; du moment où elle s'était prononcée avec tant d'éclat en faveur des docks, elle avait pris par là même l'engagement de faire passer dans l'esprit de tous les négociants et de tous les industriels de notre ville les sympathies et la foi dont elle paraissait animée.

Nous ne sachions pas non plus qu'elle se soit beaucoup inquiétée de la résurrection de notre comptoir d'escompte. Malgré l'insuccès dont cet établissement financier a été frappé à sa naissance, il n'en est pas moins vrai que s'il avait été reconstitué sur de larges bases, il aurait rendu de très grands services à notre petit commerce et à notre industrie, ne fût-ce qu'en leur ouvrant les portes de la Banque. Le manque d'institutions de crédit, l'émigration des capitaux de la province vers Paris telles sont les principales causes de notre infériorité commerciale, et nous ne saurions trop engager notre Chambre de commerce à s'occuper sérieusement des moyens de remédier à un si fâcheux état de choses. La question est assez importante pour que nous tentions de trouver une solution satisfaisante.

Comme celles de l'agriculture et de l'industrie, les opérations du commerce sont délaissées depuis longtemps par les capitalistes qui trouvent dans les reports et dans les combinaisons des jeux de Bourse une mine féconde de bénéfices très élevés ; ils s'inquiètent fort peu que les reports soient taxés d'usure et que les jeux de la coulisse et de la Bourse soient condamnés par la morale et l'opinion publique. Plus il y aura de dupes à la Bourse, plus les capitalistes gagneront à faire des reports. C'est pour eux un placement sûr, avantageux et toujours disponible ; il est sûr puisque le gage reste entre leurs mains, et n'est exposé à aucune chance de faillite ou d'expropriation ; il est avantageux puisqu'il rapporte trois ou quatre fois plus que les prêts sur hypothèque ou sur billet de commerce ; il est toujours disponible, puisqu'il peut se renouveler à toutes les liquidations de quinzaine.

Les grandes associations financières ne sont pas plus favorables au commerce que les capitalistes particuliers ; non seulement elles ne lui prêtent rien, mais elles sont la première cause du délaissement dont il est victime. Instituées pour l'alimenter et le fortifier, elles lui enlèvent, chaque jour, la nourriture que lui fournissaient autrefois les capitaux privés, et, comme elles peuvent défier toute concurrence, elles vendent leurs services si cher qu'il est presque impossible au commerce de les acheter.

La Banque de France elle-même n'a guère mieux compris sa mission que les puissantes associations financières auxquelles nous imputons, à bon droit, le dépérissement des forces individuelles de l'activité nationale; elle prête sur dépôt de valeurs autres que celles de la rente, et elle devient ainsi une agence de reports, un véritable Mont de Piété des joueurs de la Bourse ! De tous les établissements financiers auxquels le Gouvernement a accordé le privilége d'exister à l'état d'association, il n'en est pas un seul qui soit resté fidèle à son mandat, pas un qui n'ait sacrifié les intérêts du public à ceux de ses actionnaires; pendant que le commerce traversait, l'année dernière, une crise effrayante, les bénéfices des actions de la Banque de France s'élevaient à 20 p. 100 !

Malgré les généreux efforts du Gouvernement de l'Empereur, le crédit n'est pas encore organisé chez nous dans l'intérêt bien entendu des forces productives du pays; nos plus grandes associations financières visent au monopole ou courent à la faillite. La Banque nationale n'est pas à l'abri de cette double alternative; en effet, elle est investie du privilége de faire pour des milliards d'affaires avec un capital monétaire de 91 millions, de telle sorte que si, à un moment donné, les détenteurs de ses billets venaient en réclamer le paiement en espèces, elle ne pourrait échapper à la faillite qu'à la condition d'obtenir le cours forcé de ses assignats. La seule force réelle de la Banque réside dans les valeurs que lui confie le commerce ; celui-ci les lui prête bénévolement, et celle-là ne les rend à son prêteur qu'en lui faisant payer un escompte de 4, 5 et 6 p. 100. La reconnaissance devrait faire à la Banque une loi de se montrer d'autant plus facile envers le commerce que celui-ci aurait plus besoin de ses services; c'est le contraire qu'elle fait, puisqu'elle augmente ses commissions d'escompte et raccourcit le terme de ses échéances, précisément dans les moments où le commerce éprouve le plus de gêne. Ainsi, les garanties de la Banque de France sont à peu près illusoires pour le crédit du commerce et pour celui de l'Etat. Si encore elle favorisait la rente, si elle en facilitait la circulation et la monétisation; si, en un mot, elle faisait des titres de cette valeur le type régulateur du crédit public, elle pourrait, jusqu'à un certain point, justifier les priviléges dont elle jouit; mais à peine avance-t-elle quelques francs de faveur sur le dépôt du papier qui représente au plus haut degré la fortune de l'Etat. Sa timidité est à l'égal de sa défiance, et elle n'a pas encore osé créer ces coupures de 20 fr., qui, depuis vingt-cinq ans, rendent tant de services au petit commerce, en Belgique et ailleurs.

Nous n'avons pas à nous occuper ici des principes qui devraient être appliqués résolument à l'institution d'une Banque réellement nationale; mais les souffrances du commerce sont telles qu'il faut bien se hâter de lui rendre les éléments de crédit dont l'ont dépouillé les grandes associations financières, et nous ne pouvons résister au désir d'attirer l'attention de nos concitoyens sur une combinaison qui a déjà donné d'excellents résultats en Belgique, en Hollande, en Prusse et en Autriche : Qu'est-ce qu'un billet de commerce ? Un signe de crédit dont la valeur augmente en raison de la valeur morale ou matérielle attribuée aux signatures qui en garantissent le paiement à l'échéance. Partant de là, si dans une grande ville, comme Bordeaux, les négociants se réunissaient et prenaient l'engagement de donner leur garantie collective à tous les effets reçus par eux, et leur garantie individuelle dans la proportion du crédit qu'ils s'ouvriraient au moyen du dépôt préalable d'un dixième, par exemple, de la valeur effective du crédit dont ils voudraient jouir, les effets qui recevraient l'aval d'une semblable association de crédit mutuel n'équivaudraient-ils pas à des espèces, au moment de leur échéance ? N'auraient-ils pas une valeur supérieure même à celle des billets de Banque ? Tous les négociants associés d'une même ville, connaissent la nature et l'étendue de leurs ressources réciproques; ils s'accepteraient mutuellement les uns pour 20,000 fr., les autres pour 100,000 fr.; ceux-ci pour 500,000 fr., ceux-là pour 1,000,000 de francs ; ils déposeraient dans la caisse commune un dixième des sommes pour lesquelles ils s'ouvriraient un crédit, et ils donneraient à leurs effets de commerce la garantie incontestable de leur valeur nominale, puisqu'une fois revêtue de l'aval de l'association mutuelle, cette valeur serait représentée, garantie par la collectivité des engagements de tous les intéressés.

Imaginons que mille négociants de Bordeaux, tous bien connus par leur honorabilité, leur solvabilité et leur antipathie pour les jeux de Bourse, forment une association mutuelle dans le genre de celle qui nous occupe ; tous leurs billets de commerce ne seraient-ils pas acceptés comme la meilleure des monnaies, s'ils portaient l'aval d'une société dont les membres seraient si haut placés dans l'estime publique ? Dans la grande majorité des cas, l'escompte deviendrait inutile, puisque ces effets équivaudraient aux billets de banque ; en supposant d'ailleurs que l'on eut besoin de les faire escompter, comme ils ne présenteraient aucune chance de perte, ils n'auraient à supporter qu'une commission de change tout à fait insignifiante. Si maintenant l'institution pouvait rendre elle-même, aux négociants qui le réclameraient, le service de leur escompter tout ou partie des effets qu'elle aurait garantis, le bénéfice qui résulterait de cet escompte, rentrant dans sa caisse, suffirait et au-delà à faire face aux sinistres, très peu nombreux, du reste, qui surviendraient. Les fonds de garantie déposés par chacun des membres associés trouveraient, de cette manière, un emploi lucratif, tout en restant affectés à leur destination. Ce n'est pas le seul profit que cette réserve de fonds pourrait donner; car les effets, une fois escomptés par la Société, seraient facilement négociés de nouveau par elle, comme le fait la Banque; et avec plus d'avantage qu'elle, puisque ce serait désormais de véritables, d'excellents billets de Banque à échéance fixe.

Le commerce, au lieu d'entretenir à grands frais, sous le nom de Banque de France, une caisse commerciale, dans les bureaux de laquelle il se prête à lui-même et paie 4, 5 et 6 p. 100 d'escompte, pour un service qu'il se rend ou qu'on ne lui rend qu'avec des valeurs qui lui appartiennent, n'aurait-il pas bien plus d'avantages à faire ses affaires lui-même? La Banque n'est qu'un simple bureau d'échange de valeurs commerciales entre commerçants, un comptoir d'assurances, et elle n'a à couvrir que des risques insignifiants. Le commerce ne peut-il se passer d'un intermédiaire si coûteux, en y substituant une simple administration de comptabilité placée sous sa direction immédiate? Ne peut-il, en un mot, créer un billet commercial qui aurait la même valeur monétaire que le billet de Banque, et qui présenterait toujours beaucoup plus de sécurité?

Rendre l'escompte facile, inutile même; donner aux billets de commerce une garantie positive et plus sûre que celle de la Banque de France; organiser le crédit à un bon marché inouï, tel est le but de l'association mutuelle que nous proposons d'établir à Bordeaux entre les négociants ; il n'y aurait ni banque, ni comptoir d'escompte susceptible de balancer les avantages économiques de cette combinaison financière, qui s'appuierait uniquement sur la moralité et la solvabilité bien constatées des associations de chaque circonscription commerciale. Ainsi que nous l'avons déjà dit, Bruxelles possède, depuis quelques années, une institution analogue à celle que nous préconisons; les escomptes y ont été tenus à un taux qui, quoique très minime, pourra s'abaisser encore, puisque ces escomptes frappent sur une valeur sûre et qu'ils sont payés par le négociant et à lui-même.

Il serait à désirer que tous les grands centres industriels et commerciaux possédassent un établissement de ce genre. Puissent les négociants de Bordeaux donner l'exemple et vulgariser en France ces associations de crédit gratuit, qui auraient d'autant plus de solidité qu'elles seraient plus morales. La création de comptoirs semblables dans les colonies et dans les pays étrangers, avec lesquels notre port est en relation d'affaires, provoquerait la naissance de véritables banques internationales, qui, elles aussi, auraient pour base l'association du travail et de la moralité. Avec une pareille organisation financière, il serait facile de traverser les plus mauvais jours sans que le crédit de la place fût ébranlé, même par les secousses du crédit national. Nous plaçons cette idée, qui a déjà reçu la sanction de la pratique en Belgique, en Hollande, en Prusse et en Autriche, sous le patronage de notre Chambre de commerce. La haute influence dont disposent ses membres suffirait probablement pour décider nos capitalistes à favoriser la création d'une institution qu'une des sections du Conseil d'État, celle du commerce, a vivement appuyée à deux reprises différentes ; c'est du moins ce que l'on nous a appris officieusement, et nous le croyons d'autant plus volontiers que le roi des Belges a été le premier souscripteur d'une combinaison financière analogue à celle-ci. Notre ville est assez riche en capitalistes pour doter son commerce et son industrie de ces admirables éléments de crédit gratuit, qui la sauveraient de la tyrannie des grosses associations de Paris ; elle devrait avoir sa banque locale, banque indépendante de toutes les institutions financières, plus ou moins privilégiées, qui ont la triste habitude de placer les intérêts de leurs actionnaires au-dessus de ceux du public et des travailleurs ; elle devrait avoir une banque assez fortement constituée pour relier les comptoirs de l'étranger avec les nôtres. Il faut, répétons-le, que le commerce apprenne à faire toutes ses affaires lui-même et à se soustraire à la domination des joueurs de la coulisse et de la Bourse.

L'honneur de ces idées d'émancipation et de gratuité du crédit revient tout entier à Napoléon Ier; ce puissant génie avait deviné le véritable rôle de la Banque de France, qui doit être bien moins un entrepôt d'espèces métalliques qu'un comptoir de billets d'assurances. La garantie qu'elle offre au public repose uniquement sur la confiance mutuelle des citoyens, qui est représentée par le crédit de l'Etat. La monnaie n'est et ne doit être qu'un appoint; son importance est donc tout à fait secondaire dans le mécanisme financier d'une nation; et nous dirons hardiment que le jour où les portes de l'abîme révolutionnaire seront à jamais fermées, les papiers monétaires vaudront tout autant, sinon davantage, que l'or et que l'argent, pour l'activité et la sécurité des transactions. Ce sera le grand jour de la Banque universelle, du crédit mutuel et gratuit des peuples, le dernier mot de la vapeur et de l'électricité, et ce jour-là viendra !

Les institutions démocratiques de l'Empire napoléonien et la pacification générale des nations, si courageusement et si heureusement affermies par le génie de l'illustre héritier de Napoléon Ier, ne contribueront pas peu à précipiter l'échéance de cette magnifique révolution financière; tout nous pousse vers une transformation radicale de nos mœurs et de nos habitudes économiques, et, bon gré mal gré, il faudra que nous nous laissions entraîner sur la pente de la véritable fraternité du travail, du crédit et du bien-être universels. L'association, qui est l'essence même de la civilisation moderne, l'association doit être autre chose qu'une forme rajeunie de l'antique esclavage humain. Chez une nation bien organisée, la force d'une association financière quelconque ne peut jamais être de nature à menacer l'indépendance de l'Etat et la liberté des travailleurs; quand un groupe se dresse contre un autre, on ne lui permet pas d'afficher insolemment son monopole, et d'un mot on lui impose silence, en lui suscitant le plus grand nombre de concurrents possible.

L'idéal de la constitution du crédit national serait, à notre avis, l'établissement d'une Banque unique, privilégiée, qui représenterait le crédit de l'Etat par son encaisse ou par des coupures de titres de rente portant intérêt chaque jour; cette nouvelle application du principe démocratique posé par l'Empereur, dans les emprunts nationaux, vivifierait les différentes branches de l'activité individuelle par des facilités d'escompte proportionnelles au travail et à la moralité de chaque citoyen. Ses auxiliaires naturels seraient les milliers de banques ou de comptoirs, créés dans chaque localité, au moyen de l'association des commerçants, des industriels et des agriculteurs de nos différentes circonscriptions territoriales. Partant de ce principe, qu'une banque est une société d'assurance dont les risques diminuent en raison directe du travail et de la moralité des associés, nous ferions aboutir à la Banque de France toutes les valeurs réelles, toutes les signatures solvables, toutes les honorabilités du pays, et l'escompte de ces millions de billets serait d'autant plus faible, que la circulation en serait plus multipliée et plus active. En pareil cas, le capital de la Banque nationale pourrait être augmenté, au grand profit du pays ; mais dans les circonstances actuelles et de la manière que l'entendent les faiseurs de la Bourse, cette augmentation de capital ne serait qu'un leurre, qu'un danger de plus, parce qu'elle servirait à payer, sur une plus large échelle, les différences du jeu, et à faciliter les reports de la coulisse et de la Bourse.

Nous ne nous dissimulons nullement les difficultés que présenterait l'organisation du vaste comptoir d'escompte que nous voudrions substituer à la Banque et aux associations suzeraines de la France. Nous savons combien les idées d'association, de crédit répugnent à nos esprits de province, et surtout aux hommes qui composent l'aristocratie commerciale et financière de nos départements. Il nous semble, cependant, que le monopole des associations colossales de Paris est bien fait pour leur ouvrir les yeux, et nous ne serions pas étonné, qu'en face des dangers d'absorption qui les menacent, nos travailleurs capitalistes, petits et grands, songeassent enfin à chercher leur salut dans la mutualité de leurs forces ; si riches, si invincibles que paraissent, au premier abord, les associations privilégiées de Paris, elles ne réussiraient jamais à triompher des résistances de l'association provinciale, bien disciplinée et bien moralisée. On ne se fait pas une idée de la puissance de réaction que déploieraient ces ramifications compactes de la finance de province, si elles étaient réunies en faisceau et commanditées par les capitaux du travail et de la moralité. Cette multitude de petites associations, dont les membres pourraient se contrôler si facilement et si efficacement, aurait bien vite raison de toutes les associations gigantesques qui jusqu'à présent n'ont été, pour ainsi dire, que les sangsues de la Banque de France; la fortune de toutes ces petites associations serait d'autant mieux assurée que les moyens de contrôle, de surveillance seraient plus nombreux, plus fidèles. Tout le succès des succursales de la Banque de France est dans la connaissance parfaite de la valeur des individualités locales; que serait-ce des comptoirs d'escompte montés à l'aide de cotisations ou de dépôts de garanties par les négociants d'une même place? Craindrait-on la multiplicité de ces établissements financiers? Ce serait ridicule, car il est bien évident que la concurrence amènerait la baisse du taux de l'intérêt et la suppression des prêts usuraires qui frappent nos connaissements, par exemple; la conséquence naturelle serait la diffusion, la démocratisation du crédit.

Peu nous importe, à nous, le nom de la caisse, pourvu qu'elle soit dirigée par des hommes d'une moralité éprouvée et qu'elle nous rende des services réels. Nous apprendrions avec une vive satisfaction la naissance de plusieurs comptoirs d'escompte à Bordeaux, et nous leur souhaiterions la bien-venue à tous, par la raison fort simple que nous compterions sur la puissance de leur nombre pour arracher notre belle cité aux étreintes des grandes associations du monopole parisien ; nous n'en aurons jamais trop, le jour où les docks feront leur apparition sur les bords de notre fleuve. Nous confions à notre Chambre de commerce le soin de favoriser l'exécution de tous ces projets de décentralisation financière, parce qu'ils sont la base de la véritable décentralisation industrielle et commerciale.

Après avoir élargi les bases du crédit de notre place, les représentants de nos intérêts commerciaux auront encore à s'occuper d'améliorations non moins importantes, telles que l'établissement d'un musée et d'un cercle spécialement affectés au commerce et à l'industrie, l'utilisation plus intelligente de nos consuls et de nos missionnaires, etc. Disons un mot sur ces différents sujets :

Nous avons réclamé bien souvent la création d'un musée industriel et commercial ; la Chambre de commerce en apprécie certainement mieux que nous toute l'importance, mais nous n'avons pas appris qu'elle s'en soit occupée. Serait-il donc bien difficile d'approprier un local dans lequel on exposerait des échantillons de tous les principaux produits fabriqués en France et de toutes les matières premières tirées de l'étranger ? Nous sommes persuadé qu'aucun industriel ne refuserait d'envoyer à Bordeaux les plus beaux spécimens de sa fabrication, attendu qu'il trouverait dans une exposition de ce genre une réclame permanente pour ses exportations. Nous pensons encore qu'aucun capitaine attaché au port de Bordeaux ne refuserait de nous rapporter de ses voyages quelques échantillons des principaux produits étrangers ; il n'y aurait pas d'armateur qui ne fût heureux de s'associer à cette œuvre d'utilité nationale. On sait que les Anglais tirent un merveilleux parti de ces expositions pour augmenter leurs importations et leurs exportations. Les négociants étrangers trouvent à leur arrivée dans les ports de mer anglais de magnifiques galeries où sont étalées toutes les marchandises fabriquées en Angleterre ; aussi viennent-ils rarement en France faire leurs achats ; ils retournent dans leur pays sur les paquebots transatlantiques qui les ont amenés. Les musées de l'industrie servent admirablement, chez nos voisins, les intérêts de la navigation et du commerce ; les expositions des matières premières tirées de l'étranger leur offrent aussi de grands avantages, parce qu'ils y trouvent des éléments nouveaux de fabrication ou de fret de retour. Les Belges ont mis le plus louable empressement à suivre un si bon exemple. Leurs consuls, au lieu de faire de la représentation politique, s'occupent de rechercher tous les produits des contrées où ils résident ; ils expédient ensuite ces produits à Bruxelles, en les accompagnant de brochures et de renseignements qui en font connaître la nature et le prix de revient. Le gouvernement belge soumet ces échantillons et ces notes aux différentes Chambres de commerce, qui invitent, de leur côté, les négociants et les industriels de leurs circonscriptions respectives à venir en prendre connaissance dans le musée local. Pourquoi la Chambre de commerce de Bordeaux ne suivrait-elle pas l'exemple des Chambres de commerce d'Angleterre et de Belgique ? Pourquoi n'encouragerait-elle pas les efforts de nos consuls et ne réclamerait-elle pas du Gouvernement une prompte réorganisation d'une institution qui devrait exercer une si heureuse influence sur le développement de nos relations internationales ?

La France, disons-le avec regret, est bien loin d'avoir su tirer de ses consuls le bénéfice industriel et commercial que l'Angleterre obtient si facilement des siens.

Avant d'être diplomate, le consul anglais est homme d'affaires. Ses titres à l'avancement se mesurent au nombre des débouchés qu'il a procurés à son pays. Il sait tirer parti de tout ; il sacrifie tout au bonheur de pouvoir créer un comptoir nouveau sur la terre la plus lointaine, la plus inhospitalière. Il la fécondera de ses sueurs pour peu qu'il y trouve une position ou un produit quelconque à exploiter. Il franchira mille obstacles pour parvenir à y planter son drapeau, et dût-il mourir à la peine, il le plantera, parce qu'il a l'orgueil du patriotisme et le génie de la persévérance. Le consul anglais est infatigable dans ses investigations sur les ressources agricoles, industrielles et commerciales des contrées où il est envoyé. Il sait que la fortune de son pays est attachée au développement de son commerce et de son industrie ; il ne négligera rien pour apporter sa pierre à l'édifice national. C'est le premier commis d'un peuple de marchands, et il s'acquitte de sa mission avec un dévoûment et une abnégation au-dessus de tout éloge.

Nous aimons ces fiers consuls anglais parce qu'ils ne dédaignent pas de s'occuper des plus minces détails d'une industrie ou d'un commerce non encore naturalisés chez eux, et qu'ils mettent leur gloire à consacrer tous leurs moments à la description des avantages géographiques et naturels de la plus petite tribu d'Indiens. Ils ne dépensent pas leur esprit en protocoles et en memorandums ; ils rédigent des comptes et calculent des factures. Leur portefeuille consulaire est un carnet d'affaires. Ils se font petits pour grandir leur patrie, et quand après vingt-cinq ou trente ans de travaux et de fatigues, l'un d'eux rentre dans le Royaume-Uni, il est heureux s'il entend dire autour de lui : « Voici l'explorateur de telle grande île, le créateur de tels comptoirs ou de telle colonie, le fondateur de telle branche de commerce. » On fait toujours de grandes choses dans le commerce avec de l'audace et de la persévérance ! Les consuls anglais méritent de servir de modèles à ceux des autres nations.

Nos consuls français connaissent peut-être mieux que les Anglais toutes les finesses de la diplomatie ; peut-être représentent-ils mieux, peut-être brillent-ils d'un plus vif éclat. Nous ne médirons ni de la diplomatie, ni des belles manières ; il arrive quelquefois qu'elles servent à quelque chose. Mais nous pensons que nos consuls ont mieux à faire qu'à briller dans des salons ou qu'à rédiger de belles notes diplomatiques ; leur mission naturelle est d'élargir le cercle des opérations industrielles et commerciales de la France. Nous aurions, quant à nous, en bien haute estime le consul modeste qui, à force de zèle et d'intelligence, réussirait à nous doter d'un débouché nouveau, et nous appellerions sur lui toutes les faveurs du Gouvernement. Nos consuls doivent être moins des hommes politiques que des agents d'affaires. L'agriculture, le commerce et l'industrie, voilà la politique de nos jours, voilà les matières de la science consulaire. Quelles ressources immenses nos agents à l'étranger pourraient fournir à la mère-patrie, si, répandus qu'ils sont sur tous les points du monde, ils avaient soin d'explorer les pays et de nous envoyer le résultat de leurs observations et de leur expérience ! Nous avons la prétention d'être un peuple commerçant, et à peine connaissons nous de nom les nations lointaines chez lesquelles nous trouverions les échanges et les retours les plus précieux. Combien de fois n'avons-nous pas répété que la France devait se hâter de s'élancer dans les grandes opérations de l'exportation, si elle ne voulait pas étouffer dans ses limites ! Il faut une soupape de sûreté à cette exubérance d'activité qui, depuis soixante ans, a si souvent fait éclater notre machine gouvernementale. L'expansion à l'étranger est devenue la première nécessité de notre organisation sociale. C'est à nos consuls qu'incombe le devoir de nous procurer ce remède si nécessaire ; c'est à eux de jeter les fondements de notre fortune commerciale, de lutter d'intelligence et d'efforts avec les consuls de l'Angleterre. Qui dit consul, dit missionnaire, dit travailleur infatigable de la richesse matérielle d'un peuple. Edifier à l'étranger de nouvelles Frances, tel est, tel doit être le rôle de nos agents consulaires.

On a eu grand tort, selon-nous, de recruter les membres de notre corps consulaire parmi les bacheliers, les licenciés ès-lettres et les docteurs en droit. La nature même des fonctions consulaires indiquait qu'elles ne devaient être confiées qu'à des hommes qui auraient déjà fait leurs preuves dans l'industrie et dans le commerce. On ne fait jamais si bien les affaires de l'Etat que quand on a bien fait les siennes. Ceci est vrai, surtout des consuls. Aussi nous paraît-il qu'il serait sage de nommer à ces fonctions, dont l'importance grandit chaque jour, des négociants, des hommes d'affaires, des industriels qui présenteraient des garanties sérieuses d'expérience et de capacité. Les chanceliers seraient là pour suppléer à l'insuffisance de ces consuls en matière de droit ou de littérature. Et d'ailleurs, quel est le négociant ou l'industriel de nos jours qui ne soit pas quelque peu bachelier, licencié ou même docteur ?

En supposant que la réforme dont nous parlons pour le recrutement du corps consulaire parût trop radicale au Gouvernement, toujours est-il que l'importance croissante de nos relations internationales et de nos intérêts commerciaux provoquera infailliblement des modifications profondes dans l'organisation des consulats ; ils cesseront d'être des postes diplomatiques pour devenir des agences d'affaires. Aux ambassadeurs serait réservée la compétence exclusive des conflits de la diplomatie.

Une autre amélioration qu'il serait bon de généraliser au profit du corps consulaire, c'est celle qui a été appliquée avec tant d'avantage aux préfets et à plusieurs autres fonctionnaires publics : nous voulons parler de l'élévation progressive du traitement, calculée sur le nombre d'années qu'un fonctionnaire passerait dans une même résidence. Ainsi, nous voudrions que le titulaire du plus modeste consulat pût être promu à la première classe de son grade, par le seul fait de la prolongation de son séjour dans le même pays. Les changements trop fréquents de consuls sont plus préjudiciables qu'on ne le pense à notre commerce. Nous avons le plus grand intérêt à ce qu'un consul reste longtemps dans la même localité, parce qu'il s'y crée des relations qui tournent à notre profit. Personne plus qu'un consul n'a besoin de séjourner pendant de longues années dans une contrée pour se faire connaître et parvenir à exercer cet ascendant moral qui en impose aux autorités locales. Et puis, plus il restera chez un peuple étranger, plus il sera à même d'en étudier les mœurs, les ressources, et de nous en faire connaître les industries.

Les Anglais ont à leur disposition une autre catégorie de consuls, qu'ils savent encore merveilleusement utiliser, ce sont leurs missionnaires. La France a aussi des missionnaires, mais elle n'a jamais deviné la puissance du levier moral que la religion met, si libéralement depuis des siècles, au service de ses idées et de ses intérêts. Tous les ans partent de nos ports de mer, pour les points les plus sauvages et les plus reculés du globe, des hommes resplendissants de jeunesse, de courage, de science et de vertu. Un avenir brillant s'ouvrait devant eux, au sein de leur patrie, et voilà que, transportés d'un saint zèle, ils s'en vont, par delà les mers, la croix d'une main et l'Evangile de l'autre, semer le bon grain de la civilisation sur des terres inconnues qu'ils arrosent de leurs sueurs et de leur sang ; ces hommes sont prêtres, catholiques et Français.

Il y a de ces sacrifices qu'on admire parce qu'on ne peut les louer ; la religion seule les inspire. Nous avons, quant à nous, tant de vénération pour ces glorieux martyrs de la fraternité chrétienne, que, plus d'une fois, nous n'avons pu nous empêcher d'être scandalisé de l'espèce d'indifférence avec laquelle les Gouvernements ont laissé tomber tant d'illustres combattants de la foi française. Soldat aussi est le noble missionnaire qui marche à la conquête des âmes et à la destruction de la barbarie ; soldat d'autant plus courageux qu'il est plus oublié. Pas d'obstacles qu'il ne renverse, pas de mers qu'il ne franchisse, pas de périls qu'il n'affronte. Toujours à l'assaut, toujours sur la brèche, toujours sous le fer de l'ennemi ; blessé, jamais vaincu ; quand il se relève, c'est pour mieux braver le supplice, pour tenir plus haut et plus ferme l'étendard de la croix. Il faut lire les annales de la propagation de la foi pour savoir jusqu'où va l'héroïsme de ces hommes de Dieu, de ces dignes enfants de la France. Seuls avec leur charité et leur foi, ils ont fait des millions de Chrétiens en Chine, au Japon, dans toutes les parties du monde. Combien leurs travaux eussent été plus fructueux encore, si la mère-patrie leur avait tendu la main !

Sentinelles avancées de la religion et du progrès, pourquoi nos missionnaires ne seraient-ils pas relevés de faction ? Pourquoi ne les équiperait-on pas mieux pour le combat pacifique qu'ils livrent à l'ignorance et à la barbarie ? Ils ne demandent ni sabres, ni fusils ; ils n'ont besoin que de livres pour instruire, de vêtements pour couvrir la nudité des sauvages, d'argent pour construire des

églises et christianiser, FRANCISER le monde. N'envisageât-on la question qu'au point de vue humain, qu'il serait d'une bonne politique de leur prêter aide et assistance. Nous n'entendons pas que nos saints missionnaires descendent au rôle de commis-voyageurs de notre commerce et de nos industries, c'est un rôle à laisser aux Anglais ; mais n'est-il pas vrai que le seul fait de la présence de ces hommes de la France dans les contrées lointaines est un véritable bienfait national ? Aussi, nous associerons-nous de grand cœur aux paroles suivantes de Mgr. de Vérolles, vicaire apostolique de la Mantchourie : « La marche énergique et la direc-
» tion forte que le prince qui régit la France a su
» inspirer à son Gouvernement ranime nos espé-
» rances déçues tant de fois, et cette volonté va-
» cillante et comme incertaine, qui touchait à tout
» et ne faisait rien, mais souvent compromettait,
» fera place enfin à une direction nette, tranchée,
» et dont les résultats bénis de Dieu nous seront,
» à nous missionnaires et à tout vrai catholique,
» bien désirables, bien précieux ! En cette ques-
» tion, le quomodo est facile. Il suffit de vouloir. »
De récents événements ont prouvé comment l'Empereur sait vouloir.

Il était réservé à l'auguste héritier de Napoléon Ier de réparer l'oubli de ses prédécesseurs, et d'envoyer en Chine une escadre formidable pour y venger la mort d'un illustre martyr français, M. Chapdelaine ; nous avons demandé, l'année dernière, que la France tirât une vengeance éclatante des cruautés inouïes dont ce saint missionnaire et ses courageux compagnons ont été si souvent les victimes. Aussi rendons-nous grâce à Napoléon III d'avoir si noblement compris la politique chrétienne et civilisatrice de notre pays ; l'exemple qu'il donne, en ce moment, ne sera pas perdu pour l'avenir.

Féconds pour l'exaltation du catholicisme, les sacrifices et la vigilance du Gouvernement en faveur des missionnaires auraient des résultats non moins merveilleux pour le développement de nos intérêts matériels. L'influence d'un peuple sur le marché du monde grandit de toute l'importance des conquêtes de sa religion. Il en était ainsi dans l'antiquité, et, vrai chez les Romains, ce principe l'est encore de nos jours. Dégagés l'un et l'autre d'une tutelle gênante, quand elle n'est pas oppressive, l'Eglise et l'Etat sont d'autant plus forts aujourd'hui pour assurer leur triomphe mutuel, que leur union est plus naturelle, plus volontaire et plus libre. Il y a dans le catholicisme une nécessité divine d'expansion à laquelle les pouvoirs humains ne doivent pas négliger de s'associer, dans l'intérêt de leur grandeur morale et matérielle. On n'est pas athée impunément et la religion est une de ces forces sociales qu'il est dangereux, même humainement parlant, de laisser de côté ; loin d'en gêner l'essor, un Gouvernement intelligent la sert de son bras et de son argent jusqu'au bout du monde.

Nous plaindrions la France si elle laissait périmer son titre de fille aîné de l'Eglise. Et d'ailleurs, seraient-ce des millions perdus que ceux qu'elle dépenserait pour ses missionnaires, si des millions d'idolâtres apprenaient à murmurer son nom avec celui de sa religion ? Les siècles futurs verront se consommer deux magnifiques unions : celle du monde avec le catholicisme libéral et celle de la France avec l'Eglise du Christ : nous avons foi dans l'une, espérance dans l'autre.

Les Chambres de commerce ne feraient-elles pas bien d'aider à précipiter ce mouvement civilisateur ? Leur voix ne serait-elle pas écoutée si elles plaidaient auprès du Gouvernement la cause de nos saints missionnaires ? La politique religieuse de l'industrie et du commerce ne serait-elle pas comprise de nos négociants ? Nous sommes bien persuadé que nos armateurs ne refuseraient pas de donner gratuitement, à chaque voyage de leurs navires, une place à un de ces dignes missionnaires qui se proposerait d'aller porter dans les pays d'outre-mer l'étendard de la foi et de la civilisation françaises ; Bordeaux gagnerait plus à encourager cet apostolat lointain de nos saints prêtres qu'à donner asile à une foule de couvents et de moines qui vivent des richesses ou des aumônes dues au travail et aux souffrances de nos ouvriers. La Chambre de commerce de Bordeaux a une belle initiative à prendre relativement à nos consuls et à nos missionnaires ; les intérêts de la religion et de la politique sont d'accord avec ceux de nos industries et de nos relations internationales pour réclamer une réforme radicale dans notre organisation consulaire et une augmentation de subsides en faveur des missionnaires.

L'étranger qui arrive dans notre port n'y trouve pas un de ces grands établissements de réunion qui sont si nombreux en Angleterre, en Belgique et en Hollande; il ne sait où aller pour obtenir le moindre renseignement. Si, à côté des nombreux cercles intimes qui existent à Bordeaux, s'élevait un vaste cercle commercial et industriel, dans lequel seraient réunis tous les documents du monde commercial, un de ces Lloyds tels qu'on en voit en Angleterre, où seraient groupés tous les journaux, toutes les cartes géographiques, tous les éléments de correspondance et d'information possibles, ne serait-ce pas un élément puissant de relations et de prospérité pour notre commerce et notre industrie? On nous répondra peut-être qu'un pareil établissement coûterait trop cher. Peu importe, répondrons-nous, pourvu que la dépense soit productive. Les Marseillais n'ont pas reculé devant cette objection, et le plus beau cercle de Marseille a été construit par une association de négociants et d'industriels de cette ville. Les négociants de Bordeaux n'ont pas, à proprement parler, de lieu de réunion; disséminés sur tous les points de la ville, ils ne se voient guère que pendant quelques instants à la Bourse. N'est-ce pas à cet isolement, à cette absence de communications régulières et plus suivies, qu'il faut attribuer le peu d'entente qui existe dans leurs opérations? S'ils avaient un centre de réunion, ils pourraient se consulter, s'éclairer mutuellement et réunir leurs forces pour lutter contre la concurrence des grandes compagnies d'Angleterre et de France. Les membres de la Chambre de commerce ne pourraient-ils user de leur influence pour intéresser tous nos commerçants et nos industriels à la création d'un vaste établissement qui réunirait tous les agréments d'un cercle-café à ceux d'un salon de lecture et de correspondance?

En visitant les grands cercles de Londres, nous n'avons pu nous lasser d'admirer la belle organisation de ces associations agricoles, commerciales, industrielles et artistiques qui, loin d'absorber les individualités, en augmentent la puissance. C'est un spectacle magnifique que celui de toutes ces notabilités anglaises, réunies dans un même esprit de patriotisme et d'intérêt, échangeant leurs idées, leurs progrès, leurs espérances, et embrassant dans une étreinte commune l'industrie et le commerce du monde. Tous ces cercles, toutes ces associations de l'Angleterre, rappellent les vieilles corporations françaises couronnées par la liberté. Nous avons bien chez nous des sociétés et des cercles; mais dans les unes on ne s'occupe guère que de sciences ou de théories, et dans les autres que de cartes ou de dominos. Chez les Anglais, c'est l'utile, c'est l'intérêt, c'est la pratique qui président à toutes les réunions, et, s'ils s'amusent moins que nous, ils s'enrichissent plus rapidement. Ne pourrions-nous, sans abdiquer les belles traditions de la science et de la gaîté françaises, imiter nos voisins dans l'organisation de leurs cercles industriels et commerciaux ? Quelques essais ont déjà réussi à Paris ; nous nous contenterons de citer pour exemple le cercle impérial, qui est devenu le rendez-vous de toutes les sommités de la diplomatie, de l'administration, de la finance, de l'industrie et du commerce. Une semblable institution aurait-elle des chances de succès en province ? Oui, mais à la condition que la province dépouillât ces habitudes de jalousie et de dénigrement qui la rongent et paralysent l'action des hommes de cœur. C'est surtout dans les grandes cités commerciales, dans les ports de mer, dans les centres industriels et manufacturiers qu'un cercle de ce genre donnerait d'excellents résultats.

Combien de fois n'avons-nous pas demandé pour Bordeaux la création d'un cercle industriel ; combien de fois n'avons-nous pas exposé les avantages immenses que le commerce de Londres retirait de ses Lloyds ? Nous n'avons pas encore réussi ; et pourtant la valeur d'un négociant ou d'un industriel ne se multiplie-t-elle pas par celle de ses confrères ? En province, on a la malheureuse habitude de ne voir la concurrence que dans l'atelier de son voisin, dans le magasin de sa rue, et l'on refuse de réunir ses forces pour résister au choc des associations puissantes de l'étranger. Les industriels de Bordeaux en sont encore à discuter l'utilité de s'entendre et d'organiser un centre d'action pour défendre leurs intérêts! Nos négociants n'osent pas non plus se voir, se concerter, pour donner plus de développement à leurs affaires.

Ne dirait-on pas à les voir se combattre avec tant d'acharnement qu'il faut à leur élévation et à leur fortune individuelle les faillites, les ruines, les désastres et la mort de leurs concurrents? La route de la liberté est-elle donc si étroite que plusieurs ne puissent y marcher de front? Ce n'est pas l'avis des Anglais ; ils pensent qu'il y a de la place pour tout le monde sur cette vaste chaussée de la concurrence, et ils ont mille fois raison.

Puisque la concurrence est la règle générale de l'industrie et du commerce, organisons donc une bonne fois chez nous une grande corporation bordelaise pour prendre une plus large part dans le monopole des marchés du monde. C'est en multipliant leurs moyens d'information et de publicité, c'est en s'instruisant mutuellement et en groupant leurs intérêts par corporations libres, que les Anglais réalisent ces immenses bénéfices qui font l'orgueil de leur puissance. Servons-nous de notre liberté pour les suivre hardiment dans cette voie. Comment réaliser en France cette entente générale, cette coalition patriotique ? Il suffit de vouloir, et les moyens d'exécution seront faciles. N'avons-nous pas des Chambres de commerce, des télégra-

phes électriques, des chemins de fer, etc., etc.?
Pourquoi alors toutes nos grandes places de commerce n'échangeraient-elles pas le même jour, à la même heure, les renseignements qui pourraient leur être les plus profitables? Pourquoi ne s'entendraient-elles pas sur leurs expéditions et ne se partageraient-elles pas en quelque sorte à l'amiable l'exploitation du monde entier? Elles ménageraient ainsi une succession continue de travail et de bénéfices pour tout le monde.

Malheureusement, en France, nous ne savons rien faire avec mesure, sans la protection ou la réglementation du Gouvernement; il est dans notre nature d'abuser des principes les plus opposés, et la liberté nous a souvent été aussi fatale que le privilège. Nos anciennes corporations des arts et métiers, par exemple, avaient commencé par satisfaire au premier besoin de l'industrie, en lui donnant une organisation. L'association était leur moyen, le bien-être commun leur but. Pourquoi le monopole, les vexations et les injustices suivirent-ils de si près les bienfaits réels que nos puissantes corporations firent jaillir du principe de la solidarité des travailleurs? La concentration des forces de chaque spécialité industrielle donna un essor aux productions du génie national; mais à côté de ce magnifique résultat, quelle oppression, quelle tyrannie! Pour quelques maîtres riches et puissants, que d'îlotes refoulés et condamnés à mourir au pied de l'échelle industrielle. La liberté se leva pour venger les abus du monopole des corporations, et on put croire un instant que la tyrannie était à jamais bannie des hautes régions du Pouvoir comme des modestes ateliers des maîtrises. Mais, passé le premier moment du délire libéral, la féodalité en a été quitte pour changer de forme, et on sait à quels excès de monopole l'entraînent aujourd'hui les calculs de la concurrence ! Il semble que l'humanité ne puisse faire un pas sans se heurter à une tyrannie quelconque. C'est à désespérer du progrès ! A Dieu ne plaise cependant que nous récriminions contre les conquêtes libérales que nos pères ont payées de leur sang et de leur fortune ! Nous avons établi ce simple parallèle entre la réglementation et la liberté, pour démontrer une fois de plus combien il est rare, en France surtout, que les meilleures choses ne dégénèrent pas rapidement en injustices et en abus criants. Nous n'avons jamais su garder le juste milieu du sage, et toujours nous avons été les premières victimes de nos plus beaux principes. Cette remarque est vraie, non seulement en ce qu'elle s'applique à nos intérêts moraux, mais encore à nos intérêts matériels les plus immédiats.

Les Anglais n'ont eu garde de commettre les mêmes fautes que nous ; ils ont su rester philosophes sans cesser d'être religieux, et réaliser les glorieuses promesses du libéralisme industriel et commercial sans abdiquer les grandes traditions des corporations. Robert Peel, d'illustre mémoire, a pu impunément lever toutes les barrières et ouvrir les ports de l'Angleterre à la concurrence des produits du monde entier. Son pays a acclamé ses réformes ; il s'est senti assez fortement organisé pour braver l'étranger, et à l'heure qu'il est il triomphe de tous ses rivaux. L'agriculture, l'industrie et le commerce y sont plus florissants que jamais.

Pourquoi la liberté commerciale et industrielle est-elle devenue, entre nos mains, une arme de destruction, au lieu d'être restée le plus puissant levier de la prospérité nationale ? Parce que nous ne savons pas mettre en commmun, comme les Anglais, nos intelligences, nos renseignements; l'égoïsme et la jalousie nous aveuglent et nous privent des forces réelles de l'association, qui résident dans la diffusion des lumières et des capitaux au profit de tous. En Angleterre, le plus mince industriel, le plus petit métier a sa corporation, son organisation de renseignements sur tout ce qui peut l'intéresser directement ou indirectement, et la moindre spéculation est éclairée par le calcul; la raison, le bon sens préviennent, seuls, les écarts de la concurrence. Voilà les idées d'association, d'enseignement mutuel, de sage économie politique que la Chambre de commerce de Bordeaux devrait s'efforcer de faire pénétrer dans l'esprit de tous les négociants et industriels de la place qui cherchent à s'isoler dans leurs comptoirs, dans leurs petits cercles, et qui échappent ainsi à toutes les influences du progrès; la création de la

Bourse est même venu empirer cette maladie de l'isolement. Il nous semble que l'établissement d'un vaste cercle industriel et commercial, qui rappellerait chez nous les Lloyds des Anglais, serait merveilleusement propre à provoquer le rapprochement des personnes et la fusion de tous les intérêts. Que de progrès ne réaliseraient pas nos négociants et nos industriels, à l'aide d'un cercle qui serait formé par actions et composé de tout ce que le département de la Gironde compte de plus élevé dans la diplomatie, l'administration, la magistrature, la finance, le commerce et l'industrie! L'importance de Bordeaux ne grandirait-elle pas rapidement, sous les efforts combinés de tant d'hommes distingués par leur talent et leur position ? Si les consuls des quarante-deux puissances représentées à Bordeaux apportaient chaque jour, à ce rendez-vous général des sommités girondines, les renseignements commerciaux qui leur sont fournis par leurs correspondances et leurs journaux ; si nos grands armateurs et nos industriels se communiquaient leurs besoins ; si nos banquiers se trouvaient en contact quotidien avec tous ceux qui ont des contrées ou des inventions nouvelles à exploiter ; si enfin un journal, émanant du cercle, portait à la connaissance de tout le monde les documents recueillis sur le commerce et l'industrie des principales places, ne résulterait-il pas de ce vaste ensemble quelque chose de réellement grand, de réellement utile ?

L'impulsion doit partir d'en haut, et pour assurer le succès d'un si beau projet, nous comptons sur l'action de toutes les notabilités girondines. Une association formée d'éléments si puissants ne stimulerait-elle pas chez nous l'esprit d'entreprise, ne donnerait-elle pas l'élan au commerce et à l'industrie de la Gironde ? La dépense serait considérable, sans doute. Mais en supposant que les actions du cercle fussent émises à 200 fr., et que la cotisation annuelle fût fixée au même taux, notre aristocratie reculerait-elle devant cette dépense ? Quand on a l'honneur d'être la tête d'un pays, on ne compte pas avec les institutions utiles. C'est la maxime des Anglais ; ils font toujours quelque chose de grand et de durable, parce que jamais ils ne lésinent. Si nous voulons avoir les bénéfices de leurs associations, sachons en supporter les charges.

Nous aurions encore bien d'autres observations à soumettre à l'attention de notre Chambre de commerce ; nous en avons dit assez pour exciter son zèle et son ambition. Nous nous adressons à elle, parce que livrés à eux-mêmes, nos négociants et nos industriels s'éterniseraient dans leur isolement et leur inertie ; il leur faut encore une impulsion gouvernementale pour qu'ils se décident à marcher. Que la Chambre de commerce ose donc enfin prendre une vigoureuse initiative ; le jour où elle aura conquis assez d'empire sur les esprits pour les entraîner avec elle dans la voie des améliorations, nous ne désespérerons plus de l'avenir de Bordeaux. Si nous désirons triompher de la concurrence des hommes du Nord, il faut, de toute nécessité, que nous acceptions leurs habitudes de travail et d'association; il faut qu'à leur exemple nous ne reculions devant aucune réforme, devant aucune dépense. C'est cette grande régénération de notre esprit public que nous voulons confier à la Chambre de commerce; nous espérons que la tâche ne sera pas au-dessus de ses forces.

La simplification des tarifs douaniers, la réglementation sévère du courtage et du parquet des agents de change, l'organisation de la liberté des agences maritimes et commerciales, l'institution d'un jury d'experts-dégustateurs analogue à celui qui fonctionne à Paris, la répression de toutes les fraudes et falsifications, la garantie de la marque de provenance ou de fabrique, la création de docks et de nouveaux établissements de crédit, la publication quotidienne des cotes réelles de la marchandise, etc., etc.; telles sont les différentes questions qui méritent d'être l'objet constant des méditations et de l'active sollicitude de notre Chambre de commerce.

CHAPITRE X.

BORDEAUX CAPITALE DE LUXE.

Bordeaux n'est pas seulement appelé à devenir l'un des plus grands centres industriels et commerciaux du monde, mais encore une des plus délicieuses capitales du confortable et du luxe si chers aux touristes étrangers. La douceur de son climat, l'élégance et l'affabilité de sa population, le grandiose de quelques-uns de ses monuments, les sites enchanteurs de ses environs, la splendeur de ses villas, sont autant d'attraits qui, joints à ceux de son voisinage des eaux des Pyrénées, commandent au premier abord l'admiration et les prédilections du voyageur. La merveilleuse situation de notre belle cité et la multiplicité de ses voies de communication peuvent donc faire affluer chez elle une foule énorme de visiteurs qui enrichiraient, à leur passage, notre caisse municipale, nos négociants, nos industriels et nos ouvriers; pourquoi faut-il que nous apportions, dans l'exploitation de ce nouvel élément de fortune, l'insouciance et l'apathie qui nous ont déjà fait perdre tant de bénéfices industriels et commerciaux? Nous possédons, il est vrai, la plus majestueuse façade de quais qu'il soit possible d'imaginer; notre théâtre est un magnifique chef-d'œuvre; nous avons une rue digne de rivaliser avec celles de Paris; notre Hôtel de ville est un palais de grand seigneur; nos églises sont généralement fort belles; nos allées de Tourny rappellent la grande administration de l'illustre intendant de la Guyenne; mais après? Rien. A peine avons-nous fait un pas vers le progrès depuis soixante ans, et bien minime est le nombre des améliorations que nous avons complétées.

Si M. de Tourny avait vécu de nos jours, que de grandes choses il aurait exécutées ! Quels prodiges de luxe et d'économie seraient déjà réalisés ! Quelles séductions attireraient dans nos murs les industriels, les négociants et les voyageurs ! Appuyé sur un gouvernement aussi fort que celui de l'Empereur, disposant du crédit illimité accordé au génie moderne par la trinité de l'association, de la vapeur et de l'électricité, il aurait doublé, en quelques années, la population de Bordeaux et quintuplé les revenus de la caisse municipale. Avec quel superbe dédain il aurait traité les petites jalousies, les petites économies, les petites idées, qui sont encore si en faveur de nos jours ! « L'Empereur, se serait-il écrié, entend donner pleine satisfaction à tous les besoins moraux et matériels des travailleurs; tous ceux qui, directement ou indirectement, s'opposeront aux projets d'amélioration et d'embellissement conçus dans l'intérêt du peuple, seront impitoyablement privés des faveurs gouvernementales; je m'inquièterai fort peu des fusions de coteries politiques, mais je veillerai résolument à ce que les fautes des administrateurs de la cité ne fassent pas remonter jusqu'à l'Empereur la désaffection qu'elles inspireraient à la population. Mes amis, mes collaborateurs à moi, seront ceux qui déploieront le plus de zèle et d'intelligence dans l'œuvre de la régénération bordelaise et girondine. Je veux que tout le monde ici travaille au bien-être commun, parce que c'est la volonté de l'Empereur. »

Le langage que nous faisons tenir à M. de Tourny est bien loin d'égaler, en éloquence et en vigueur, celui qu'il adressait à la municipalité et aux coteries de son temps ; mais il reflète assez bien la pensée qui animait l'illustre intendant de la Guyenne, quand il passait outre aux doléances des uns et aux taquineries des autres. Plût à Dieu que l'Empereur eût toujours des serviteurs aussi fortement trempés, aussi franchement dévoués que l'était M. de Tourny pour le bien de ses administrés et pour la gloire de son roi !

Napoléon III aime le peuple comme l'aimait Henri IV ; il veut l'ordre comme Louis XIV le voulait ; comme Napoléon Ier, il impose à tout le monde le respect et la pratique de l'égalité. Plus heureux que ses immortels prédécesseurs, il a forcé l'Europe à acclamer la paix et à garantir l'indépendance des nationalités ; il est le premier conseiller des peuples et des rois ; il a des ministres qui, sans être des Sully et des Colbert, savent traduire en actes ses plus généreuses inspirations ; mais, disons-le avec l'abnégation et la sincérité de notre patriotisme, il n'a pas, en général, de bons administrateurs municipaux. Riche en haut, il est pauvre en bas. Après le 2 décembre, les préfets devinrent omnipotents ; profitant de la nécessité sociale et politique dans laquelle ils se trouvaient placés, plusieurs d'entre eux imaginèrent de recommander au choix du Gouvernement et aux suffrages des électeurs les hommes qui, par leur caractère, leur capacité et leur position sociale, n'étaient pas en état de balancer leur influence sur les populations ; en un mot, ils diminuèrent les municipalités pour mieux les dominer et pour s'épargner les tracas du travail de la conciliation. Ce calcul était en opposition avec les idées de l'Empereur, qui a toujours aimé à s'entourer des plus hautes intelligences du pays ; la loi sur la décentralisation administrative aurait pu en atténuer les effets, mais, au lieu de réserver spécialement au chef de l'Etat la surveillance des actes de nos municipalités, elle n'a fait que transporter en province quelques bureaux et sous-bureaux des ministères de Paris. Nous avons constamment demandé la décentralisation bureaucratique, mais nous ne saurions réclamer avec trop d'énergie le retour vers cette grande centralisation administrative, qui surveille sans gêner et qui place les intérêts des populations au-dessus des passions de coteries ou d'influences locales.

Surchargés d'attributions et de travaux, les préfets n'ont pu que prêter une attention secondaire aux intérêts municipaux et revêtir par conséquent de leur approbation une foule d'abus et d'erreurs qui souvent indisposent les populations contre le Gouvernement. Il nous semble à nous qu'on ne saurait jamais trouver des hommes trop distingués par leur mérite personnel, trop influents par leur position de fortune, trop éprouvés dans leur dévoûment à l'Empereur pour composer une municipalité, même celle du plus modeste village de France. On ne doit jamais oublier que le commune est, en dernière analyse, la pierre de touche des actes gouvernementaux ; selon que les municipalités traduiront plus ou moins fidèlement et appliqueront avec plus ou moins de dévoûment les idées impériales, l'affection des populations se fortifiera ou s'affaiblira. C'est sur l'Empereur que les mauvaises passions font retomber la responsabilité des arrêtés administratifs qui sont pris en dépit de l'opinion publique et du bon sens. Il dépend des maires et des conseils municipaux de faire accepter ou repousser les plus belles institutions économiques et charitables dues à l'initiative impériale. A quoi tient l'insuccès du crédit foncier, du drainage, des sociétés de secours mutuels, des caisses de retraite, des bureaux de bienfaisance, des orphelinats, des crèches, des salles d'asile, etc., etc. ? Tout simplement à l'indolence des administrations communales. L'action des maires, des adjoints, des conseillers municipaux est tellement importante, dans les grandes villes surtout, que nous voudrions voir confier les fonctions municipales aux hommes les plus dignes et les plus dévoués du pays; la solidité du Gouvernement dépend beaucoup de leur intelligence et de leur patriotisme.

Ce côté si délicat de l'administration générale mérite d'occuper sérieusement les méditations de nos hommes d'Etat. Autrefois la presse pouvait signaler les fautes commises par les municipalités et donner des avertissements salutaires aux dépositaires de l'autorité locale; trop souvent elle a outré son rôle, mais elle peut encore être utile.

Nous comprenons que le Gouvernement soit impitoyable pour les journaux qui discutent son principe et qui le combattent en termes plus ou moins perfides; mais nous craignons bien qu'en étendant aux actes de ses fonctionnaires les bénéfices de sa réglementation préservatrice contre les excès de la presse, il arrive, un jour, à se priver de son plus puissant auxiliaire. Vivant de la vie même des populations, les organes de la presse départementale sont dans les meilleures conditions pour devenir les interprètes de toutes les réclamations, les défenseurs de tous les intérêts, les avocats de toutes les victimes d'une injustice ou d'un oubli, et par conséquent les amis les plus dévoués du Gouvernement. Napoléon Ier comprenait admirablement tout le parti qu'il pouvait tirer de la presse des départements pour édifier sa religion sur une multitude de faits qui n'arrivaient à sa connaissance que tronqués ou dénaturés. « On prétend que la presse est libre, s'écriait-il un jour, en s'adressant à son Conseil d'Etat ; elle est dans l'esclavage le plus absolu ; la police cartonne, supprime comme elle veut les ouvrages, et même ce n'est pas le ministre qui juge ; il est obligé de s'en rapporter à ses bureaux. Rien de plus irrégulier, de plus arbitraire que ce régime. » Placée qu'elle est aujourd'hui sous le coup d'avertissements dont le Ministre n'est que le juge nominal, comme le disait fort bien Napoléon Ier, la presse ne peut que très difficilement rendre des services à nos populations et au Gouvernement. Il serait donc vivement à désirer qu'elle fût remise en possession du droit qu'elle avait de discuter les actes de tous les représentants de l'autorité administrative. Nous verrions sans peine qu'elle fût soumise à une réglementation draconnienne et impitoyablement condamnée, toutes les fois qu'il lui arriverait d'attaquer directement ou indirectement le principe du Gouvernement, et d'en venir à des personnalités injurieuses contre les fonctionnaires publics ; mais nous serions heureux qu'on lui donnât libre carrière contre tous les abus, toutes les injustices, toutes les violations de la loi que le Gouvernement est impuissant à réprimer, parce qu'il lui est impossible d'en avoir connaissance. Ainsi comprise et pratiquée, la surveillance de la presse sur tous les représentants de l'administration deviendrait un bienfait social; elle stimulerait le zèle des bons fonctionnaires publics et préviendrait les écarts des mauvais ; elle mettrait le Gouvernement à même de rendre pleine justice à tout le monde ; elle prêchait le respect aux lois, la fidélité à l'Empereur ; elle aviverait partout le feu sacré du progrès ; partout elle seconderait l'action tutélaire de l'autorité, et elle serait ainsi la première soupape de sûreté de l'ordre et de la tranquillité publique dans les départements.

Jusqu'à présent, le génie de l'Empereur a suffi à tout ; il a conservé, que disons-nous, il a grandi, chaque jour, le prestige de son nom et de ses services en France et en Europe. Les populations laborieuses, surtout, connaissent son immense désir de les arracher au fléau du paupérisme, et leur enthousiasme pour sa personne a toujours dépassé les commentaires les plus flatteurs donnés à ses actes par les représentants de l'autorité ; même quand elles ont à se plaindre d'une injustice, d'un abus de pouvoir ; elles s'écrient encore : « Si l'Empereur le savait ! » Témoignage irrécusable de la confiance illimitée qu'elles ont dans le souverain de leur choix. Nous sommes bien persuadé que l'illustre héritier de Napoléon saura toujours entretenir et fortifier, par lui-même, cette confiance des populations ; mais il n'en est pas moins vrai que les fautes des municipalités lui rendent la tâche plus laborieuse. Nous sommes de ceux qui désirent que l'Empire vive au nom et avec l'appui du peuple ; la démocratie couronnée et incarnée dans la dynastie napoléonienne nous plaît comme symbole de progrès et d'autorité. Notre devise politique a toujours été : « Le peuple règne et ne gouverne pas. » On comprend donc que nous voyions avec satisfaction, dans l'Empire, l'application d'un principe méconnu et conspué par la République. Le bien-être du peuple, la diffusion des lumières de la religion et de l'instruction, l'amélioration du sort de toutes les catégories de travailleurs, l'expansion des forces de l'association et de l'activité individuelle, l'abolition de tous les priviléges financiers, industriels et commerciaux, le couronnement de l'ordre et du patriotisme par la liberté, tel est, tel doit être le programme de l'Empire napoléonien.

Nous avons expliqué longuement, quoique d'une manière bien insuffisante, les motifs qui commandaient l'abolition du monopole des grosses associations financières et des joueurs de la Bourse, ainsi que la suppression progressive des offices ministériels qui pèsent non moins lourdement sur le commerce et l'industrie ; nous avons dit à ce sujet que la plupart des hommes investis de priviléges, directs ou indirects, avaient méconnu leur mission et s'étaient montrés d'autant plus âpres au gain, qu'ils s'étaient sentis plus forts de la solidité du Gouvernement. Bien des municipalités se sont crues dispensées aussi d'apporter moins de vigilance et de zèle dans la gestion des intérêts communaux, parce qu'elles ont escompté la puissance et le prestige de l'Empire. Tristes calculs, que nous n'avons pas le courage de relever. C'est précisément quand la providence envoie un de ses élus à une nation, que les citoyens les plus élevés par leur intelligence, par leurs capitaux et leurs fonctions officielles, doivent déployer le plus d'abnégation et de dévoûment pour ajouter encore, si c'est possible, à la puissance morale et matérielle du Gouvernement. Les grandes compagnies financières n'ont pensé qu'à leurs actionnaires, au lieu de venir en aide aux petites associations et aux travailleurs de bonne volonté ; les capitalistes, les propriétaires ont exploité, les uns leurs capitaux, les autres leurs produits et leurs loyers, à des taux souvent exagérés, parce qu'ils n'avaient plus à trembler devant l'émeute. Cette immodération dans le gain, cette exploitation usuraire de la sécurité sociale auraient pu contribuer autant et plus que la cherté naturelle provenant de la disette des récoltes à exciter les murmures des masses, si l'Empereur n'avait pas trouvé, dans une prodigieuse multiplication de travaux, un remède à l'intempérance de ceux qui possèdent et surtout aux souffrances de ceux qui ne possèdent pas. Plus le riche veut gagner, plus le pauvre doit trouver d'éléments de travail et de salaires ; les prétentions de l'un ne sont justifiées, au point de vue de l'économie politique, que par les satisfactions données aux besoins de l'autre.

Il résulte de ces considérations succinctes que

l'intelligence et le patriotisme des municipalités peut se mesurer aux efforts qu'elles font en faveur de l'amélioration du sort des travailleurs. Multiplier les travaux d'utilité publique, attirer les capitaux étrangers par les séductions du luxe, populariser toutes les institutions de bienfaisance, garantir le bien-être moral et matériel des habitants, en un mot, faire aimer le Gouvernement, telle est la mission qu'ont reçue de l'Empereur toutes les municipalités. Comment cette mission a-t-elle été remplie à Bordeaux ? Quels moyens convient-il d'employer pour réparer les fautes ou les omissions commises par notre municipalité? Telles sont les deux questions que nous nous proposons d'étudier brièvement.

Nous dirons tout d'abord que les récriminations acerbes et les personnalités blessantes ne conviennent nullement à notre caractère ; nous ne voulons qu'instruire et proposer des améliorations possibles, c'est assez faire comprendre que nous savons respecter, dans les membres de notre administration municipale, l'autorité dont ils sont revêtus et l'honorabilité des personnes. Le manque de résolution, la défiance du progrès, la peur des emprunts et des associations, l'absence d'initiative, l'oubli des conseils de la presse et des vœux de l'opinion publique, voilà les principales causes de l'état d'infériorité dans lequel est resté Bordeaux, pendant que Paris, Lyon, Marseille, Le Havre, Nantes et tant d'autres villes ont marché à pas de géants dans la voie des améliorations de toutes sortes. Un beau jour, cependant, c'était le 30 décembre 1853, nous pûmes croire que notre municipalité allait suivre hardiment la route tracée par l'Empereur ; inspiré par les merveilleuses transformations que subissait la capitale de la France, M. le Maire de Bordeaux publia un magnifique programme, dans lequel nous lisions les lignes suivantes :

« La proclamation de l'Empire dans nos murs
» a donné un nouvel éclat à notre cité. Notre ville
» grandit aujourd'hui, non seulement parce qu'un
» Gouvernement national et réparateur a jeté sur
» elle un regard de bienveillance, parce qu'il a ou-
» vert pour elle de nouvelles voies de communica-
» tion, parce qu'il a imprimé une activité féconde
» à son commerce, mais parce que ces faits ont
» réagi sur le moral de nos concitoyens, qu'ils leur
» ont rendu l'espoir d'une prospérité prochaine,
» et que cette espérance a secoué la torpeur qui
» les accablait. »

Personne ne fut plus heureux que nous, à cette époque, de la bonne nouvelle que nous annonçait M. le Maire. « L'Empire, écrivions-nous alors, a réveillé bien des morts, guéri bien des blessés et ranimé bien des courages ; l'esprit d'espérance et de foi circule dans toutes parties du corps social, et l'écho du marteau qui fait tomber les vieilles masures de Paris a retenti aussi jusque sur les bords de la Garonne ; le vent de la régénération a soufflé sur toutes les provinces, et Bordeaux se prépare à secouer ses haillons pour revêtir la robe de la virilité impériale. »

Malheureusement, le programme officiel de la régénération bordelaise n'a pu encore recevoir son exécution, et nous avons vu tomber nos plus chères illusions.

Aussi, malgré les belles paroles de M. le Maire, toutes les fois que les journaux nous apportent le récit des admirables métamorphoses opérées à Paris, à Lyon, à Marseille, à Nantes, au Havre et dans une foule d'autres villes, nous ne pouvons nous empêcher de faire un douloureux retour sur l'espèce d'indifférence et d'atonie qui règne à Bordeaux. La crainte du progrès est à l'ordre du jour ici, et pour rien au monde on ne remuerait deux pavés à la fois ; comme si la richesse d'une ville n'était pas beaucoup plus dans le développement de tous ses éléments de fortune que dans l'équilibre de sa caisse !

Une grande cité ne s'administre pas comme un ménage, et les affaires ne se traitent plus aujourd'hui de la même manière qu'autrefois. Dépenser pour gagner, voilà le premier principe de l'économie politique; emprunter pour centupler ses capitaux, voilà la première règle budgétaire des empires et des villes. L'Angleterre, a-t-on dit souvent, est de tous les Etats du globe celui qui a le plus de dettes, et c'est précisément pour cela qu'il a le plus de crédit, le plus de puissance industrielle, le plus de véritable force. Les emprunts ruinent souvent les particuliers, jamais les empires et les grandes villes. « On ne citerait pas une seule ville, écrivait un habitant de Lyon, qui ait péri à cause de ses dettes ; ce qui ruine et tue les villes, c'est une inintelligente et intempestive parcimonie ; c'est le peu de soin qu'elles mettent souvent à suivre les progrès du temps et à perpétuer leur jeunesse, par de successives et indispensables transformations. L'Empereur, avec cette force et ce courage de conception qui sont le trait le plus saillant de son caractère, a su comprendre et faire comprendre cette vérité. Oser, tel a été le grand secret de cet homme providentiel, et c'est dans ce secret qu'il a trouvé le pouvoir de sauver la société qui périssait. Il a osé la conversion des rentes ; il a osé l'achèvement du Louvre ; il a osé la reconstruction de Paris ; il a osé l'emprunt national ; il a osé l'alliance anglaise ; il a osé remettre au jury le soin de juger les régicides ; il a osé cette magnifique épopée du Levant, à laquelle la civilisation doit son émancipation » ; il a osé enfin, ajouterons-nous, marcher chaque jour, avec une indomptable énergie, vers la réalisation des projets les plus grandioses. Ce sont là des exemples, des idées que nous avons rappelés bien souvent ; mais les conversions sont difficiles à Bordeaux.

La plupart des villes de France et de l'étranger entrent hardiment dans la voie que leur a ouverte le génie de Napoléon III ; seul, Bordeaux ne sait ou ne veut rien oser, rien faire, sous prétexte de ménager ses finances. Une ville dont les recettes s'élèvent à plus de trois millions par an et qui trouverait d'inépuisables ressources dans l'exploitation de ses richesses naturelles, ne pas oser contracter des emprunts assez élevés pour lui permettre de faire aussi quelque chose de grand et d'utile! C'est triste.

Le négociant qu'un emprunt de 100,000 fr. remettrait à flot est précipité dans l'abîme par un emprunt de 10,000 fr.; il en est de même des villes qui, comme Bordeaux, empruntent sou à sou. Malgré la pénurie de nos récoltes, malgré la cherté des vivres et des loyers, l'excédant des ressources disponibles de notre caisse municipale monte à près de 700,000 fr. par an, et, depuis l'avant-dernier recensement, la population a augmenté de 20,000 âmes. Il est bien évident que la multiplicité de nos voies de communication portera, dans quelques années, à plus de 250,000 le nombre des habitants de la commune, à plus de 3 millions celui de la population voyageuse; l'amélioration de nos cultures, la cessation du fléau qui ravage nos vignobles, et l'affluence des produits étrangers élèveront bientôt, dans des proportions inouïes, le chiffre de nos revenus; il n'existe pas une seule ville où les dépenses soient susceptibles d'être plus largement payées que dans la nôtre par les recettes. Que craignons-nous donc d'emprunter 10, 15, 20 millions de francs, quand des villes moins riches ne craignent pas d'emprunter 30 millions à la fois ? Si les gros emprunts nous répugnent, adressons-nous à des compagnies, et, dans un grand nombre de cas, au lieu de nous endetter, nous réaliserons des bénéfices. Ce ne seront jamais ni les capitaux, ni les compagnies qui nous feront défaut ; ce qui nous manque, c'est l'esprit d'initiative, c'est le patriotisme local, c'est le sentiment des besoins du présent, c'est l'ambition de l'avenir.

Tout en rendant hommage à la prudence de notre administration municipale, nous répèterons pour la centième fois que cette prudence nous paraît exagérée. Si l'on veut faire de l'utile, du beau, du grand, il faut savoir être large dans la dépense ; c'est le meilleur moyen de gagner. Il arrive, malheureusement, trop souvent que l'intelligence et la bonne volonté des habitants ne viennent pas suffisamment en aide à l'initiative de l'administration ; la vente d'une maison, d'une parcelle de terre est-elle ordonnée pour cause d'utilité publique, qu'à l'instant les prétentions des propriétaires deviennent exorbitantes et paralysent l'essor des améliorations les plus urgentes. Les lois de 1810 et de 1841, sur l'expropriation forcée, ne sont plus en rapport avec les besoins de notre époque, et chaque jour les services publics ont à souffrir des exagérations inouïes données à la valeur des propriétés ; en ce moment même, à Bordeaux, plusieurs propriétaires tiennent la ville en échec et gênent la circulation de tout un quartier pour vendre leurs maisons quelques milliers de francs au dessus de la valeur réelle et raisonnable. D'un autre côté, nous ne connaissons pas de position plus difficile que celle d'un conseiller municipal. Sous peine de passer pour un déserteur des intérêts de son quartier, il est souvent forcé d'accueillir une foule de réclamations mesquines. Combien d'obsessions n'a-t-il pas à subir tantôt pour un pavé, tantôt pour un égout ; aujourd'hui pour une impasse, demain pour une rue ; c'est à qui le fatiguera le plus.

Si tous les habitants rivalisaient de patriotisme pour aider l'action de la municipalité ; si les propriétaires appelés à faire partie du jury d'expropriation prévenaient les réformes de la loi de 1841 en basant leurs évaluations sur des documents authentiques, s'ils savaient toujours favoriser les intérêts généraux sans cesser d'être justes pour les intérêts individuels, alors les améliorations pourraient être exécutées rapidement et sur une large échelle. Il faut que tout le monde prête son concours d'une manière aussi désintéressée que possible à la grande œuvre de notre régénération bordelaise, ou bien on ne réussira même pas à badigeonner une façade et à paver un bout de rue. Une fois assurée de la bonne volonté des habitants de la ville, notre administration ne fera plus de ces expropriations qui se comptent par portes et par fenêtres ; elle voudra avoir, ce qui lui a toujours manqué jusqu'ici, des plans d'ensemble, et elle ne sacrifiera plus l'avenir aux petits ménagements du présent.

L'absence de plans d'ensemble est toujours fatale aux finances d'une grande ville ; les travaux du présent doivent avoir pour but de garantir la richesse de l'avenir, et avant de commencer une opération quelconque, il est sage d'en calculer toute la portée. On ne saura jamais ce qu'a coûté et ce que coûtera encore à la ville de Bordeaux l'imprudence de ceux qui ont accordé des autorisations de construire sur des emplacements destinés à être expropriés ; que de frais d'alignement et de trottoirs il eût été facile d'éviter en traçant à l'avance un plan général dont l'exécution aurait été poursuivie de génération en génération, d'âge en âge ! Le système qui a été suivi jusqu'à présent a eu trop souvent pour résultat de contribuer à élever la valeur de maisons que leur situation désignait naturellement aux coups de l'expropriation ; les dépenses faites au Jardin public, par exemple, n'ont-elles pas augmenté considérablement les prétentions des propriétaires de l'Ile-Ferme et de Bardineau ? Il en est de même des travaux de demi-dégagement qu'on exécute aux abords de la tour de Pey-Berland ; dans dix ans, il faudra payer vingt-cinq ou trente pour cent plus cher le pâté de maisons qu'on y laisse subsister en ce moment, malgré les réclamations énergiques de la presse et d'une partie des habitants. Que dire aussi des maisons dont on a autorisé la construction, il y a deux ans, dans le quartier des Chartrons, et dont on poursuit aujourd'hui l'expropriation pour régulariser la façade des quais ? Notre administration municipale n'a pas été heureuse dans ses projets d'alignements, et moins heureuse encore a-t-elle été dans l'exécution. La rue Sainte-Catherine, qui doit faire son premier titre de gloire devant la postérité, est loin de répondre aux besoins qu'elle est appelée à desservir ; c'est la principale artère de la ville, et deux voitures peuvent à peine y passer de front !

Toutes les fois qu'on a voulu élargir une rue, on a procédé à l'expropriation par petites parcelles ; c'est là un système vicieux au possible. Le simple bon sens ne dit-il pas, en effet, qu'il vaut beaucoup mieux acheter tout un pâté de maisons à la fois plutôt que de marchander mètre par mètre, fenêtre par fenêtre ? L'explication est toute simple : dans un pâté de maisons, il y a des cours, des vides nombreux qui n'ont, pour ainsi dire, aucune valeur, de telle sorte qu'en reculant les maisons sur ces cours, on gagne l'espace nécessaire à une nouvelle rue et que la plus-value des façades nouvelles suffit ordinairement à payer les frais de démolition et de reconstruction. En opérant ainsi sur une masse considérable de terrains, l'espace consacré à la voie publique pourrait être augmenté non pas aux dépens des façades, dont la valeur est importante, mais bien plutôt aux dépens de ces cours intérieures, qui constituent des vides improductifs et souvent malsains. Il en résulterait que les rues pourraient être disposées de manière à former la compensation des cours supprimées, à fournir des jours et des moyens d'aération aux maisons nouvellement construites ; il n'y aurait qu'à changer l'emménagement des habitations. Ce système n'a pas encore été appliqué à Bordeaux, probablement parce que l'administration aura été effrayée des dépenses qu'il entraînerait ; le déboursé primitif pourrait être plus considérable, il est vrai, mais aussi il serait infiniment plus productif. L'économie n'est pas l'épargne, c'est l'art de savoir dépenser.

Si les propriétaires des quartiers dont les rues doivent être élargies et assainies comprenaient leurs véritables intérêts, ils n'auraient pas besoin d'obéir à la pression de l'administration ni d'attendre les rigueurs de l'expropriation, pour exécuter les alignements destinés à augmenter la valeur de leurs propriétés ; ils s'associeraient entre eux, comme cela se pratique en Angleterre et aux États-Unis, et l'autorité n'aurait besoin d'intervenir que pour veiller à la régularisation des plans. Malheureusement, les calculs de gros sous et les petites jalousies de voisins viennent paralyser la bonne volonté de ceux qui seraient disposés à donner l'exemple. Et puis, on compte sur les bénéfices de l'expropriation forcée ; bon nombre de capitalistes achètent même, de préférence, les maisons qu'ils savent devoir être soumises à l'expropriation dans un délai plus ou moins court, et l'indulgence du jury leur vaut très souvent de fort jolis bénéfices. Il n'est guère possible de compter en France, et à Bordeaux moins qu'ailleurs, sur cette entente cordiale, spontanée, qui fait qu'une différence de deux mètres en recul ou en avancement n'empêche jamais les propriétaires d'une rue de faire eux-mêmes tous les frais d'un alignement général, d'un vaste élargissement ; ces grands calculs d'intérêt ne sont bien appréciés qu'à l'étranger.

En supposant que la ville voulût abandonner son vieux système de détails, procéder aux améliorations sur une large échelle et d'après un grand plan d'ensemble, elle trouverait infailliblement des compagnies toutes prêtes à se charger des travaux. Nous savons bien que l'intervention des compagnies n'est guère plus populaire à Bordeaux que le système des expropriations en grand; mais tôt ou tard on reviendra de ces préventions. La double combinaison que nous n'avons cessé de préconiser, par la voie de la presse, est seule susceptible de doter la ville de Bordeaux de tous les embellissements possibles, sans grever ses finances. Garantir un minimum d'intérêt aux compagnies concessionnaires de telle ou telle entreprise, voilà tout le secret de la combinaison. Or, dans le plus grand nombre des cas, la garantie serait purement nominale, parce que la concentration des travaux dans une seule main, permettrait évidemment de réaliser des économies considérables ; et si, comme nous l'avons indiqué maintes fois, la ville avait le bon esprit de se ménager une part dans les bénéfices, non seulement elle n'aurait rien à payer, mais elle pourrait encore se créer une source abondante de revenus directs, indépendamment de l'augmentation des revenus indirects que lui vaudraient ses améliorations et ses embellissements. Notre confiance dans les compagnies est assez bien justifiée par l'exemple de Paris, de Lyon, de Marseille, du Havre, etc., pour que nous tentions de la faire partager à la municipalité de Bordeaux. Nous demandons à grands cris que notre ville contracte un nouvel emprunt bien moins pour lui permettre d'exécuter les travaux par elle-même ou par ses agents, que pour lui fournir les moyens de traiter avec des compagnies sérieuses et de payer, au besoin, les petites différences d'intérêt d'une entreprise dont les débuts seraient difficiles. Nous réclamons l'intervention des compagnies pour deux motifs : d'abord, elles travaillent plus vite, mieux et à meilleur marché ; ensuite, les concessions sont données par voie d'adjudications publiques, et publiques aussi sont les conditions. Il est incontestable que si la ville avait fait appel aux compagnies, il y a longtemps que nous serions en possession de nos fontaines, de nos trottoirs, de nos monuments, de nos jardins, etc.

Les prétentions exorbitantes des propriétaires qui arrachent, à la faveur de la législation actuelle sur l'expropriation forcée, des indemnités quinze ou vingt fois supérieures à celles que justifient les cotes cadastrales et les évaluations des répartiteurs ; les répugnances de notre municipalité pour les adjudications publiques et les associations de capitalistes; les mesquineries de notre système d'améliorations morcelées, telles sont les principales causes de l'exagération de nos dépenses et des petits résultats que nous obtenons. Nous en connaissons d'autres qui, pour être moins importantes en apparence, exercent une influence tout aussi fatale aux progrès de la régénération bordelaise : ce sont l'organisation vicieuse du corps des architectes-ingénieurs de la municipalité, et l'absence des garanties du concours et des adjudications publiques.

Loin de nous la pensée de mettre en suspicion le désintéressement et l'habileté de nos divers architectes; nous pensons néanmoins que la manière dont leur talent est rétribué doit être radicalement changée. En effet, ils reçoivent, en sus d'un traitement fixe, des honoraires qui varient entre deux et demi, trois, quatre ou cinq pour cent, suivant l'importance des dépenses ; il est donc tout naturel qu'ils repoussent de toutes leurs forces les adjudications publiques, et surtout les compagnies qui se présenteraient pour faire exécuter par d'autres agents, et en quelques années, des entreprises sur lesquelles ils pourraient baser la réserve de leur traitement éventuel. Le système des remises est, en général, très peu économique, et il donne lieu à des abus et à des interprétations qu'il est urgent de prévenir.

Nous demanderons donc que nos architectes-ingénieurs reçoivent un traitement fixe plus élevé, et ne puissent plus, à l'avenir, prélever un tantième sur les travaux. Une fois assurés d'un traitement fixe, à la hauteur de leur talent et de leur profession, ils ne verraient plus avec une sorte d'effroi surgir les propositions des compagnies; forts de l'indépendance et de la dignité que donne toujours un traitement fixe élevé, ils deviendraient les promoteurs, les surveillants supérieurs de ces compagnies, au lieu d'en être les adversaires, et ils sauvegarderaient beaucoup mieux les intérêts de la ville. N'oublions pas d'ailleurs que la substitution d'un traitement fixe, plus élevé, à un tantième variable, loin de grever le budget municipal, donnerait, au contraire, des bénéfices d'autant plus considérables, que la municipalité aurait des travaux plus importants à faire exécuter, tels que ceux de la restauration du Grand-Théâtre, par exemple. En un mot, les saines règles de l'économie veulent que les architectes-ingénieurs reçoivent un traitement fixe assez élevé, pour qu'ils n'aient à s'occuper d'aucune espèce d'éventualité d'intérêt particulier.

Les garanties de désintéressement que nous réclamons des architectes municipaux ne nous suffisent pas; il faut encore que leur talent et leur habileté soient soumis à un contrôle sérieux.

Nous ne sommes jamais aussi heureux que quand nous avons à signaler à l'admiration publique une belle idée, un beau projet émanés de l'initiative locale; nous désirerions donc ardemment que tous nos grands travaux d'utilité publique fussent conçus et exécutés par des architectes ou des ingénieurs bordelais. Il ne faut cependant pas que l'amour-propre de province nous aveugle au point de nous faire dédaigner les inspirations étrangères; quand il s'agit de quelques-uns de ces monuments qui doivent léguer à la postérité, avec les noms de nos édiles, le témoignage de notre bon goût et de notre génie, nous manquerions à notre devoir en négligeant de nous entourer des garanties du concours; en pareil cas, les projets ne doivent être adoptés qu'après avoir passé par le creuset d'un examen public. Un plan, une idée, c'est tout dans un monument, et souvent il arrive qu'un homme habile, mais ignoré, trouve le moyen de faire mieux et à meilleur marché; il lui suffit d'un concours pour lui permettre de se révéler. Si les architectes-ingénieurs de la municipalité l'emportent, leur triomphe sera d'autant plus éclatant qu'il auront vaincu des rivaux plus redoutables. Mais, dans les circonstances solennelles où il se trouve, Bordeaux a besoin de faire appel à toutes les intelligences de l'Empire et de l'étranger, de s'enrichir de toutes les idées architecturales et artistiques. Il y va pour lui de sa fortune et de son avenir, et il ne saurait s'entourer de trop d'éléments de succès avant de poser la première pierre de ses nouveaux monuments. Que serait une dépense de dix ou quinze mille francs pour frais de concours et de médailles, quand il s'agit de travaux qui coûteront des millions ? Notre ville aurait assurément tout bénéfice à prendre pour juges des plans et des projets qui lui seraient adressés, les hommes les plus capables et les plus compétents. Et quand nous parlons de la sentence qui serait rendue par les sommités de l'art, nous n'entendons nullement parler d'une apostille qui serait arrachée à leur complaisance ou à leur amitié en faveur de tel ou tel concurrent. Qui dit concours dit comparaison, et pour que les plans reçoivent la haute sanction de la science et de l'art, il faut qu'ils soient discutés et appréciés publiquement. La décision qui intervient alors emprunte à la solennité même d'un débat public une autorité qui en impose à toutes les critiques et à toutes les récriminations.

Nous ne saurions trop engager notre municipalité à demander aux concours et aux discussions publiques la garantie, la consécration des grands travaux qu'elle se propose, dit-on, de faire exécuter. Ce doit toujours être une affaire de famille que la construction d'un monument ou la création d'une amélioration quelconque ; il est donc rationnel que tous les membres de la famille bordelaise soient mis à même d'émettre leur opinion en faveur des projets qui leur paraîtront les plus dignes de notre belle cité. Nous n'entendons gêner en rien la liberté d'action de notre municipalité, nous ne voulons que lui apporter une plus grande somme d'intelligences et de bonnes volontés. Pendant quatre ans, nous avons demandé à grands cris, les garanties du concours à la fois pour les œuvres d'art et pour les entreprises d'utilité publique. Rendons cette justice à notre administration municipale, qu'elle vient enfin d'adopter ce principe à l'occasion d'un projet de fontaine monumentale qui doit être exécuté sur la place des Quinconces ; nous l'en remercions de tout notre cœur, et nous l'engageons d'autant plus vivement à faire aussi du concours la base de toutes ses adjudications de travaux, que, dernièrement, elle a eu une preuve mathématique des garanties qu'elle en retirerait ; elle ne peut oublier, en effet, qu'elle a obtenu sur plusieurs séries des travaux du Jardin public, des rabais qui ont varié de 36 à 42 $^{1}/_{2}$ p. 100 sur les estimations peu approximatives de ses architectes.

L'adjudication publique est le moyen le plus sûr d'attirer les associations de capitalistes et les soumissionnaires capables. Jusqu'à présent, l'administration municipale a voulu entreprendre une foule de travaux par elle-même ou en traitant à forfait avec des capitalistes, sans le contrôle ni la garantie des adjudications publiques. Nous avons protesté et nous protesterons toujours contre de pareilles combinaisons, parce qu'elles peuvent compromettre les véritables intérêts de la cité et fournir à la malveillance des prétextes d'insinuations qui, quoique bien injustes, n'en seraient pas moins très blessantes pour les représentants de l'autorité.

Toutes les fois qu'il s'agit d'opérer sur une large échelle et de dépenser des sommes considérables, il y a économie à s'adresser aux compagnies ; elles travaillent mieux et à meilleur marché, et dans un grand nombre de cas, la ville, peut entrer en partage de leurs bénéfices. S'agit-il, au contraire, de créer un de ces établissements d'utilité générale qui doivent donner des revenus certains et abondants pour un faible déboursé, le bon sens, alors, veut que la ville exécute les projets par elle-même et choisisse son entrepreneur parmi les soumissionnaires de l'adjudication publique ; dût-elle contracter un emprunt, qu'elle y trouverait encore son avantage, témoin son marché aux bestiaux, qui, si elle avait voulu écouter nos conseils, lui rapporterait aujourd'hui plus de quatre-vingt mille francs par an, et ne lui aurait coûté que 514 mille francs. Pour des dépenses si largement et si évidemment productives, une municipalité ne doit jamais hésiter à emprunter ; encore moins doit-elle repousser la garantie du concours et des adjudications publiques. C'est pour n'avoir pas adopté ce double système que la ville de Bordeaux a presque toujours été malheureuse dans ses différentes entreprises. Certes, nous n'aimons pas les récriminations, mais nous croyons remplir un devoir en insistant sur l'économie que présentent les compagnies pour l'exécution de ces vastes projets d'ensemble qui exigent des capitaux considérables ; nous maintenons, aussi, que la ville pourrait réaliser par elle-même de gros bénéfices, fût-ce au prix d'un emprunt, dans la construction de ces établissements d'utilité générale, de ces marchés qui donnent toujours des revenus d'autant plus certains, d'autant plus élevés, que la consommation tend constamment à s'accroître. Dans un cas comme dans l'autre, la municipalité ne peut se dispenser de s'entourer des garanties du concours et des adjudications publiques. C'est là une règle d'économie politique dont il n'est jamais prudent de s'écarter.

Nous serions presque tenté de désespérer du triomphe de ces vérités, que nous avons ressassées avec une opiniâtreté fatiguante pour nos lecteurs et pour nous, tant elles rencontrent de résistances chez les meilleurs esprits. On ne paraît pas se douter de la puissance du levier de l'association dans nos villes méridionales, et la répugnance que leur inspirent encore les compagnies est presque invincible. Nous ne nous lasserons pas de le répéter, les caisses communales réaliseraient de magnifiques bénéfices si, au lieu de se charger elles-mêmes des grands travaux d'utilité publique, elles se contentaient de garantir un minimum d'intérêt aux associations qui oseraient les entreprendre. Cette garantie d'un minimum d'intérêt suffirait à déterminer la coopération des capitalistes les plus timides. Où serait, en effet, le danger pour eux, s'ils étaient assurés d'obtenir toujours et indépendamment de toutes les éventualités imprévues, un intérêt raisonnable de leurs déboursés ? Les alignements, par exemple, leur donneraient des bénéfices considérables s'ils les pratiquaient sur une vaste échelle ; ils dépenseraient quinze, vingt francs par mètre carré, et un peu plus tard ils gagneraient cinquante, soixante francs ; il en serait de même pour toutes les grandes entreprises. Si cette brillante perspective ne triomphe pas des hésitations et de la timidité de nos capitalistes, eh bien ! que la ville leur assure un minimum d'intérêt ; elle ne courra aucun risque et elle donnera courage et confiance aux associations. Notre combinaison aurait pour résultat infaillible de dégrever les budgets communaux des sommes énormes qui, sous forme d'emprunts et de capitations, disparaissent en bouts de rues et en tronçons de trottoirs ; elle aurait aussi cet immense avantage d'appeler les villes en partage des bénéfices réalisés par les compagnies. Il arriverait alors que les améliorations les plus gigantesques ne coûteraient rien et donneraient même des revenus dont tout le monde profiterait. La réalisation de nos idées n'enlèverait aux municipalités rien de leur initiative et de leur autorité. Elles n'auraient plus à exécuter, mais elles surveilleraient, et cette haute surveillance leur assurerait une influence irrésistible sur les opérations des compagnies qu'elles auraient mises à leur lieu et place. « Nous ne voudrions pas, écrivions-nous il y a trois ans, qu'il y eût dans toutes les villes de l'Empire, Paris excepté, une caisse plus riche que celle du Conseil municipal de Bordeaux, si l'administration s'adressait hardiment aux associations et savait se ménager une part dans leurs bénéfices. » Depuis cette époque, nous avons eu cette bonne fortune d'avoir à signaler un commencement de progrès tout à fait conforme à nos idées.

Il y a quelques mois, le Conseil municipal ayant à se prononcer sur l'établissement des rails-ways qui doivent longer nos quais, décida que la concession en serait donnée par voie d'adjudication publique, et que la ville prélèverait un décime sur le montant des recettes. Voilà un excellent précédent, et nous espérons bien que notre municipalité ne l'oubliera pas quand elle aura quelques grands travaux à faire exécuter. D'un côté, garantie d'un minimun d'intérêt pour les entreprises dont l'avenir est encore entouré de quelques nuages ; de l'autre, prélèvement d'un tantième sur les bénéfices, voilà, selon nous, la combinaison la plus heureuse.

Si la municipalité de Bordeaux avait eu moins de répugnance pour l'adoption de ce double système, nous serions depuis longtemps en possession d'une foule d'améliorations qui nous manquent encore aujourd'hui. C'est pour avoir voulu marcher avec trop de prudence qu'elle s'est égarée dans les détails et qu'elle n'a réalisé que de petites économies. Une compagnie ne se présentera jamais pour entreprendre la rectification de quelques mètres d'alignement ; mais au lieu d'une il en sugira dix pour reconstruire un quartier tout entier. Croit-on, par exemple, que la seule espérance de voir toutes les gares de nos chemins de fer s'établir en façade des quais de Paludate ne déterminerait pas un grand nombre de capitalistes sérieux à se charger de l'amélioration des quartiers Saint-Michel et Sainte-Croix ? Ne voudraient-ils pas exploiter les magnifiques emplacements situés sur les bords mêmes du fleuve ? Et le voisinage des gares ne les encouragerait-il pas à ouvrir de larges voies de circulation le long desquelles ils bâtiraient de splendides hôtels ? Les affreuses masures, les baraques, les clôtures en planches qui s'étendent depuis la porte de la Monnaie jusqu'au Pont de Brienne ne disparaitraient-elles pas par le seul fait de l'installation des gares, installation commandée par les nécessités du service des chemins de fer et par la loi elle-même ? Le cours Saint-Jean, dont on réclame depuis si longtemps, mais en vain le prolongement, ne serait-il pas enfin continué jusqu'à la façade des quais ? Et ce malheureux quartier sud, où, sous le nom d'Estey Majou, de Terres-de-Bordes, de Pont-du-Guit, se trouvent tant de cloaques infects, ne verrait-il pas aussi luire le jour de la régénération si l'on faisait appel aux capitaux des compagnies ?

Encore une fois, la ville ne peut pas se charger directement de ces vastes transformations, de ces grands travaux qui exigent des dépenses considérables ; il n'y a que les associations de capitalistes qui puissent les entreprendre et gagner sur l'exécution. Trop d'exemples sont là pour justifier notre assertion. Ainsi, malgré le zèle et la bonne volonté dont elle a fait preuve, la munipalité de Bordeaux en est encore à creuser l'aqueduc de ses fontaines ; elle a acheté des tuyaux pour une somme de plusieurs millions ; elle n'a rien négligé pour en hâter la pose, mais en elle paie l'intérêt en attendant que le moment de les utiliser soit arrivé. A Lyon, la municipalité a voulu aussi établir des fontaines dans les différents quartiers de la ville, mais elle a confié l'entreprise à une compagnie. C'est pour cela, sans doute, qu'il y a quelques mois l'eau circulait dans un grand nombre de rues et montait aux différents étages des maisons, où elle est utilisée pour les besoins des ménages en même temps qu'elle sert de force motrice aux petits ateliers.

A Bordeaux, les habitants paient le mètre cube de gaz d'éclairage à raison de 42 c., et à Paris, 27 c. ! Ces différences de prix et de résultats s'expliquent par l'intervention des compagnies et surtout par la manière de traiter avec elles.

Plusieurs compagnies sérieuses se sont présentées pour faire concurrence à celle qui est investie aujourd'hui du monopole de l'éclairage ; l'une d'elles proposait même de traiter avec la ville à raison de

20 c. en moyenne par mètre cube, et d'utiliser le gaz provenant de la résine de nos immenses forêts de pins ; les landes auraient acquis immédiatement une plus-value considérable, et les habitants de Bordeaux auraient bénéficié d'un énorme rabais, tout en jouissant d'un gaz dont le pouvoir éclairant est supérieur à celui du gaz tiré de la houille. La municipalité a eu hâte, nous n'avons jamais trop su pourquoi, de renouveler pour quinze ans un traité qui avait encore sept années à courir. Elle a bien eu le bon esprit de faire des réserves pour l'adoption des améliorations qui seraient indiquées par les progrès de la science et de l'industrie ; mais en attendant que les habitants de Bordeaux puissent jouir de ces bienheureuses réductions, dont le chiffre, nous le craignons bien, ne s'élèvera jamais aussi haut qu'à Paris, ils seront forcés de subir le monopole de la compagnie actuelle, ainsi que les inconvénients d'un gaz dont la pureté et la pression ne sont pas suffisamment surveillées. Le Conseil central d'hygiène de la Gironde s'est chargé, du reste, de signaler les désavantages du système actuel ; nous n'avons ni le droit ni le pouvoir de le modifier. Aussi, appelons-nous de tous nos vœux la création d'une compagnie qui porterait du gaz à domicile, et qui populariserait l'usage du gaz liquide que nos landes et nos alcools pourraient nous fournir en abondance. Fasse le ciel que la science nous dote bientôt des bénéfices de l'éclairage électrique ou de tout autre système indépendant des priviléges d'une compagnie !

Nous serions bien malheureux, si l'on voyait dans les petits rapprochements que nous établissons la moindre intention malveillante ; nous sommes persuadé que notre administration est tout aussi peinée que nous de ses insuccès, et si nous croyions moins à son vif désir de les réparer, nous ne nous donnerions pas la peine de lui soumettre quelques-unes des combinaisons qui ont donné ailleurs de si beaux résultats. Dans le but de lui prouver combien nous serions heureux de la voir réaliser, à bon marché, toutes les améliorations dont est susceptible notre chère cité, nous soumettrons de nouveau à sa bienveillante attention une analyse du plan d'ensemble que nous avons publié dans plusieurs articles de journaux.

Le premier luxe, la première amélioration d'une grande ville, c'est l'assainissement complet du sol sur lequel elle est assise. En attendant que toutes les rues et tous les quartiers de Bordeaux soient réliés par un grand système d'égouts qui éloigne des habitants tous les miasmes délétères, nous appellerons l'attention de notre administration municipale sur l'infection croissante des cours d'eau qui entourent notre ville d'une vaste ceinture de fange. Il s'agirait de faire servir à l'assainissement général les cinq ruisseaux qu'un envasement continu a transformés en un foyer permanent de fièvres malignes. Nous avons eu la patience de les étudier successivement dans leur parcours. Voici le résultat de nos recherches. Nous avons rencontré : 1° La jalle de la rue Poyenne, qui vient du Bouscat et a son embouchure au quai des Chartrons ; 2° Le ruisseau de Caudéran, qui entre en ville à la Croix-Blanche, traverse le quartier Saint-Seurin et se réunit dans la rue Rouleau au ruisseau de Mérignac ; 3° La Devèze, formée par les ruisseaux de Caudéran et de Mérignac, qui va se jeter dans le fleuve, au quai de Royan, près de la Douane ; 4° Le Peugue, qui entre en ville à la Manufacture des tabacs, passe près de la cathédrale, au sud, et a son embouchure au quai de Bourgogne ; 5° L'estey de Bègles, qui longe la gare Saint-Jean, passe au Moulin de Sainte-Croix et se jette dans le fleuve au quai de Paludate. La configuration du terrain s'oppose-t-elle à la transformation de ces ruisseaux d'infection en ruisseaux d'assainissement ? Nous ne le pensons pas. Quoiqu'il ne nous soit guère possible de nous en assurer par des calculs de niveau, il nous a semblé que la pente naturelle des différents quartiers traversés par ces cloaques suffirait pour les utiliser au profit de la salubrité publique. Ainsi, entre les deux premiers ruisseaux, on trouve un large coteau qui a pour centre la place Dauphine et s'étend, à l'est, jusqu'au Grand-Théâtre, au nord, jusqu'au Bouscat, vers les sources de Rivière et de Blanc, à l'endroit où elles versent leurs eaux dans la jalle de la rue Poyenne. Les coteaux qui séparent les cours d'eau du centre se prolongent à peine dans la ville, et il nous a paru que, depuis les terres de Belleville, près de la Manufacture des tabacs, la Devèze et le Peugue suivent la pente du même vallon. Entre le Peugue et l'estey de Bègles se trouve un large plateau, à l'extrémité duquel sont assises l'église et la tour de Saint-Michel. Des hommes plus compétents que nous, les ingénieurs et les agents-voyers de la ville, ne pourraient-ils pas tirer un excellent parti de cette heureuse disposition du terrain? Est-ce donc chose si difficile et si coûteuse que le nivellement ou la rectification de chacun de ces cours d'eau? Nous savons bien que l'administration fait opérer des curages périodiques ; mais ces curages ne sont-ils pas d'autant plus chers qu'ils sont répétés plus souvent? Les dépenses qu'on ferait pour rectifier le lit de ces ruisseaux et activer l'écoulement des eaux ne seraient-elles pas couvertes bien vite par la diminution du nombre des curages nécessaires? Tous ces ruisseaux reçoivent une énorme quantité d'impuretés, et ce n'est que par la rapidité de leur courant qu'ils peuvent en être débarrassés. D'un autre côté, les déviations nombreuses qu'on remarque dans leur lit ne proviennent-elles pas des empiétements de plusieurs riverains assez peu scrupuleux pour arrondir leurs propriétés de toutes les parcelles qu'ils dérobent au domaine public? Nous appelons sur ce point la surveillance de l'administration.

La question de l'amélioration de tous les ruisseaux que nous signalons mérite une sérieuse étude; il y va de la santé d'une population de plus de deux cent mille âmes ! Et quand nous nous rappelons la circulaire que M. le Préfet a envoyé aux maires de nos communes rurales, pour les inviter à assainir tous les cours d'eaux insalubres ; quand nous nous rappelons ses arrêtés sur les marais à sangsues, nous nous demandons si la ville de Bordeaux ne doit pas montrer l'exemple de la propreté. Avec le beau fleuve à niveau mobile qui lave la cité dans toute sa longueur en ravivant et en purifiant l'air ; avec les cinq ruisseaux qui pourraient la sillonner dans tous les sens ; avec ses grandes et larges rues, Bordeaux ne devrait-il pas être la ville la plus saine du monde ? Qu'on construise donc de nouveaux égouts, qu'on assainisse le lit fangeux des ruisseaux, qu'on draine au besoin certains quartiers, et la salubrité publique n'aura plus à courir aucun danger. Mais que parlons-nous de drainage, après l'essai si coûteux et, pourrions-nous dire, si malheureux, qui a été tenté au Jardin public ? Bordeaux est le centre d'un service hydraulique dont le personnel est extrêmement recommandable par la science et l'expérience ; l'administration municipale n'aurait eu qu'à dire un mot et nos excellents ingénieurs du Gouvernement auraient pu donner sur place une magnifique leçon publique de drainage tout en épargnant à la ville les frais et les déceptions dont ses employés nous ont offert le triste spectacle. Il faudra probablement recommencer un jour tous les travaux, si l'on veut trouver un évacuateur général des eaux et combattre efficacement les causes d'insalubrité qui éloigneraient le public de la nouvelle promenade; nous espérons qu'alors l'administration prendra notre conseil en sérieuse considération, et voudra bien s'adresser aux hommes compétents.

Nous comptons d'autant plus sur sa bonne volonté à cet égard, qu'elle vient de faire droit à l'une de nos plus vieilles réclamations, en décidant, dans une de ses dernières séances, la construction d'un bout de canal qui, partant de la rue Conrad, ira se jeter dans l'Estey-Crebat ; elle désinfectera ainsi une petite partie de ce quartier si délaissé des Chartrons, pour lequel un de nos conseillers les plus intelligents et les plus courageusement dévoués au progrès, M. Clémenceau, a proposé, mais en vain, l'adoption d'un système de drainage général. C'était bien certainement la combinaison la plus ingénieuse, et probablement la plus économique qu'il fût possible d'imaginer, pour faire disparaître ces cloaques infects, ces fossés remplis d'une eau livide et nauséabonde qui suffoque les passants par ses miasmes délétères, au premier rayon du soleil. Il n'est pas rare de trouver au milieu de la ville de semblables foyers pestilentiels, qui sont alimentés par les rinçures des ménages, des lessivages, etc. Combien plus infect encore est le quartier Saujon ! Les eaux pluviales et ménagères d'une foule de rues y sont reçues, comme aux Chartrons, dans des fossés qui leur servent de réservoirs, et elles y restent jusqu'à l'époque des grandes chaleurs ; alors elles sont volatilisées par les rayons solaires, et elles déciment la population. C'est dans ces quartiers que le choléra a compté le plus de victimes.

La réglementation, ou mieux, la suppression des marais à sangsues et des cressonnières qui entourent la ville d'une ceinture de brouillards et de miasmes pestilentiels, serait encore un bienfait que nous voudrions devoir à l'initiative de notre municipalité. Joints à ceux de l'administration supérieure et du conseil d'hygiène, ses efforts finiraient bien par vaincre les résistances intéressées d'une foule de propriétaires qui ont enfoui, dans ces marais, tant de capitaux infructueux. Notre municipalité ne doit pas oublier d'ailleurs que, sous le règne de Napoléon III, elle ne peut plus se dispenser d'exécuter, dans les marais qui avoisinent Bordeaux, les travaux d'assainissement dont Napoléon Ier avait tracé le plan, il y a cinquante ans !

Une autre cause d'insalubrité, sur laquelle nous appelons la répression énergique de notre administration communale, c'est l'établissement des milliers de lavoirs qui bordent les cinq ruisseaux dont nous parlions plus haut. On sait que le Gouvernement de l'Empereur n'a rien négligé pour vulgariser les bienfaits de l'institution des lavoirs publics et des bains. Malheureusement, il faut bien le dire, ses généreux efforts n'ont pas encore porté tous leurs fruits. Il semble que la propreté soit une vertu nouvelle en France, et que, comme toute nouveauté, elle ait besoin de la sanction du temps pour devenir populaire. Comment expliquer autrement l'indifférence avec laquelle plusieurs de nos grandes villes, au nombre desquelles figure naturellement Bordeaux, négligent de profiter des primes que l'Etat a mises à leur disposition pour la construction des bains et des lavoirs publics? L'industrie privée nous paraît appelée à tirer un meilleur parti de la bonne volonté du Gouvernement. Tout en faisant valoir les pensées généreuses de Napoléon en faveur des classes laborieuses, elle trouverait encore un intérêt raisonnable de ses capitaux. Si minime, en effet, que fût la rétribution exigée pour un bain ou une lessive, elle se multiplierait en proportion de la fréquence des opérations. En général, plus bas sont les tarifs, plus élevés sont les bénéfices, surtout quand il s'agit de la vente d'un objet de première nécessité. Cette maxime d'économie industrielle s'applique merveilleusement à la création des bains et lavoirs publics. Il est évident d'abord que le prix de revient d'un bain ou d'un lessivage serait d'autant plus faible qu'on opérerait sur une plus forte quantité. Le combustible, le matériel et même le personnel pourraient être diminués d'une manière notable, sans que le service eût à en souffrir. Donc, on produirait à meilleur marché; et comme le bon marché provoque la consommation, producteurs et consommateurs y gagneraient réciproquement.

Nous rougissons presque d'avoir à répéter ici ces principes si élémentaires ; mais leur mise en pratique éprouve tant de difficultés, qu'il faut bien avoir le courage d'insister, au risque de se rendre ennuyeux par des redites. Avec quelques centaines de mille francs, il serait facile de fonder dans Bordeaux cinq ou six établissements de bains et de lavoirs publics appropriés aux différents quartiers. Les appareils les plus économiques y seraient installés, et le succès ne dépendrait plus alors que de la direction. La clientèle ne manquerait pas. Sans compter les casernes, les hospices, les colléges, les pensions et une foule d'autres communautés, nous avons une population ouvrière et bourgeoise dont les besoins suffiraient à alimenter l'entreprise. En supposant que la société eût à lutter, dans les commencements, contre la routine ou les répugnances des gens malpropres, le subside alloué par le Gouvernement viendrait toujours en déduction des premiers sacrifices. Et puis, quels immenses avantages pour les habitants de la ville ; ils seraient, enfin, débarrassés de cette ceinture de cloaques et de ruisseaux infects qui servent actuellement de lavoirs ! Nous avons foi dans l'avenir de l'institution que nous préconisons ; elle est une de celles qui font gagner des millions aux capitalistes anglais. A Bordeaux, les bénéfices seraient plus modestes, mais ils ne seraient pas moins certains.

L'intervention des compagnies serait encore

bien utile pour la construction des urinoirs publics. Une grande ville comme la nôtre est à peu près dépourvue de ces récipients, si indispensables, et ceux qu'elle possède dans quelques coins de rues isolées sont des foyers d'infection et blessent autant la vue que la décence; or, rien ne serait plus facile que d'établir partout des espèces de guérites à colonnettes qui réuniraient les avantages de la propreté à ceux de l'élégance, et sauvegarderaient, en même temps, les intérêts de la morale publique. La ville n'aurait aucune dépense à s'imposer de ce chef; elle se bornerait tout simplement à adopter une combinaison que nous avons indiquée souvent, et qui consisterait à abandonner à des capitalistes l'exploitation de l'affichage sur les colonnettes qu'ils feraient construire à leurs frais. Toutes les façades de nos monuments et de nos établissements publics ou privés seraient débarrassés de ces milliers d'affiches qui les déparent; l'affichage serait sévèrement règlementé, et, dans une trentaine d'années, par exemple, à l'expiration de la concession, la ville deviendrait propriétaire d'un matériel considérable de propreté publique et d'une source importante de revenus.

L'eau des fontaines, après lesquelles nous soupirons depuis si longtemps, servirait merveilleusement la création de nos bains, de nos lavoirs et de nos urinoirs publics; elle favoriserait avec non moins d'avantage l'assainissement général et l'entretien de la propreté dans nos rues. Mais cette eau, quand arrivera-t-elle ? Les tuyaux sont posés, les réservoirs sont prêts ; seul, l'aqueduc général fait défaut. C'est qu'on a oublié de commencer par le commencement ; avant d'immobiliser, dans la terre, un capital de plusieurs millions et de perdre pendant plusieurs années un intérêt de quelques centaines de mille francs, il eût été prudent de s'assurer de la possibilité d'amener l'eau sans encombre, dans les tuyaux, dans les réservoirs et les fontaines. Pour avoir voulu aller trop vite en besogne, l'administration a eu le malheur de se voir arrêtée en route et le malheur plus grand de s'exposer à payer de grosses indemnités à des propriétaires qui ont protesté auprès de l'Empereur et par la voie de la presse, contre les graves dommages dont ils se prétendent victimes. Pareils retards et pareils incidents seraient-ils survenus, si l'on avait confié les travaux à une grande compagnie de capitalistes responsables de leurs actes et sévèrement contrôlés par l'administration municipale ? Nous ne le pensons pas ; nous croyons même que l'on ne ferait pas trop mal d'aviser aux moyens de traiter avec une de ces compagnies dont nous avons tant parlé et de lui abandonner, au prix de revient, et par conséquent sans perte, tous les tuyaux, réservoirs et travaux qui pourraient être utilisés. Tout en mettant immédiatement au service des habitants les eaux que notre municipalité serait parvenue à rendre disponibles, la compagnie en question prendrait à sa charge les travaux du Bordeaux souterrain ; elle relierait, par un vaste réseau de tranchées à hauteur d'homme, les conduites d'eau, de gaz et d'égoûts qui, bien entendu, seraient isolées les unes des autres, de manière à éloigner toute cause d'infection pour les eaux. Toutes les réparations se feraient avec d'autant plus de facilité et d'économie, que les ouvriers pourraient circuler dans ces rues souterraines ; les eaux seraient portées à tous les étages des maisons, à l'aide de machines à vapeur, et distribuées à des prix très modérés parce que la compagnie joindrait à son exploitation celle des bains, des lavoirs publics et des égouts, en attendant qu'elle pût entrer en jouissance de la concession du gaz. L'arrosage de nos rues et de nos places publiques s'opérerait au moyen du système anglais dit « à la lance », et nous serions délivrés de ces tonneaux, qui occasionnent tant de désagréments sur la voie publique. A un moment donné, les machines à vapeur feraient jaillir de terre des pluies artificielles qui absorberaient la poussière et entretiendraient partout la fraîcheur et la propreté. La construction des égouts permettrait d'opérer à peu de frais le drainage de toutes les parties humides de la ville ; pratiqué en grand, ce drainage aurait le double avantage d'assainir parfaitement les rues et les maisons, et de donner plus de durée au pavage.

Il existe certainement en France et ailleurs beaucoup de villes qui sont plus malsaines que la nôtre, mais il serait difficile d'en trouver une qui soit plus mal pavée. Nous ne parlerons pas des ornières profondes qui sillonnent certaines rues, où les voitures et les piétons courent souvent le risque d'être engloutis; pendant deux ans nous avons eu à citer comme un des plus curieux spécimens du genre la rue Bourbon, et nous devons dire, à l'honneur de notre municipalité, qu'elle a résolu, cette année, de faire les réparations que nous avons signalées à sa bienveillante attention. Nous nous étonnerons seulement que dans les quartiers les plus fréquentés de Bordeaux, sur les allées de Tourny, dans la rue Fondaudège, dans les rues Podensan et Luflade, le long des quais eux-mêmes, sur la route d'Espagne, etc., etc., on rencontre des solutions de continuité extrêmement dangereuses. Les pavés ne sont pas taillés et les larges interstices qui existent entre leurs rangs sont dissimulés avec du sable, de sorte qu'après le passage de quelques charrettes, tout est désagrégé et l'ouvrage est à recommencer; ajoutez à cela qu'à l'époque des grandes chaleurs, des miasmes pestilentiels s'échappent de ces larges fissures et rendent insupportable le séjour de la ville. Ne serait-il pas plus avantageux, sous le rapport de la dépense et de la durée, d'employer à Bordeaux le système usité à Paris et à Londres, le macadamisage? Les cailloux ne manquent pas dans nos environs, et ceux de l'Océan ne sont pas loin.

Nous nous expliquons jusqu'à un certain point

l'embarras de notre administration pour le pavage de nos rues ; mais ce que nous ne comprendrons jamais c'est sa persévérance à repousser l'asphalte pour le dallage de nos trottoirs.

Il y a deux ans qu'un arrêté de M. le Maire de Bordeaux, approuvé par M. le Préfet de la Gironde, a déclaré d'utilité publique l'établissement de trottoirs le long des principales rues de la ville ; l'année dernière, un arrêté supplémentaire a étendu à d'autres rues le bénéfice du premier, et nous ne doutons pas que toutes nos voies de communication intérieures ne jouissent, un jour, de la même faveur. Ce sont là des preuves évidentes de la bonne volonté de notre administration municipale, et cependant rien ou presque rien n'a encore été fait. La rue Fondaudège est toujours, avec les Chartrons, le premier cloaque de Bordeaux, et nos passages les plus fréquentés, à l'exception des allées de Tourny, du cours de l'Intendance et du Chapeau-Rouge, présentent, sous la forme de promontoires et de contre-bas, une série de casse-cous plus ou moins redoutables. Il n'existe aucun travail d'ensemble ; on rencontre bien de ci, de là, quelques maisons bordées de trottoirs, mais ce sont précisément les passages les plus dangereux à cause des brusques interruptions qui se trouvent à côté. Nous ne ferons qu'esquisser ici le tableau dans la crainte de le peindre avec des couleurs trop vraies, et nous appelons de tous nos vœux le jour où l'on mettra résolument la main à l'œuvre pour faire disparaître un si triste état de choses.

L'uniformité des maisons ne fait pas, à nos yeux, la beauté d'une ville ; elle n'est un agrément qu'autant qu'elle est un bel accident, car quelque riche que soit un style architectural, il finit par fatiguer la vue s'il revêt constamment les mêmes formes ; l'uniformité des trottoirs n'a pas cet inconvénient. Plus ils se déroulent sur le même plan et au même niveau, plus ils forment une bordure homogène, plus ils présentent un ensemble grandiose, et plus agréables sont-ils. La principale beauté de Londres est dans ses trottoirs. Les grandes villes de province qui, comme Bordeaux, ont la légitime prétention d'attirer et de fixer les étrangers chez elles, ne doivent donc rien négliger pour donner à leurs rues cet air de propreté, de commodité, de régularité qui réjouit l'œil et facilite la circulation. Malheureusement, la question des trottoirs se complique de celle des ressources financières ; ainsi, à Bordeaux, il n'y aurait pas moins de sept à huit cent mille mètres carrés de trottoirs à exécuter, et de plusieurs millions de francs à dépenser. Où prendre l'argent nécessaire ? La caisse communale n'est pas riche, diront les uns ; les contribuables ne sont guère disposés à payer leur quote-part, diront les autres ; ce qui signifie que nos trottoirs ne seront pas terminés avant soixante-dix ans. Echéance un peu longue, si l'on calcule qu'il s'agit de travaux dont l'urgence et l'utilité sont incontestables. Que faire pour donner satisfaction à tous les intérêts ? Eh ! mon Dieu, nous n'avons jamais passé une semaine, depuis quatre ans, sans prêcher l'adoption du système qui a transformé Paris, Lyon, Marseille, le Havre, système qui consiste tout simplement à provoquer le concours des compagnies. Nous l'avons préconisé pour les fontaines, pour les alignements, pour les égouts, pour les chemins de fer intérieurs, pour tous les travaux d'utilité publique; le 22 avril 1855, nous le préconisions pour les trottoirs, et il est probable que si nos modestes observations avaient été entendues, on ne serait pas forcé aujourd'hui d'aviser à une nouvelle combinaison, après avoir perdu deux ans en efforts stériles.

Le 22 janvier dernier a eu lieu une adjudication pour l'entreprise des trottoirs en petits pavés; ce mode de pavage n'a pas cessé d'avoir les mêmes inconvénients que nous lui reprochions, il y a deux ans. Quelques-uns de ces inconvénients se sont même aggravés d'une manière notable depuis cette époque, tels que, par exemple, celui de l'augmentation du prix de l'adjudication primitive. Il faut bien savoir ensuite que, malgré l'élévation de leur prix, les trottoirs en pavés ne remplissent aucune des conditions de propreté et de salubrité qu'on est en droit d'en attendre. On aura beau, en effet, relier les joints avec du ciment plus ou moins hydraulique; on aura beau niveler la surface avec plus ou moins de sable et d'artifice, les pavés finiront toujours par se dégarnir du mortier qu'on aura glissé entre leurs joints; ils formeront des solutions de continuité qui seront très dangereuses, parce qu'elles deviendront des réceptacles d'eau et d'immondices ; très-coûteuses, parce qu'il faudra les réparer souvent. En admettant même que l'usure occasionnée par la marche des piétons dans les endroits les plus fréquentés ne provoquât ni abaissement de niveau, ni désagrégation des parties, les interstices des pavés les mieux alignés en recevront-ils moins les infiltrations des eaux pluviales et ménagères, et, sous l'influence des rayons solaires, toutes ces eaux, retenues entre les lignes de grès, ne se volatiliseront-elles pas sous forme de vapeurs nauséabondes ? Plus on lavera des trottoirs de ce genre, plus ils deviendront dangereux pour la santé publique ; et l'on peut dire que, sous ce rapport, l'abondance des eaux de nos futures fontaines ne fera qu'augmenter les causes d'insalubrité en rendant les lavages plus fréquents. En matière de trottoirs, la question de salubrité est plus importante encore que celle de la commodité des piétons. Pour qu'ils remplissent toutes les conditions désirables, il faut que leur surface soit toujours unie, ne se laisse jamais pénétrer ni par les eaux pluviales et ménagères, ni par aucune espèce d'immondices, et surtout ne soit pas fatigante pour le promeneur. Nous ne connaissons que l'asphalte qui réunisse ces conditions si précieuses.

« L'asphalte, écrivions-nous le 22 avril 1855, a cet avantage sur le pavé, que non-seulement il est moins cher ; mais encore qu'il est plus propre et s'oppose mieux à la formation et à l'émanation des gaz méphitiques. L'asphalte se lave avec une extrême facilité, et il se ressuie promptement. Cette propriété rendrait son emploi très précieux pour le dallage des logements pauvres, dont les carreaux retiennent entre leurs joints les immondices des ménages ; le sous-sol une fois assaini et convenablement bétonné, serait recouvert d'une bonne couche d'asphalte, et ses émanations ne seraient plus à craindre pour les habitants. L'asphalte ne se fendille pas, ne se casse pas, ne se laisse pas pénétrer par l'humidité, et toujours il prête par son élasticité. » Tout ce que nous disions alors à ce sujet a reçu une nouvelle consécration de l'expérience. Ainsi, sur la façade du Chapeau-Rouge, les abords de notre Grand-Théâtre sont dallés en asphalte depuis longtemps, et malgré un passage très fréquent, malgré les ardeurs du soleil et une foule d'autres causes de détérioration, le dallage a continué à résister. Les urinoirs publics placés à l'extrémité de l'ancienne Terrasse sont dallés en asphalte, et ils résistent parfaitement à l'action des substances corrosives qu'ils reçoivent. Depuis trois ans et demi, aucune fissure ne s'est manifestée, non plus, dans la grande terrasse de la poste aux lettre. Ce sont là des faits concluants, et nous pourrions en citer beaucoup d'autres. La chaleur n'a pas plus d'action que le froid sur l'asphalte. Quand il est de bonne qualité, il ne se fond pas plus en été qu'il ne devient glissant en hiver ; les rues de la Martinique sont dallées en asphalte, et la chaleur ne fait rien fondre ; l'enlèvement des neiges se fait presque instantanément, et le moindre vent enlève toutes les traces d'humidité. L'administration de la ville de Paris reconnaît si bien les divers avantages de l'asphalte, qu'elle ne se contente pas de l'employer pour ses rues et ses boulevards ; elle l'a appliqué au dallage de la petite rivière de Bièvre pour arrêter les émanations pestilentielles qui s'échappaient de son lit. Ne serait-il pas possible, disions-nous encore le 22 avril 1855, de s'en servir aussi à Bordeaux pour daller ces ruisseaux fangeux qui traversent notre cité et qui sèment sur leur passage la fièvre et l'épidémie ? Ne pourrait-on pas l'utiliser pour former les rainures d'écoulement qui existent entre les trottoirs et les pavés des rues ? On sait dans quel affreux état de malpropreté se trouvent constamment ces rainures, d'où s'échappent des miasmes pestilentiels aussitôt que la température s'élève. Quelques essais tentés à Bordeaux pour l'emploi de l'asphalte n'ont pas réussi, nous dira-t-on ? La réponse est facile : on n'avait employé que de l'asphalte FACTICE. Les résultats eussent été certainement tout autres, si l'on s'était servi du bitume naturel des mines de Seyssel, mélangé aux goudrons minéraux de Bastennes. Il n'y a rien de factice dans cette composition-là, et nous ne sachions pas qu'elle eût été ici d'un usage moins précieux qu'à Paris. Les journaux nous ont appris que la compagnie des asphaltes de Seyssel, Volant, Perrett et Bastennes avait consacré un gros capital à l'exploitation de ses gisements, et qu'elle garantissait à ses clients la qualité comme la durée de ses produits. Les garanties matérielles et les facilités financières qu'elle offrirait à la ville ne seraient-elles pas de nature à éveiller l'attention de notre administration municipale ? La substitution du dallage en asphalte au pavage en grès ne présenterait-elle pas d'inappréciables avantages, au double point de vue de la salubrité publique et de l'économie ?

Les garanties hygiéniques de l'asphalte ont été hautement préconisées par les hommes les plus compétents en matière de salubrité publique ; les garanties économiques qu'il offre méritent-elles le même suffrage de la part des hommes d'affaires ? L'arithmétique et le raisonnement nous fourniront la réponse :

Si nous avons bonne mémoire, l'adjudication du pavage en petits grès a été faite, il y a deux ou trois ans, au prix de 6 fr. 59 c. par mètre carré ; mais l'expérience a prouvé que, malgré son élévation, ce chiffre n'était pas suffisamment rémunérateur ; une nouvelle adjudication l'a fait monter, il y a trois mois, à 7 fr. 45 c. En pareil cas, l'entrepreneur y gagnera-t-il, et la ville sera-t-elle bien servie ? Nous ne le pensons pas. D'un côté, l'entrepreneur n'y gagnera certainement pas, si la surveillance des employés de l'administration est assez active pour le forcer à garnir tous les pavés d'un bon ciment hydraulique, et pour l'empêcher de dissimuler, sous des couches de sable plus ou moins habilement disposées, l'écartement des joints. D'un autre côté, la ville fût-elle bien servie, qu'elle n'y gagnerait pas non plus, tant parce qu'elle serait obligée de faire constamment des réparations au bout de quelques années, que parce que force lui serait aussi de dépenser des sommes considérables ou de se résigner à ajourner à soixante-dix ou quatre-vingts ans l'achèvement de ses trottoirs. Quoique les intérêts de l'entrepreneur méritent bien d'être pris en sérieuse considération, ils nous touchent cependant beaucoup moins que ceux de la ville et de ses habitants. Or, quelle somme nécessitera l'exécution des trottoirs en petits pavés ? En supposant qu'il s'agisse d'opérer sur une moyenne de sept cent mille mètres carrés, la dépense, calculée à raison de 7 fr. 45 c. le mètre carré, prix réel de l'adjudication publique, serait de cinq millions deux cent quinze mille francs ; puis, le quart du travail ne serait pas achevé qu'il faudrait le recommencer.

Existe-t-il une compagnie assez puissante pour faire des trottoirs en asphalte, à des conditions beaucoup moins onéreuses que celles qui ont été faites par l'entrepreneur des pavages en petits grès ? Cette compagnie serait-elle assez bien approvisionnée pour terminer, en huit ou dix ans, le vaste ensemble de trottoirs qu'exigerait une grande ville comme Bordeaux ? Serait-elle assez sûre de la qualité de ses produits pour en garantir la durée et en prendre l'entretien à sa charge pendant douze ou quinze ans, par exemple ? Serait-elle, enfin, assez riche pour se contenter de faibles annuités et accorder à la ville la facilité de se libérer envers elle par des paiements à longues échéances? Si une telle compagnie existe, si elle est prête à souscrire aux conditions que nous venons d'énumérer, le bon sens dit qu'il faut s'empresser de traiter avec elle.

Eh bien ! elle existe, et elle a tout fait pour s'entendre avec les représentants des intérêts de la ville de Bordeaux et de ses habitants, pour construire dans toutes nos rues cette magnifique série de trottoirs réunissant la solidité à l'élégance, l'imperméabilité à la salubrité. Il y a deux ans, la compagnie des asphaltes de Seyssel et Bastennes était déjà prête, et, comme nous le disions alors, elle offrait à la ville un bénéfice de 59 centimes par mètre carré, sur le prix de l'adjudication du pavage en grès. Elle a grandi depuis cette époque; la fusion opérée entre les propriétaires des divers gisements bitumineux lui a permis de diminuer d'une manière notable ses frais d'exploitation, et c'est là ce qui explique la modération de ses tarifs. Aussi, a-t-elle pu, lors de la dernière adjudication du pavage des trottoirs, proposer à la municipalité de Bordeaux, par l'intermédiaire de M. Veyssier, son représentant dans notre ville pour tout le sud-ouest de la France, d'entreprendre le dallage des trottoirs au prix de 5 fr. 50 c. MM. Ledoux et Cie, de Paris, directeurs-gérants de la société, et M. Veyssier, leur représentant à Bordeaux, sont certainement des hommes sérieux et très honorables; la société Seyssel est riche, et nous savons qu'elle était disposée à accorder à la ville de longues échéances pour le paiement de ses trottoirs ; elle n'aurait exigé d'abord que les sommes inscrites de ce chef au budget annuel ; elle se serait engagée à exécuter l'ensemble des travaux dans l'espace de dix ou douze ans, et une fois le tout achevé, la ville aurait pu se libérer, par petites annuités, des avances qu'elle aurait reçues. La même compagnie, confiante dans la qualité de ses produits et dans l'habileté de M. Veyssier, qui, depuis de longues années, s'est occupé avec le plus grand succès d'asphaltage, se serait chargée, en outre, de l'entretien de tous les trottoirs pendant quinze ans ; or, nous ne sachions pas qu'aucun entrepreneur des pavages en petits grès puisse jamais offrir à la ville de semblables facilités et des garanties aussi solides. Tout semblait donc militer en faveur de la substitution de l'asphalte aux petits grès. Nous avions, nous-même, exposé toutes ces raisons à notre administration municipale, par la voie de la presse, avant l'époque fixée pour la dernière adjudication ; mais elle a passé outre, et, malgré les inconvénients bien connus des petits grès, elle a repoussé l'asphalte, qui est si doux aux pieds des promeneurs et qui offre tant d'avantages pour la salubrité publique.

Les sept cent mille mètres carrés de trottoirs qui devront être exécutés coûteront donc, à raison de 7 fr. 45 c., prix de l'adjudication, cinq millions deux cent quinze mille francs, et les travaux ne seront achevés que dans soixante-dix ou quatre-vingts ans. La même surface en asphalte n'aurait coûté que trois millions huit cent cinquante mille francs ; la ville s'est privée bénévolement d'un bénéfice de UN MILLION TROIS CENT SOIXANTE-CINQ MILLE FRANCS, et de l'avantage d'avoir dans dix ans, sur chaque côté de ses rues, des lignes non interrompues de magnifiques trottoirs. Ce seul embellissement lui aurait valu la visite de plusieurs millions de voyageurs, qui auraient largement payé l'intérêt de la dépense.

La construction d'un vaste système d'égouts, l'application du drainage, le pavage ou le macadamisage des rues, l'asphaltage des trottoirs, la distribution des eaux de nos fontaines futures, ne suffisent pas encore, selon nous, pour assurer les intérês de la salubrité publique ; l'administration municipale doit encore exercer sa sollicitude sur les maisons des habitants. A Bordeaux, la plupart des logements destinés aux classes élevées de la société sont généralement remarquables par une élégance et un confortable qui font le plus grand honneur à l'intelligence de nos architectes et au bon goût de nos propriétaires ; mais nous ne pouvons en dire autant des bâtiments affectés au parcage de nos ouvriers. Ce sont trop souvent des bouges infects, et, pour avoir une idée des causes de maladies et de mortalité qui s'y trouvent accumulées, il faut lire le compte-rendu des travaux du Conseil central d'hygiène de la Gironde ; le récit est navrant et il explique avec une effrayante logique les ravages que le choléra a faits dans ces réceptacles de fange et d'immondices. Nous avons demandé plusieurs fois que tous les logements insalubres fussent drainés et que le rez-de-chaussée fût dallé en asphalte ; dans sa vive sollicitude pour les malheureux condamnés à les habiter, l'administration municipale a ordonné la fermeture ou la reconstruction de quelques-unes de ces maisons. Nous applaudissons volontiers à cet acte de vigueur, mais n'aurait-il pas été rationnel de le couronner par la construction de cités ouvrières dans le genre de celles que l'Empereur a fait élever au milieu même de Paris ? Nous avons appelé bien souvent l'attention de notre Conseil municipal et de nos capitalistes sur cette grande question d'humanité ; rien n'a encore été fait jusqu'à présent, et nous considérons comme un devoir d'y revenir.

On sait ce que c'est qu'une cité ouvrière. Ce sont, pour les travailleurs, des logements à bon marché remplissant toutes les conditions nécessaires d'espace, d'aération et de salubrité. Les ouvriers trouvent dans ces logements une source de bien-être matériel, en même temps qu'un moyen de conserver dans toute leur pureté et dans toute leur sainteté, les traditions de l'esprit de famille, cet élément si puissant de moralisation et de bonheur. Aussi, depuis son avènement à l'Empire, Napoléon a-t-il saisi toutes les occasions de multiplier autant que possible le nombre des cités ouvrières. La plupart d'entr'elles ont été construites sur des plans revus par lui ; celles des quartiers Rochechouart et Saint-Antoine sont dans ce cas. Les démolitions opérées dans la capitale ont été pour le Gouvernement de l'Empereur un motif d'encourager de tout son pouvoir les constructions de logements d'ouvriers.

Paris, Lyon, Mulhouse, Lille et une foule d'autres villes ont largement profité des bénéfices du décret du 22 janvier 1852. A Lille, par exemple, une compagnie formée dans le but de construire des habitations plus saines pour les ouvriers a reçu un encouragement de près de 200,000 fr.

Le prix de location a été fixé à 10 fr. par mois ou 30 c. par jour pour une maison composée de quatre pièces, et à 1 fr. 50 c. par mois ou 5 c. par jour pour chaque logement dans les maisons destinées à contenir huit célibataires.

Napoléon III désire vivement que son nom soit inscrit dans l'habitation des ouvriers de l'industrie au même titre que dans la chaumière de ceux de l'agriculture. Il entend être le bienfaiteur, le père de tous les travailleurs. Il a invité partout les administrations locales à lui signaler les projets intéressant l'amélioration des logements d'ouvriers ; il a promis que son appui ne ferait pas défaut à tous ceux qui pourraient le mieux atteindre le but proposé, celui « de fournir à meilleur marché une ha-
» bitation plus saine et plus commode sous tous les
» rapports. » Pourquoi notre ville n'a-t-elle pas répondu à son généreux appel ? Bien que Bordeaux soit loin d'être un centre industriel aussi important

que Lille, que Lyon, etc., on n'y compte pas moins un grand nombre d'ouvriers misérablement nourris et plus misérablement logés ; le développement de nos industries locales amènera naturellement chez nous une affluence plus considérable de travailleurs, et il est bon de songer dès maintenant à préparer des logements réunissant toutes les conditions possibles de salubrité pour les recevoir et les fixer dans nos murs. Nous ne sommes pas de ceux qui redoutent une augmentation de la population ouvrière à l'égal d'une invasion de Barbares ; partout les ouvriers sont la force d'un Etat, l'orgueil et la fortune d'une ville, quand ils multiplient les richesses de nos usines et de nos manufactures. Bordeaux n'aura jamais trop d'ouvriers et nous serions bien heureux s'il pouvait un jour les compter par centaines de mille ; ce qu'il y a de consolant, dans tous les cas, c'est que leur nombre augmente chaque année et nous demanderons encore une fois qu'on n'attende pas plus longtemps pour leur donner toutes les satisfactions propres à leur faire aimer le séjour de notre ville. Une compagnie qui se formerait en ce moment dans le but de construire des cités ouvrières, réunissant toutes les conditions désirables de salubrité, aurait certainement une large part dans les subventions du Gouvernement et elle réaliserait d'ailleurs des bénéfices raisonnables et certains. Nous désirerions donc voir pratiquer dans nos quartiers les plus abandonnés, un assainissement général des terrains disponibles et s'élever plusieurs centaines de petites maisons qui, quoique isolées les unes des autres dans le but d'entretenir l'esprit de famille parmi les habitants, seraient desservies par un même système d'éclairage, de chauffage et de distribution d'eau ; voilà une bonne œuvre que nous recommandons à nos capitalistes comme une bonne affaire. Si le malheur des temps éloigne de nous l'époque où l'ouvrier honnête et laborieux pourra mettre la poule au pot, travaillons, du moins, à ce qu'il ait à profusion de l'air et de la lumière ; deux choses qui lui coûtent aussi cher aujourd'hui que la soupe et que le bœuf.

Il est bien entendu que toutes les améliorations dont nous préchons l'urgence en faveur de la salubrité publique, seraient incomplètes si on laissait subsister pendant plus longtemps, au centre de Bordeaux, une foule d'industries qui, comme celles des tanneries, des boyauderies, de la fabrication du salpêtre, de l'ammoniaque, des suifs, etc., répandent autour d'elles une odeur nauséabonde ; toutes les autorisations accordées de ce chef devraient être immédiatement retirées, dût la caisse municipale payer les frais de l'imprudence avec laquelle elles ont été délivrées.

En même temps qu'elle donne toutes les garanties désirables à la salubrité publique, c'est à dire à la conservation même de la vie humaine, une municipalité intelligente ne doit avoir rien tant à cœur que d'assurer l'alimentation des citoyens ; la création de halles et de marchés, qui soient en rapport avec l'importance d'une ville telle que la nôtre, est donc une des premières nécessités de l'agglomération Bordelaise. Mais, sous ce rapport encore, nous sommes forcé de faire un aveu bien humiliant pour notre amour-propre local : la capitale de la Guyenne et de vingt départements, l'un des plus grands centres commerciaux du monde, Bordeaux n'a pas même une halle aux blés et farines, et ses marchés ne supporteraient pas la comparaison avec ceux d'une ville de cinquième ou de sixième ordre. A qui la faute ? A tout le monde, parce que tout le monde ici tient à avoir son petit magasin, son petit marché; le commerce des substances alimentaires est soumis aux mêmes habitudes de défiance et de mesquineries que le commerce des autres denrées indigènes ou coloniales. Les mêmes motifs qui ont fait repousser les docks ont causé l'ajournement indéfini de la construction d'une halle aux grains et d'un marché de première main, dignes de notre ville.

Le marchandage, la revente au détail ont pris chez nous des proportions inouïes, surtout pour le commerce des matières de première nécessité. Toutes les fois qu'un produit quelconque est limité par sa nature et indispensable à la masse des consommateurs, il devient à l'instant même le point de mire des spéculateurs et des revendeurs. On peut dire hardiment que l'augmentation du nombre des détaillants, des intermédiaires, n'a pas peu contribué à l'augmentation du prix de toutes les matières nécessaires à la vie. Autrefois, nos lois ne permettaient pas aux marchands d'être en même temps détaillants; nous ne poussons pas aussi loin que nos anciens législateurs l'esprit d'exclusion, mais nous pensons qu'il serait bien temps de prévenir l'extension indéfinie du nombre des détaillants. De nos jours, les boulangers, les bouchers, par exemple, sont assez souvent de grands négociants, qui cumulent les bénéfices du commerce des farines ou des bestiaux avec ceux du détail d'un four ou d'un étal. Pourquoi ne sont-ils pas restés ce qu'ils n'auraient jamais dû cesser d'être, des ouvriers travaillant la pâte ou découpant la viande? La loi elle-même favorise le développement du nombre des détaillants, en les imposant d'une patente beaucoup plus faible que celle dont elle frappe les commerçants en gros; c'est le contraire qui devrait avoir lieu, et, tôt ou tard, on remédiera à cette erreur économique.

On nous objectera, sans doute, que le commerce de détail rend des services incontestables; nous ne nierons pas l'importance de ses services, mais nous dirons qu'il les fait payer trop cher. Peut-on lui en faire un reproche? Nous ne le pensons pas. Il achète et il revend à un taux d'autant plus élevé qu'il achète et qu'il revend par portions plus petites. Dans les grandes villes même, on trouve des détaillants qui reçoivent leurs marchandises en troisième ou en quatrième main ; c'est bien pis dans les villages. Aussi, ne doit-on pas s'étonner de l'écart considérable qui existe trop souvent entre le prix de vente et celui de production. Il n'y aurait que demi-mal, si le consommateur riche était chargé, seul, d'acquitter les notes des petits intermédiaires ; mais, malheureusement, c'est presque toujours le consommateur le plus pauvre qui paie les frais de commission, de conservation en magasin, d'intérêt, etc., du commerce de détail. Or, ces frais sont proportionnellement plus considérables que ceux du commerce en gros. En effet, celui-ci s'approvisionne directement aux grands centres de fabrication ou de production; les remises qu'il obtient augmentent avec l'importance de ses achats; ses frais de transport, d'emmagasinage et de vente diminuent en raison des fortes quantités sur lesquelles il opère. Il peut donc livrer à meilleur marché que le petit détaillant. Qui en profite ? Le consommateur riche. N'est-ce pas le contraire qui devrait avoir lieu ? L'ouvrier, le pauvre sont donc condamnés fatalement à payer tout plus cher que le riche, et cela sans qu'ils puissent accuser, ni la société, ni le capital ; c'est tout simplement une affaire d'intérêt, intérêt fort juste en soi, puisqu'il est le prix d'un service rendu. La société et le capital se vengent, du reste, noblement, avec les armes de la charité, des attaques dirigées contre eux par la démagogie. Les progrès incessants des voies de communication sont les fruits du capital, et dans quelques années les chemins de fer, les routes, les canaux auront fait disparaître le commerce de détail ou ils le forceront à égaliser ses prix avec ceux du commerce en gros. D'un autre côté, le grand principe de l'association, préconisé par les hommes les plus éminents de la société, placera infailliblement le pauvre au niveau du riche pour l'économie de ses approvisionnements.

Mais l'association ne peut exercer ses forces avec avantage qu'à la condition d'avoir à sa disposition des marchés de première main, et d'être mise directement en rapport avec le producteur ; or, c'est ce que l'on ne comprend pas encore, ni à Bordeaux ni dans nos départements méridionaux. Ainsi, pour le plus indispensable de tous les aliments, le blé, il n'y a pas à proprement parler de marché de première main, puisqu'il n'y a pas de halle centrale; aussi les cotes sont presque toujours faussées par les jeux à termes, par la multiplicité des marchés de petites localités, et par l'extension incroyable du commerce de détail.

On est bien revenu aujourd'hui des idées de certains économistes sur les prétendus avantages de l'augmentation du nombre des foires et des marchés. On ne gagne jamais rien au fractionnement ; les petites foires et les petits marchés étant, en général, faiblement approvisionnés, il en résulte des prix qui influent d'une manière souvent désastreuse sur ceux des grands marchés régulateurs.

De trois choses l'une : les petits marchés se tiennent avant, pendant ou après les grands ; dans le premier cas, c'est la boule de neige de la spéculation ; dans le second, l'affaiblissement réciproque des approvisionnements ; dans le troisième, la vente en seconde main. Dans les trois cas, c'est l'altération de la cote. L'esprit de nivellement s'est attaqué chez nous jusqu'aux marchés ; on a coupé les membres des grands pour nourrir les petits, et tout le monde y a perdu ; c'est qu'on ne diminue pas impunément le prestige d'une foire ou d'un marché. La réputation de tel grand marché est une véritable richesse pour un pays ; elle inspire la confiance et provoque l'abondance des approvisionnements. Ne serait-il pas plus avantageux pour un département d'avoir dix grands marchés aux grains, par semaine, que d'en compter cinquante petits ? Et pour la sincérité de la cote, ne vaudrait-il pas mieux qu'il y eût mille sacs dans chacun des dix grands, que vingt dans chacun des cinquante petits ? N'est-ce pas par des séries de petites cotes réelles ou fictives que s'expliquent naturellement les hausses attribuées exclusivement à des manœuvres coupables ? A notre avis, la réduction de cette myriade de petits marchés dont nous nous plaignons ne porterait aucune atteinte au système de liberté si nettement et si heureusement formulé par l'empereur Napoléon. Et d'ailleurs, le nombre toujours croissant des voies de communication rend, chaque jour, moins nécessaire la multiplicité des foires et marchés, parce que les transports deviennent moins coûteux. La conservation des grands marchés, la création d'entrepôts et de docks pour les grains faciliteront les achats en gros, et c'est là le but économique qu'il faut atteindre, surtout dans l'intérêt de la classe ouvrière.

Bordeaux pourrait facilement devenir le plus grand marché de grains du Sud-Ouest, à cause de la facilité qu'offre aux producteurs la multiplicité de ses voies de communication par terre et par mer; les arrivages considérables qu'il a reçus, depuis quelques années, de l'étranger et des points les plus éloignés du globe, le prouvent surabondamment. Mais, jusqu'à présent, Bordeaux a encore négligé cet élément de fortune; son antipathie pour tout ce qui ressemble, de près ou de loin, aux docks ou aux entrepôts publics lui a fait repousser les bénéfices de la construction d'une halle centrale. Nous aimons à croire que les circonstances qui, seules, ont empêché sans doute de donner suite aux projets mis en avant il y a quelques années, se sont enfin complétement modifiées. Il nous paraîtrait donc tout naturel de mettre immédiatement la main à l'œuvre afin de ne pas rester en arrière de Paris, de Lyon et d'une multitude d'autres localités. La ville n'aurait probablement aucun sacrifice à s'imposer de ce chef ; du moment où le conseil municipal, qu'elle a chargé de ses intérêts, se prononcerait pour le principe d'une halle aux blés, les capitaux afflueraient bien vite.

Nous sommes partisan, on le sait, du système qui laisse à l'industrie privée les grands travaux publics et qui place sous le haut patronage de l'administration la garantie d'une surveillance efficace; aussi recommandons-nous à notre municipalité de faire appel, par voie d'adjudication publique, à des compagnies sérieuses qui prendraient à leur charge tous les frais de premier établissement et qui admettraient même la ville au partage des bénéfices. Nous aurions alors des facteurs auxquels les cultivateurs enverraient directement leurs blés, leurs farines, leurs orges, leurs maïs, leurs avoines et leurs légumes secs, d'autant plus volontiers qu'ils n'auraient à supporter aucun frais de déplacement. La double garantie du cautionnement des facteurs et de la surveillance de l'administration leur inspirerait d'ailleurs pleine confiance. Les facteurs ne prélèveraient qu'un droit fixe très minime sur les denrées de toute espèce; les frais de pesage et de reconnaissance des marchandises seraient à leur charge, et il est bien entendu que ces agents feraient toujours connaître les noms des vendeurs et des acheteurs, contrairement à ce qui se pratique chez les agents de change ou à ce qui se pratiquait chez les courtiers d'alcools. Pour toutes les denrées reçues à la halle, on n'exigerait qu'un droit d'emmagasinement de 10 centimes par mois pour un sac de farine, et de 5 centimes seulement pour un sac de blé ou de grains de toute espèce, d'un poids de 125 kilogrammes.

Voilà ce qui se fait actuellement à Lyon. Pourquoi ne chercherait-on pas à faire la même chose à Bordeaux ? Les producteurs et les consommateurs y trouveraient d'immenses avantages, et la morale publique elle-même y gagnerait, puisqu'on n'aurait plus à soupçonner la fraude. Une halle aux grains et aux farines aurait encore ce caractère d'utilité qu'elle permettrait de faire jouir les cultivateurs, les meuniers et les négociants du bénéfice des warrants. On sait, en effet, qu'aux termes du décret du 21 mars 1848, le commerce peut transmettre, par voie d'endossement, les récépissés de dépôt de marchandises dans les magasins généraux. Nos campagnes ne profiteraient-elles pas alors d'un privilége, dont quelques villes seules ont joui jusqu'à présent ? La halle aux blés deviendrait donc la première pierre de cette belle institution des docks, qui sommeille chez nous depuis si longtemps, au grand détriment de nos plus chers intérêts. Elle pourrait être établie, sans de trop grands frais, entre les rues de la Fusterie, Maubec et des Faures ; l'entrée principale donnerait sur le quai des Salinières, et serait en harmonie avec l'architecture de la façade des quais. On ne déplacerait ainsi aucune industrie importante, on n'exproprierait que des propriétés peu considérables, et on respecterait les habitudes des négociants qui, comme on le sait, tiennent leur petite bourse dans l'endroit que nous désignons. Si cet emplacement ne paraissait pas convenable, on pourrait utiliser celui de la place des Capucins, qui serait beaucoup mieux appropriée pour une belle halle aux grains et farines que pour un marché central de première main. Mais, quel que soit le lieu choisi pour cette halle, nous n'avons pas à nous en inquiéter maintenant ; l'essentiel, c'est que l'administration municipale se prononce enfin pour le principe, et que la population jouisse du bénéfice de toutes ses conséquences. Les habitants y gagneront d'abord d'être un peu mieux éclairés sur la véracité des cotes, puis de ne pas être exposés à manquer d'approvisionnements, attendu que les boulangers seront tenus d'y déposer leur réserve réglementaire. La création d'une halle aux blés et farines aurait cet autre avantage d'entraîner avec elle, comme une conséquence naturelle et nécessaire, l'établissement d'un moulin municipal et d'une boulangerie générale, qui seraient, pour les boulangers, ce qu'est l'abattoir pour les bouchers, et qui réaliseraient au profit de la population toute l'économie des grandes manutentions militaires. L'adoption de notre système se traduirait par 25 ou 30 p. 100, au moins, de bénéfices pour les consommateurs ; la chose, on le voit, mérite qu'on y pense.

La diminution du prix de la viande pourrait être provoquée par des moyens analogues. Le marché couvert aux bestiaux aurait dû être institué dans le but d'atttirer à Bordeaux le plus grand nombre possible de producteurs ; mais nonobstant les réclamations énergiques que nous avons fait entendre, par la voie de la presse, en même temps qu'un de nos confrères, l'administration municipale a cru devoir traiter de gré à gré avec les entrepreneurs, et nous avons eu le regret de voir que les intérêts des consommateurs n'avaient pas été mieux compris que ceux des producteurs et de la caisse municipale elle-même. Le local actuel est certainement bien disposé, mais il aurait pu être moins cher et mieux choisi, si l'on avait eu recours à l'adjudication publique; nous n'avons cessé de protester, dans cette circonstance, jusqu'au dernier moment contre les erreurs de l'administration, en démontrant d'une manière victorieuse :

1° Que les chiffres qui avaient servi de base à la rédaction du cahier des charges étaient erronés, puis que le revenu du plaçage du marché projeté était de 30 p. 100. environ plus élevé que celui qui avait été officiellement indiqué. Cette différence s'expliquait en ce que nos calculs avaient été faits sur les relevés des registres de l'octroi, et que ceux du cahier des charges n'avaient été établis que d'après la statistique de l'abattoir. Or, il est incontestable, disions-nous alors, qu'un nombre considérable de bœufs, de vaches, de moutons, et surtout de porcs, entrent à Bordeaux, y paient un droit de plaçage, et en sortent pour être abattus dans les communes voisines ;

2° Que si le système des adjudications publiques n'était pas toujours un avantage, il ne cessait jamais, du moins, d'être une garantie;

3º Qu'en prenant à leur charge certaines entreprises dont les bénéfices étaient assurés, les villes faisaient leur profit du gain des concessionnaires à forfait. Ces raisons, et tant d'autres que nous avions énumérées à l'appui de celles-là, n'ont pu triompher des résistances de la municipalité; le marché aux bestiaux a donc été donné à un traitant particulier, et la ville, qui aurait pu gagner 80,000 fr. par an en se chargeant des travaux, au moyen d'un emprunt, doit se contenter aujourd'hui d'un revenu qui variera entre 15 et 20,000 fr. par an; elle est même forcée d'entretenir, à ses frais, un surveillant dans l'établissement.

Cette faute économique a été couverte avec tant de facilité; l'excuse tirée de la nécessité de construire rapidement le marché aux bestiaux, pour donner du travail aux ouvriers, a été si bien accueillie, que nous devions nous attendre à quelque chose de plus fort, à une rechute effrayante; nos tristes prévisions n'ont pas été trompées, et le marché aux légumes va bientôt former le corollaire du marché aux bestiaux.

Le 8 août 1856, la municipalité de l'une des trois plus grandes villes de l'Empire français a décidé que tous les marchés de première main seront centralisés sur la place des Capucins, c'est à dire à l'extrémité de la ville, sur le point le plus éloigné du centre des consommateurs; les étrangers ne croiront jamais à une pareille aberration économique, et encore moins croiront-ils que cette même municipalité a refusé de se rendre aux vœux exprimés par la population, et qu'après huit mois de mûres réflexions, elle est venue déclarer publiquement qu'elle persistait dans sa première hérésie.

Cette déclaration solennelle a été faite le 20 avril dernier, à une majorité de 15 voix contre 14. Eh bien, nous ne contesterons pas la validité du vote, bien qu'à vrai dire la majorité réelle se soit trouvée, en définitive, du côté des opposants, si l'on fait abstraction du vote de M. le Maire et de ses cinq adjoints; mais nous en appelons hardiment au tribunal de l'Empereur, pour que la population tout entière soit consultée et que le Conseil municipal soit saisi de nouveau de la question. Au moment où le dernier recensement vient de constater une augmentation de vingt mille âmes dans la population de Bordeaux, et où le nombre de nos ouvriers tend à s'accroître constamment avec celui de nos industries, il n'est pas permis de porter le marché central à l'extrémité de la ville, aussi loin que possible du centre de consommation et du centre de production. On ne plaisante pas avec l'alimentation publique, en prétendant que le titre de « central » n'est donné à un marché de première main, que parce qu'il est appelé à CENTRALISER, A L'EXTÉRIEUR DU CENTRE, tous les produits des lieux de production, même les plus éloignés. Le voisinage des chemins de fer, du fleuve et du pont n'a rien à voir dans cette affaire; l'important est de savoir si l'emplacement est bien choisi pour permettre aux consommateurs et aux producteurs de se trouver en présence les uns des autres et de débattre leurs prix respectifs. Toute autre interprétation du mot central est une violation des lois de la logique, de la géométrie, du dictionnaire de l'Académie française et du vocabulaire de l'économie politique.

La place des Capucins est située à l'extrémité de la ville, personne ne le niera ; elle est à une distance plus considérable que tout autre point, des principaux lieux de production, tout le monde en conviendra encore. Pourquoi la municipalité s'est-elle donc prononcée en faveur de la place des Capucins? Pourquoi? Parce que, dit-elle, les Parisiens viennent acheter nos petits pois, nos fraises, nos cerises, etc., et qu'il est extrêmement important de leur épargner une course de cinq minutes dans l'intérieur de la ville. Pourquoi? Parce que si le marché central était au centre de la ville, le bruit et la vue des charrettes de nos maraîchers blesseraient les habitudes de nos rentiers et de nos rentières. Pourquoi? Parce que les habitants de Bordeaux se lèvent tard et n'ont pas l'habitude d'aller au marché de première main. Nous n'en finirions pas avec les futilités qui ont été invoquées à l'appui du choix fait par la municipalité ; nous répèterons seulement, avec toute la force de nos convictions, qu'un pareil choix est malheureux sous tous les rapports. Si notre administration municipale veut sincèrement affranchir les consommateurs bordelais du monopole des revendeurs, il faut qu'elle ait la logique de son opinion et qu'elle repousse, par conséquent, un projet dont l'exécution provoquerait de plus belle la multiplication des revendeurs de toutes les catégories. Nous demanderons, nous, au nom de toutes nos familles d'ouvriers et de bourgeois qui ont besoin d'acheter aux plus bas prix possibles, la translation du marché de première main au centre même de la ville, à une distance égale pour la majorité des consommateurs et des producteurs. Aux yeux des hommes de bon sens, le bruit des charrettes ne sera jamais un argument sérieux contre un emplacement si naturel; quant aux embarras résultant des appareils de serrage, pur enfantillage encore, attendu que l'architecture moderne a fait assez de progrès pour créer des magasins sous le sol même des marchés, et réaliser ainsi une grande économie de temps et d'argent.

Après le marché des Grands-Hommes et la place Dauphine, l'emplacement le plus convenable pour un marché de première main, c'est, sans contredit, la place Mériadeck. Elle est vaste, et si elle a besoin d'être agrandie, elle pourrait l'être à peu de frais, attendu que les maisons qui l'entourent sont d'une valeur très-minime. Située à deux pas du cours d'Albret, qui est une des principales artères de Bordeaux; peu éloignée du Grand-Marché et du marché des Grands-Hommes; beaucoup plus rapprochée du marché des

Chartrons que la place des Capucins, elle est bien au centre des lieux que le marché de première main doit approvisionner. Les maraîchers seront bien plus tôt rendus à la place Mériadeck qu'à celle des Capucins, car presque tous les produits nous arrivent de Blanquefort, d'Eysines et de la partie nord de Bordeaux. Que ne diraient pas ceux qu'incommode le bruit, si des milliers de petites charrettes devaient retraverser la ville pour aller approvisionner les marchés de seconde main, surtout celui des Chartrons, situé à l'extrémité nord, quand le marché des Capucins serait à l'extrémité sud. La place Mériadeck se prêterait admirablement aux plus belles combinaisons architecturales pour la construction d'un marché de première main, avec colonnettes en fonte; de vastes magasins de serrage, situés au-dessous du sol; des cheminées d'aérage pour chasser les miasmes; des dallages en asphalte; des bornes-fontaines avec des tuyaux à projection d'eau; des égouts pour recevoir les eaux de lavage, tels seraient les accessoires obligés de ce monument de première nécessité. La dépense ne serait pas excessive, et la ville aurait à opter entre deux combinaisons financières. En effet, nous dirions du marché de première main ce que nous avons dit du marché couvert : l'augmentation incessante de la population et l'accroissement de la consommation tant intérieure qu'extérieure élèveront, sans contredit, les revenus du plaçage; or, dans le but d'éviter plus sûrement le fâcheux mécompte des estimations du marché aux bestiaux, nous conseillerions hardiment à la ville de contracter un emprunt et de construire elle-même son marché de première main, en s'entourant de toutes les garanties du concours et des adjudications publiques que nous n'avons cessé de préconiser depuis 1853. Dans le cas ou la municipalité craindrait de s'engager dans cette voie, pourtant si féconde, des emprunts, nous lui conseillerions non moins hardiment de s'adresser à des compagnies; elle en trouverait certainement quelques-unes qui chercheraient, dans la diminution du droit de plaçage, des bénéfices que tant de personnes considèrent aujourd'hui comme impossibles.

La construction d'une halle à la criée marcherait de pair avec l'établissement du marché de première main. Tout autour de ce dernier règneraient de larges péristyles à colonnes en fonte, donnant entrée dans un vaste amphithéâtre sur les gradins duquel seraient étalées les denrées, suivant qu'elles seraient destinées à la vente en gros ou à la vente au détail, la seule qui devrait être autorisée pendant toute la journée; les prix moyens de chaque produit seraient affichés chaque jour dans les marchés de seconde main et PLUSIEURS acteurs à APPOINTEMENTS FIXES seraient attachés au service de cette espèce de marché régulateur. Les consommateurs et les producteurs pourraient donc choisir entre la vente de gré à gré et la vente à la criée, sans courir le risque de voir leurs intérêts compromis par des hausses ou des baisses factices.

Organiser la concurrence des producteurs au profit des consommateurs, faire des marchés pour les Bordelais et nullement pour les Parisiens, voilà le but de toutes les institutions que nous préconisons en matière d'alimentation publique. Des caisses spéciales pour la boulangerie, pour la boucherie, etc., caisses mieux comprises que celles dont nous avons eu déjà plusieurs spécimens, viendraient porter le dernier coup aux calculs des accapareurs, qui ne vivent qu'à l'aide d'une grande masse de capitaux. La police préviendrait, au besoin, les effets des manœuvres de tous les viveurs de la coulisse des marchés, et son intervention sous ce rapport, serait d'une telle utilité, que l'administration municipale ne devrait plus hésiter un seul instant à augmenter le nombre de ses agents. Trop de causes se réunissent déjà pour favoriser l'émigration de nos produits vers Paris et vers Londres, sans que nous venions encore y en ajouter d'autres; le marché de première main serait très bien placé, il est vrai, pour les spéculateurs parisiens, mais il lèserait gravement les intérêts de nos ouvriers et de tant de petits bourgeois pour lesquels le renchérissement progressif des substances alimentaires est un impôt si lourd. La municipalité avait proposé d'établir deux marchés de première main, dans le but, disait-elle, de donner satisfaction à tout le monde; combinaison plus malheureuse que celle d'un marché central que l'on porterait à l'extérieur du centre, car si les denrées n'étaient pas plus chères sur un marché que sur l'autre, elles seraient certainement plus chères sur tous les deux à la fois, et les revendeurs auraient plus beau jeu que jamais pour exploiter les bourses et les estomacs des consommateurs.

Le plus grand argument que l'ont ait fait valoir en faveur de la place des Capucins est tiré de sa proximité de la gare du chemin de Bayonne et des facilités qui seraient accordées aux arrivages du poisson de La Teste; nous soutenons, nous, que quand on le voudra, la place Mériadeck sera au moins aussi rapprochée de La Teste que l'est la gare actuelle, par le chemin de fer de ceinture et par la gare de Pessac. Mais la plus impérieuse de toutes les raisons que nous ayons à faire valoir en faveur de l'établissement d'un marché UNIQUE de première main au centre de Bordeaux, c'est l'intérêt de tous les petits consommateurs, c'est à dire l'intérêt du plus grand nombre. Ventes à la criée, marchés de première main, halles aux blés et farines, boulangeries et boucheries économiques, tout doit être établi en vue des satisfactions exigées par les besoins de nos classes laborieuses, et malheureusement cette pensée n'apparaît pas assez dans toutes les conceptions parties de l'initiative municipale; il n'est pas jusqu'à l'impôt de 15 p. 100 sur les vins qui n'ait été appliqué dans un sens tout à fait opposé aux sentiments bien connus de l'Empereur en faveur des ouvriers.

A l'époque où commença à se faire sentir d'une manière si rude le renchérissement des vins, nous demandâmes l'abaissement du droit qui frappait la bière, droit qui s'élevait alors à 82 $^1/_2$ p. 100 ! Nous sommes heureux de dire que notre municipalité s'empressa d'opérer une réduction des deux tiers du droit, et que, dans le but fort louable de populariser l'usage de cette boisson, elle prit des dispositions qui auraient pu produire d'excellents résultats si elles avaient été bien appliquées. Nous l'avons remerciée néanmoins et nous la remercions encore aujourd'hui avec bonheur de cette preuve de sollicitude donnée à notre classe ouvrière ; nous aurions désiré seulement qu'elle complétât cette mesure de sage administration par une diminution des droits d'octroi afférents à la ville sur l'entrée des vins, ou mieux, par une révision de son vote sur l'application du bénéfice des 10 p. 100 accordé par Napoléon III aux municipalités. Les ouvriers n'ont pas profité à Bordeaux de ce don de joyeux avènement, parce qu'il fut principalement attribué par la municipalité aux propriétaires et aux consommateurs de vins en tonneaux ou en barriques Pourquoi la ville a-t-elle négligé alors l'occasion de se rédimer ? Pourquoi a-t-elle préféré le système de l'exercice et la perception des 15 p. 100 sur la vente des vins au détail ? Il y aurait un volume à faire sur les bénéfices que retirerait le commerce, en particulier, de l'affranchissement des vins dans l'intérieur de Bordeaux tel qu'il est pratiqué à Paris, comme aussi de l'abolition des formalités qui gênent les expéditions et font perdre un temps considérable aux négociants ; ce sera pour plus tard. Nous nous contenterons, quant à présent, d'appeler de nouveau la bienveillante attention de notre municipalité sur l'opportunité d'une révision de son vote relatif aux 15 p. 100.

En armant le chef de l'Etat du droit de modifier les tarifs de douane suivant les besoins et les circonstances, la Constitution de la France impériale a posé les bases de la prospérité incessante de l'agriculture, de l'industrie et du commerce ; elle a voulu que le remède fût aussi prompt que le mal. Il est des moments où l'immobilité douanière serait la plus grave des fautes politiques et sociales. L'immobilité des droits d'octroi ne serait pas moins dangereuse, et il appartient aux municipalités de leur donner au moins l'élasticité des fluctuations de valeur. Ainsi, plus un produit augmente de prix et plus doit être allégé l'impôt dont il est frappé, surtout si ce produit est un objet de première nécessité. C'est surtout en matière de douane et d'octroi qu'on peut dire avec vérité que rien n'est absolu. Excellente aujourd'hui, toute mesure fiscale est exposée demain à paraître nuisible. Le droit proportionnel de 15 p. 100, qui grève la vente des vins au détail, nous servira d'exemple. On se rappelle les considérations qui ont amené le décret du 17 mars 1852. Il s'agissait d'enlever aux cabarets leur clientèle de désordre et peut-être même de conspiration. Alors qu'il n'était pas encore Empereur, Napoléon III inspiré par son amour du bien-être moral et matériel du peuple, ne voulut pas que l'ouvrier allât puiser dans les débauches de l'ivrognerie l'oubli de ses devoirs de citoyen, d'époux et de père. Pour réveiller dans les classes laborieuses le sentiment de la famille, il offrit une prime à la tempérance. Il ne craignit pas de compromettre sa popularité auprès des potentats de l'époque, et il sacrifia les intérêts des débitants de vins au culte du foyer domestique.

La taxe unique fut donc remplacée sans murmure, dans plusieurs villes, par un droit de 15 p. 100, à la valeur, sur les vins débités par les cabaretiers. Le vin n'était pas très cher alors, et les petits ménages pouvaient, jusqu'à un certain point, profiter du bénéfice du décret, en prenant un approvisionnement de vingt-cinq litres à la fois chez les marchands en gros ou dans les entrepôts. D'un autre côté, les ouvriers nomades ou ceux qui étaient trop pauvres pour faire l'avance d'un quart de leur salaire du mois, n'avaient pas trop à se plaindre d'un droit qui, quoique fort élevé en réalité, ne leur apparaissait que sous la forme de quelques centimes par litre. Mais aujourd'hui les circonstances ont bien changé. La bouteille qui valait 30 c. ne peut certes pas être vendue maintenant moins de 1 fr., toute qualité égale, bien entendu. Qu'en résulte-t-il ? C'est que la marchandise qui ne payait que 4 centimes $^1/_2$ environ de droit, alors qu'elle était trois fois moins chère, est frappée d'un droit de 16 centimes par le seul fait qu'elle a augmenté de valeur.

L'impôt prélevé primitivement au profit de la morale ne serait donc plus qu'un impôt sur une calamité publique ! Voilà la conséquence des mauvaises récoltes de ces dernières années. Eh bien ! que faire en pareille circonstance ? Revenir purement et simplement à la taxe unique.

Puisque le vin est cher, qu'il le soit également pour tout le monde, et on enlèvera ainsi tout prétexte à la malveillance. Nous n'entendons pas ici nous faire l'écho des plaintes des cabaretiers ; quelque respectables que soient leurs réclamations, nous les plaçons bien au-dessous des intérêts sacrés de nos classes laborieuses. Le rôle des municipalités est d'atténuer autant que possible les effets de certaines mesures qui, dans des moments difficiles, pourraient dépasser le but qu'elles se proposaient d'atteindre. Il est certain que la plupart de nos ouvriers sont impuissants maintenant à acheter vingt-cinq litres de vin à la fois ; de telle sorte qu'ils ne peuvent profiter des dispositions libérales du décret du 17 mars 1852. Force leur est donc d'aller s'approvisionner chez le marchand de vin par petites quantités. Que répondre à une pauvre ouvrière qui viendra acheter CINQ CENTIMES de vin pour elle et pour ses enfants (et plusieurs d'entre elles en sont réduites à cette dure extrémité), que lui répondre, disons-nous, lorsqu'elle se plaindra que ces CINQ CENTIMES de vin sont grevés d'un droit de QUINZE POUR CENT ? Que répondre encore au malheureux manœuvre qui, en achetant son litre de 60 centimes, vient nous dire que cette mauvaise qualité de vin paie 28 fr. 06 c. par barrique, quand le propriétaire qui en achète une de 1,000 fr. n'est taxé qu'à 7 fr. 60 c. ?

Que devient le principe de la proportionnalité, de l'égalité de l'impôt, en présence d'un tarif qui, tout en augmentant avec la cherté et la rareté du produit, ne frappe pas également les pauvres et les riches ? Le cabaret est devenu l'entrepôt forcé des familles ouvrières, et nous pensons qu'il serait juste de l'affranchir, tout au moins jusqu'à ce que l'abondance reparût dans nos vignobles. La taxe unique est probablement le seul moyen efficace de parer aux difficultés du moment et au déficit de l'impôt. On y reviendra, parce qu'elle est une nécessité de la justice distributive en même temps qu'un besoin des mœurs bordelaises. Si le droit de 15 p. 100 a donné d'excellents résultats dans d'autres contrées où l'ivrognerie est un vice local, il n'a pu exercer le même effet dans la Gironde, par la raison toute simple que le culte de la famille et la pratique de la sobriété sont passés depuis longtemps dans le sang bordelais.

Ces considérations, jointes à la prime que le droit de 15 p. 100 offre aux fraudeurs et aux fabricants de boissons plus ou moins débilitantes, militeront, sans nul doute, auprès de notre Conseil municipal, en faveur du rétablissement de la taxe unique, ou d'une modification quelconque dans la perception du droit de 15 p. 100.

La maladie de la vigne viendrait-elle à disparaître complétement et nos récoltes seraient-elles abondantes, qu'il ne faudrait pas encore hésiter à opérer une réforme qui aurait certainement plus d'avantages et moins d'inconvénients qu'ailleurs, à cause des mœurs et des habitudes presque patriarchales de notre population ouvrière.

Nous ne parlerons pas ici des droits de plaçage et des taxes qui effraient par leur multiplicité et qui sont beaucoup plus onéreuses par le temps qu'elles font perdre au commerce et à l'industrie que par l'exagération de leur taux ; il ne faut pas oublier d'ailleurs qu'une grande ville comme Bordeaux a besoin de multiplier ses revenus pour payer ses dépenses. Nous avons voulu seulement bien établir, dans nos considérations sur les améliorations qui manquent à notre belle cité, que le premier mobile d'une municipalité intelligente doit être l'intérêt des classes les moins aisées, c'est à dire celui de la grande majorité de la population. Logés dans des maisons bien assainies, bien aérées, bien éclairées et chauffées avec du gaz économique; pourvus de fontaines, de bains, de lavoirs publics, de trottoirs, de marchés, de halles, de boulangeries et de boucheries communales ; délivrés de l'impôt de 15 p. 100 sur les vins, nos ouvriers, nos commis, nos petits bourgeois, nos malheureux, trouveraient dans les associations alimentaires le complément de tous les bienfaits que nous réclamons pour eux. Nous voudrions pouvoir louer sans restriction notre administration de tout ce qu'elle a fait en faveur des fourneaux économiques ; mais nous sommes forcé de lui dire qu'elle a confondu les fourneaux de charité avec les véritables associations alimentaires des travailleurs. Nous nous rappelons toujours avec peine les récriminations que nous valurent en 1853 et 1854 nos articles sur les bénéfices des sociétés alimentaires ; notre opinion ne s'est nullement modifiée et nous dirons de nouveau :

Qu'est-ce qu'une association alimentaire? « C'est écrivait à S. M. l'Empereur, M. Taulier, fondateur de celle de Grenoble, une réunion de personnes qui font préparer leurs aliments dans une cuisine commune.

» Ces aliments sont ensuite emportés à domicile ou consommés dans des réfectoires attenant à la cuisine même.

» Le titre de sociétaire s'acquiert au moyen d'une carte qui, selon l'une ou l'autre hypothèse, coûte 25 c., ou bien 1 fr. par an.

» Le sociétaire, porteur de sa carte, achète des jetons en échange desquels il reçoit une ration correspondante de soupe, de viande, de légumes, de vin, de pain et de dessert.

» Nulle soupe de ménage ne vaut la soupe de l'association alimentaire.

» Le pain, la viande, fournis par un boulanger et plusieurs bouchers avec lesquels des marchés ont été passés, sont de première qualité.

» Les légumes apportés chaque matin ou achetés

par grosses provisions, selon l'espèce, sont parfaitement choisis.

» Le vin est bon, entièrement pur, toujours acheté longtemps d'avance.

» Les desserts se composent de portions de fromage, de fruits très variés, cuits ou crus, entiers ou fractionnés, selon l'espèce.

» Les convives qui consomment leurs rations dans les réfectoires de l'intérieur trouvent sur la table où ils veulent se placer, assiettes, cuillers, fourchettes, couteaux, verres, carafes, sel, poivre, vinaigre et moutarde.

» Les assiettes sont en porcelaine opaque; les cuillers et les fourchettes sont en fer battu et étamé.

» A l'entrée de l'établissement est un tableau qui fait connaître les mets préparés pour chaque repas, et il est entendu que chaque sociétaire ne prend que le nombre de rations qui lui agrée, selon sa bourse et ses besoins. »

Ces détails pourront paraître fastidieux à qui n'en comprend pas la haute portée morale et sociale. Etablir des cuisines communes ! Créer surtout des réfectoires communs ! Vendre en détail des rations de soupe, de viande, de légumes, de pain, de vin et de dessert à des prix d'autant plus réduits que ces substances alimentaires, achetées en gros, ont été obtenues à meilleur marché ! Ne sont-ce pas là des nouveautés qui frisent le communisme et le socialisme ? Elles ont paru telles à Bordeaux, car pendant longtemps on n'a pas voulu en entendre parler sous prétexte qu'elles feraient une concurrence sérieuse au commerce de détail et à la grande corporation des revendeurs. Nous n'en avons pas moins persisté à défendre ce mode d'association par toutes les raisons que nous indiquaient les calculs de l'économie politique et l'expérience des plus hautes notabilités de Paris, de Lyon, de Grenoble, etc. etc.

« Oui, disions-nous alors, il est bien certain que le travailleur isolé perd en quantité et en qualité sur toutes les substances alimentaires qu'il achète au détail. Plus il est malheureux, plus il paie cher ; plus fractionné est son approvisionnement, plus s'élève la proportion de ses dépenses. C'est là une conséquence fatale bien connue de tous les hommes consciencieux qui s'occupent du bien-être des masses. Tous les achats en gros sont à la fois plus économiques sous le rapport du prix et plus avantageux sous le rapport de la qualité ; Voilà la grande loi sociale. Or, qui achète en gros, sinon celui-là même qui pourrait le mieux payer l'escompte des achats en détail ? Assurément, ce n'est pas la faute du riche si l'ouvrier paie plus cher que lui les objets les plus nécessaires à la vie; et nous ne sommes pas de ceux qui voudraient le rendre responsable de cette inégalité. Elle est dans la nature même du commerce, qui doit augmenter ses exigences en raison des frais que lui impose une plus grande division de la vente de ses marchandises. Il faut beaucoup moins de frais, de temps et de déplacement au négociant, qui vendra deux cents sacs de pommes de terre à la fois, que s'il est obligé de morceler ses ventes par décalitres ou par litres. Et puis, les intermédiaires, les marchands au détail ne sont-ils pas forcés, quoi qu'on en ait dit, de prélever sur l'acheteur l'intérêt du temps pendant lequel leurs capitaux sont restés inactifs sous la forme de sucre, d'huile, de comestibles de tous genres qui ne s'écoulent que par fractions et avec lenteur ?

» Nous n'accusons personne ; nous ne faisons que constater des faits et en justifier au besoin l'apparente injustice, pour que les esprits pervers ne s'en fassent pas une arme contre la société. Est-ce à dire pour cela qu'il ne faille pas remédier au mal et saisir avec empressement le moyen de concilier tous les intérêts ? Est-il impossible de mettre à la portée du pauvre les bénéfices de la vente en gros ? Des milliers d'exemples répondront pour nous. Association ne signifie ni socialisme, ni communisme; loin de là. Par l'association, on ne force personne à vendre ou à acheter, mais on répartit également entre les membres d'une même communauté de consommateurs LIBRES les avantages qui résultent de la concentration des capitaux qu'ils ont gagnés par leur travail. L'association est un levier qui place le pauvre au niveau du plus riche capitaliste, en lui permettant de puiser aux mêmes sources. On objectera peut-être que ce système serait la ruine du petit commerce. Nous répondrons avec M. Taulier qu'il tendrait, au contraire, à l'enrichir, puisqu'en dernière analyse le plus petit commerçant bénéficierait des économies que le travailleur réaliserait sur la diminution de ses dépenses de première nécessité. Dira-t-on encore que ce mode d'associations alimentaires détruirait l'influence de la femme ? Nous répondrons encore avec l'ancien maire de Grenoble que cette influence s'en agrandirait, puisque, en tout état de cause, la femme, la mère de famille, serait libre de consommer dans son ménage les rations qu'elle aurait achetées au bureau de l'établissement. La journée qu'elle consacre à ses préparations culinaires et à ses courses au marché, ne serait-elle pas employée plus utilement à des travaux lucratifs ? La famille tout entière ne bénéficierait-elle pas ainsi du double salaire de la femme et de l'époux ?

» Répétons-le : Dans une cuisine commune, tout est à meilleur marché, depuis le combustible jusqu'aux aliments eux-mêmes. »

La municipalité de Bordeaux a bien fini par approuver le principe des associations alimentaires que nous avions préconisé en vain pendant si longtemps; elle en a même subventionné largement l'application, mais il est probable qu'elle a craint de détourner la clientèle des petits restaurants et de porter atteinte au droit de 15 p. 100 sur les vins, car elle n'a pas voulu prendre sous son patronage la consommation sur place et la distribution des petits carafons de vins.

Nous saurons toujours beaucoup de gré à la commisssion, dont M. le préfet de Mentque a bien voulu accepter la présidence, d'avoir multiplié ses efforts pour recueillir d'abondantes souscriptions au profit des fourneaux économiques; des sommes considérables, s'élevant à plus de 60,000 fr., ont été consacrées à soutenir les premiers essais ; mais il est temps, selon nous, de songer à assurer plus solidement l'avenir de l'œuvre, en l'élevant à la hauteur d'une institution libre, d'une véritable association de travailleurs. Elle a eu trop, jusqu'à présent, le caractère d'un établissement de charité, et pour la maintenir sur le même pied, il faudrait recourir, chaque année, à l'expédient des aumônes par souscription; ses intérêts doivent être séparés de ceux de la commune et des contribuables, en ce sens qu'une simple subvention annuelle lui serait allouée quand les recettes n'auraient pas couvert les dépenses.

Nous désirerions donc que des sociétés libres d'ouvriers, d'employés, de petits bourgeois prissent à leur compte l'établissement alimentaire qui a été fondé dans chaque quartier ; on dresserait un inventaire du matériel et du mobilier ; on arrêterait les écritures, et on abandonnerait local, matériel et mobilier à ces sociétés, qui prendraient l'engagement d'entretenir le tout en bon état, et de rendre à la ville tous les objets qu'elle en aurait reçus, si elles venaient à être dissoutes pour un motif quelconque. Une commission de prévoyance et de surveillance, choisie parmi les membres de la commission supérieure actuelle, serait instituée auprès de chaque société pour en contrôler les actes. Toute garantie serait donnée ainsi à l'ordre et à liberté d'association; les sociétés seraient forcées de se suffire à elles-mêmes; l'administration permettrait aux sociétés de délivrer par repas, à chaque consommateur, un carafon de vin affranchi du droit de 15 p. 100, et de vendre des portions alimentaires qui seraient consommées sur place ou en famille. On donnerait satisfaction, de cette manière, aux mœurs et aux habitudes de toutes les catégories de consommateurs; les ouvriers indigènes y trouveraient leurs bénéfices, tout aussi bien que les ouvriers étrangers à la ville. Le nombre de ces derniers va chaque jour en augmentant, et il est bon de penser aussi à eux; la création de tables communes n'aurait, du reste, rien de bien effrayant pour la tranquillité publique, si nous en jugeons par ce qui se passe à Grenoble depuis plusieurs années :

« C'est un spectable bien digne d'intérêt, dit M. Taulier dans son rapport à l'Empereur, qu'offrent ces ouvriers, ces mères de famille, ces étudiants sans fortune, ces commis, ces expéditionnaires, ces vieux serviteurs de l'Etat aux modestes ressources, se pressant autour des guichets ; et si l'on pénètre dans l'intérieur, quel calme ! quel ordre ! quel décence ! L'on voit des ecclésiastiques qui craindraient peut-être d'entrer dans un restauran de premier ordre, debout, la tête découverte, réciter leur *Benedicite*, et ne recueillir que des égards et du respect. Et combien l'homme est relevé à ses propres yeux par cet échange de convenances qu'il pratique et dont il est l'objet ! Quel profit pour la dignité humaine ! Puis, l'ouvrier qui, recevant son salaire de la semaine, allait le dépenser au cabaret, vient le convertir en jetons. « J'ai vu, ajoute M. Taulier, des ouvriers acheter pour 25 fr. de jetons à la fois. J'ai vu des femmes mariées venir faire elles-mêmes le salutaire approvisionnement. Comme leur visage exprimait l'air de conquête ! Elles étaient tranquilles désormais. Que de bonheur dans la sécurité ! »

Nous comprenons que ce tableau ait réjoui le cœur si paternel de Napoléon III. Il est si sympathique à toutes les améliorations dont peut profiter le pauvre, qu'il y a maintenant une noble et sainte émulation entre les municipalités pour agrandir le cercle de la bienfaisance publique. C'est à ce dévoûment philanthropique et religieux qu'il reconnaît ses amis. Notre municipalité ne peut plus rester en arrière, et laisser inachevée l'œuvre qui, à sa naissance, a recueilli tant de marques de sympathies. L'association, dégagée de la tyrannie des utopistes, c'est le bénéfice de la liberté pour le pauvre comme pour le riche. Puisse-t-elle entrer dans nos mœurs et réaliser chez nous les prodiges de la production et de la consommation à bon marché, prodiges d'autant plus consolant pour la religion et l'humanité, qu'ils sont le signe lumineux de la concorde et de la fraternité de toutes les classes sociales !

Pacifier toutes les classes de citoyens, opérer la fusion de tous les intérêts, accorder au besoin plus de faveurs aux ouvriers et aux pauvres, qu'à ceux qui sont assez riches pour payer le luxe de leur alimentation et de leur confortable, tel doit être la première mission des municipalités de l'Empire ; nous ne doutons pas que celle de Bordeaux n'entre largement dans cette voie. Son programme serait trop incomplet, si elle bornait sa sollicitude aux institutions susceptibles d'assurer la santé et l'existence à bon marché des habitants de la ville ; il faut qu'elle pense aussi à attirer dans nos murs le plus grand nombre possible d'étrangers par le luxe de ses rues, de ses places publiques, de ses promenades, de ses monuments, etc.

Ainsi que nous le disions, au commencement de ce chapitre, Bordeaux occupe sur la carte du monde une de ces magnifiques positions, dont l'exploitation rapporterait des bénéfices énormes, si elle était bien comprise. L'assainissement général des rues, la construction de larges et beaux trottoirs, l'abondance et l'excellente qualité des eaux, la profusion et le bon marché de l'éclairage seraient, sans doute, des motifs bien faits pour prévenir les étrangers en faveur de notre ville ; mais ce n'est pas encore assez. Si nous voulons fixer au milieu de nous une partie de cette nombreuse population voyageuse, si nous voulons empêcher que les habitants actuels émigrent à la campagne et construisent au dehors des maisons et des rues dont le nombre diminue d'autant la valeur de celles de l'intérieur de la ville, il faut nous hâter de percer de nouvelles voies, d'ouvrir de splendides avenues et d'utiliser ces vides, ces cours, ces réceptacles d'immondices, ces places nues qui forment le derrière de nos maisons. Ce sont là de grandes entreprises qu'il faudrait confier à des compagnies puissantes, parce qu'elles exigent des capitaux considérables.

Les alignements ne rapportent qu'à la condition d'être exécutés sur une vaste échelle, et les municipalités de province ne sont généralement pas assez riches pour opérer de pareilles transformations qui rapportent à la ville de Paris des plus-values fabuleuses. Nous sommes certain que les compagnies ne manqueraient pas à Bordeaux, si notre administration municipale faisait sérieusement appel à leur concours ; il est bien temps de nous mettre à l'œuvre. Attendra-t-on que de nouvelles maisons s'élèvent sur les emplacements encore vides ? Servira-t-on encore involontairement les calculs de ceux qui spéculent sur les bénéfices de l'expropriation forcée ? Si, comme nous l'avons demandé maintes fois, des plans d'ensemble étaient tracés pour l'ouverture de ces grandes artères d'aération, d'assainissement et de circulation, on n'accorderait jamais plus l'autorisation de bâtir ou de réparer sur des lieux que le bon sens du présent aurait désignés comme devant être la route de l'avenir. Il existe des cours, des jardins, des espaces perdus ou sans valeur, dont l'expropriation coûterait beaucoup moins que celle des façades des maisons, et il faut se hâter de profiter de ces heureuses circonstances.

Il y aurait bien des voies nouvelles à ouvrir dans Bordeaux. Nous citerons en première ligne le percement ou le prolongement de plusieurs rues dans les environs de la place Mériadeck, qui, bon gré mal gré deviendra un jour le marché central de Bordeaux ; elle est déjà desservie par une foule de rues toutes plus larges, plus spacieuses les unes que les autres. Que serait-ce si, d'une part, par le prolongement en droite ligne du cours d'Albret jusqu'à la rue de Berry, à travers les jardins du cours d'Aquitaine et de la rue Saintonge, et de l'autre, par le prolongement, en droite ligne aussi, de la rue Saint-Martin jusqu'à la Croix-de-Seguey, à travers les jardins des rues des Religieuses, Saint-Fort, de la Trésorerie, on établissait une voie large et droite qui, en partant de la rue de Berry, soit de la bifurcation des chemins de Pessac et de Talence, irait aboutir à la Croix-de-Seguey, soit à la bifurcation des chemins du Médoc, de Bruges et de la Vache ! Alors, la place Mériadeck, située au centre de cette longue ligne et recevant directement le chemin élargi, purifié de Mérignac et ceux de Caudéran et du Haillan par les allées d'Amour, serait un point dont on ne saurait assez apprécier les avantages, et on ne s'explique guère que la municipalité ne se soit pas encore occupée de les faire ressortir aux yeux des capitalistes.

Indépendamment des produits qu'elle recevrait directement par cette belle voie des graves de Talence, de Pessac et de Bègles, d'une part, de Mérignac, de Caudéran et du Haillan, de l'autre, enfin du Bouscat et de Bruges, elle recevrait aussi, par les cours Saint-Louis, Saint-André, du Jardin public, et de Tourny, par la place Dauphine et le cours d'Albret, les produits qui ne peuvent manquer un jour de nous arriver en abondance des marais des Chartrons rendus à la fertilité et à l'assainissement.

En y songeant un peu, on est frappé de la facilité avec laquelle on pourrait se servir de la belle avenue du cours d'Albret pour rallier, parallèlement aux quais de la rade, les deux faubourgs de Bordeaux les plus extrêmes, celui du nord et celui du sud, et doter les quartiers neufs de la Trésorerie et des nombreuses petites rues qui y aboutissent, de l'artère principale qui leur manque et qui aurait encore l'avantage de conduire directement à l'église de Saint-Ferdinand, dont l'édification, entre la rue Paulin et la Croix-de-Seguey, vient d'être votée dans la dernière réunion municipale.

C'est par les lignes les plus directes que l'on arriverait à ces immenses améliorations ; c'est à travers des jardins et des rues de peu d'importance qu'il faudrait percer tous ces alignements.

Pour donner à la place Mériadeck, au cours d'Albret et aux rues Porte-Dijeaux et Saint-Remi un complément indispensable, nous chargerions encore une compagnie de l'exécution d'un projet qui est bien populaire à Bordeaux. On se rappelle qu'il y a cinquante ans, lors de son passage dans notre ville, l'Empereur Napoléon Ier avait tracé lui-même une rue qu'il voulait conduire directement de l'Hôtel-de-Ville au fleuve. Voilà un demi-siècle que le projet impérial est en cours d'exécution, et il serait achevé en quelques années si la municipalité s'adressait à une compagnie. Ouvrir jusqu'au fleuve une voie monumentale dans le genre de celle que nous venons d'indiquer, dégager complétement le palais de Rohan et continuer jusqu'à la rencontre du boulevard extérieur cette nouvelle artère, qui viendrait compléter la première en passant par le marché de première main de la place Mériadeck, et en se continuant, au besoin, jusqu'à Mérignac, vers cet hippodrome qui pourrait devenir si facilement le bois de Boulogne de Bordeaux ; voilà encore un travail bien digne de fixer l'attention de nos capitalistes.

Une voie plus grandiose devrait encore être ouverte, à l'aide des capitaux d'une grande compagnie locale ou étrangère, parallèlement à notre beau fleuve.

La concentration des gares sur les vastes emplacements situés dans les environs de l'hospice des Enfants-Trouvés, et la métamorphose des quartiers Saint-Michel et Sainte-Croix, donneraient à la partie sud de la ville une animation extraordinaire. C'est par là que se fera l'entrée des voyageurs dans Bordeaux, et la circulation y deviendra si considérable qu'il est grand temps de penser dès maintenant à ouvrir une voie nouvelle qui conduise directement au cœur même de la grande cité. D'un côté, les quais seraient plus spécialement réservés au mouvement des marchandises, et de l'autre, la rue Sainte-Catherine serait trop étroite pour satisfaire aux besoins incessants d'une circulation plus active de voitures et de piétons. Il faut donc aviser au percement d'une rue qui soit placée entre la rue Sainte-Catherine et les quais.

En jetant les yeux sur un plan de Bordeaux, tout le monde s'accordera à reconnaître que la situation naturelle de cette voie nouvelle est dans l'axe des rues Vauban et de la Comédie. Développée parallèlement à la rue Sainte-Catherine et traversant la ville de part en part, elle deviendrait bien vite la principale artère de Bordeaux. Pour répondre dignement à cette destination, elle devrait être très large et présenter un aspect monumental ; les maisons qu'il faudrait exproprier pour lui livrer passage n'ont pas, en général, une très grande valeur, et il serait possible de réaliser au profit de son embellissement une idée que nous avions bien souvent recommandée aux avocats du Jardin public :

Les pluies sont assez fréquentes à Bordeaux, et nous ne possédons pas une seule promenade couverte ; en bordant les deux côtés de la nouvelle rue d'un péristyle à colonnes, inférieur et supérieur, avec magasins au-dessous et au-dessus, les promeneurs aussi bien que les hommes d'affaires auraient une voie qui serait à la fois sûre, commode et agréable. La chaussée de la rue serait assez large pour donner passage à six voitures de front, et la disposition des péristyles à colonnes permettrait mieux que les arceaux de la rue de Rivoli la pénétration de l'air et de la lumière.

Aboutissant d'un côté aux gares des chemins de fer d'Orléans, de Lyon, du Midi et de l'Espagne ; de l'autre, à la gare du chemin de fer de l'Océan et aux docks ; bordée de péristyles sur les colonnes desquels seraient placées les statues de tous les grands hommes du Sud-Ouest et celles des bienfaiteurs de la ville, elle réunirait à la fois le grandiose de la rue de Rivoli et celui du boulevard de Sébastopol. Il n'y aurait pas en Europe une seule rue digne de rivaliser avec celle-là ; aussi lui donnerions-nous le nom de Napoléon III, du plus grand transformateur des temps anciens et modernes. Les associations de capitalistes feraient-elles défaut à une si belle entreprise ? Nous ne le pensons pas, car il y aurait des bénéfices considérables à réaliser sur la plus-value des vieilles masures qui seraient renversées, et tous les quartiers qu'elle traverserait renaîtraient à la vie et à la prospérité ;

ce serait un moyen, disons-le en passant, d'indemniser largement les propriétaires des environs du Grand-Marché.

Au milieu de la place des Quinconces, ou bien au centre de l'hémicycle, sur la grande voie impériale qui conduirait des gares de Paludate aux docks de Bacalan, et en face de notre magnifique rade, s'élèverait la statue équestre de Napoléon Ier, de l'immortel fondateur de la dynastie qui nous a faits si grands dans la guerre comme dans la paix. La présence de cette grande figure historique et nationale commanderait l'ornementation d'une place qui lui convient si bien, par ses vastes proportions et la majesté de son horizon.

Il est difficile de trouver, même dans les capitales de premier ordre, une place qui présente un aspect plus grandiose que l'esplanade des Quinconces, et qui soit plus susceptible de s'harmoniser avec les plus splendides embellissements. Notre administration municipale a sans doute résolu de ne reculer devant aucun sacrifice, pour en faire une des merveilles du monde, puisqu'elle vient d'adresser un appel au génie des artistes de l'Empire et de l'étranger, en organisant un concours universel; nous la remercions de sa bonne volonté, mais nous craignons bien que nos plus grands artistes s'abstiennent, car est-ce bien sérieusement qu'on affecte une dépense de 200,000 fr. à une fontaine monumentale qui « pourra avoir une grande influence sur la décoration générale de la place? » Supposons que, pour concilier les élans patriotiques bien connus de notre administration municipale avec ses goûts d'économie, un artiste imagine de surmonter sa fontaine d'une statue équestre de Napoléon Ier, avec un cheval fougueux, des naseaux duquel s'élanceraient des flots d'eau qui retomberaient en cascade; supposons que, comme contraste à cette image du génie de la guerre, le héros soit représenté souriant aux embrassements de la ville de Bordeaux et de la nymphe du Taillan, entourées des attributs de la paix et de ceux du commerce de la Gironde. Un pareil groupe serait assurément fort simple, et ne compterait que peu de statues, mais il coûterait plus de 200,000 fr.; le chiffre de la dépense est, dans tous les cas, bien insuffisant pour permettre à un artiste de déployer tout son talent d'architecte, d'ingénieur hydraulique, de dessinateur, de statuaire, etc., etc. Enfin, nous souhaitons ardemment que l'évènement nous donne tort, et nous ne nous occuperons pas davantage de la place des Quinconces, dans l'espérance que les concurrents nous causeront une agréable surprise.

Nous ne quitterons cependant pas cette magnifique promenade sans parler un peu de ses bas-côtés. C'est là que, conformément à l'ancien programme de M. le Maire de Bordeaux, doivent s'élever plusieurs monuments consacrés à recevoir nos riches collections de livres, nos tableaux, nos expositions; c'est là que nous voudrions voir des salons splendides affectés aux réunions générales de toutes nos sociétés savantes, aux représentations des pièces composées par nos jeunes artistes et nos jeunes littérateurs, qui n'ont pu encore trouver un directeur de théâtre capable d'encourager les efforts de la décentralisation littéraire ou musicale; c'est là que nous voudrions réserver à tous les artistes indigènes ou étrangers un local qui serait affranchi du tribut qu'ils sont forcés de payer au théâtre, même quand ils ne réalisent aucun bénéfice, même quand leurs recettes sont au-dessous de leurs dépenses; c'est là, enfin, que seraient réunis les échantillons des produits étrangers qui nous seraient apportés, des pays les plus lointains, par nos capitaines et nos armateurs. Tous ces travaux devraient aussi être mis au concours et confiés à des compagnies de capitalistes par voie d'adjudication publique. Mais il faut que les concours organisés pour la place des Quinconces soient pris un peu plus au sérieux que ceux qui ont été ouverts autrefois pour le Jardin public; il faut surtout que notre administration s'empresse de patroner hardiment tous les projets qui sont acclamés par l'opinion publique, tels, par exemple, que celui du percement d'une rue qui partirait de l'axe des colonnes des Quinconces, pour aller rejoindre la Croix-Blanche. Les avantages de cette nouvelle voie ressortent d'eux-mêmes: Tous les îlots de la place de Tourny seraient régularisés; les dépenses seraient minimes, attendu que la nouvelle rue traverserait les jardins situés sur les derrières des rues Huguerie, des Religieuses, Tronqueyre et de Lerme, ainsi que l'a parfaitement expliqué M. Beaufils dans une des dernières réunions du Consel municipal. Quel magnifique aspect présenterait la rade de Bordeaux, vue de la Croix-Blanche ! Quelle valeur donnée aux emplacements ! Quelle facilité pour la circulation des quartiers de Caudéran, de Saint-Médard, de Mérignac ! etc. La place des Quinconces rayonnerait, de cette manière, dans toutes les parties de la ville, et elle serait bien le centre des grandes voies bordelaises.

Nous savons que l'ornementation de notre Jardin public a été étudiée avec le plus grand soin, il y a une dizaine d'années, par deux architectes distingués, qui ont remporté le prix du concours; mais on n'a pas exécuté leurs beaux projets.

Nous avions rêvé de hautes, de brillantes destinées pour cette belle promenade du Jardin public, située au centre de la ville; nous voulions en faire le plus délicieux rendez-vous des hommes d'étude et de loisirs, et nous avions conjuré notre administration de respecter ces beaux arbres, qui valaient des centaines de mille francs par leur ombrage et la place qu'ils occupaient. Acheter les emplacements occupés par l'Ile-Ferme et Bardineau, pour agrandir l'horizon, avant que la décoration du jardin ne doublât les exigences des propriétaires; ouvrir une rue circulaire pour les piétons et les voitures; dégager la place de l'allée des Noyers, et surtout ménager la magnifique perspective qui s'étendait du cours du Jardin public jusqu'au fond du chemin du Médoc; donner à la science botanique toutes les séductions d'un panorama paysager, dans le genre du jardin de Hambourg, voilà ce qu'il fallait faire au Jardin public. Au lieu de cela, qu'avons-nous? Une rivière qui rappelle les grenouillères de la Tchernaïa, des serres qui ne valent pas les casernes de Malakoff, et des accidents de terrain calqués sur le modèle des glacis de Sébastopol. l'Ile-Ferme et Bardineau sont encore enclavés dans le Jardin public; la communication du Médoc et des Quinconces est toujours interceptée; l'admirable perspective de l'allée des Noyers est complétement obstruée, et la plupart de nos magnifiques arbres sont remplacés par des magnolias. Il ne manque plus qu'une allée de cyprès!

Les idées que nous avons émises tant de fois sur les améliorations du Jardin public ont été partagées par des hommes du plus haut mérite; jugeons-en par la citation suivante : « Dans la vaste esplanade bornée par les deux grandes allées parallèles qui vont de la terrasse à l'extrémité nord du Jardin royal, on placerait le Jardin des plantes, on entourerait d'une barrière ce grand parallélogramme, et c'est là qu'on cultiverait les PLANTES D'ÉTUDE ET D'ORNEMENT. Après l'allée des tilleuls, QU'ON DEVRAIT CONSERVER, puisque, malgré leur âge, ces arbres sont vigoureux et brillants de vie, on abattrait tous les vieux ormeaux que le temps décime avec une rapidité qui étonne, et on les remplacerait par un vaste et curieux jardin paysager, tout formé d'arbres exotiques, destiné à propager une culture qui romprait la monotonie des jardins qui ornent nos maisons de campagne. Vis a vis la terrasse, mais a l'autre bout du jardin, on construirait les serres et les salles destinées aux collections d'histoire naturelle. »

L'auteur auquel nous empruntons ces lignes donne ensuite, dans un style aussi riche que fleuri, une description enchanteresse des magnificences des pavillons qu'il a affectés aux serres et aux collections ; puis il termine par une appréciation de haute philosophie sur les bienfaits des études d'histoire naturelle. « Ah ! s'il est vrai, s'écrie-t-il, que je ne sois pas sous l'influence d'une illusion trompeuse, les froids calculs d'une mesquine économie ne sauraient nous empêcher de répandre le bien moral que je viens de signaler. » Voilà ce que pensait, ce qu'écrivait en 1843, M. le Maire actuel de la ville de Bordeaux. Plût à Dieu que tous les maires eussent des adjoints aussi intelligents que lui ! Bordeaux y aurait gagné d'avoir un beau Jardin public pour ses habitants et pour des milliers d'étrangers qui auraient visité chaque jour ses collections et « puisé dans ces promenades populaires des idées et des sentiments. » Nous n'en aurions pas été réduit à repousser énergiquement, comme une démonstration très malséante, la souscription qu'avaient voulu organiser plusieurs habitants de Bordeaux, pour payer les frais de démolition des serres actuelles.

Les allées de Tourny, cette promenade toujours aimée des Bordelais, malgré sa nudité, va recevoir des ornementations qui nous paraissent heureuses et qui auraient plus de prix encore, si elles étaient complétées par de belles lignes d'arbres. Les frais énormes qu'a entraînés le transport du géant des magnolias au Jardin public ont provoqué chez nous des défiances injustes contre les transplantations d'arbres. Rien de plus facile que d'improviser économiquement, en quelques jours, sur une promenade des massifs ou des lignes d'arbres âgés de 15 à 20 ans; il suffit d'avoir une charrette spéciale et des hommes du métier. La ville de Paris fait transplanter chaque année plus de mille pieds d'arbres de toutes les espèces; et c'est à peine s'il en meurt une dizaine; il n'est pas, du reste, un grand seigneur qui ne se donne le plaisir de changer ainsi à vue chaque année et à peu de frais ses bosquets, ses massifs et ses allées de grands arbres. La municipalité de Bordeaux serait donc assurée du succès, si elle avait la bonne idée de ménager aux promeneurs des allées de Tourny l'agréable surprise d'une transplantation de ce genre.

La place Dauphine attend aussi sa décoration; en quoi doit-elle consister? Nous l'avons déjà dit, dans l'érection d'une statue de l'infortuné Louis XVI. Cette statue est toute prête, et, sans l'indifférence des héritiers de la révolution de 1830, elle serait depuis longtemps dressée sur son piédestal. Nous savons que l'auguste et sainte victime de la grande orgie de 1793 devait avoir sa statue sur la place des Quinconces ; mais il nous a toujours paru que la place Dauphine était beaucoup mieux appropriée à cette pieuse destination. Là où a coulé le sang des martyrs de notre province doit s'élever comme un monument expiatoire, la statue du plus illustre des martyrs de cette époque néfaste, du bienfaiteur de Bordeaux. Ce ne serait pas le Gouvernement de l'Empereur qui trouverait à redire à l'exécution de ce projet. Les Napoléon ont toujours respecté les noms et les emblèmes des royautés passées ; Napoléon III a été le premier souscripteur des statues qu'on a élevées de nos jours aux bons serviteurs de notre ancienne monarchie ; il a honoré publiquement, en les décorant de la croix de la Légion d'honneur, les braves soldats qui ont défendu Charles X ou Louis-Philippe jusqu'au dernier moment ; et il a fait élever une statue à Louis XVI sur la place du Temple. Il ne s'est jamais inquiété de l'opinion des hommes, il n'a vu que leurs services pour les récompenser.

L'érection de la statue de Napoléon Ier sur la place des Quinconces serait un monument expiatoire de nos défaillances politiques au 12 mars 1815, comme la statue de Louis XVI sur la place Dauphine serait le monument expiatoire des horreurs de 1793.

L'administration municipale a proposé encore d'établir une fort jolie fontaine, celle des Trois-Grâces, sur la place Richelieu ; nous ne discuterons pas son opinion, mais, à notre avis, des fontaines peuvent être beaucoup mieux placées autre part qu'aux bords d'un fleuve ; celle des Trois-Grâces, entre autres, n'a rien qui puisse s'allier à un pareil encadrement. Ce qu'il faudrait installer sur la place Richelieu comme sur celle de la Bourse, ce sont deux statues qui rappelleraient les traits et les services de nos plus grands négociants ; ce qu'il faudrait encore faire pour l'une de ces places, pour celle de la Bourse, par exemple, ce serait de transporter sur sa façade l'hôtel de la Marine, beaucoup mieux placé, entre la Douane et la Bourse, que sur la place de Tourny ; l'hôtel actuel serait remplacé par un théâtre réellement populaire, réellement à bon marché, dans le genre de celui que nous avons demandé plusieurs fois pour les plaisirs et la moralisation de nos ouvriers. N'oublions pas non plus les boulevards extérieurs, et prions notre administration municipale d'en faire une de ces promenades qui réunissent les agréments du voisinage de la ville à ceux de la campagne.

Nous aurions encore beaucoup à dire sur les améliorations et les embellissements dont notre belle cité nous paraît susceptible ; nous bornerons ici notre travail par quelques réflexions sur nos institutions de bienfaisance et de charité.

La ville de Bordeaux s'impose, nous le savons, de lourds sacrifices pour ses pauvres et ses malades. L'administration municipale est toujours allée au devant des vœux de ses habitants par l'empressement qu'elle met à secourir toutes les infortunes; mais il est bien certain que si elle s'adressait à de grandes compagnies financières pour assainir les quartiers insalubres, construire des cités ouvrières et des halles ou marchés de première main, établir des bains et des lavoirs publics, patroner les associations, créer une pharmacie centrale pour donner aux malades pauvres des médicaments de bonne qualité et à prix réduits, ouvrir de larges avenues, multiplier les monuments et les embellissements de la ville, il est bien certain, répèterons-nous, qu'alors les ouvriers se nourriraient mieux et à meilleur marché, resteraient moins longtemps malades et ne manqueraient jamais de travail. Leur avenir alors dépendrait de leur moralité et ils seraient assez riches pour profiter des caisses d'épargne, des caisses de retraite et des sociétés de secours mutuels.

On a beaucoup écrit sur les institutions de prévoyance, mais on a oublié l'aliment principal, le travail, le salaire; la moralité est presque toujours au bout de l'aisance et du bien-être qui sont les fruits du travail et de l'épargne. Les sociétés de secours mutuels surtout devraient être le terrain de la pacification, de l'entente cordiale de toutes les classes sociales, si les membres honoraires ne

dédaignaient pas de prendre, ne fût-ce que ficti-
vement, le rôle de membres participants ; leur intervention morale surtout produirait infiniment
plus de bien que leur argent, car par leur intelligence et par leur cœur ils devraient être les premiers conseillers de leurs associés. De leur côté,
les administrations municipales ne s'occupent pas
assez de ces sociétés de bienfaisance auxquelles
l'Empereur porte un si vif intérêt ; surveiller sans
gêner, voilà ce que devrait faire toute municipalité
intelligente. Ainsi, nous voudrions que le dimanche
les membres d'une société de secours mutuels pussent se réunir, avec leurs femmes et leurs enfants,
dans un local qui leur serait affecté ; chaque famille
serait libre d'y prendre son repas, d'y faire cuire ses
aliments, d'y boire un verre de vin qui ne serait
pas soumis au droit des 15 p. 100, de prendre part
à des jeux innocents dont la perte ou le gain ne
dépasserait pas 20 c. pour toute la journée? Rémi-
niscence des agapes des premiers temps du Chris-
tianisme ! s'écrieront quelques moqueurs ; pacification sociale ! répondrons-nous. Il vaut mieux que
les ouvriers se réunissent ainsi en famille, se livrent
à d'innocentes distractions, plutôt que d'aller dans
les cabarets perdre leur argent et leur santé et jouer
au profit de ce qu'ils appellent la cause des exilés,
des martyrs. La démagogie n'aurait pas de recrues
à faire dans ces asiles, dans ces jardins de la famille des sociétés de secours mutuels. Si un maire,
un adjoint, un conseiller municipal délégué venait

les visiter en ami ; si les membres honoraires se montraient moins dédaigneux pour ces modestes sociétés, si les classes supérieures alimentaient une petite caisse de prêts d'honneur pour les sociétaires nécessiteux qui ne peuvent payer leur cotisation, au jour de rigueur ; si l'administration tenait à leur disposition une pharmacie centrale de bienfaisance, il n'est pas une société de secours mutuels qui n'aspirât à l'honneur d'être placée sous le patronage du Gouvernement.

Disons bien haut que les sociétés de secours mutuels sont la base de la tranquillité communale, absolument comme la bonne administration de la commune est la base de la sécurité gouvernementale !

Si les sociétés de secours mutuels sont un des meilleurs moyens de prévenir la misère par l'épargne du travailleur, le luxe déployé par les riches est une des formes les plus séduisantes de la charité qui vole au secours des bras infirmes ou inoccupés. L'Empereur Napoléon III donne à tous ses fonctionnaires et à tous les privilégiés de la fortune l'exemple du luxe et de la dépense. Les hommes à courte vue, les envieux de certains partis, pourront voir une vaine satisfaction d'amour-propre dans les fêtes splendides qu'il a la généreuse habitude d'organiser dans les châteaux impériaux et aux Tuileries ; ils critiqueront, dans les journaux étrangers, ce qu'ils appellent les prodigalités de l'ostentation ; ils ramasseront avec bonheur la boue des placards de la calomnie, comme si une admirable pensée d'économie politique ne présidait pas à tout le déploiement des munificences impériales !

Le luxe du riche fait la fortune du pauvre; on n'a le droit d'être riche qu'à la condition de dépenser ses revenus; est mauvais citoyen, quiconque cache ses trésors au lieu de les employer à alimenter les bras des ouvriers; les grands cataclysmes politiques proviennent souvent de la conspiration de la parcimonie, organisée par ceux qui possèdent le superflu.—Ce sont là des observations que le bon sens et l'expérience ont élevées à la hauteur de véritables aphorismes sociaux. Même dans ses extravagances, le luxe a son côté utile, parce que toujours il se résume en une part de bénéfices pour le pauvre et l'ouvrier. Certes, nous ne sommes pas de ceux qui cherchent à exagérer les principes, mais nous répèterons hautement, avec Napoléon Ier, que les hauts fonctionnaires ne reçoivent de gros traitements et ne sont assurés d'une forte retraite qu'à la condition de consommer, au profit des travailleurs, les sommes qui leur sont allouées sur le budget. Le luxe est un aliment du travail, c'est là ce qui le justifie; le luxe est un agent de la charité, c'est là ce qui le sanctifie. Tous ceux qui jouissent du superflu, soit comme fonctionnaires publics, soit comme simples particuliers, doivent comprendre que c'est pour eux un devoir de donner des fêtes et de créer ainsi de nouveaux débouchés à nos industries et à notre commerce.

C'est en vertu de ces principes que nous avons demandé souvent l'inscription au budget communal d'un crédit plus large et mieux employé, pour les frais de représentation de la municipalité et pour l'organisation de plusieurs bals dont elle ferait les honneurs à la population et aux étrangers. Ce serait assurément là une dépense productive pour nos ouvriers et nos petits contribuables, qui rentreraient largement dans leurs avances, au moyen des dépenses du luxe de nos grandes personnalités administratives, financières et commerciales.

Les séductions de l'exemple provoqueraient d'autres fêtes, et nos plus riches concitoyens s'empresseraient, de leur côté, de multiplier leurs réunions et les exhibitions de leur luxe. Il en résulterait une animation extraordinaire dans nos principaux salons, et tout le monde y gagnerait. Ce serait là de la bonne économie politique, et Bordeaux ferait bien de la mettre en pratique avec le même entrain et surtout le même bon sens que Paris.

Embellissements, monuments, travaux de luxe ou d'utilité publique, tout devrait être confié, quant à l'exécution, à l'intelligence et aux bras des ouvriers de Bordeaux; c'est ce qu'a parfaitement compris M. le préfet de Mentque, qui, lors de la restauration de son hôtel, s'est bien gardé de faire venir des ouvriers de Paris. N'oublions pas que, dans la commune de Bordeaux, l'intérêt de nos travailleurs mérite d'être placé en première ligne, car ce sont eux qui sont la cheville ouvrière des grandes conceptions de nos négociants et de nos industriels.

En résumé, toutes les fois qu'une réforme est reconnue utile, elle devient, à l'instant même, indispensable. Ainsi que nous l'avons dit souvent, on ne triomphe de la concurrence qu'à la condition de la gagner de vitesse, et, dans l'organisation de nos sociétés modernes, le temps est le premier de tous les capitaux aussi bien pour les villes que pour les particuliers. Qu'arrivera-t-il du port de Bordeaux s'il est devancé par des concurrents plus actifs et plus ardents au progrès? A quel degré d'abaissement ne tombera-t-il pas s'il tarde plus longtemps à mettre à profit toutes ses ressources naturelles ou artificielles? Trêve donc aux petits calculs d'intérêts, aux mesquines jalousies de personnes, aux timides atermoiements des esprits trop conservateurs; nous vivons à une époque où c'est reculer que de ne pas marcher en avant.

Bordeaux possède un magnifique réseau de chemins de fer, et la plupart de ses voies ferrées tendent chaque jour à se détourner de leur centre naturel, sans que Bordeaux ose protester contre l'inexécution des décrets qui garantissaient sa suprématie routière! Ce n'est pas ainsi qu'en ont agi Marseille, Nantes et le Havre.

Bordeaux est le centre de l'Europe commerciale, le rendez-vous le plus économique des exportations d'émigrants et de marchandises, et Bordeaux laisse discuter ses droits aux paquebots transatlantiques !

Bordeaux est devenu, par le chemin de fer qui traverse son isthme, le trait-d'union de la Méditerranée et de l'Océan, la grande route de l'Inde, et Bordeaux ne possède ni caboteurs à vapeur pour monopoliser le transit des deux mers, ni docks pour devenir l'entrepôt général des marchandises de l'Afrique, de l'Asie, du Levant, de l'Italie, de la Suisse, de l'Allemagne, du Nord et du Midi de l'Europe ! Nous ne connaissons rien de plus triste qu'une pareille indifférence, rien de plus fatal qu'une pareille léthargie en présence de tant d'éléments de travail et de fortune.

A quand le jour du réveil et de l'énergie ? Plût à Dieu que ce fût aujourd'hui même, parce que la concurrence s'avance de plus en plus menaçante, et il sera bientôt impossible de l'arrêter dans ses envahissements. Il y a quatre ans que nous délibérons sur le raccordement de nos gares, et depuis longtemps une semblable solution de continuité a cessé à Paris et à Lyon ; il y a quatre ans que nous discutons les docks, et voilà qu'hier encore la ville de Nantes, impatiente de marcher sur les traces de Marseille et du Havre, accueillait avec enthousiasme un projet de bassins et de docks.

Nous avons la malheureuse habitude de venir toujours les derniers dans l'application des grandes améliorations, et notre intérêt en souffre autant que notre amour-propre. Le quai vertical lui-même a soulevé chez nous de violentes oppositions. Les enseignements du passé devraient pourtant bien nous servir de leçon. Imaginons donc que, dans un généreux mouvement de patriotisme local, nous brisions tout à coup avec nos vieilles habitudes de routine et d'indifférence, et voyons se dérouler devant nous le magnifique tableau des avantages commerciaux dont nous jouirions :

Rectification et complément des tracés du Grand-Central et du réseau Pyrénéen ; jonction immédiate de Bordeaux à Madrid et à Lisbonne, par le chemin de fer d'Irun ; suppression des péages du pont Deschamps et économie annuelle de huit à neuf cent mille francs pour le commerce et les habitants des deux rives ; construction, sur la Garonne, d'un large pont à quatre voies pour les wagons et les charrettes ; double soudure de Bordeaux à Paris ; translation de la gare de La Bastide en Paludate et concentration de toutes les gares dans les quartiers Sainte-Croix, Saint-Michel et Sainte-Eulalie, depuis la façade des quais jusqu'à l'extrémité des rues les plus étroites et les plus malsaines ; création de larges avenues bordées d'élégants hôtels ; prolongation du canal de Cette jusqu'à Portets pour éviter les frais des allèges à Castets ; déblaiement des quais et extension du port de la batellerie et du cabotage ; combinaison de rails-ways sur toute l'étendue des quais pour faciliter le déversement des marchandises du wagon dans le caboteur à vapeur.

Voilà pour le côté sud de la ville.

Création de docks-bassins, aux frais de l'Etat ; annexion de docks-entrepôts, aux frais d'une compagnie placée sous la suzeraineté de la ville ; assainissement général de nos rues et de nos carrefours ; triple communication ferrée des docks avec les gares de Paludate, avec le chemin de fer de l'Océan et avec la gare de Pessac ; établissement d'un chemin de fer de ceinture longeant les boulevards extérieurs et reliant directement tout le Midi avec l'Océan pour la navigation au long-cours ; bassins et cales sèches pour la réparation des paquebots transatlantiques et des bâtiments de grandes dimensions ; prolongement du quai vertical sur les Chartrons et sur une partie de Bacalan.

Voilà pour le côté nord de la ville.

Fleuve, canal, ponts, chemins de fer, gares, quais, docks, en un mot, toutes les forces vives de Bordeaux convergeraient ainsi vers la prospérité des habitants, et la puissance d'une telle expansion de progrès serait bien de nature à compenser le froissement momentané qu'en éprouveraient quelques intérêts privés. Nous ne connaissons pas de moyens plus propres à fixer les destinées de notre ville, dans les lieux mêmes où elle prit naissance et où brillèrent ses premiers jours de grandeur. Toute la fortune et tout l'avenir de Bordeaux doivent rester principalement, comme autrefois, sur la rive gauche de la Garonne ; mais on ne fixe pas une ville sans la régénérer, et c'est dans le but de provoquer le plus promptement possible l'adoption d'un vaste système de régénération que nous en démontrons si souvent les avantages.

Notre vive sollicitude pour la rive gauche ne doit cependant pas nous faire oublier la rive droite; leurs intérêts sont trop étroitement liés pour que nous ne les confondions pas dans un même sentiment sympathique. Essayons donc de donner une idée de la transformation que doit subir La Bastide :

Au-dessous du banc de sable, en face du moulin de Bacalan, s'étendent, entre le fleuve et le chemin de fer d'Orléans, de vastes terrains qui offriraient un emplacement admirable pour des chantiers de construction. Les besoins combinés de la navigation et du rail-way des quais de la rive gauche, joints à ceux de l'embellissement et du dégagement de la façade, rendent nécessaire le déplacement des chantiers actuels; c'est à cet endroit de La Bastide qu'ils devraient être transportés. Les eaux y sont très-profondes, et les plus gros navires peuvent s'y tenir à flot; ajoutons que les propriétaires qui ont concédé gratuitement les terrains nécessaires à l'établissement de la route vicinale, se sont réservé le droit d'y ménager des cales pour le lancement des navires construits sur leurs propriétés.

C'est là que pourrait se déployer, dans tout son luxe, cette belle invention du système bois et fer, qui est appelée à prendre de si grands développements et qui est, en quelque sorte, placée sous le patronage des deux Gouvernements de France et de Russie. Elle a déjà valu à Bordeaux et à nos constructeurs plusieurs millions de travaux. L'emploi du bois injecté et l'adoption de tous les perfectionnements dont elle est susceptible grandiront encore, nous n'en doutons pas, cette industrie déjà si puissante à sa naissance !

C'est là encore que devront émigrer les chantiers de ces navires en bois, si solides et si durables, qui ont assis sur des bases inébranlables la réputation de nos grandes familles de constructeurs bordelais.

A côté des chantiers destinés aux bâtiments du long-cours s'élèveraient des ateliers de construction pour les steamers et les caboteurs à vapeur. Bordeaux, dont l'avenir est attaché au développement de la navigation à vapeur, ne possède pas un seul caboteur à vapeur, et son outillage est inférieur à celui du dernier port de l'Angleterre et des Etats-Unis. Nous savons bien que la France laisse beaucoup à désirer sous le rapport des constructions de bâtiments à vapeur; mais son infériorité n'est pas telle qu'elle doive abdiquer toute prétention à défier un jour la concurrence. Nous ne suivrons pas l'exemple de ce constructeur du Havre qui, consulté il y a quelques mois par l'amirauté russe sur la possibilité de faire fabriquer des machines à vapeur en France, répondit que la Russie ferait mieux de s'adresser à l'Angleterre. Nous avons trop le sentiment de notre force et de notre dignité nationales pour ne pas affirmer hardiment que nos constructeurs égaleraient bien vite les Anglais dans la construction des caboteurs à vapeur, comme ils le font déjà pour les plus grands appareils de la marine, s'ils étaient aidés, eux aussi, par de puissantes compagnies de capitalistes. Les ateliers de la Ciotat et les forges du Creuzot prouvent assez ce dont la France serait capable.

Placés à portée des riches minerais de fer et des hauts-fourneaux du Périgord ; tenant d'un côté au fleuve, de l'autre au chemin fer; recevant par l'un les charbons, par l'autre la fonte et le fer, les chantiers de construction de La Bastide fabriqueraient des caboteurs et des machines à vapeur dont la qualité et le bon marché étonneraient peut-être l'Angleterre elle-même. Que les capitalistes donnent l'élan, et la supériorité de Bordeaux deviendra aussi incontestable pour la construction des caboteurs et des machines à vapeur qu'elle est incontestée pour la construction des navires en bois et des navires en bois et fer.

La rive gauche possède déjà quelques établissements particuliers qui ont fait leurs preuves en matière de constructions et de machines à vapeur; la rive droite ne tardera sans doute pas à recevoir des ateliers plus vastes et mieux outillés. La construction en fer y prendra des développements immenses.

Ce simple aperçu suffira pour expliquer l'avenir de la commune de Bordeaux.

Les idées que nous avons tant de fois émises sur la haute fortune qui attend les deux rives de la Garonne, ont rencontré et rencontreront encore beaucoup d'incrédules et de contradicteurs ; mais les uns et les autres seraient désarmés le jour où notre ville trouverait des capitalistes assez hardis pour oser compter sur les bénéfices de l'exécution de nos différents projets. L'exploitation des magnifiques avantages naturels de Bordeaux suffirait, au besoin, pour déterminer les étrangers à nous prêter leur concours.

Nous le répétons, avec ses immenses ressources agricoles, industrielles et commerciales, Bordeaux doit régner à la fois sur la Méditerranée et sur l'Océan ; il suffit que ces ressources soient galvanisées, vivifiées, exploitées par des capitalistes sérieux.

Des grandes associations financières du jour dépend la puissance ou la ruine de l'Empire ; suivant que les hommes qui les dirigent sauront être des Jacques Cœur ou des Law, notre agriculture, notre industrie et notre commerce prospèreront ou s'abîmeront dans l'inertie. Il est temps de faire refluer vers la province les capitaux qui ont émigré vers la Bourse et la coulisse de Paris ; il est temps que les compagnies de chemins de fer, que les sociétés maritimes, que toutes les institutions de crédit possibles vivifient le travail et l'intelligence des petites associations, des individualités de la province; bien temps aussi que les grandes municipalités de nos départements obéissent à la vigoureuse impulsion de Napoléon III.

Grâce au génie de son Empereur, la France grandit chaque jour dans l'esprit des peuples et des rois ; encore quelques années, et elle n'aura plus assez d'une capitale. Bordeaux laisserait-il prendre sa place ?

Dussions-nous en pareil cas recourir au système de l'agglomération lyonnaise, que nous n'hésiterions pas à en demander l'application au centre bordelais. C'est le dernier moyen de salut auquel nous voudrions recourir ; mais quelqu'héroïque que soit le remède, il faudra bien nous résigner à l'accepter, même avec reconnaissance, s'il est impossible de trouver un autre expédient pour stimuler l'esprit local et forcer Bordeaux de prendre enfin l'initiative du progrès.